■2025年度中学受験用

国府台女子学院中学部

7年間スーパー過去問

●収録内容一覧

入試問題と解説・解答の収録内容

2024年度　1回	算数・社会・理科・国語	実物解答用紙DL
2023年度　1回	算数・社会・理科・国語	実物解答用紙DL
2022年度　1回	算数・社会・理科・国語	実物解答用紙DL
2021年度　1回	算数・社会・理科・国語	
2020年度　1回	算数・社会・理科・国語	
2019年度　1回	算数・社会・理科・国語	
2018年度　1回	算数・社会・	

～本書ご利用上の注意～　以下の点について，あらかじめご了承ください。

★別冊解答用紙は巻末にございます。実物解答用紙は，弊社サイトの各校商品情報ページより，一部または全部をダウンロードできます。

★編集の都合上，学校実施のすべての試験を掲載していない場合がございます。

★当問題集のバックナンバーは，弊社には在庫がございません（ネット書店などに一部在庫あり）。

合格を勝ち取るための
『スーパー過去問』の使い方

本書に掲載されている過去問をご覧になって，「難しそう」と感じたかもしれません。でも，多くの受験生が同じように感じているはずです。なぜなら，中学入試で出題される問題は，小学校で習う内容よりも高度なものが多く，たくさんの知識や解き方のコツを身につけることも必要だからです。ですから，初めて本書に取り組むさいには，点数を気にしすぎないようにしましょう。本番でしっかり点数を取れることが大事なのです。

過去問で重要なのは「まちがえること」です。自分の弱点を知るために，過去問に取り組むのです。当然，まちがえた問題をそのままにしておいては意味がありません。

本書には，長年にわたって中学入試にたずさわっているスタッフによるていねいな解説がついています。まちがえた問題はしっかりと解説を読み，できるようになるまで何度も解き直しをしてください。理解できていないと感じた分野については，参考書や資料集などを活用し，改めて整理しておきましょう。

このページも参考にしてみましょう！

◆どの年度から解こうかな　「入試問題と解説・解答の収録内容一覧」

本書のはじめには収録内容が掲載されていますので，収録年度や収録されている入試回などを確認できます。

※著作権上の都合によって掲載できない問題が収録されている場合は，最新年度の問題の前に，ピンク色の紙を差しこんでご案内しています。

◆学校の情報を知ろう‼「学校紹介ページ」

このページのあとに，各学校の基本情報などを掲載しています。問題を解くのに疲れたら息ぬきに読んで，志望校合格への気持ちを新たにし，再び過去問に挑戦してみるのもよいでしょう。なお，最新の情報につきましては，学校のホームページなどでご確認ください。

◆入試に向けてどんな対策をしよう？「出題傾向＆対策」

「学校紹介ページ」に続いて，「出題傾向＆対策」ページがあります。過去にどのような分野の問題が出題され，どのように対策すればよいかをアドバイスしていますので，参考にしてください。

◇別冊「入試問題解答用紙編」

本書の巻末には，ぬき取って使える別冊の解答用紙が収録してあります。解答用紙が非公表の場合などを除き，（注）が記載されたページの指定倍率にしたがって拡大コピーをとれば，実際の入試問題とほぼ同じ解答欄の大きさで，何度でも過去問に取り組むことができます。このように，入試本番に近い条件で練習できるのも，本書の強みです。また，データが公表されている学校は別冊の１ページ目に過去の「入試結果表」を掲載しています。合格に必要な得点の目安として活用してください。

本書がみなさんの志望校合格の助けとなることを，心より願っています。

株式会社　声の教育社　編集部

国府台女子学院中学部

所在地	〒272-8567 千葉県市川市菅野3-24-1
電　話	047-322-7770
ホームページ	https://www.konodai-gs.ac.jp/
交通案内	JR 総武線「市川駅」より徒歩12分，京成本線「市川真間駅」より徒歩5分 JR 総武線「市川駅」北口よりバス「菅野六丁目」下車

くわしい情報は
ホームページへ

トピックス

★推薦入試を受験する際には，推薦書の提出が必要です。
★仏教行事や学院祭（文化祭）は，小中高合同で行われます。

創立年 大正15年

女子校

高校募集 あり

応募状況

年度	募集数		応募数	受験数	合格数	倍率
2024	推	約 50名	164名	163名	76名	2.1倍
	①	約 95名	1060名	1017名	570名	1.8倍
	②	約 15名	104名	88名	40名	2.2倍
2023	推	約 50名	147名	147名	72名	2.0倍
	①	約 95名	856名	816名	511名	1.6倍
	②	約 15名	90名	80名	31名	2.6倍
2022	推	約 50名	155名	154名	64名	2.4倍
	①	約 95名	803名	733名	443名	1.7倍
	②	約 15名	86名	72名	22名	3.3倍
2021	推	約 50名	170名	168名	64名	2.6倍
	①	約 95名	830名	776名	397名	2.0倍
	②	約 15名	102名	93名	23名	4.0倍

2024年春の主な大学合格実績

＜国立大学＞

東北大，北海道大，筑波大，千葉大，東京学芸大

＜私立大学＞

慶應義塾大，早稲田大，上智大，東京理科大，明治大，青山学院大，立教大，中央大，法政大，学習院大，東京慈恵会医科大

2025年度入試に向けた説明会等日程（※予定）

【学校説明会】要web予約
6月22日／9月7日／12月15日　いずれも10：30～
＊授業見学もあります（12月15日を除く）。

【入試説明会】要web予約
10月12日／11月9日　いずれも10：30～
＊授業見学もあります。

【学院祭（文化祭）】
9月21日・22日
＊詳細は学校HPでご確認ください。

【夏休み学校見学会】要web予約
7月23日／8月23日　いずれも10：30～
＊本校教員による少人数での校内施設案内です。
＊簡単な学校説明（約10分）も行います。
＊定員は25組（1組につき4名まで）です。

2025年度入試情報

〔推薦入試〕2024年12月1日
入試科目：国語・算数（各40分，各100点満点）
　　　　　理科・社会（計50分，各50点満点）
合格発表：2024年12月2日　9：00～（HP）

〔第1回入試〕2025年1月21日
入試科目：国語・算数（各50分，各100点満点）
　　　　　理科・社会（各30分，各60点満点）
合格発表：2025年1月22日　9：00～（HP）

〔第2回入試〕2025年2月5日
入試科目：第1回と同じ
合格発表：2025年2月5日　17：00～（HP）

編集部注一本書の内容は2024年5月現在のものであり，変更されている場合があります。正式な情報は，学校のホームページ等で必ずご確認ください。

算数 出題傾向＆対策

◆基本データ（2024年度１回）

試験時間／満点	50分／100点
問題構成	・大問数…５題 計算１題（３問）／応用小問３題（11問）／応用問題１題 ・小問数…17問
解答形式	大部分は解答のみを記入する形式になっている。必要な単位などは印刷されている。
実際の問題用紙	Ａ４サイズ，小冊子形式
実際の解答用紙	Ａ４サイズ

◆出題傾向と内容

▶過去３年の出題率トップ３
１位：四則計算・逆算17％　２位：角度・面積・長さ12％　３位：濃度など６％
▶今年の出題率トップ３
１位：四則計算・逆算，角度・面積・長さ16％　３位：体積・表面積など５％

計算問題には，かっこが複雑に入りこんだものや逆算もあります。

応用小問は，数の性質の分野から約数・倍数，分数，場合の数などが，割合と比から食塩水の濃度，売買損益などが，図形からは角度や面積，体積を求めるものが，特殊算からは相当算，仕事算，旅人算，流水算，ニュートン算などと，はば広く取り上げられています。

応用問題は，図形と特殊算が中心になっています。なかでも，平面図形の面積や角度を求めるものがよく見られます。特殊算は，速さとグラフや割合に関するものがやや多いようです。

◆対策～合格点を取るには？～

まず，計算力を毎日の計算練習で身につけましょう。計算の過程をきちんとノートに書き，答え合わせのときに，どんなところでミスしやすいかを発見するようにつとめること。

数の性質，割合と比では，はじめに教科書にある重要事項を整理し，類題を数多くこなして，基本的なパターンを身につけましょう。

図形でも同様に，重要事項を確認したら求積問題を中心に学習すること。

特殊算については，参考書などにある「○○算」の基本を学習し，公式をスムーズに活用できるようになりましょう。

分野＼年度		2024	2023	2022	2021	2020	2019
計算	四則計算・逆算	●	●	●	●	●	●
	計算のくふう					○	
	単位の計算						
和と差	和差算・分配算			○	○		○
	消去算			○			
	つるかめ算	○					
	平均とのべ	○					
	過不足算・差集め算	○	○	○			
	集まり						
	年齢算	○		○	○		
割合と比	割合と比						
	正比例と反比例						
	還元算・相当算	○	○			○	
	比の性質					○	
	倍数算						
	売買損益						○
	濃度		○	○	○	○	○
	仕事算	○				○	
	ニュートン算	○	○		○		○
速さ	速さ						○
	旅人算	○	◎		○	○	●
	通過算		○				
	流水算		○			○	
	時計算					○	
	速さと比			◎		○	
図形	角度・面積・長さ	●	◎	◎	◎	◎	◎
	辺の比と面積の比・相似		○				
	体積・表面積	○	○	○	○	○	○
	水の深さと体積				○		○
	展開図			○		○	
	構成・分割				◎		
	図形・点の移動	○				○	
表とグラフ		○	○	○	○	○	○
数の性質	約数と倍数					○	
	N進数						
	約束記号・文字式					○	
	整数・小数・分数の性質		○				○
規則性	植木算				○		○
	周期算		○				
	数列	○		○			
	方陣算						
	図形と規則						○
場合の数		○		○	○		
調べ・推理・条件の整理							
その他							

※　○印はその分野の問題が１題，◎印は２題，●印は３題以上出題されたことをしめします。

社会　出題傾向＆対策

◆基本データ（2024年度１回）

試験時間／満点	30分／60点
問題構成	・大問数…３題 ・小問数…39問
解答形式	記号選択と適語の記入が大半をしめているが，短文記述も見られる。
実際の問題用紙	Ａ４サイズ，小冊子形式
実際の解答用紙	Ｂ４サイズ

分野＼年度			2024	2023	2022	2021	2020	2019
日本の地理		地図の見方	○	○	○	○	○	○
		国土・自然・気候	○	○	○	○	○	○
		資源	○					
		農林水産業	○			○	○	★
		工業				○	○	
		交通・通信・貿易	○			○	○	○
		人口・生活・文化			○		○	
		各地方の特色						
		地理総合	★	★	★	★	★	★
世界の地理				○				
日本の歴史	時代	原始～古代	○	○	○	○	○	○
		中世～近世	○	○	○	○	○	○
		近代～現代	○	○	○	○	★	○
	テーマ	政治・法律史						
		産業・経済史						
		文化・宗教史						
		外交・戦争史						
		歴史総合	★	★	★	★	★	★
世界の歴史								
政治		憲法	○	○	○	★	○	
		国会・内閣・裁判所	○	○	○	○	○	○
		地方自治						
		経済		○				○
		生活と福祉	○				○	○
		国際関係・国際政治	○	○	○			
		政治総合	★	★	★		★	★
環境問題								
時事問題			○	○	○	○	○	○
世界遺産			○	○				
複数分野総合								

※　原始～古代…平安時代以前，中世～近世…鎌倉時代～江戸時代，近代～現代…明治時代以降

※　★印は大問の中心となる分野をしめします。

◆出題傾向と内容

試験時間のわりに解答記入箇所が多いので，ややいそがしい試験といえます。

●地理…各都道府県の特ちょうと産業，日本の地形や気候などの自然環境などが，近年出題されています。受験でよく見かけるスタンダードな形式および内容なので，取り組みやすいと思われます。また，地図の読み取り問題や，日本の世界遺産に関連する問題も出題されています。

●歴史…千葉県の歴史，土地と税の関係を題材に，関連するできごとや人物について答える問題となっています。特に，日中関係はくり返し出題されています。また，江戸時代から近代までの出題も多くなっています。

●政治…憲法，国会・内閣・裁判所のしくみが，おもに出題されています。選挙制度，経済，社会保障制度，国際社会などについても，近年は時事問題とからめて出題されることが多くなっています。また，政治分野に限らず，地理分野や歴史分野の内容もふくめた総合問題も出されています。

◆対策～合格点を取るには？～

はば広い知識が問われていますが，問題のレベルは標準的ですから，まず，基礎を固めることを心がけてください。教科書のほか，説明がていねいでやさしい標準的な参考書を選び，基本事項をしっかりと身につけましょう。

地理分野では，地図とグラフが欠かせません。つねにこれらを参照しながら，白地図作業帳を利用して地形と気候をまとめ，そこから産業のようす（もちろん統計表も使います）へと広げていってください。

歴史分野では，教科書や参考書を読むだけでなく，自分で年表をつくって覚えると学習効果が上がります。できあがった年表は，各時代，各分野のまとめに活用できます。本校の歴史の問題にはさまざまな分野が取り上げられていますから，この作業はおおいに威力を発揮するはずです。

政治分野では，日本国憲法の基本的な内容と三権についてはひと通りおさえておいた方がよいでしょう。また，時事問題については，新聞やテレビ番組などでニュースを確認し，国の政治や経済の動き，世界各国の情勢などについて，ノートにまとめておきましょう。

理科　出題傾向＆対策

◆基本データ（2024年度１回）

試験時間／満点	30分／60点
問　題　構　成	・大問数…５題 ・小問数…26問
解　答　形　式	記号選択と適語，数値の記入になっている。記号選択は複数選ぶものもある。
実際の問題用紙	Ａ４サイズ，小冊子形式
実際の解答用紙	Ａ４サイズ

◆出題傾向と内容

「生命」「物質」「エネルギー」「地球」の各分野からバランスよく出題されていることと，小問集合が特ちょうです。

●**生命**…なのはな，鳥の渡り，消化と吸収，ミツバチの８の字ダンス，野菜の分類，開花と光を当てない時間，植物のはたらき，進化などが取り上げられています。

●**物質**…金属の燃え方，ものの溶け方，気体の性質，金属と塩酸の反応，水溶液の性質，中和，気体の発生などが出題されています。計算問題が多く出されているので注意が必要です。

●**エネルギー**…浮力，てこ，速さと距離など，力のつり合いや運動に関係する出題が多く見られます。ほかに，光の速さ，光の反射，音の伝わり方などの問題も出題されています。グラフの読み取りも見られます。

●**地球**…日本の天気，カシオペヤ座の見え方，緯度・経度と太陽，太陽の動きと日の出・日の入りの位置，気温・地温・湿度の変化，月の動きと見え方などが取り上げられています。

分野＼年度		2024	2023	2022	2021	2020	2019
生命	植物	○	○	○	★	★	
	動物	○		★	○	○	★
	人体	○	○	○		○	○
	生物と環境						
	季節と生物						
	生命総合	★					
物質	物質のすがた		○				
	気体の性質	★		○		○	
	水溶液の性質	○	○	★	★	○	★
	ものの溶け方		★				
	金属の性質					○	○
	ものの燃え方			○	○	★	
	物質総合						
エネルギー	てこ・滑車・輪軸		★			○	★
	ばねののび方						
	ふりこ・物体の運動		○			★	
	浮力と密度・圧力			★			
	光の進み方	★	○	○	★		
	ものの温まり方						
	音の伝わり方					○	○
	電気回路	○			○		
	磁石・電磁石			○			
	エネルギー総合						
地球	地球・月・太陽系	○	○		★	★	★
	星と星座	○	★	○			○
	風・雲と天候						
	気温・地温・湿度	★		★			
	流水のはたらき・地層と岩石		○	○			
	火山・地震				○		
	地球総合						
実験器具					○		
観察							
環境問題		○	★				
時事問題		○					
複数分野総合		★	★	★	★	★	★

※　★印は大問の中心となる分野をしめします。

◆対策～合格点を取るには？～

本校の理科は，各分野からまんべんなく基本的な知識を問うものが出題されていますから，基礎的な知識をはやいうちに身につけ，そのうえで，問題集で演習をくり返すのがよいでしょう。

「生命」は，身につけなければならない基本知識の多い分野です。ヒトや動物のからだのしくみ，植物のつくりと成長などを中心に，ノートにまとめながら知識を深めましょう。

「物質」は，気体や水溶液，金属などの性質に重点をおいて学習するとよいでしょう。中和反応や濃度，気体の発生など，表やグラフをもとに計算させる問題にも積極的に取り組むように心がけてください。

「エネルギー」では，計算問題としてよく出される力のつり合いに注目しましょう。てんびんとものの重さ，てこ，輪軸，ふりこの運動，かん電池のつなぎ方や豆電球の明るさなどについての基本的な考え方をしっかりマスターし，さまざまなパターンの計算問題にチャレンジしてください。

「地球」では，太陽・月・地球の動き，季節と星座の動き，日本の天気と気温・湿度の変化，地層のでき方・地震などが重要なポイントです。

国語　出題傾向＆対策

◆基本データ（2024年度１回）

試験時間／満点	50分／100点
問題構成	・大問数…２題 文章読解題１題／知識問題１題 ・小問数…23問
解答形式	記号選択と本文中のことばの書きぬきが大半を占めている。また，指示された語句を使って短文を作る問題も出されている。
実際の問題用紙	Ａ４サイズ，小冊子形式
実際の解答用紙	Ｂ４サイズ

◆出題傾向と内容

▶近年の出典情報（著者名）
説明文：辻　信一　名古谷隆彦　大倉典子
小　説：朝比奈あすか　金原ひとみ

●読解問題…説明文，随筆，小説のいずれかを題材にしたものが１題出されています。説明文では，全体の内容をふまえて説明させる問題などがあります。随筆や小説では，状況や動作・行動，登場人物の性格などとからめて心情を問うものが中心となっています。

●知識問題…読解問題の設問の中に漢字の書き取りと読み，慣用句・ことわざ，文法などが組みこまれることもあり，さらに，独立題として知識問題が取り入れられているため，知識問題の比率が高く，出題量が多くなっています。

◆対策～合格点を取るには？～

入試で正しい答えを出せるようにするためには，なるべく多くの読解問題にあたり，出題内容や形式に慣れることが大切です。問題集に取り組むさいは，指示語の内容や接続語に注意しながら，文章がどのように展開しているかを読み取ること。答え合わせをした後は，漢字やことばの意味を辞書で調べるのはもちろん，正解した設問でも解説をしっかり読んで解答の道すじを明らかにし，本番で自信をもって答えられるようにしておきましょう。

知識問題は，分野ごとに，短期間に集中して覚えるのが効果的です。ただし，漢字については，毎日少しずつ決められた量を学習するとよいでしょう。

分野 ＼ 年度			2024	2023	2022	2021	2020	2019
読	文章の種類	説明文・論説文	★			★	★	★
		小説・物語・伝記		★	★			
		随筆・紀行・日記						
		会話・戯曲						
		詩	○					
		短歌・俳句				○		
解	内容の分類	主題・要旨	○	○	○	○	○	○
		内容理解	○	○	○	○	○	○
		文脈・段落構成						
		指示語・接続語	○		○		○	
		その他	○	○	○		○	○
知	漢字	漢字の読み	○	○	○	○	○	○
		漢字の書き取り	○	○	○	○	○	○
		部首・画数・筆順						
	語句	語句の意味	○		○	○		○
		かなづかい						
		熟語		○	○	○	○	○
		慣用句・ことわざ	○	○	○	○	○	
識	文法	文の組み立て					○	
		品詞・用法						○
		敬語						○
	形式・技法							
	文学作品の知識		○					
	その他		○	○	○	○		○
	知識総合		★	★	★	★	★	★
表現	作文							
	短文記述		○	○	○	○	○	○
	その他							
放送問題								

※　★印は大問の中心となる分野をしめします。

カコを追いかけ
ミライをつかめ
「今の説明、もう一回」を何度でも
web過去問
ストリーミング配信による入試問題の解説動画
もっと古いカコモンないの？
カコ過去問
「さらにカコの」過去問をHPに掲載（DL）
声の教育社
詳しくはこちらから

2024年度 国府台女子学院中学部

【算　数】〈第１回試験〉（50分）〈満点：100点〉

［注意］ 1．円周率は3.14とします。

2．仮分数は，すべて帯分数になおして解答してください。

1 次の□にあてはまる数を答えなさい。

(1) $36 \div \{23 - 5 \times (3 + 1)\} = \square$

(2) $1.2 \times \left\{\left(2\frac{5}{6} - 1.25\right) \div 5\frac{3}{7} + 1\right\} = \square$

(3) $4\frac{4}{13} \div \left\{1\frac{1}{12} - \left(\square - \frac{1}{2}\right) \times \frac{2}{3}\right\} \div 7 = \frac{15}{26}$

2 次の□にあてはまる数を答えなさい。

(1) 洋子さんのお母さんは，洋子さんより26才年上です。また，今から３年たつと洋子さんの年れいのちょうど３倍になります。お母さんの年れいは今□才です。

(2) 100円玉１枚，50円玉３枚，10円玉２枚あります。このとき，これらの硬貨を組み合わせるとちょうど支払える金額は□通りあります。

(3) あるクラスの男子，女子の人数の比は11：９で，算数のテストをしたところ男子の平均点は75点，女子の平均点は73点でした。クラスの平均点は□点です。

(4) Ａ君は，はじめに持っていた金額の$\frac{1}{4}$よりも100円多い金額でボールペンを１本買いました。残りの金額の$\frac{2}{5}$よりも300円少ない金額で本を買い，残りの1500円を貯金しました。はじめに持っていたお金は□円です。

(5) １，２，３，３，４，５，５，６，７，７，８，９，９，10，…の数の列で，最初から50番までの整数をすべて加えると□になります。

(6) 一定の割合で水がわき出る井戸があります。ポンプ３台でくみあげると，からになるまで20分かかります。また，ポンプ４台だと10分かかります。このとき，ポンプ６台でくみあげると，からになるまで□分かかります。ただし，ポンプでくみあげる速さは一定です。

3 次の問いに答えなさい。

(1) 生徒が講堂の長いすに座っていきます。はじめの10脚《きゃく》には必ず６人ずつ，11脚目からは必ず８人ずつ座ると，長いすは，ちょうど10脚余りました。また，同じ長いすに必ず７人ずつ座っていくと，20人が座れません。

生徒の数が何人になるかを次のように考えます。［ア］～［オ］にあてはまる数を答えなさい。

すべての長いすに８人ずつ座ることを考えると，はじめの座り方から

（［ア］－［イ］）×10＋［ア］×10＝100

100人分の席が空くことがわかります。

また，７人ずつ座ることを考えると20人分の席が足りないことがわかります。

つまり，座ることができる人数の差は［　ウ　］(人)になりますから，長いすの数は［　ウ　］÷(８－７)=［　エ　］(脚)とわかります。

よって生徒の人数は［　オ　］(人)と求めることができます。

(2) 14人でちょうど10日かかる仕事があります。この仕事をまず15人で何日かした後，残りの仕事を10人でしました。すると全部でちょうど11日かかりました。このとき，15人で仕事をした日数は何日ですか。

解答は答えのみではなく，途中《とちゅう》の計算や考え方を解答らんにできるだけくわしく書きなさい。

4 次の［　　］にあてはまる数を答えなさい。

(1) 図１は１辺が４cm の正方形と半円を組みあわせた図形で，Ａは半円の弧の長さを２つに等しくわける点です。図のしゃ線部分の面積は［　　　］cm^2です。

図１

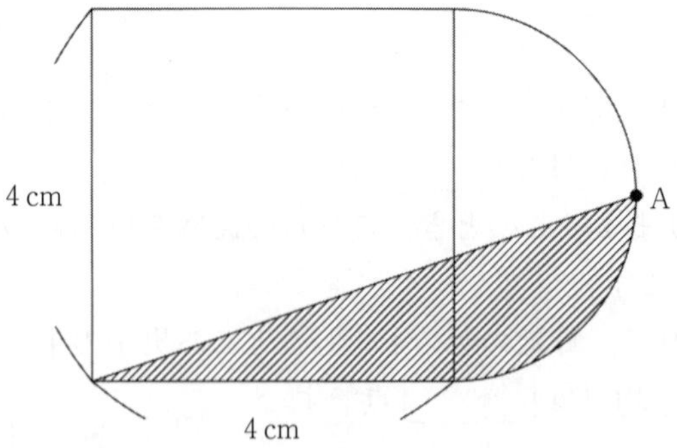

(2) 下の図２で，角 x の大きさは［　　　］度です。

図２

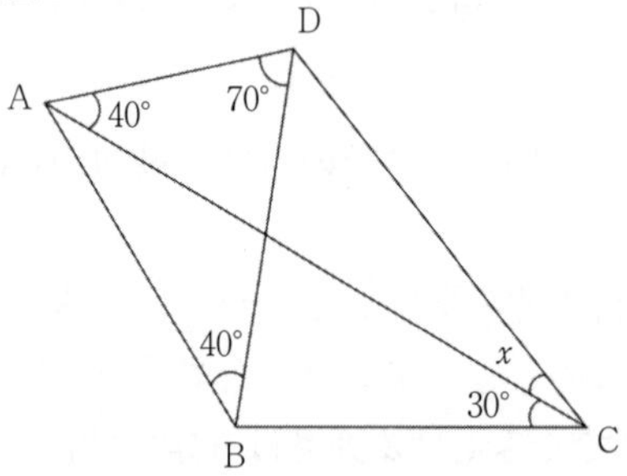

図３

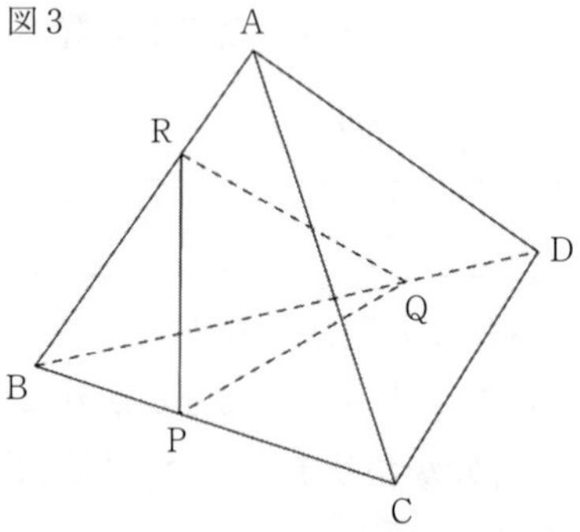

(3) 上の図３で，BP：PC＝１：１，BQ：QD＝３：１，AR：RB＝３：４です。

三角すい ABCD の体積が700cm^3のとき三角すい RBPQ の体積は［　　　］cm^3です。

5　右の図１のような長方形の辺の上を，点Ｐは辺ADの上を，点Ｑは辺BCの上をそれぞれ決まった速さで往復しています。また，２点Ｐ，Ｑを結ぶ直線の左側の図形をＳとします。点Ｐが点Ａを，点Ｑが点Ｂをそれぞれ同時に出発し，点Ｑが一往復する間の図形Ｓの面積の変化は下の図２のようになりました。次の問いに答えなさい。

図１

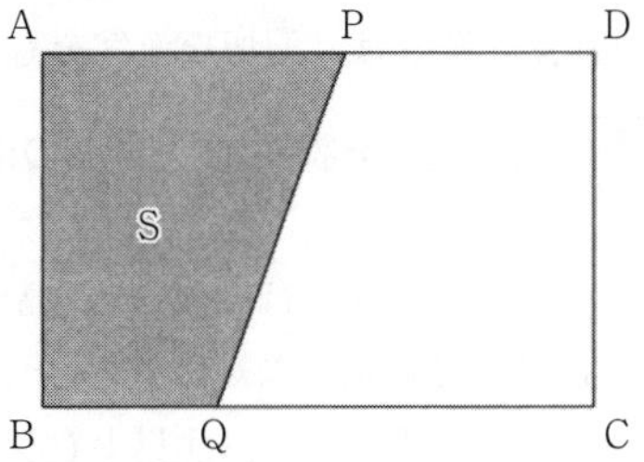

(1)　点Ｐと点Ｑの速さをもっとも簡単な整数の比で答えなさい。

(2)　30秒後の図形Ｓの面積は48cm^{2}でした。長方形ABCDの面積は何cm^{2}か答えなさい。

(3)　図形Ｓが１回目に長方形になるのは［　①　］秒後で，２回目に長方形になるのは［　②　］秒後です。このとき，①，②にあてはまる数を答えなさい。

図２

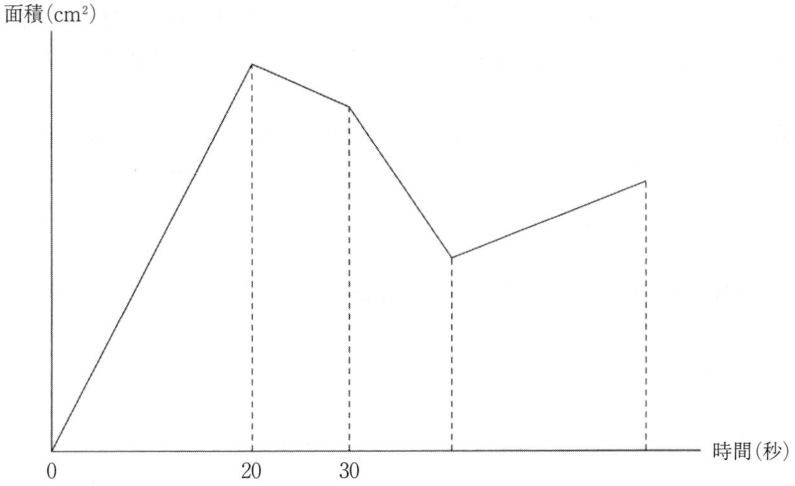

【社　会】〈第１回試験〉（30分）〈満点：60点〉

［注意］解答は，適切な漢字をもちいて記入して下さい。

1　次の文を読んで，あとの問いに答えなさい。

昨年の８月よりはじまった，福島第一原子力発電所の事故の処理水の海洋放出は，科学的，客観的な評価よりも，むしろ政治的な対立や主張とからんで，大きな国際問題となりました。

日本は，(A)１万４千以上もの島からなる(B)海に囲まれた(C)島国です。日本は，(D)海を通じて世界とつながり，また(E)日本国内の交通を見ても，(F)海上を多くの人やものが行き来しています。

日本に暮らす人々は，(G)海から豊かな幸《さち》を得てきました。日本各地の地図を見ると，様々な土地に，(H)地形に合わせた漁港が築かれていることが分かります。実際に，日本人の１人あたりの魚介類《ぎょかいるい》の消費量は，世界平均の２倍を上回っているのです。

海の自然環境《かんきょう》は，ときには(I)農業生産にも大きな影響《えいきょう》を与《あた》えます。例えば，東北地方に冷害をもたらす「やませ」は，夏に，(J)北方から日本列島近海に流《なが》れ込《こ》む寒流が強くなったときに，その上空の空気が冷やされることで起こります。また，遠く(K)太平洋の南アメリカ沿岸の海水温の変化が，日本の気候を大きく左右することも分かっています。

このように，日本列島に暮らす私たちの生活は，海と密接な関係にあります。海について，科学的に正しい知識を身につけ，その環境を守り，ときに管理していくことは，これからの日本や世界の人々の暮らしのためにもとても大切なことなのです。

（１）下線部(A)について，世界遺産に登録されている地域ではないものを，次のア～エより１つ選び記号で答えなさい。

ア．屋久島　　イ．小笠原諸島　　ウ．佐渡島　　エ．沖ノ島

（２）下線部(B)について，近畿地方の府県の中で，海に接していないものを２つ答えなさい。

（３）下線部(C)に関連して，領土，領海，領空について説明した文として正しいものを，次のア～エより１つ選び記号で答えなさい。

ア．領土，領空は，その国の許可なく他国が侵入《しんにゅう》することはできないが，領海は，ただ通行するだけであればその国の許可は必要ない。

イ．宇宙空間も，領空に含《ふく》まれる。

ウ．領海は，海岸線から200海里以内の海域を指す。

エ．地球上では，係争地(複数の国が互《たが》いに自分の領土であると主張している地域)をのぞき，すべての土地が必ずどこかの国の領土となっている。

（４）下線部(D)について，次の表は，2021年度の，日本の資源輸入先の国別ランキングと，全体に占める輸入量の割合です。空らん　a　，b　にあてはまる国の組み合わせとして正しいものを，ア～カより１つ選び記号で答えなさい。

順位	原油	割合	天然ガス	割合	石炭	割合	鉄鉱石	割合
1位	サウジアラビア	39.7%	a	35.8%	a	66.0%	a	58.8%
2位	アラブ首長国連邦	34.7%	マレーシア	13.6%	インドネシア	12.0%	ブラジル	26.6%
3位	クウェート	8.4%	カタール	12.1%	b	11.0%	カナダ	6.3%
4位	カタール	7.6%	アメリカ合衆国	9.5%	アメリカ合衆国	5.0%	南アフリカ	3.3%
5位	b	3.6%	b	8.8%	カナダ	4.0%	アメリカ合衆国	1.2%

〔資源エネルギー庁，及び財務省統計より作成〕

ア．a　オーストラリア　b　中国　　　　エ．a　中国　b　オーストラリア
イ．a　オーストラリア　b　インド　　　オ．a　中国　b　ロシア
ウ．a　オーストラリア　b　ロシア　　　カ．a　中国　b　インド

（５）下線部（E）に関連して，次のア～エのうち新幹線が通っていない県はどこか，１つ選び記号で答えなさい。
　ア．秋田県　　イ．山梨県　　ウ．岐阜県　　エ．佐賀県

（６）下線部（F）について，次の表は，旅客《りよかく》と貨物の国内輸送量の割合を示したものです。なお，「人キロ」とは，輸送人数に移動距《きよ》離《り》をかけたもので，旅客輸送量の目安となる数値です。また，「トンキロ」とは，輸送重量に輸送距離をかけたもので，貨物輸送量の目安となる数値です。a・b・c・dと，e・f・g・hには，それぞれ「自動車」「鉄道」「船」「航空」のいずれかが入ります。「船」が入る空らんの組み合わせとして正しいものを，ア～カより１つ選んで記号で答えなさい。

国内旅客輸送量の割合（人キロ）

a	82.9%
b	9.9%
c	6.7%
d	0.5%

国内貨物輸送量の割合（トンキロ）

e	55.3%
f	39.8%
g	4.7%
h	0.1%

〔国土交通省統計より作成〕

ア．a — e　　ウ．b — f　　オ．d — f
イ．a — h　　エ．b — h　　カ．d — h

（７）下線部（G）について，次のグラフは，日本の漁業の漁獲量の推移を示したものです。これを見て，下の問いに答えなさい。

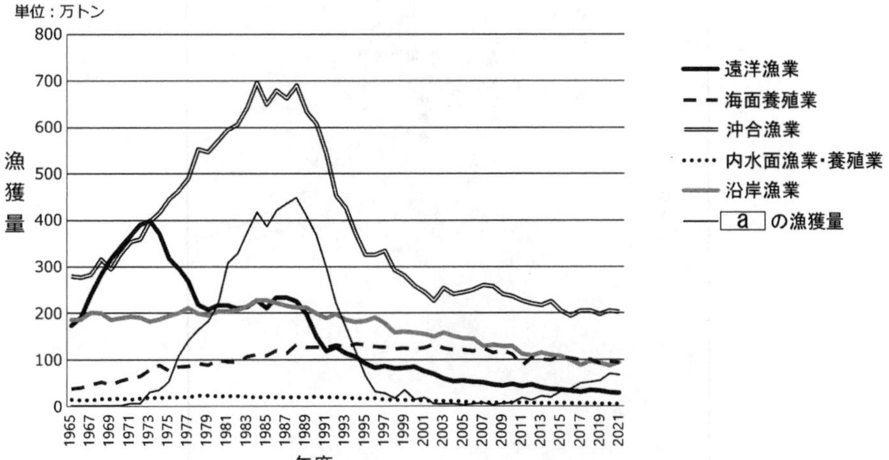

〔農林水産省統計より作成〕

①グラフ中で遠洋漁業の漁獲量が1973年以降に急減している理由は，国際的に（　　　）の設定についての議論が高まったためです。空らんにあてはまる適切な語句を答えなさい。

②グラフ中の「a」は，ある魚の種類です。沖合漁業の漁獲量減少は，地球環境の変化や乱獲によって，この魚の漁獲量が減少してしまったためであることが分かります。この魚を，次のア～エより１つ選び記号で答えなさい。

ア．マイワシ　　イ．カツオ　　ウ．サバ　　エ．マグロ

（８）下線部(H)について，地図ⅠとⅡは，それぞれまったく異なる地形に築かれた，漁港周辺の地図です。地図からは，Ⅰの綾《りょう》里《り》漁港もⅡの片貝漁港も，堤防が築かれているのが分かります。しかし，綾里漁港と片貝漁港とでは，堤防を設置した主な目的が違っています。

① 綾里漁港の堤防は，主に波を防ぐ目的で設置されています。波による被害を警戒する必要のある，綾里漁港周辺のような地形を何と呼ぶか，答えなさい。

② 片貝漁港の堤防は，波を防ぐ以外のことを主な目的として設置されています。それは何か，説明しなさい。

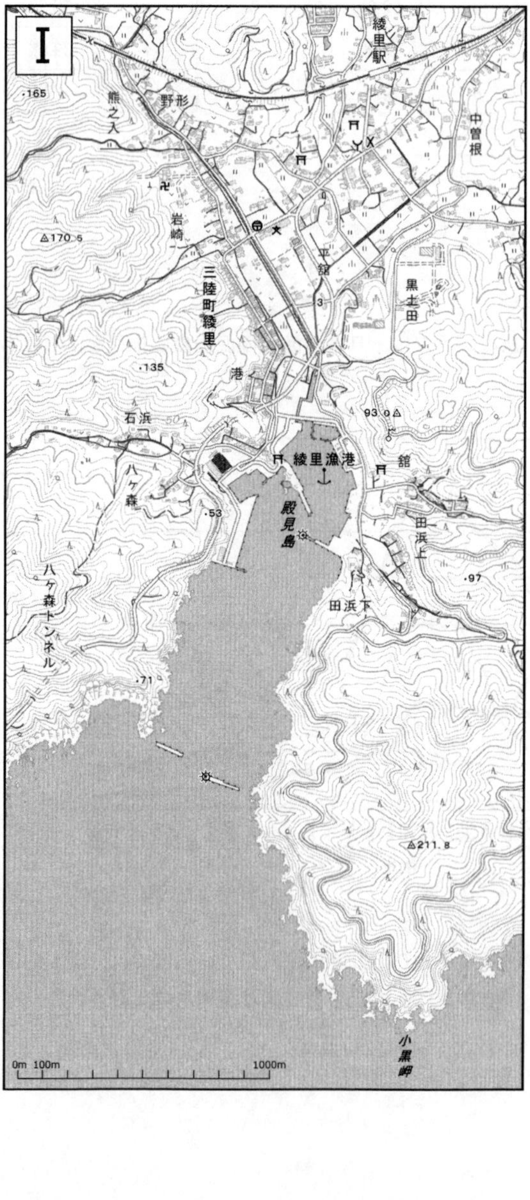

〔地理院地図より作製〕

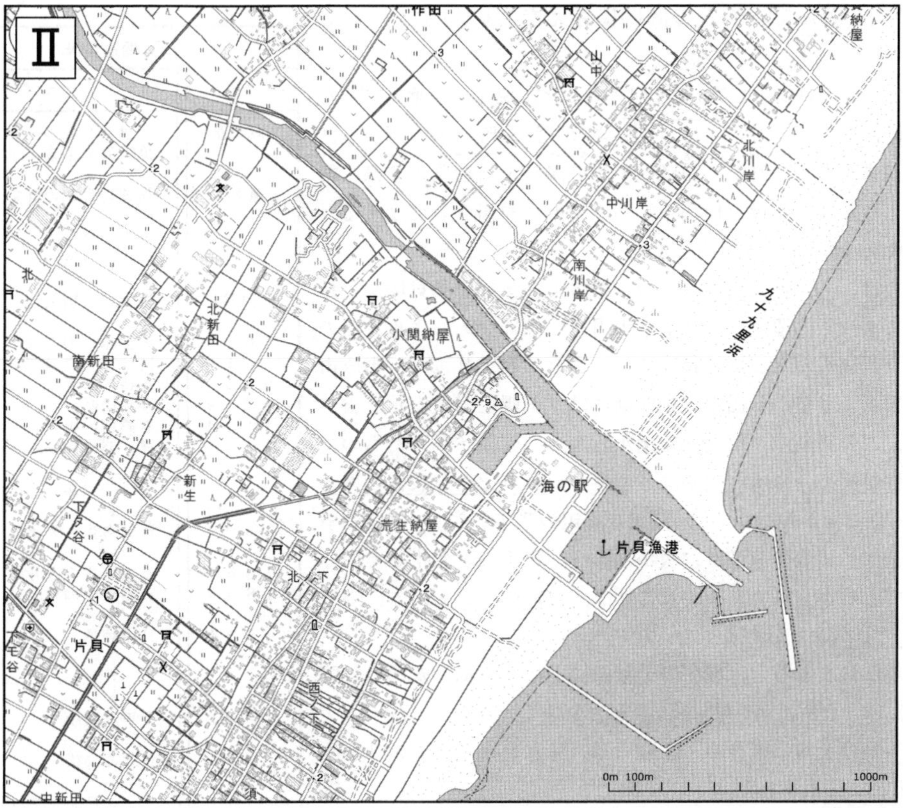

〔地理院地図より作製〕

（９）（８）のⅠ・Ⅱの地図について説明した文として誤っているものを，次のア～エより１つ選び記号で答えなさい。

ア．綾里駅から綾里漁港へ向かうと，途中に道路をはさんで，消防署と交番が建っている。

イ．綾里漁港の南方の，小黒岬《みさき》周辺の海岸沿いには，果樹園が広がっている。

ウ．片貝漁港の北側の砂浜と市街地の間には，防砂林として針葉樹が植えられている。

エ．地図「Ⅱ」の西側に広がる農地は，江戸時代に開発されたと考えられる。

（10）下線部（Ｉ）に関連して，次の表は，2022年度の根菜の収穫量の都道府県ランキングと，全国に占める割合です。空らん ａ ， ｂ にあてはまる都道府県を，それぞれ答えなさい。

順位	だいこん	割合	にんじん	割合	じゃがいも	割合	さつまいも	割合
1位	a	12.3%	北海道	28.9%	北海道	79.7%	b	29.5%
2位	北海道	11.0%	a	19.0%	b	4.3%	茨城県	27.3%
3位	青森県	9.1%	徳島県	8.3%	長崎県	3.7%	a	12.5%
4位	b	7.6%	青森県	5.9%	茨城県	2.1%	宮崎県	11.0%
5位	神奈川県	6.4%	長崎県	5.6%	a	1.2%	徳島県	3.8%

〔農林水産省統計より作成〕

（11）下線部（Ｊ）の海流を答えなさい。

（12）下線部（Ｋ）について，この地域の海水温が高くなる現象を何と呼ぶか，答えなさい。

2 次の文を読んで，あとの問いに答えなさい。

千葉県は，昨年県誕生150周年を迎《むか》えました。現在の千葉県にあたる地域には，1871年７月の（A）によって江戸時代の各藩から26県が成立しました。これが，印旛《いんば》県・木更津《きさらづ》県・新治《にいはり》県の３県に統《とう》廃合《はいごう》されました。その後，1875年に利根川と江戸川を県境とする，現在の千葉県の形にほぼ確定しました。

千葉市では，(B)縄文時代最大級の遺跡である加曽利貝塚《かそりかいづか》が発見されています。この遺跡《いせき》から，千葉市周辺では縄文人による生活の営みが何世代にもわたって行われていたことがわかります。市原市の稲荷台古墳《いなりだいこふん》１号墓から出土した鉄剣《てつけん》には「王賜□□敬安」と書かれており，この鉄剣は，ヤマト政権から地方の豪族へ与えたものである可能性が高く，古墳時代には，千葉県も(C)ヤマト政権の勢力範囲《はんい》にあったことがわかります。成田市周辺の遺跡からは，７世紀頃《ごろ》に地元の豪族の権威の象徴が古墳から氏寺《うじでら》の建築へと変化していく様子をみてとることができます。これは，(D)中央から地方に寺院建築が普及《ふきゅう》したことを物語っています。

律令制度がはじまると，現在の千葉県に上総《かずさ》・下総《しもうさ》・安房《あわ》の３国がつくられ(E)土地制度や税制度が整備されました。741年に，(F)聖武天皇は全国に国分寺・国分尼寺の建立を命じ，この３国にもそれぞれ建てられました。

平安時代の中頃《なかごろ》には武士団が形成され，935年に，千葉県を含《ふく》んだ(G)関東地方で平将門が反乱を起こし，その後，関東地方では源氏が勢力を拡大していきました。

関連年表

年代	できごと
旧石器	ナウマン象の生息 黒曜石の多量出土
縄文	加曽利貝塚の繁栄
弥生	ムラの発生 稲作の普及
5世紀頃	稲荷台古墳築造
701	大宝律令の完成
741	国分寺建立の詔
935	平将門の乱
1159	平治の乱
1180	石橋山の戦い
1185	壇ノ浦の戦い
	↕（あ）
1590	豊臣秀吉、天下統一
1867	王政復古の大号令
1868	五箇条の御誓文
1904	日露戦争
	↕（い）
1941	太平洋戦争
1945	日本の降伏
1951	サンフランシスコ平和条約
	↕（う）
2023	千葉県誕生150周年

保元・平治の乱を背景に朝廷への勢力を拡大した平清盛は，1167年，武士として初の（H）に就任し，平氏政権をおこしましたが，この政権は長くは続きませんでした。伊豆《いず》で挙兵した源頼朝は，房総《ぼうそう》半島や東国の武士たちの支持を受け，1185年，平氏を滅《ほろ》ぼして(I)鎌倉幕府を開きました。それ以降，千葉県の武士たちは，幕府を支える御家人の一員として活躍《かつやく》します。この時代に，安房から日蓮がでて(J)鎌倉新仏教の一派をおこしました。戦国時代になると，千葉県の武士たちの多くは，小田原の北条氏や安房の里見氏といった戦国大名の勢力に属して自分の領地を守るために戦いました。1590年，(K)豊臣秀吉が，北条氏らを滅ぼし，天下を統一しました。

江戸時代には，千葉県の地は(L)江戸の食料供給地になるとともに，幕府の防衛上重要な土地となりました。さらに明治時代になると，首都東京を防衛する目的で陸軍諸施設が県内多くの地域につくられました。そのような中，日清戦争・(M)日露戦争では，佐倉連隊の活躍が国内から注目されました。太平洋戦争の末期には，千葉県は首都防衛の最前線に位置づけられて飛行場や軍隊の駐屯地《ちゅうとんち》が急速に拡大し，九十九里浜を本土決戦の最終防衛ラインとする方針もありました。しかし結局，時の鈴木貫太郎首相は，連合国から日本に行われた降伏勧告である（N）を受け入れました。そこで，(O)天皇が1945年8月15日に，ラジオ放送にて，国民に日本の降伏を発表しました。その後，日本は連合国軍による占領政策を受け入れ，民主化を進めていきました。1951年には，連合国48カ国と(P)サンフランシスコ平和条約を結ぶことで日本はようやく独立を果たしました。

その後，(Q)1960年代以降の高度経済成長期をつうじて，千葉県の東京臨海埋《う》め立《た》て地《ち》には京葉工業地域が形成されました。また，1978年には成田空港が開港し，世界と日本を結ぶ日本の空の表玄関《おもてげんかん》となりました。さらに湾岸の埋め立てや各地域開発などが活発化し，千葉県は大きな発展をとげ今日に至っています。

（１）空らん（A）にあてはまる適切な語句を答えなさい。

（２）下線部（B）の説明として誤っているものを，次のア～エより１つ選び記号で答えなさい。

ア．表面に縄目模様のついている，低い温度で焼かれた黒かっ色の強度のもろい厚手の土器を使用していた。

イ．鹿や猪《いのしし》などの中小動物を狩猟するために弓矢が使用され，さらに獲物から骨角器も製作されていた。

ウ．埴輪とよばれる土人形を製作していた。これは，呪術や祭祀《さいし》に使用されたものと考えられており，女性をかたどったものが多い。

エ．死者の埋葬は，死者が生者に災いをもたらさないようにと，死体の手足を折り曲げる屈葬という方法がとられていた。

（３）下線部（C）について，埼玉県の稲荷山古墳と熊本県の江田船山古墳から出土した鉄剣と鉄刀には，ヤマト政権の大王の名が書かれています。中国の歴史書に記された，この大王と同一人物であると考えられている人物を，次のア～エより１人選び記号で答えなさい。

ア．興　　イ．讃　　ウ．済　　エ．武

（４）下線部（D）の時期に最初の仏教文化がおこりました。その中で蘇我馬子が建立した寺院を，次のア～エより１つ選び記号で答えなさい。

ア．飛鳥寺　　イ．四天王寺　　ウ．法隆寺　　エ．薬師寺

（５）下線部（E）について説明した文として正しいものを，次のア～エより１つ選び記号で答えなさい。

ア．班田収授法によって，６歳《さい》以上の男女に平等に口分田を与《あた》え，死んだら朝廷に返却《へんきゃく》させた。

イ．雑徭とは，絹・糸・海産物など地方の特産品を都に運ぶ労役《ろうえき》のことをいう。

ウ．庸とは，朝廷に布を納めるか，都で年間10日の労役につかなければならないことをいう。

エ．政府は，戸籍によって兵役《へいえき》に就《つ》かせた。これを防人と衛士といい，合計して６年間九州北部の防衛と都の警備にあたらなければならなかった。

（６）下線部（F）が行ったこととして正しいものを，次のア～エより１つ選び記号で答えなさい。

ア．東北地方の蝦夷を討伐《とうばつ》するために，坂上田村麻呂を征夷大将軍に任命し大軍を派遣《はけん》した。

イ．墾田永年私財法を出し，開墾《かいこん》した土地の私有を永久に認めた。このため貴族や大寺社は荘園とよばれる私有地を広げていった。

ウ．友好国であった百済を再興するため，唐・新羅連合軍と白村江の戦いを繰《く》り広げた。

エ．武蔵国から銅が献上《けんじょう》されたため，和同開珎を鋳造《ちゅうぞう》した。

（７）下線部（G）とほぼ同時期に瀬戸内海で朝廷に反乱を起こした人物は誰か，答えなさい。

（８）空らん（H）にあてはまる適切な語句を答えなさい。

（９）下線部（I）以降について，関連年表の（あ）の期間に起こった次のア～オの出来事を，時代順に並べ替えなさい。

ア．文永・弘安の役　　ウ．承久の乱　　オ．応仁の乱

イ．桶狭間の戦い　　エ．勘合貿易の開始

(10) 下線部(Ｊ)のうち栄西によって開かれた宗派を，次のア～エより１つ選び記号で答えなさい。

ア．時宗　　イ．浄土真宗　　ウ．曹洞宗　　エ．臨済宗

(11) 下線部(Ｋ)について説明した文として正しいものを，次のア～エより１つ選び記号で答えなさい。

ア．朝廷の権威《けんい》を利用して関白や太政大臣，征夷大将軍に就任して，天下統一事業を進めた。

イ．全国にわたって村ごとに田畑の面積や収穫高，その土地を耕作する農民を検地帳に記入し，荘園制を完成させた。

ウ．大仏を造立《ぞうりゅう》することを口実に，農民から刀や鉄砲など武器を差し出させる刀狩りを行った。

エ．文禄・慶長の役では，名古屋城を拠点《きょてん》に亀甲船を建造して朝鮮半島への侵略《しんりゃく》を行い，多くの都市を占領《せんりょう》した。

(12) 下線部(Ｌ)に関連して，18世紀後半に老中として印旛沼・手賀沼の開発を進めた人物を，次のア～エより１人選び記号で答えなさい。

ア．堀田正睦　　イ．田沼意次　　ウ．松平定信　　エ．水野忠邦

(13) 下線部(Ｍ)について，関連年表(い)の期間に起こった出来事を時代順に並べたものとして正しいものを，次のア～エより１つ選び記号で答えなさい。

ア．韓国併合 ➡ 関東大震災 ➡ 第一次世界大戦 ➡ 二・二六事件 ➡ 五・一五事件

イ．韓国併合 ➡ 第一次世界大戦 ➡ 関東大震災 ➡ 五・一五事件 ➡ 二・二六事件

ウ．第一次世界大戦 ➡ 関東大震災 ➡ 韓国併合 ➡ 二・二六事件 ➡ 五・一五事件

エ．関東大震災 ➡ 韓国併合 ➡ 二・二六事件 ➡ 五・一五事件 ➡ 第一次世界大戦

(14) 空らん(Ｎ)にあてはまる適切な語句を答えなさい。

(15) 下線部(Ｏ)のラジオ放送のことを，一般的に何というか漢字４字で答えなさい。

(16) 下線部(Ｐ)を締結したときの日本の代表を，次のア～エより１人選び記号で答えなさい。

ア．犬養毅　　イ．東条英機　　ウ．鳩山一郎　　エ．吉田茂

(17) 下線部(Ｑ)について，関連年表の(う)の期間に起こった次のア～エの出来事を，時代順に並べ替えなさい。

ア．公害対策基本法　　イ．第一次石油危機　　ウ．所得倍増計画　　エ．バブル崩壊

3　次の文を読んで，あとの問いに答えなさい。

1947年５月，日本国憲法が施行されました。この憲法は，(A)国民主権，基本的人権の尊重，(B)平和主義の３つを原則としており，男女平等の規定も盛《も》り込《こ》まれました。例えば，「すべて国民は，法の下に平等」であり，「[（C）]，信条，性別，社会的身分又《また》は門地」によって差別されません（第14条）。また，婚姻《こんいん》（結婚）は「両性の合意のみに基《もとづ》いて成立し，夫婦《ふうふ》が同等の権利を有することを基本」としています（第24条第１項《こう》）。

とはいえ，結婚《けっこん》した夫婦の９割以上が夫の姓《せい》を名乗っており，男女平等とは言えない現状に対して導入が提起されているものが(D)選択的夫婦別姓制度です。しかし，現在の民法では別姓制度が認められておらず，(E)最高裁判所も民法の規定は合憲との判断を下しています。

1948年には，(F)国連において世界人権宣言が採択《さいたく》されました。ここでは，「性」を含《ふく》むいかなる差別も受けることがないとされました。しかし，実際の女性の地位は男性より低く，1960年代には男女平等を求める女性解放運動が世界的におこりました。日本でも(G)男女平等を求める動きが続いていますが，その道のりは平坦《へいたん》ではありません。

例えば，世界経済フォーラムが毎年発表している[（H）]ギャップ指数※の2023年の順位は，146か国中125位でした。これは，前年の116位から後退して過去最低であり，「先進国」の中では最下位です。特に，(I)政治分野，(J)経済分野での停滞《ていたい》が目に付き，早急《さっきゅう》に改善されることが望まれます。

[（H）]ギャップ指数　日本の分野別順位　(146か国)

	経済	政治	教育	健康	総合
2022年	121位	139位	1位	63位	116位
2023年	123位	138位	47位	59位	125位

〔内閣府男女共同参画局ホームページより作成〕

※…各国における男女の格差を数値化したもの。女性の地位が高いほど，順位が上がる。なお，[（H）]とは，「男らしさ」「女らしさ」など，社会的・文化的につくられた性のことを言う。

（1）下線部(A)に関連して，国民の代表者で構成される国会について説明した文として正しいものを，次のア～エより１つ選び記号で答えなさい。

ア．国会は最高裁判所長官を指名し，その他の裁判官を任命する。

イ．国会は内閣総理大臣を選び，任命する。

ウ．内閣が外国と結んだ条約を，国会が承認する。

エ．日本国憲法において，国会は唯一の行政機関と定められている。

（2）下線部(B)に関連して説明した文として正しいものを，次のア～エより１つ選び記号で答えなさい。

ア．憲法上の制約により，自衛隊はこれまで海外に派遣されたことがない。

イ．憲法第９条には，自衛隊を持つことが明記されている。

ウ．憲法第９条の一部が安倍政権下の2014年に改正され，集団的自衛権の行使が認められるようになった。

エ．日本は被爆国であるが，核兵器禁止条約を批准《ひじゅん》していない。

（3）憲法の条文において，空らん(C)にあてはまる適切な語句を，次のア～エより１つ選び記号で答えなさい。

ア．人種　　イ．血統　　ウ．年齢　　エ．財産

(4) 下線部(D)の制度を説明した文として正しいものを，次のア～エより1つ選び記号で答えなさい。

ア．夫婦のそれぞれが，新たに選択した姓を名乗ることができる制度

イ．夫婦のそれぞれが，勤務先で結婚前の姓を名乗ることができる制度

ウ．夫婦のそれぞれが，結婚前の姓を名乗ることができる制度

エ．夫婦のどちらも，結婚後は，お互いの結婚前の姓を両方とも使用することができる制度

(5) 下線部(E)に関連して，裁判に関する次の文の空らん①～③にあてはまる語句や数字を答えなさい。

> 日本の裁判制度は，［①］制がとられている。原則として3回，裁判を受ける権利が認められていて，簡易裁判所から始めた刑事裁判で控訴されると，次は［②］裁判所で審議される。
>
> 2009年に始まった裁判員制度は，裁判官に加えて原則［③］人の裁判員が審議に加わるものである。

(6) 下線部(F)の各機関について述べた文のうち，誤っているものを，次のア～エより1つ選び記号で答えなさい。

ア．安全保障理事会は，アメリカ・イギリス・ロシア・中国・日本の常任理事国と，10か国の非常任理事国で構成されている。

イ．国際司法裁判所はオランダのハーグに設置されており，国と国の争いを両国が訴えた場合に裁判を行う。

ウ．総会の意思決定においては，全加盟国が1国1票の投票権を持っている。

エ．WHOは感染症撲滅や医療の普及など，全世界の人々が健康な生活を送れるような施策を行っている。

(7) 下線部(G)に関連して，次の文で説明している人物は誰か，次のア～エより1人選び記号で答えなさい。

> 1919年に新婦人協会を結成，女性の選挙権獲得運動を行った。戦後は参議院議員を25年間務めつつ，女性の地位向上に尽力した。

ア．市川房枝　　イ．津田梅子　　ウ．樋口一葉　　エ．与謝野晶子

(8) 空らん(H)にあてはまる適切な語句を，答えなさい。

(9) 下線部(I)の政治分野における男女平等に関して述べた文の空らんにあてはまる語句を次のア～エから1つ選び，記号で答えなさい。

> 女性の国会議員が少ないことが，政治分野での順位が低い大きな原因である。そこで，女性議員を増やすために，議席や候補者の一定数を女性に割り当てる［　　］制を導入するべきとの議論も高まっている。

ア．オンブズマン　　イ．クオータ　　ウ．バリアフリー　　エ．マイノリティ

(10) 下線部(J)の経済分野では，労働者の募《ぼ》集《しゅう》や採用において男女差別をなくすことを目的とした法律が1985年に制定されている。この法律の名称を答えなさい。

【理　科】〈第１回試験〉（30分）〈満点：60点〉

1　次の各問いに答えなさい。

(1)　小腸にあるじゅう毛の中の毛細血管で，吸収される養分を，次の**ア**～**オ**から２つ選び，記号で答えなさい。

ア：ブドウ糖　**イ**：モノグリセリド　**ウ**：タンパク質
エ：しぼう酸　**オ**：アミノ酸

(2)　日本国外に起源をもつ外来生物のうち，特に生態系，人の生命・身体，農林水産業へ被害《ひがい》をおよぼすものは「特定外来生物」と呼ばれます。2023年６月に，新たに「条件付特定外来生物」として認定された生物を，次の**ア**～**エ**から２つ選び，記号で答えなさい。

ア：アメリカザリガニ　**イ**：ニホンザリガニ　**ウ**：アオウミガメ
エ：アカミミガメ

(3)　次の**ア**～**エ**のうち，まちがっているものを１つ選び，記号で答えなさい。

ア：二酸化硫黄《いおう》は，酸性雨の原因物質のひとつである。
イ：メタンは，地球温暖化に影響《えいきょう》をおよぼす温室効果ガスのひとつである。
ウ：フロンは，オゾン層を破壊《はかい》する原因物質のひとつである。
エ：マイクロプラスチックは，10ミリメートル以上のプラスチックごみのかたまりのことで，海洋汚染《おせん》の原因のひとつである。

(4)　次の水溶液《すいようえき》のうち，電気が流れないものはどれですか。最もあてはまるものを次の**ア**～**オ**から１つ選び，記号で答えなさい。

ア：食塩水　**イ**：砂糖水　**ウ**：水酸化ナトリウム水溶液
エ：塩化銅水溶液　**オ**：さく酸水溶液

(5)　星の明るさに関する次の文の（　）にあてはまる数字を，それぞれ整数で答えなさい。

地球上から最も明るく見える星を１等星といい，肉眼で見える最も暗い星を（　A　）等星という。１等星は（A）等星の約（　B　）倍の明るさである。

(6)　太陽について，まちがっているものを次の**ア**～**オ**から１つ選び，記号で答えなさい。

ア：太陽の表面で炎《ほのお》のように見える部分をプロミネンスという。
イ：太陽の表面上で観測できる黒い点を黒点という。黒点は，まわりよりも温度が低くなっている。
ウ：太陽は主に高温の気体でできており，表面温度は約6000℃である。
エ：太陽の外側の光の層をコロナといい，温度は100万℃以上である。
オ：太陽は東から西へ自転していて，約50日間で１回転する。

(7)　2023年の７月に，福島第一原子力発電所から出た処理水の海洋放出がニュースになりました。処理水は，安全な状態に近づけていますが，取り除くことが難しいものもあります。処理水から取り除くことが難しく，人体に影響《えいきょう》があるとニュースで多く取り上げられたものはどれですか。次の**ア**～**エ**から１つ選び，記号で答えなさい。

ア：ニホニウム
イ：セシウム
ウ：トリチウム
エ：ヨウ素

(8)　白熱電球を生活に使えるように改良した科学者は誰《だれ》ですか。次の**ア**～**エ**から１つ選び，記号で答えなさい。

ア：アルベルト・アインシュタイン
イ：トーマス・エジソン
ウ：ニコラ・テスラ
エ：マイケル・ファラデー

2　［１］と［２］の文章を読み，問いに答えなさい。

［１］
　全国の都道府県では，自治体にゆかりのある花，樹木，鳥，魚などを，シンボルとして「県の花」などとして定めています。例えば，千葉県の花はAなのはなです。

(1)　文中の下線部Aについて，次の問いに答えなさい。

①「なのはな」はある植物の別名です。その植物の名前をカタカナ４文字で答えなさい。

②「なのはな」は離弁花《りべんか》です。次の**ア**～**オ**から離弁花をすべて選び，記号で答えなさい。

ア：アサガオ　　**イ**：ツツジ　　**ウ**：タンポポ
エ：サクラ　　**オ**：エンドウ

③　春に「なのはな」の葉の裏側を見ると，あるこん虫の卵が産みつけられていることがあります。そのこん虫の名前を，次の**ア**～**オ**から１つ選び，記号で答えなさい。

ア：カマキリ　　**イ**：カブトムシ　　**ウ**：バッタ
エ：セミ　　**オ**：モンシロチョウ

［２］

千葉県の鳥はホオジロです。県内に生息し，県民に最も親しまれている鳥として，1965年に選ばれました。ホオジロは，千葉県をふくむ本州においては長い距離《きょり》の移動をほとんど行いません。一方で，北海道などの寒冷地では，夏の間に繁殖《はんしょく》を行った後，寒い時期を乗りこえるために，冬の間はより暖かい南方へ移動することが知られています。このような，季節に応じた鳥類の移動をB「（鳥の）渡《わた》り」といいます。

(2)　鳥類は，体温を一定に保つことができる動物として知られています。鳥類の体表をおおい，体温を保つ役割をもつものを何といいますか。名前を漢字２字で答えなさい。

(3)　文中の下線部Bについて，渡りを行う鳥類の名前を，次の**ア**～**オ**から１つ選び，記号で答えなさい。

ア：スズメ　　**イ**：ツバメ　　**ウ**：カラス
エ：ハト　　**オ**：ウグイス

(4)　渡りの習性をもつ鳥の一種（以下「鳥Ｃ」）は，冬の間を千葉県の農業地帯（以下「地域Ｄ」）で過ごします。いま，地域Ｄにおいて，鳥Ｃの観察される数が，20年前と比べて大きく減少していることが報告されたとします。ところが，地域Ｄは自然保護地域に指定されており，保護地域内の自然環境《かんきょう》は20年前とほとんど変化はありませんでした。このとき，地域Ｄにおける鳥Ｃの観察数が減少した理由として考えられることのうち，最もあてはまらないものを次の**ア**～**エ**から１つ選び，記号で答えなさい。

ア：地域Ｄにおいて，取れる餌《えさ》の量が大きく減少した。
イ：鳥Ｃが夏の間を過ごす地域において，農地が住宅地へと変化した。
ウ：鳥Ｃが夏の間を過ごす地域において，農薬の過度な散布が行われた。
エ：鳥Ｃが渡りを行う際に通る地域において，違法《いほう》な鳥類の捕獲《ほかく》が行われていた。

3 二酸化炭素は，炭酸カルシウムにうすい塩酸を加えることでつくることができます。次の問いに答えなさい。

(1) 二酸化炭素の性質として，正しいものを，次の**ア**～**オ**から2つ選び，記号で答えなさい。

ア：水にとけて酸性を示す。
イ：空気中に体積の割合で約20％ふくまれている。
ウ：火を近づけると音をたてて燃える。
エ：石灰水を白くにごらせる。
オ：特有の鼻をさすにおいがある。

(2) ドライアイスは二酸化炭素の固体です。ドライアイスを水の入ったビーカーの中に入れると白いけむりのような物質が出ました。この物質を次の**ア**～**オ**から1つ選び，記号で答えなさい。

ア：酸素　　**イ**：一酸化炭素　　**ウ**：二酸化炭素
エ：ちっ素　　**オ**：水

(3) うすい塩酸100.0ｇを50.0ｇのビーカーに入れた後，細かくくだいた炭酸カルシウムを加えました。二酸化炭素が発生しなくなったことを確認した後，ビーカーの重さをふくめた「反応後の全体の重さ」を電子てんびんではかりました。加える炭酸カルシウムの重さを変えて，それぞれ別のビーカーで同様の実験を行ったところ，次の表のようになりました。ただし，「反応後の全体の重さ」には，二酸化炭素の重さはふくまれないものとし，答えは小数第1位まで答えるものとします。

表

加えた炭酸カルシウムの重さ〔g〕	0.0	2.0	4.0	6.0	8.0	10.0
反応後の全体の重さ〔g〕	150.0	151.2	【 X 】	153.6	155.2	157.2

① 表の【 X 】に入る数値を答えなさい。

② 加えた炭酸カルシウムが10.0ｇのときに，発生した二酸化炭素の重さは何ｇですか。

③ うすい塩酸の濃《こ》さを変えずに，炭酸カルシウムの代わりに細かくくだいた石灰石2.0ｇを用いて，同様の実験を行いました。このとき，反応後の全体の重さは151.5ｇになりました。石灰石の主成分は炭酸カルシウムで，それ以外にふくまれる物質（不純物）はうすい塩酸とは反応しないものとするとき，この石灰石の何％が炭酸カルシウムであったか答えなさい。

4　日本の天気について，次の問いに答えなさい。

(1)　日本列島の周辺には，季節によってあらわれる大きな気団があります。冬の時期に発達して，日本の気候に影響《えいきょう》をおよぼす気団を何といいますか。名前を答えなさい。

(2)　例年６月ごろ，ぐずついた天気が続きます。このとき，日本列島沿いに停滞前線《ていたいぜんせん》ができます。この前線を特に何といいますか。名前を漢字で答えなさい。

(3)　夏によく見られる気象現象に「集中豪雨《ごうう》（ゲリラ豪雨)」があります。これに最も関連する雲を何といいますか。名前を答えなさい。

(4)　次の**ア**～**オ**のうち，正しいものをすべて選び，記号で答えなさい。

ア：晴れた日の１日の中で，12時と24時の気温を比べたとき，多くの日は，12時の方が気温が高くなる。
イ：晴れた日の１日の中で，気温と地温が最も高くなる時刻を比べたとき，多くの日は，地温が高くなる時刻の方が早い。
ウ：最高気温が35℃以上になる日は「真夏日」と呼ばれる。
エ：最低気温が20℃以下にならなかった夜は「熱帯夜」と呼ばれる。
オ：気温をはかる百葉箱は，地面から温度計までの高さが1.2m～1.5mで，風通しが良く，直射日光が温度計に当たるように設置されている。

(5)　天気と風向きを表すのに，図のような記号を用いることがあります。右の記号で表す天気と風向きを，それぞれことばで答えなさい。ただし，風向きは８方位で表すものとします。

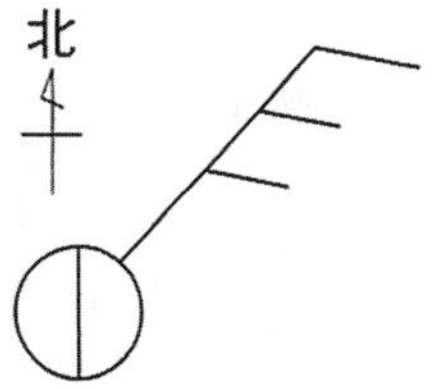

5　光の速さについて，次の問いに答えなさい。ただし，必要ならば円周率を3.14とします。

［１］　光の速さは，「１秒間に地球を7.5周する速さ」と言われています。

(1)　地球１周の距離《きょり》として最もあてはまるものを，次の**ア**～**カ**から１つ選び，記号で答えなさい。ただし，地球の半径は6400kmとします。

ア：1.3万km　　**イ**：２万km　　**ウ**：４万km
エ：13万km　　**オ**：20万km　　**カ**：40万km

(2)　(1)と下線部より，光の速さとして最もあてはまるものを，次の**ア**～**カ**から１つ選び，記号で答えなさい。

ア：秒速9.8万km　　**イ**：秒速15万km　　**ウ**：秒速30万km
エ：秒速98万km　　**オ**：秒速150万km　　**カ**：秒速300万km

［２］　光の速さはとても速いので，測定には工夫が必要でした。1849年にフランスのフィゾーは，地上で初めて光の速さの測定に成功しました。図１は，フィゾーの実験装置を簡単に表したものです。光は次の順で進みます。

光源 ①→ 半透明《はんとうめい》の鏡 ②→ 歯車 ③→ 反射鏡 ④→ 歯車 ⑤→ 半透明の鏡 ⑥→ 観測者

図１

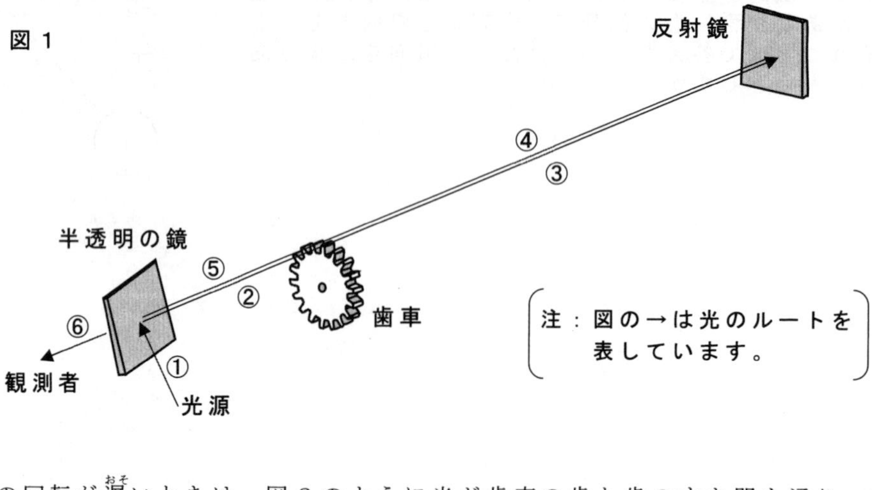

まず，歯車の回転が遅《おそ》いときは，図２のように光が歯車の歯と歯のすき間を通り，反射鏡で反射され，通りぬけたときのすき間を通り観測者に届きます。

次に，歯車の回転が速いときは，図３のように光は歯車の歯と歯のすき間を通り，反射鏡で反射され，通りぬけたときのすき間の隣《となり》にある歯に当たり，観測者には届きません。

実験では，歯車と反射鏡の距離が8633m，歯車の歯の数が720としました。歯車の回転を少しずつ速くしていき，歯車が１秒間に12.6回転したとき，初めて観測者に光が届かなくなったと言われています。ただし，歯車の歯とすき間は，すべて等しい間隔《かんかく》でならんでおり，光はすき間の真ん中だけを通るものとします。

図２

図３

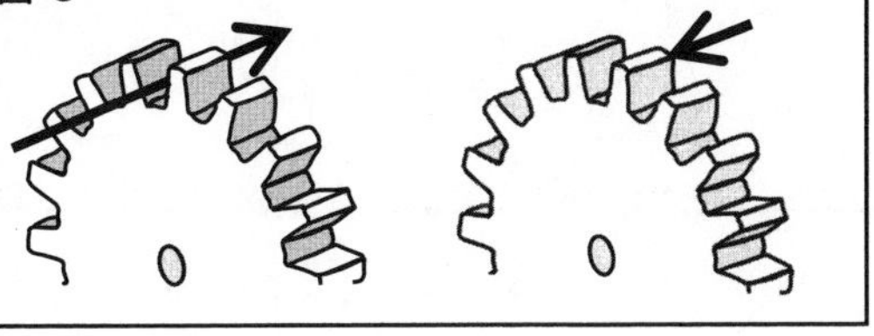

(3)　歯車が１秒間に12.6回転しているとき，歯車の１回転にかかる時間は何秒ですか。**小数第３位を四捨五入し，小数第２位まで**答えなさい。

(4)　光は歯と歯のすき間を通り，反射鏡で反射されて，すき間の隣にある歯に当たりました。このとき，歯車全体は何度回転しましたか。**小数第２位まで**答えなさい。

(5)　歯車を通った光が，反射鏡で反射されて，歯車に戻《もど》ってくるまでにかかる時間は何秒ですか。(3)，(4)の答えを用いて，**小数第７位を四捨五入し，小数第６位まで**答えなさい。

(6)　この実験で得られた光の速さは秒速何万kmですか。(5)の答えを用いて，**小数第１位を四捨五入し，整数で答えなさい**。

ってきているよね。生産性がないとか、マイノリティだとかいって、そういう人たちを差別したり、生きづらくさせている残念な社会。でもだからこそ、そういう人たちだけでつながり合って、心穏《おだ》やかに暮らせる社会のしくみができたらいいのにと思うわ。

E　でも現代の私たちは実際には文明の中で暮らしているのよね。そしてその文明を築いてきたのは明らかに人間なのよ。強い人間は現代文明と相性がよくて、そうでないものからの搾取《さくしゅ》によって成り立ってきた側面があることも確か。でも強いものは普通に町の中にいるわけだから、本当に困っちゃうわね。

ア　熊の言葉すらわかるような気がするという小十郎の態度は、熊の命とともに自らの命があることを実感しているからこそ生まれたものであり、原生の森に共生するものとしての交流のあかしである。

イ　小十郎が熊の母子のからだから後光が射すように思えて釘付《くぎ》けになったのは、その熊の母子に、人間に対するもの以上の深い愛情と限りない敬いを感じて、その神々しさに圧倒されたあかしである。

ウ　小十郎に殺されるのを二年間待ってほしいと頼んだ熊が、二年後に小十郎の家の前で倒れていたのは、生活のためにやむを得ず狩猟をしている彼の立場や思いをくみとり、通じ合ったあかしである。

エ　熊撃ちの際に死んだ小十郎の顔が何か笑っているようにさえ見えたのは、周囲にひれ伏《ふ》す熊の感謝の祈《いの》りが届いたからであり、ついに熊たちの属する世界に足を踏《ふ》み入れられた喜びのあかしである。

オ　小十郎は熊たちに申し訳ない気持ちを感じながらも、熊撃ちに精通し、その熊の体の一部を売ることで生活していたが、それをやめなかったのは彼がその自覚をもって熊撃ちをしていたあかしである。

問九　⑧に共通して入る語として最も適当なものを次のア～オから一つ選び、記号で答えなさい。

ア　すると　イ　しかし　ウ　つまり
エ　では　オ　そして

問十　A～Cに入る適語を文中より三字程度でそれぞれぬき出して答えなさい。

問十一　――線部⑨「強い者はますます強く、弱い者はますます弱くなっている」とありますが、このようになることで、現実の世界はどのようになっていくと考えられますか。次の形式に合う、漢字二字の語を本文中から書きぬきなさい。

現実の世界は、さらに（　　）していくと考えられる。

問十二　この文章を読んで感じたことを具体的な事例を含《ふく》みながら、複数の生徒が話し合いました。A～Eの意見のうち、この文章で述べられている筆者の思いからは想定できない内容のものを一つ選び、記号で答えなさい。

A　私はこの文章を読んで、すぐにSDGsについて考えたわ。自分たちの利益ばかりを求める人間の活動によって絶滅《めつ》、または絶滅に追いやられそうになっている動物たちはまさに被支配者だと思う。持続可能な社会であり続けるためにもそんな動物たちと共生していけるような豊かな社会にしていかなきゃいけないわね。

B　そうだね。でも被支配者は動物だけにかぎらないよね。貧困ビジネスのように、貧しい人を利用してお金を儲《もう》けようとしていたり、貧しい国の人を安い賃《ちん》金で働かせたりしている実態があるのは本当に悲しい。でもこうした動きをフェアに倫理《りんり》的に正そうという企《き》業もたくさん出てきていて、とってもいいことだと思う。

C　私はこの文章の中の「神話や伝説や昔話を通じて伝えてきたメッセージ」というところを読んで、昔話を思い出してみたわ。確かに昔話には自然や動物と人間が交流するものが多いし、自然との共生を心に刻むメッセージがあったんだと気づいた。こういうものをばかにしないで、動物や自然に感謝する気持ちを持ちたいわ。

D　なんていうか、社会から「優しい気持ち」がだんだん無くな

＊ 狂牛病…家畜《ちく》である牛に異常プリオン（感染性蛋白質《たんぱくしつ》）で汚染《おせん》された肉骨粉《にくこっぷん》を食べさせたことによって生まれた伝染病。多くの牛が死に至《いた》り、人間にも感染する可能性があるということで世界はパニックになった。

問一 ＝線部a～eのカタカナを漢字に直しなさい。

問二 ［①］に入る言葉として最も適当なものを次のア～エから一つ選び、記号で答えなさい。

ア メニューの種類が多く、客が注文するのに時間がかかる
イ 高級料理店なので、最高級の食材を求めるための注文が多い
ウ 客と一緒《いっしょ》に料理を作り上げるため、客への注文が多い
エ はやっている店なので注文が多く、料理が出てくるまで時間がかかる

問三 ［②］に入る言葉として最も適当なものを次のア～エから一つ選び、記号で答えなさい。

ア とんかつの衣みたいに　イ ガラスみたいに
ウ 紙くずみたいに　エ 生クリームみたいに

問四 ――線部③「何度読んでも、ゾクッとさせられる」とありますが、その理由について次のように説明しました。（　）に適切な語句をそれぞれの指定字数に合わせて本文中から書きぬきなさい。ただし（ア）に関してはそのはじめと終わりの五字を答えること。句読点や記号なども一字と数えます。

（ア　16字）であることを（イ　8字）と考えてきた私たちは、そうではない状況について想定したことがなかったから。

問五 ――線部④「賢治」とありますが、次のうち宮沢賢治の作品ではないものを次のア～オから一つ選び、記号で答えなさい。

ア オツベルと象　イ 風の又三郎　ウ 河童《かっぱ》
エ 銀河鉄道の夜　オ 春と修羅《しゅら》

問六 ――線部⑤「説得性をもっていた」とありますが、襲撃した野生動物たちはどのような内容に納得したのでしょうか。「～こと」につながるように、それについて最も端《たん》的に述べた部分を本文中から三十字以上三十五字以内で探し、そのはじめと終わりの八字を書きぬきなさい。

問七 ――線部⑥「テロも狂牛病も同じ原因から生まれる。つまり、どちらも『圧倒的な非対称』が生みだした病気なのだ、と。」について

Ⅰ これはどういうことかを説明したものとして最も適当なものを次のア～エより一つ選び、記号で答えなさい。

ア テロも狂牛病も、一見公平な関係に見せかけて、実は力関係に不公平感がある関係から生まれたものだということ。
イ テロも狂牛病も、人間が生物として無法ともいえる行為《こうい》を続け、必要以上に弱者を虐《しいた》げた結果生まれたものだということ。
ウ テロも狂牛病も、力のないもの同士が協力し合うことで、自分たちを抑圧《よくあつ》するものに勝とうとして生まれたものだということ。
エ テロも狂牛病も、人間と動物の間になるべくフェアで公正な関係を作り、それを保とうとして生まれたものだということ。

Ⅱ 「非対称」を簡潔に言い換《か》えた言葉を本文中から三字で書きぬきなさい。

問八 ――線部⑦「猟師と動物とのやりとりを描いた賢治の作品『なめとこ山の熊』」とありますが、この作品で描かれる内容に関する説明として明らかにあてはまらないものを次のア～オから一つ選び、記号で答えなさい。

の言葉を聞いた。

「おお小十郎おまえを殺すつもりはなかった。」

……そしてちらちらちら青い星のような光がそこいら一面に見えた。

「これが死んだしるしだ。死ぬとき見る火だ。熊ども、ゆるせよ。」と小十郎は思った。

それから三日目の晩《ばん》のこと、凍《こお》りついた小十郎の死体のそばで、熊たちが雪の上に輪になり、ひれ伏《ふ》して祈《いの》っていた。

小十郎の顔はまるで生きてるときのように冴《さ》え冴《ざ》えして何か笑っているようにさえ見えたのだ。

この物語は、その前の「注文の多い料理店」「氷河鼠の毛皮」に比べてどうだろう。前のふたつが、文明と野生との間の非対称を少し大げさに戯画《ぎが》化して描いていたのに対して、ここでは、小十郎と熊たちとの間に成り立っている、敵対的であると同時に親密な関係を、リアルに描いている。

前のふたつの話に出てくる、都会の紳士《しんし》たちと山猫、タイチと寒い地方の動物たちとの関係は、ここでは、小十郎から毛皮などを買う［A］と［B］との関係にあたる。その間に立っているのが［C］だ。

そう言えば、小十郎と商人とがやり合う場面で、語り手の賢治はこう言っていた。

日本では……狐《きつね》は猟師に負け、猟師は旦那《だんな》に負けるときまっている。ここでは熊は小十郎にやられ小十郎が旦那にやられる。旦那は町のみんなの中にいるからなかなか熊に食われない。

ここで「旦那」と呼ばれる町の商人は、最後に熊にも「やられる」小十郎と対比されている。小十郎が、「やったり、やられたり」という連鎖《れんさ》の中にいるのに対して、商人だけは「食われない」、そして「負けない」。それはまるで、すべての生きものたちが「食べたり、食べられたり」という関係でつながっている「食物連鎖」の輪の中から、人間だけをｅジョガイしている文明のあり方を象徴《しょうちょう》しているかのようだ。

金という権力をふりかざす商人が、小十郎にみじめな思いをさせる場面を描くのは、「実にしゃくにさわってたまらない」と、書き手としての賢治はぼやいている。そして、「こんないやなずるいやつら」は、世界がだんだん進歩していけば、ひとりでに消えてなくなっていくにちがいない、とつぶやいて自分をなぐさめる。

それから百年後、「こんないやなずるいやつら」は消えてなくなるどころか、ますます世界に増え続けているのではないか。そして、⑨強い者はますます強く、弱い者はますます弱くなっているようにぼくには見えるのだが、この様子を賢治が見たらなんて言うだろう⁉

それはともかく、この物語の肝心《かんじん》なところは、小十郎のその「みじめさ」であり、「かなしさ」だ。熊を殺す立場にある小十郎だが、彼が生きていたのは、熊たちにごく近い場所。彼もまた中沢の言う「対称性社会の住人」なのだ。

小十郎と熊たちは互《たが》いの「弱さ」を通じて、コミュニケーションをはかり、理解し合い、つながる。そして彼らはともに、商人に代表される「強さ」の都市文明から遠く隔《へだ》てられている。

（辻　信一　著『弱虫でいいんだよ』　ちくまプリマー新書）

因から生まれる。つまり、どちらも「圧倒的な非対称」が生みだした病気なのだ、と。

　現代世界は「貧しい世界」と「富んだ世界」に、弱者と強者に、敗者と勝者に引き裂《さ》かれ、その富と力のｃカクサはますます大きく、圧倒的なものになりつつある。またこれと並んで、人間界と動物界の間も、これまでは保たれていたはずの微妙《びみょう》なバランスが崩《くず》れて、「支配・被《ひ》支配」の関係が、ますます一方的で、暴力的で、無慈悲《むじひ》なものとなっている。

　中沢によると、世界を荒廃《はい》に導《みちび》くこのふたつの「圧倒的な非対称」は偶《ぐう》然生まれたわけではない。どちらも現代文明にもともとそなわっている性質が表れたもので、互《たが》いに切っても切れない関係にある。

　しかし、と彼は言う。かつて、人間界と動物界の間のカクサや不公正が大きくなりすぎないようにしてきた社会――それを対称性社会と呼ぶ――が世界中あちこちにあったし、今もまだわずかに残っている。そこに注目しよう。そして、「対称性社会の住人ならば、これをどんなふうに思考して解決に導こうとするだろうかと考えてみる」ことだ、と。

　「対称性」という言葉で思い出すのは、⑦猟師と動物とのやりとりを描いた賢治の作品「なめとこ山の熊」だ。少し長くなるが、あらすじを書き出したい。

　熊とり名人の小十郎は、原生の森をのし歩いては、熊を撃《う》ち、その毛皮と胆のう(それを干した「くまのい」は漢方薬として珍重《ちんちょう》される)をとって、ｄセイケイをたてていた。そんな彼に、しかし、なぜか、なめとこ山周辺の熊たちは好感をもっているのだと、語り手(賢治)は言う。そして小十郎の方でも、「もう熊のことばだってわかるような気がした」と。

　例えば小十郎は、撃ち殺したばかりの熊のそばに寄ってきてこう言う。

「熊、おれはてまえを憎《にく》くて殺したのでねえんだぞ」

⑧、本当は他の仕事をしたいのだが、農業も林業もできず、しかたなく、熊とりをしているのだと語りかける。

　早春のある日、熊の母子に出会った時のこと。

「まるでその二疋《ひき》の熊のからだから後光《ごこう》が射《さ》すように思えてまるで釘《くぎ》付《づ》けになったように立ちどまってそっちを見つめていた」

⑧、しばらく熊の母子の会話に耳を傾けた後、小十郎は「音をたてないようにこっそりこっそり戻りはじめ」、結局、撃たずにすませる。

　語り手は、町に毛皮とくまのいを売りにいく時に小十郎が感じるみじめさについても語る。商人たちは、危険な仕事はしないくせに、猟師の足もとをみて、ひどい安値で買いたたく。

　ある時、小十郎が熊をもう少しで撃つところで、その熊が両手をあげて叫ぶ。

「おまえは何がほしくておれを殺すんだ」

　そう言われてみると、彼には熊を殺すだけのしっかりとした理由がないように思える。食べ物を買う金のために熊をとるのだが、その金がなくても、山にあるどんぐりなどを食って生きていく方がいいような気もする、そしてそれでたとえ死ぬことになってもいいような気がする、と彼は熊にうちあける。

　すると熊は、自分も死ぬのはかまわないのだが、少し残した仕事もあるので、もう二年ばかり待ってくれないか、と小十郎に頼《たの》む。

　それからちょうど二年目、自分の家の前で、あの時の熊が倒《たお》れているのを見て、小十郎は「思わず拝《おが》むようにした」。

　最後に、小十郎は熊撃ちの最中に死ぬ。意識が遠のく中で、彼は熊狩猟に関する④賢治の話に、「氷河鼠《ひょうがねずみ》の毛皮」がある。

厚い毛皮の防寒具をまとった乗客たちが、イーハトヴ発「最大急行ベーリング行」で旅行中、仮面やマフラーで素顔をかくした白熊などの野生動物たちの襲撃《しゅうげき》を受ける、という物語だ。

襲撃者たちのねらいは乗客の一人、大富豪《ふごう》のタイチ。彼はふだんの冬の服装の上に、ラッコの毛皮を裏地にした内外套《うちがいとう》、ビーバーの毛皮の中外套、表も裏も黒キツネの毛皮でできた外外套などを着込み、おまけに上着は、四百五十匹分の氷河鼠の首の部分の毛皮だけでつくられている。今回列車に乗ったのは、「黒キツネの毛皮九百枚をもち帰ってきてみせる」という賭《か》けをしてしまったからだという。自分の富をひけらかし、酒を飲んで他の乗客にからむタイチのまるで「馬鹿《ばか》げた大きな子供の酔《よ》いどれ」みたいな態度に、みんな、腹をたてたり、呆《あき》れたりしていたのだった。

告発を受けたタイチが襲撃者によって外へとまさに連れ出されようとするとき、乗客の船乗りらしい青年が襲撃者の一人からピストルを奪《うば》い、逆に人質にとって、その仲間たちにこう叫《さけ》ぶ。

おい、熊ども。きさまらのしたことは尤《もっと》もだ。けれどもなおれたちだって仕方ない。生きているにはきものも着なけぁいけないんだ。おまえたちが魚をとるようなもんだぜ。けれどもあんまり無法なことはこれから気を付けるように云《い》うから今度はゆるしてくれ。

最後はあっけない。タイチと人質は解放され、襲撃者たちはみな降りて、列車はまた動き出す。「今度はゆるしてくれ」という船乗りの青年の要求があっさり受け入れられたのは、なぜか。それは青年の言葉が、相手にとって⑤説得性をもっていたからだろう。このことについて考えてみよう。

作者の賢治は、まず青年の言葉を通じて、「きさまらのしたことは尤もだ」と、襲撃者たちのｂドウキを肯定《こうてい》してみせる。だが同時に、人間が毛皮をとるのは、熊が魚をとって食べるのと同じように、生きものとして「仕方ない」ことだと言う。その上で青年は、「あんまり無法なこと」をこれからはしないようにすると言う。ある程度はしかたがないが、あまりひどいことはつつしむ、というわけだ。それは青年が自分のことを言っているようでもあり、タイチの代わりに言っているようでもある。またそれは、人間を代表して言っているようにも聞こえる。

つまり、人間として、生きていくために必要な範囲《はんい》を、大きく越えるようなことはしないようにする。もっと言えば、生きものの世界に本来あるべき〝法〟に背《そむ》かないように生きるようにする、ということだろう。そうすることで、人間と動物との間になるべくフェアで、公正な関係をつくり、保っていかなければならない。前にも見たように、これこそが、狩猟社会をはじめとする多くの伝統社会が、神話や伝説や昔話を通じて伝えてきたメッセージでもある。

「氷河鼠の毛皮」をとりあげて、人類学者の中沢新一が「圧倒《とう》的な非《ひ》対称《たいしょう》」と題する文章を書いたことがある。そこで中沢は、あの物語の中の野生動物たちによる襲撃を、人間たちに対する一種の「テロ」として見る。彼によると、作者の賢治は、こうした「テロ」を引き起こす原因として、人間界が野生動物に強いてきた極端《たん》な不公平――それを中沢は「圧倒的な非対称」と呼ぶ――があると指摘したのだ。

この文章を中沢が書いたのは、二〇〇一年のニューヨーク同時多発テロとそれに続く対テロ戦争、そして狂牛病《きょうぎゅうびょう》によって世界中に不安が渦巻《うず》いていた時のこと。中沢が言うには、⑥テロも狂牛病も同じ原

問八　スパイを意味する「間者」「間諜《かんちょう》」という語があります。「すきをねらう」という意味を含《ふく》むこれらの言葉から「間」の意味を想像し「う〇〇う」と読む場合、〇の中にはどんな言葉が入りますか。〇ひとつにつきひらがな一字で答えなさい。

問九　「噴飯《ふんぱん》もの」「噴飯に堪《た》えない」というときの「噴」には「ふく・はく」という意味がありますが、この「噴飯」の感情に一番関係の深いものは次のうちどれですか。次のア〜オから一つ選び、記号で答えなさい。

ア　喜ぶ　　イ　笑う　　ウ　怒る
エ　悲しむ　オ　驚く

問十　次の語を用いた慣用表現に共通して使われる動作を、ひらがな二字で答えなさい。

あきらめ　目鼻　察し

問十一　「まごまごと」という言葉を使って二十字以上三十字以内で短文を作りなさい。話が通じれば主語がなくてもかまいません。

二　次の文章を読み、あとの問いに答えなさい。

※　長文読解の解答に、常用漢字以外の漢字を使用することもありますが、本文中の漢字をよく見て解答すること。

山奥で道に迷い途方にくれた都会のハンターたちは、そこに現れた「西洋料理店　山猫軒《やまねこけん》」という看板のある家に入る。「注文の多い料理店ですからそこはご承知ください」という注意書きを、二人は、［　①　］、ということだと思いこむ。次から次に現れる扉《とびら》の上の指示にひとつずつ従っていくうちに、二人はやがて、最後の、「からだ中に、壺《つぼ》の中の塩をたくさんよくもみ込んでください」というのを読んで、ようやく、「どうもおかしいぜ」と気づき始める。そして、注意書きはすべて二人を料理して食べるための下準備であり、そのために山猫たちがつけた「注文」だったのだ、と知る。

あまりの恐ろしさにガタガタと震え、泣き出した二人の顔は［　②　］しわくちゃに。

結局、二人はあわやというところで猟《りょう》犬や本物の猟師に命を助けられて、東京に帰る。しかし一度しわだらけになった顔は、もうそれっきり元には戻らなかった、というお話。

③何度読んでも、ゾクッとさせられる。「西洋料理店」とは、「客に西洋料理を食べさせる店」ではなく、「客を西洋料理にして食べる店」だったわけだ。その意味では、「西洋料理店」という看板に偽《いつわ》りがあったわけではないし、「注文が多い」というただし書きにしても、それａジタイは嘘《うそ》ではなかった。

二人の解釈《かいしゃく》が間違《まちが》っていたのだが、たぶん他の人だって同じように考えただろう。そこが怖《こわ》いところだ。狩猟《しゅりょう》と言えば、人間が動物を殺すことであり、料理と言えば人間が他の生きものを料理することであり、注文と言えば、人間が自然界に対してつけるものだと、ぼくたちは考える。そして、もしかしたら、その逆がありうるかもしれない、と想像してみることはまずない。

人間→動物、人間→人間以外の生きもの、人間→自然界。こんなふうに、いつだって、矢印は人間から他のものへと、一方に向いている。働きかける側(主体)はいつも人間で、相手はいつも働きかけを受ける側(客体)だ。矢印が逆を向く可能性に、ぼくたちがなかなか気づかないとすれば、それはなぜなのだろう?

それは、「人間」と「他のもの」の間に、暗黙《あんもく》のうちに上下関係が想定《そうてい》されているからだろう。矢印が上から下へと向いているのは、水が上から下へと流れるのと同じように、当たりまえのことだ、とぼくたちは思いこんでいるようだ。

2024年度

国府台女子学院中学部

【国　語】〈第一回試験〉（五〇分）〈満点：一〇〇点〉

注意＝句読点や記号もそれぞれ一字と数えます。

一　次の各問題に答えなさい。

問一　次の――線部のカタカナは漢字に直し、漢字の読みはひらがなで答えなさい。

①　集団行動においてドクダン専行はよくない。

②　学校の発展にチュウリョクする。

③　イギョウの姿で現れる。

④　誰もがみなイチヨウに下を向いてスマホを見ている。

⑤　社長を筆頭に、この会社は千葉県出身の人が多い。

問二　次の詩中の□にあてはまる生き物をひらがなで答えなさい。（出題の都合上、本文の仮名遣《づか》いを直しています。）

ぴんとつのがはれば雨がふり、
つのがかくれるとおてんきになる、
せなかのからには雲のえがかいてあった、
にじのような色もあった、
雨のことならなんでも知っている
おてんき博士だ、
一日どこというあてもなく
ぶらぶら
牛のような顔をしてあるいている。
あるいたところをまたもどってくる、
つの出せ　※妙妙の□

（室生犀星「動物詩集」より）

※　妙妙（みょうみょう）…非常にすぐれているさま。

問三　次のア～エの文のうち、「きまりが悪い」の使い方が適切ではないものを一つ選び、記号で答えなさい。

ア　約束の時間に自分だけが遅《ち》刻してしまいきまりが悪い。

イ　話の途《と》中で眠《ねむ》気に襲《おそ》われていたのを指摘《てき》されきまりが悪い。

ウ　初めて同じクラスになる同級生との相性はきまりが悪い。

エ　久しぶりに会った友人の名前を忘れてしまってきまりが悪い。

問四　日本語の「さようなら」の語源は「さようならば」であり、この意味をわかりやすく言うと「それならば」となります。つまり、日本語の「さようなら」は「それならば、～～」というように、未来に言動をつないでいく、とても前向きな意味合いがあったのです。これらの説明をふまえて、次のア～エの方言のうち、「さようなら」の意味につながるものを一つ選び、記号で答えなさい。

ア　しゃっけえ　　イ　おまっとさん

ウ　おみょーにち　　エ　みやましー

問五　次の意味をもつ色を漢字一字で答えなさい。

若い、未熟な

問六　九月九日は重陽《ちょうよう》の節句といい、菊の花を飾《かざ》る習慣がありますが、それにちなんだ慣用句に「十日の菊」というものがあります。この言葉の意味することを想像しながら、これと同じ意味で使われる次の言葉の（　）にあてはまる語を漢数字一字で答えなさい。

（　）日の菖蒲《あやめ》

問七　次の山に関することばのうち、「春」の季語はどれか。次のア～エから一つ選び、記号で答えなさい。

ア　山眠《ねむ》る　　イ　山笑う　　ウ　山粧《よそお》う　　エ　山滴《したた》る

2024年度

国府台女子学院中学部　▶解説と解答

算　数　＜第１回試験＞（50分）＜満点：100点＞

解　答

1 (1) 12　(2) $1\frac{11}{20}$　(3) $\frac{21}{40}$　2 (1) 36　(2) 17　(3) 74.1　(4) 2800　(5) 883　(6) 5　3 (1) ア 8　イ 6　ウ 120　エ 120　オ 860　(2) 6日　4 (1) 5.14　(2) 20　(3) 150　5 (1) 3：2　(2) $64cm^2$　(3) ① 24　② 48

解　説

1 四則計算，逆算

(1) $36\div\{23-5\times(3+1)\}=36\div(23-5\times4)=36\div(23-20)=36\div3=12$

(2) $1.2\times\left\{\left(2\frac{5}{6}-1.25\right)\div5\frac{3}{7}+1\right\}=1.2\times\left\{\left(2\frac{5}{6}-1\frac{1}{4}\right)\div\frac{38}{7}+1\right\}=1.2\times\left\{\left(2\frac{10}{12}-1\frac{3}{12}\right)\div\frac{38}{7}+1\right\}=1.2\times\left(1\frac{7}{12}\div\frac{38}{7}+1\right)=1.2\times\left(\frac{19}{12}\times\frac{7}{38}+1\right)=1.2\times\left(\frac{7}{24}+1\right)=\frac{6}{5}\times1\frac{7}{24}=\frac{6}{5}\times\frac{31}{24}=\frac{31}{20}=1\frac{11}{20}$

(3) $4\frac{4}{13}\div\left\{1\frac{1}{12}-\left(\square-\frac{1}{2}\right)\times\frac{2}{3}\right\}\div7=\frac{15}{26}$ より，$4\frac{4}{13}\div\left\{1\frac{1}{12}-\left(\square-\frac{1}{2}\right)\times\frac{2}{3}\right\}=\frac{15}{26}\times7=\frac{105}{26}$，$1\frac{1}{12}-\left(\square-\frac{1}{2}\right)\times\frac{2}{3}=4\frac{4}{13}\div\frac{105}{26}=\frac{56}{13}\times\frac{26}{105}=\frac{16}{15}$，$\left(\square-\frac{1}{2}\right)\times\frac{2}{3}=1\frac{1}{12}-\frac{16}{15}=1\frac{1}{12}-1\frac{1}{15}=1\frac{5}{60}-1\frac{4}{60}=\frac{1}{60}$，$\square-\frac{1}{2}=\frac{1}{60}\div\frac{2}{3}=\frac{1}{60}\times\frac{3}{2}=\frac{1}{40}$　よって，$\square=\frac{1}{40}+\frac{1}{2}=\frac{1}{40}+\frac{20}{40}=\frac{21}{40}$

2 年れい算，場合の数，平均とのべ，相当算，数列，ニュートン算

(1) 今から３年後の洋子さんとお母さんの年れいの比は１：３である。また，何年たっても２人の年れいの差は変わらずに26才のままだから，１：３の比の１にあたる年れいは，26÷(３－１)＝13(才)とわかる。よって，３年後のお母さんの年れいは，13×３＝39(才)なので，今のお母さんの年れいは，39－３＝36(才)と求められる。

(2) 100円玉１枚と50円玉３枚を組み合わせると，１枚も使わない場合も含《ふく》めて，{0円，50円，100円，150円，200円，250円} の６通りの金額を作ることができる。また，10円玉２枚を組み合わせると，１枚も使わない場合も含めて，{0円，10円，20円} の３通りの金額を作ることができる。よって，これらを組み合わせると，６×３＝18(通り)の金額を支払《しはら》うことができる。ただし，この中には支払う金額が０円の場合も含まれているから，これを除くと，18－１＝17(通り)と求められる。

(3) 男子の人数を11人，女子の人数を９人として求めればよい。(平均点)＝(合計点)÷(人数)より，(合計点)＝(平均点)×(人数)となるので，男子11人の合計点は，75×11＝825(点)，女子９人の合計点は，73×９＝657(点)となり，クラスの合計点は，825＋657＝1482(点)と求められる。また，クラスの人数は，11＋９＝20(人)だから，クラスの平均点は，1482÷20＝74.1(点)とわかる。

⑷　はじめに持っていた金額を１，ボールペンを買った後の残りの金額を$\boxed{1}$として図に表すと，右の図１のようになる。図１で，$\boxed{1}-\boxed{\frac{2}{5}}=\boxed{\frac{3}{5}}$にあたる金額が，1500－300＝1200(円)なので，$\boxed{1}$にあたる金額は，$1200\div\frac{3}{5}=$2000(円)とわかる。すると，$1-\frac{1}{4}=\frac{3}{4}$にあたる金額が，100＋2000＝2100(円)となるから，１にあたる金額，つまり，はじめに持っていた金額は，$2100\div\frac{3}{4}=$2800(円)と求められる。

図１

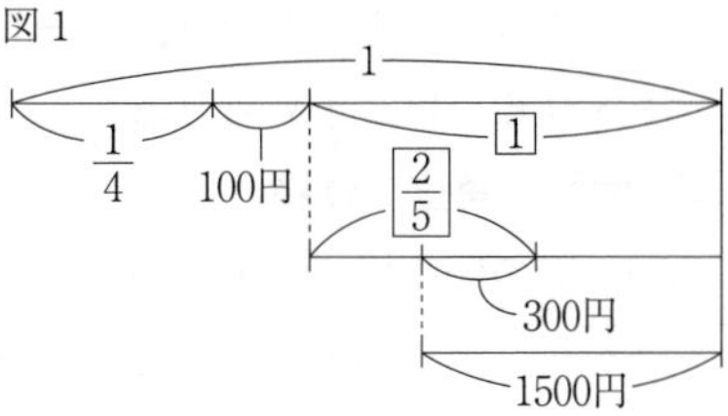

⑸　右の図２のように組に分けると，各組の先頭には１から順に奇《き》数《すう》が並ぶ。また，50÷３＝16余り２より，50番目の整数は17組の２番目の数とわかる。さらに，17組の先頭の数は，２×17－１＝33なので，17組の３つの数は｛33，34，35｝となる。次に，各組の和は組の番号の６倍になっているから，17組の和は，17×６＝102と求められる。よって，１組から17組までの和は，６＋12＋…＋102＝（６＋102）×17÷２＝918となるので，ここから17組の最後の数をひくと，50番目までの和は，918－35＝883とわかる。

図２

（１組）１，２，３（和６）
（２組）３，４，５（和12）
（３組）５，６，７（和18）
……　…，…，…

⑹　１分間にわき出る水の量を①，１台のポンプが１分間にくみあげる水の量を$\boxed{1}$とする。３台のポンプを使ってくみあげるとき，20分で，①×20＝⑳の水がわき出て，その間に，$\boxed{1}$×３×20＝$\boxed{60}$の水をくみあげて井戸がからになる。同様に，４台のポンプを使ってくみあげるとき，10分で，①×10＝⑩の水がわき出て，その間に，$\boxed{1}$×４×10＝$\boxed{40}$の水をくみあげて井戸がからになる。よって，右上の図３のように表すことができる。図３で，⑳－⑩＝$\boxed{60}$－$\boxed{40}$，⑩＝$\boxed{20}$より，①＝$\boxed{2}$とわかるので，はじめに入っている水の量は，$\boxed{60}$－$\boxed{2}$×20＝$\boxed{20}$となる。また，６台のポンプでくみあげると１分間に，$\boxed{6}$－①＝$\boxed{6}$－$\boxed{2}$＝$\boxed{4}$の割合で水が減るので，からになるまでに，20÷４＝５(分)かかる。

図３

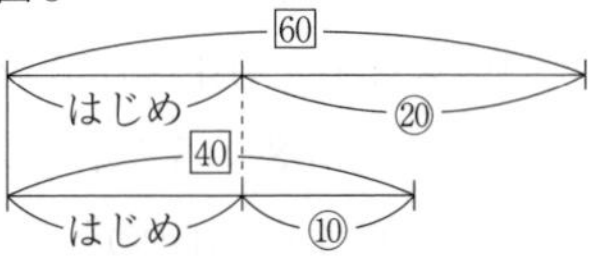

3　過不足算，仕事算，つるかめ算

⑴　右の図１のように，３通りの座り方を㋐，㋑，㋒とする。㋐と㋒の座り方を比べると，座る人数は㋒の方が，（８－６）×10＋８×10＝100(人)多いことがわかる。

図１

（10脚）　　　　　　　　　　　　（10脚）
㋐　６人，…，６人，８人，…，８人，０人，…，０人　→ 全員座る
㋑　７人，…，７人，７人，…，７人，７人，…，７人　→ 20人余る
㋒　８人，…，８人，８人，…，８人，８人，…，８人

つまり，㋒のように座るためには生徒が100人不足することになる。また，㋑のように座ると生徒が20人余るから，㋑と㋒で座ることができる人数の差は，20＋100＝120(人)となる。これは，８－７＝１(人)の差が長いすの数だけ集まったものなので，長いすの数は，120÷１＝120(脚《きゃく》)と求められる。よって，生徒の人数は，７×120＋20＝860(人)である。したがって，アは８，イは６，ウは120，エは120，オは860である。

⑵　１人が１日にする仕事の量を１とすると，この仕事全体の量は，１×14×10＝140となるから，右の図２のようにまとめることができる。10人で11日仕事をしたとすると，10×11＝110の仕事しかできないので，実際よりも，140－110＝30だけ少なくなる。10人でするかわりに15

図２

15人（１日に15）｝合わせて11日で
10人（１日に10）｝140

人ですると，１日あたり，15−10＝５だけ多くの仕事ができるから，15人で仕事をした日数は，30÷５＝６（日）と求められる。

4 面積，角度，体積

(1)　下の図１で，しゃ線部分とかげの部分は合同である。また，半円の半径は，４÷２＝２（cm）だから，半円の面積は，２×２×3.14÷２＝6.28（cm^2）となり，図形全体の面積は，6.28＋４×４＝22.28（cm^2）とわかる。さらに，三角形ABCの面積は，４×（４＋２）÷２＝12（cm^2）なので，しゃ線部分とかげの部分の面積の和は，22.28−12＝10.28（cm^2）となり，しゃ線部分の面積は，10.28÷２＝5.14（cm^2）と求められる。

(2)　下の図２で，角BADの大きさは，180−（40＋70）＝70（度）で，角ADBと等しいから，三角形BDAは二等辺三角形である。また，角BACの大きさは，70−40＝30（度）で，角ACBと等しいので，三角形BCAも二等辺三角形とわかる。よって，BA＝BD＝BCより，三角形BCDも二等辺三角形である。さらに，角ABCの大きさは，180−30×２＝120（度）だから，角DBCの大きさは，120−40＝80（度）となり，角BCDの大きさは，（180−80）÷２＝50（度）と求められる。したがって，角xの大きさは，50−30＝20（度）である。

(3)　下の図３で，はじめに，三角すいABCDと三角すいABPQを比べる。すると，底面積の比が，（BC×BD）：（BP×BQ）＝｛（１＋１）×（３＋１）｝：（１×３）＝８：３であり，高さが共通なので，体積の比も８：３とわかる。よって，三角すいABPQの体積は，700×$\frac{3}{8}$＝262.5（cm^3）となる。次に，三角すいABPQと三角すいRBPQを比べる。すると，底面が共通であり，高さの比が，AB：RB＝（３＋４）：４＝７：４だから，体積の比も７：４となる。したがって，三角すいRBPQの体積は，262.5×$\frac{4}{7}$＝150（cm^3）と求められる。

図１

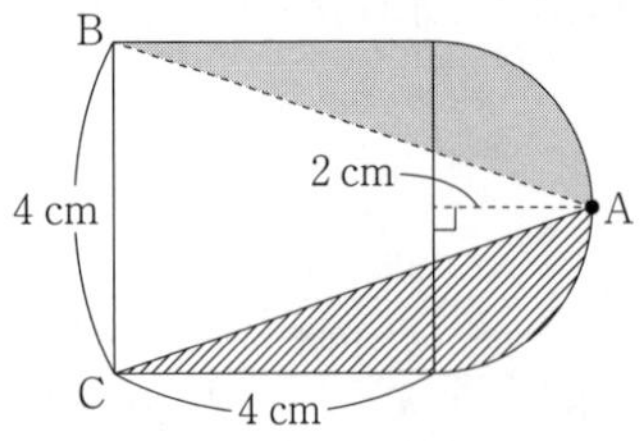

図２

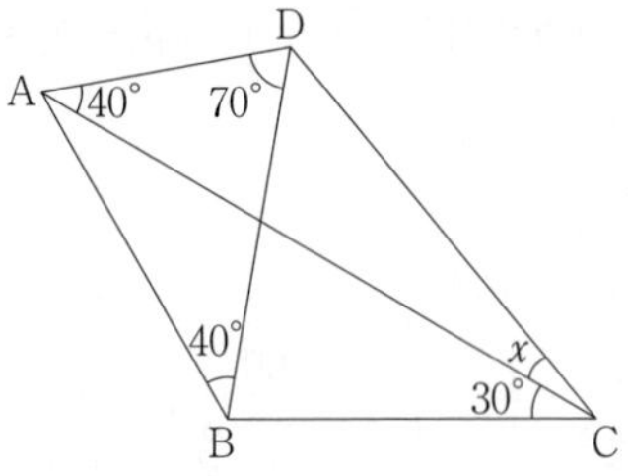

図３

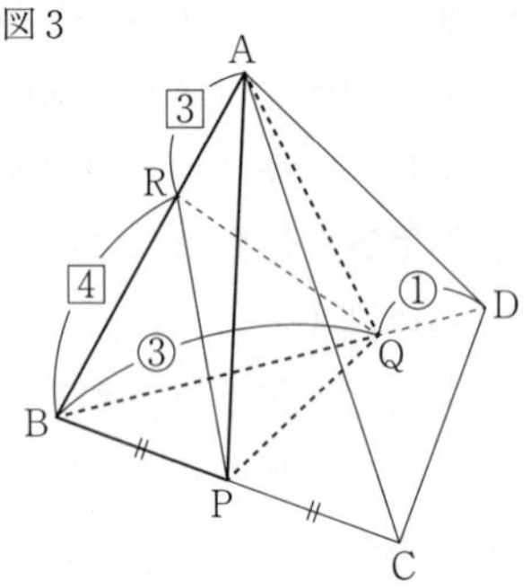

5 グラフ―図形上の点の移動，面積，旅人算

(1)　問題文中のグラフより，図形Ｓは下の図①のように変化する。よって，点Ｐと点Ｑが片道にかかる時間の比は，20：30＝２：３だから，点Ｐと点Ｑの速さの比は，$\frac{1}{2}$：$\frac{1}{3}$＝３：２とわかる。

図①

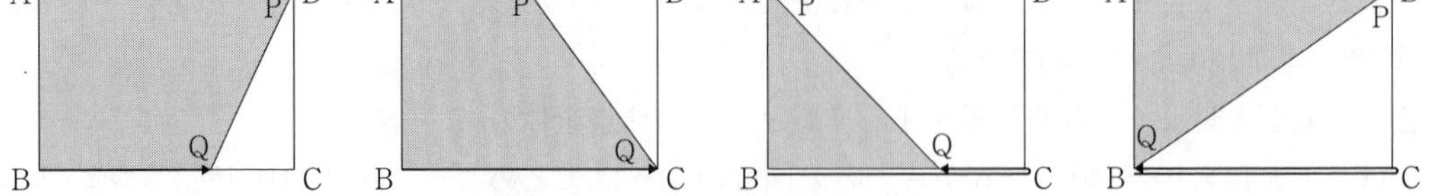

20秒後　　30秒後　　40秒後　　60秒後

(2)　図①で，30秒後に点Ｐは辺ADの真ん中に，点Ｑは点Ｃにいる。よって，このときの図形Ｓ

の面積は長方形ABCDの面積の$\frac{3}{4}$倍にあたるので，長方形ABCDの面積は，$48\div\frac{3}{4}=64(cm^2)$とわかる。

(3)　点Pの速さを毎秒３，点Qの速さを毎秒２とすると，長方形の横の辺の長さは，３×20＝60となる。また，図形Ｓが１回目に長方形になるのは右の図②のように動いたときである。このとき，点Pと点Qが動いた長さの和は，60×２＝120だから，１回目は，120÷(３＋２)＝24(秒後)（…①)とわかる。次に，図形Ｓが２回目に長方形になるのは右上の図③のように動いたときである。このとき，点Pと点Qが動いた長さの和は，60×４＝240なので，２回目は，240÷(３＋２)＝48(秒後)（…②)と求められる。

図②

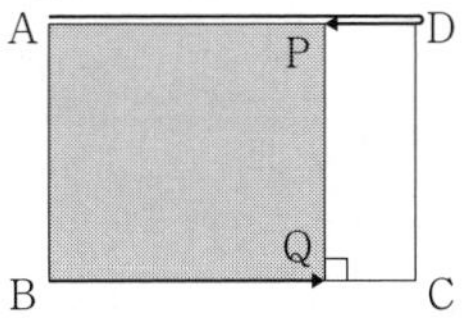

図③

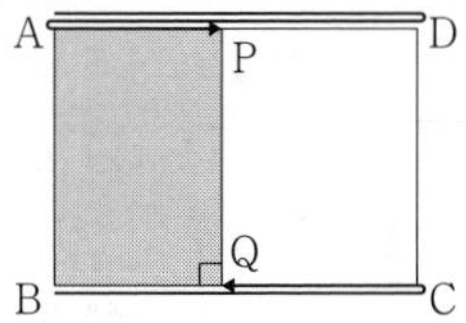

社　会　＜第１回試験＞（30分）＜満点：60点＞

解　答

1　(1)　ウ　(2)　滋賀県，奈良県　(3)　ア　(4)　ウ　(5)　イ　(6)　オ　(7)　①　排他的経済水域　②　ア　(8)　①　リアス(式)海岸　②　(例)　砂で港が埋まらないようにするため。　(9)　イ　(10)　a　千葉県　b　鹿児島県　(11)　千島海流　(12)　エルニーニョ(現象)　2　(1)　廃藩置県　(2)　ウ　(3)　エ　(4)　ア　(5)　ウ　(6)　イ　(7)　藤原純友　(8)　太政大臣　(9)　ウ→ア→エ→オ→イ　(10)　エ　(11)　ウ　(12)　イ　(13)　イ　(14)　ポツダム宣言　(15)　玉音放送　(16)　エ　(17)　ウ→ア→イ→エ　3　(1)　ウ　(2)　エ　(3)　ア　(4)　ウ　(5)　①　三審　②　高等　③　６　(6)　ア　(7)　ア　(8)　ジェンダー　(9)　イ　(10)　男女雇用機会均等法

解　説

1　日本の国土や地形，産業，地形図の読み取りなどについての問題

(1)　佐渡《さど(が)》島は新潟県に属する日本海最大の島で，かつて日本有数の金山があった。その遺跡《いせき》が「佐渡島の金山」としてユネスコ(国連教育科学文化機関)の世界文化遺産に登録されることを目指しているが，2024年１月時点では登録にいたっていない。なお，アの屋久島(鹿児島県)は1993年，イの小笠原《おがさわら》諸島(東京都)は2011年に世界自然遺産に登録された。エの沖ノ島(福岡県)は2017年に「『神宿る島』宗像《むなかた》・沖ノ島と関連遺産群」として世界文化遺産に登録された。

(2)　近畿地方は，三重県・滋賀県・京都府・奈良県・和歌山県・大阪府・兵庫県からなる。このうち，滋賀県と奈良県は海に接していない内陸県である。

(3)　外国の船舶には，他国の領海内であってもその国の平和や安全を害さない限り，領海を自由に航行できる無害通航権が認められている(ア…○)。なお，領空の高度については一般的に高度100kmという定義が使われることが多く，100km以上は宇宙空間と見なされ，各国の主権がおよばない(イ…×)。領海は，海岸線から12海里(約22km)までの海域を指す(ウ…×)。南極大陸など，世界のどの国にも属していない土地が地球上には存在する(エ…×)。

(4)　日本は資源の多くをオーストラリアから輸入しており，オーストラリアは天然ガス・石炭・鉄鉱石の最大の輸入先となっている。また，ロシアからの輸入品では資源が大きな割合を占《し》めており，原油・天然ガス・石炭の国別輸入量の上位にロシアが入っている(2022年)。

⑸　イの山梨県には東京都と愛知県を結ぶリニア中央新幹線が通る予定であるが，2024年１月現在新幹線はまだ通っていない。なお，アの秋田県には秋田新幹線，ウの岐阜県には東海道新幹線，エの佐賀県には西九州新幹線が通っている。

⑹　船は重くて大きなものを一度に大量に遠くまで運ぶことができるので，貨物輸送に適している。したがって，積み替えの必要のない自動車に次いで貨物輸送量の割合が大きい(ｆ…○)。しかし，時間がかかるうえに気候の影響《えいきょう》も受けやすいため，旅客輸送においてはどの輸送機関よりも割合が小さい(ｄ…○)。なお，ａとｇは鉄道，ｃとｅは自動車，ｂとｈは航空を表している。

⑺　①　1970年代には，1973年に起きた石油危機(オイルショック)によって燃料費が高くなったうえに，1977年から200海里(約370km)の漁業専管水域を設定する動きが国際的に活発化したため，漁場が狭《せば》まった遠洋漁業の漁獲《ぎょかく》量は急減した。1982年に国連海洋法条約が採択《さいたく》されると，沿岸国が水産資源だけでなく鉱物資源などについても独占《どくせん》的に開発や管理を行うことができる排他的経済水域が設定されるようになった。　②　沖合漁業ではマイワシやサバが主要な魚種となっている。しかし，乱獲や海の環境の変化によって1980年代をピークにマイワシの漁獲量が激減したため，沖合漁業全体の漁獲量も減少した(ア…○)。

⑻　①　岩手県南部の大船渡市にある綾里《りょうり》漁港は，リアス(式)海岸が発達した三陸海岸に位置する漁港である。リアス海岸とは，山であったところが海に沈《しず》み，谷に海水が入り込《こ》んでできる，出入りの複雑な海岸地形であるため，津波が押し寄せると狭《せま》い湾内に波が集中し，被害が大きくなりやすい。　②　地図Ⅱ中の九十九里浜は千葉県東部の太平洋岸に広がる砂浜海岸で，海から流れ着いた土砂が長い時間をかけて積もり，形成されたと考えられている。港をつくる場合，船が入れるように深さを確保しなければならないが，この地域では海と川から流れてくる土砂が積もることで港が使えなくなってしまう可能性がある。したがって，片貝漁港の堤防は海から港に土砂が入り込むことを防ぐために設置されていると考えられる。

⑼　特にことわりがない限り，地形図では上が北となる。綾里漁港の南方(下側)の小黒岬《みさき》周辺の海岸沿いに広がっているのは，果樹園(ό)ではなく広葉樹林(Q)である(イ…×)。なお，綾里駅から綾里漁港に向かう道には，消防署(Y)と交番(X)が向かい合って建っている(ア…○)。片貝漁港の北側(上側)の砂浜と市街地の間には針葉樹林(Λ)が見られ，これは海岸の砂が市街地の方に吹《ふ》き込まないように設置された防砂林と考えられる(ウ…○)。地図Ⅱの西側(左側)には北新田や南新田という地名が見られることから，この地域は江戸時代に新田開発が行われた場所と推測できる(エ…○)。

⑽　**a**　温暖な気候と豊かな土地にめぐまれ，大消費地にも近い千葉県は，近郊農業がさかんで，だいこんの収穫《しゅうかく》量は全国一多い。　**b**　シラス台地が広がる鹿児島県では，さつまいもや茶，じゃがいもなどの栽培《さいばい》がさかんで，さつまいもは全国一の収穫量を誇《ほこ》る(2022年)。

⑾　千島海流は北海道や東北地方の太平洋側を南下する寒流で，プランクトンに富んで多くの魚介《ぎょかい》類が育つことから，親潮とも呼ばれる。

⑿　エルニーニョ現象とは，南アメリカ大陸沿岸からその西側にかけての赤道付近の太平洋で海面水温が高くなり，この状態が続くことをいう。エルニーニョ現象が起きると日本では冷夏や暖冬と

なる傾向《けいこう》があるなど，エルニーニョ現象は世界中の異常気象の要因になると考えられている。

2 各時代の歴史的なことがらについての問題

⑴ 1871年，明治政府は中央集権体制を強化するため，藩を廃止して全国に府と県を置く，廃藩置県を行った。各府県には政府が任命した府知事や県令が派遣されたため，政府の指示が直接地方におよぶようになった。

⑵ 縄文時代の人々が呪術《じゅじゅつ》や祭祀《さいし》に用いたとされている土人形は，埴輪《はにわ》ではなく土偶である。土偶は女性をかたどったものが多く，食料の豊かさや子孫の繁栄《はんえい》を願ったものと考えられている(ウ…×)。なお，埴輪は古墳時代につくられた素焼きの土製品で，古墳の上や周りに置かれた。

⑶ 埼玉県の稲荷山《いなりやま》古墳から出土した鉄剣と熊本県の江田船山古墳から出土した鉄刀には，ともに「ワカタケル」と読める文字が刻まれていた。ワカタケルはヤマト政権の大王《おおきみ》で，雄略《ゆうりゃく》天皇のことと推定されている。また，雄略天皇は５世紀ごろの日本の様子を記した中国の歴史書『宋書《そうじょ》』倭国伝に登場する倭の五王の一人，武《ぶ》と同一人物と考えられている(エ…○)。

⑷ ６世紀末，蘇我馬子は日本で最初の本格的な仏教寺院として，奈良県明日香村に飛鳥寺を建てた(ア…○)。なお，イの四天王寺(大阪府)とウの法隆寺(奈良県)は聖徳太子によって建てられた寺院，エの薬師寺(奈良県)は天武天皇が造営を始めた寺院である。

⑸ 律令制度における税制のうち，庸は10日間の都での労役の代わりに布を納める税で，成年男子に課された(ウ…○)。なお，班田収授法において男女は平等ではなく，女子には男子の３分の２の口分田が与《あた》えられた(ア…×)。地方の特産品を都に運ぶ税は調である。雑徭《ぞうよう》とは，年間60日を限度として国司のもとで働く労役のことをいう(イ…×)。成年男子に課された兵役には，１年間都の警備につく衛士《えじ》，３年間北九州の防衛につく防人《さきもり》などがあった(エ…×)。

⑹ 743年，聖武天皇は口分田の不足を補うために墾田《こんでん》永年私財法を出し，新しく耕した土地の永久私有を認めた。これにより，多くの人を動員できる貴族や寺社は，私有地である荘園を広げていった(イ…○)。なお，アは桓武天皇，ウは中大兄《なかのおおえの》皇子(のちの天智天皇)，エは元明天皇が行ったことについて述べている。

⑺ 伊予国(現在の愛媛県)の国司を務めた藤原純友《すみとも》は，任期後も都に戻《もど》らず，海賊《かいぞく》を率いて瀬戸内海一帯で反乱を起こした(藤原純友の乱)。各地の国府や大宰府《だざいふ》を襲撃《しゅうげき》するなどの勢いを見せたが，朝廷が派遣した小野好古《よしふる》らによって反乱は鎮《しず》められた。

⑻ 平治の乱で源義朝を破った平清盛は，1167年に武士として初めて太政《だいじょう》大臣に就任すると，平氏一門で朝廷の高位・高官を独占して大きな力をふるった。

⑼ 時代順に並べ替えると，ウ(承久の乱－1221年)→ア(文永の役と弘安の役－1274年と1281年)→エ(勘合貿易の開始－15世紀初め)→オ(応仁の乱－1467～77年)→イ(桶狭間《おけはざま》の戦い－1560年)の順になる。

⑽ 栄西は，平安時代末に宋(中国)に渡って禅宗《ぜんしゅう》を学んだ後，帰国してエの臨済宗を伝えた。なお，アの時宗は一遍《いっぺん》，イの浄土真宗は親鸞《しんらん》，ウの曹洞《そうとう》宗は道元によって開かれた。

⑾ 1588年，豊臣秀吉は方広寺の大仏をつくるための釘《くぎ》などに使うと説明し，百姓《ひゃくしょう》から刀や槍《やり》などの武器を取り上げる刀狩令を出して兵農分離を進めた(ウ…○)。なお，豊臣秀吉は征夷大将軍になっていない(ア…×)。豊臣秀吉が行った太閤《たいこう》検地によって荘園制は崩壊《ほうかい》した(イ…×)。豊臣秀吉が行った２度の朝鮮出兵(文禄・慶長の役)では，現在の佐賀県に名護屋城がつくられ出兵の拠点《きょてん》と

なったが，亀甲《きっこう》船をつくったのは朝鮮の水軍である(エ…×)。

⑿　18世紀後半に老中となったイの田沼意次《おきつぐ》は，商業を中心とする財政政策を推進し，裕福《ゆうふく》な商人の援助《えんじょ》を得て千葉県の印旛《いんば》沼・手賀沼の干拓事業を進めた。なお，アの堀田《ほった》正睦《まさよし》は19世紀半ば，ウの松平定信は田沼意次の後，エの水野忠邦は19世紀前半に老中を務めた人物で，松平定信は寛政の改革，水野忠邦は天保の改革を行った。

⒀　時代順に並べ替えると，韓国併合《へいごう》(1910年)→第一次世界大戦(1914～18年)→関東大震災(1923年)→五・一五事件(1932年)→二・二六事件(1936年)の順になる(イ…○)。

⒁　1945年７月，アメリカ・イギリス・中国の名で，日本に無条件降伏《こうふく》を勧告するポツダム宣言が出された。当初，日本はこれを無視していたが，広島・長崎への原爆投下やソ連の対日参戦などを受けて，1945年８月14日にポツダム宣言の受け入れを連合国に通知した。

⒂　1945年８月15日，ポツダム宣言を受け入れて日本が敗戦したことを，昭和天皇がラジオ放送で国民に伝えた。天皇の肉声を玉音《ぎょくおん》ということから，この放送は一般に玉音放送と呼ばれる。

⒃　エの吉田茂は，1951年にアメリカ西部の都市サンフランシスコで開かれた第二次世界大戦の講和会議に日本の代表として出席し，48か国との間でサンフランシスコ条約を結んだ。なお，アの犬養毅は五・一五事件で暗殺された首相，イの東条英機は太平洋戦争開戦時の首相，ウの鳩山《はとやま》一郎は日ソ共同宣言に調印した首相である。

⒄　時代順に並べ替えると，ウ(所得倍増計画の発表－1960年)→ア(公害対策基本法の制定－1967年)→イ(第一次石油危機－1973年)→エ(バブル崩壊－1990年代初め)の順になる。

３ 日本国憲法や政治のしくみ，女性の活躍《かつやく》などについての問題

⑴　条約は内閣が結び，事前または事後に国会が承認する(ウ…○)。なお，内閣は最高裁判所長官を指名し，その他の裁判官を任命する(ア…×)。内閣総理大臣は国会が指名し，天皇が任命する(イ…×)。国会は国権の最高機関であり，国の唯一《ゆいいつ》の立法機関である(エ…×)。

⑵　同盟国であるアメリカが核兵器保有国であることなどに配慮《はいりょ》し，日本は核兵器禁止条約を批《ひ》准《じゅん》していない(エ…○)。なお，自衛隊は1992年に制定されたPKO協力法にもとづいて何度も海外に派遣されている(ア…×)。日本国憲法には，施行された1947年より後に発足した自衛隊についての記述はない(イ…×)。日本国憲法は，2024年１月時点で１度も改正されたことがない(ウ…×)。

⑶　日本国憲法第14条は，「人種，信条，性別，社会的身分又《また》は門地により，政治的，経済的又は社会的関係において，差別されない」とし，法の下の平等を規定している(ア…○)。

⑷　選択的夫婦別姓制度とは，夫婦のそれぞれが結婚前の姓を名乗るかどうか選べる制度である。現在の民法では，結婚すると男女のいずれかが姓を改めなければならない(ウ…○)。

⑸　①　日本では裁判による誤りを防ぐために，裁判を３回まで受けられる三審《さんしん》制が導入されている。　②　刑事裁判の場合，第一審の判決に不服があるときは高等裁判所に控訴《こうそ》できる。また，第二審の高等裁判所の判決に不服がある場合には，最高裁判所に上告ができる。　③　裁判員制度は，殺人などの重大な犯罪《はんざい》について行われる刑事裁判の第一審に導入されており，３人の裁判官と６人の裁判員の合議制で審議が進められる。

⑹　安全保障理事会は世界の平和と安全を守る国際連合の中心機関で，アメリカ・ロシア・イギリス・フランス・中国の５常任理事国と，総会で選出される任期２年の非常任理事国10か国の計15か国で構成されている(ア…×)。

(7)　1919年に平塚らいてう《(ちょう)》らとともに新婦人協会を結成した市川房枝《ふさえ》は，大正時代～昭和時代に女性の地位向上に力を尽《つ》くした女性解放運動家である。戦後は参議院議員として政界でも活躍《かつやく》した(ア…○)。なお，イの津田梅子は日本初の女子留学生となったことで知られる教育家，ウの樋口一葉は『たけくらべ』などの作品で知られる小説家，エの与謝野晶子は日露戦争への反戦歌『君死にたまふ《もう》ことなかれ』で知られる詩人・歌人である。

(8)　身体的な男女の別ではなく，男らしさや女らしさのような，社会的・文化的に形成された性差をジェンダーという。また，男女の違《ちが》いによって生じている格差のことをジェンダーギャップといい，その改善は日本だけでなく世界的な課題となっている。

(9)　ある分野における格差を縮めたりなくしたりするため，少数派の人たちに一定の比率で人数を割り当てる仕組みをクオータ制という(イ…○)。なお，アのオンブズマン制度は，公正・中立な立場で行政を監視《かんし》したり苦情を処理したりする人を置く制度のこと，ウのバリアフリーは，社会におけるバリア(障壁《しょうへき》)をなくし，誰《だれ》にとっても住みよい世の中をつくろうという考え方や取り組みのこと，エのマイノリティは少数派や少数者を意味する言葉である。

(10)　男女雇用《こよう》機会均等法は，募集や採用，昇進《しょうしん》や配属，退職や解雇《かいこ》などにおいて性別を理由にした差別を禁止し，雇用における男女差別をなくすための法律で，1985年に制定された。現在は，妊《にん》娠《しん》や出産，育児を理由としたハラスメント(いやがらせ)や不当な扱《あつか》いなども禁止されている。

理　科　＜第１回試験＞（30分）＜満点：60点＞

解　答

1　(1)　ア，オ　(2)　ア，エ　(3)　エ　(4)　イ　(5)　**A**　6　**B**　100　(6)　オ　(7)　ウ　(8)　イ

2　(1)　①　アブラナ　②　エ，オ　③　オ　(2)　羽毛　(3)　イ　(4)　ア

3　(1)　ア，エ　(2)　オ　(3)　①　152.4　②　2.8g　③　62.5%

4　(1)　シベリア気団　(2)　梅雨前線　(3)　積乱雲　(4)　ア，イ　(5)　**天気**…晴れ　**風向き**…北東

5　(1)　ウ　(2)　ウ　(3)　0.08秒　(4)　0.25度　(5)　0.000056秒　(6)　秒速31万km

解　説

1　小問集合

(1)　デンプンが消化されてできたブドウ糖，タンパク質が消化されてできたアミノ酸は，小腸のじゅう毛の中の毛細血管に吸収される。なお，しぼうが消化されてできたしぼう酸とモノグリセリドは，小腸のじゅう毛の中に吸収されたあと，再びしぼうになってリンパ管に吸収される。

(2)　2023年６月に「条件付特定外来生物」として，アメリカザリガニとアカミミガメが認定された。なお，特定外来生物は飼育や売買が厳しく規制されるが，条件付特定外来生物は飼育や譲渡《じょうと》について一部の行為《こうい》が認められている。

(3)　マイクロプラスチックは，一般《いっぱん》に５ミリメートル以下のプラスチックごみのことをいう。

(4)　水酸化ナトリウム水溶液《すいようえき》などのアルカリ性の水溶液，塩化銅水溶液やさく酸水溶液などの酸性の水溶液には電気が流れる。また，中性の水溶液のうち食塩水には電気が流れるが，砂糖水には電

気が流れない。

⑸　肉眼で見える最も暗い星を６等星といい，１等星は６等星の約100倍の明るさである。なお，星の明るさは１等級上がるごとに約2.5倍明るくなる。

⑹　太陽は東から西へ自転をしていて，約27～30日で１回転する。

⑺　トリチウムは放射線を出す水素のなかまで，酸素と結びつくと，水とほとんど同じ性質を示す「トリチウム水」となるため取り除くのは非常に難しい。そのため，基準以下の濃度《のうど》にうすめたものが処理水として海洋に放出されている。

⑻　実用的な白熱電球は，アメリカの発明家トーマス・エジソンによって京都の竹をフィラメントの材料にして，つくられたとされる。

2　なのはな，鳥類についての問題

⑴　①　一般に，「なのはな」はアブラナのことをいう。　②　花びら(花弁)が１枚ずつ離《はな》れている花を離弁花《りべんか》といい，ここではサクラとエンドウがあてはまる。なお，アサガオ，ツツジ，タンポポのように，花びらがもとの方でくっついている花を合弁花という。　③　モンシロチョウは，幼虫の餌《えさ》となるアブラナ科の植物の葉の裏側に卵を産む。

⑵　鳥類の体表は羽毛でおおわれ，羽毛は体温を一定に保つ役割をもっている。このように体温を一定に保つしくみを持つ動物をこう温動物といい，ほかにはほ乳類があてはまる。

⑶　ツバメは春に南方から日本に渡《わた》ってきて，夏の間に産卵，子育てをし，秋になると南方に戻《もど》っていく。

⑷　地域Ｄの保護地域内の自然環境《かんきょう》は20年前とほとんど変化はないとあるので，地域Ｄにおいて，取れる餌の量が大きく減少することはないと考えられる。

3　二酸化炭素についての問題

⑴　二酸化炭素が水にとけた液を炭酸水といい，酸性を示す。また，二酸化炭素を石灰水に通すと石灰水を白くにごらせる。なお，二酸化炭素は無色無臭《むしゅう》の気体で，空気中に体積の割合で約0.04％ふくまれ，燃えない。

⑵　ドライアイスを水の入ったビーカーに入れたとき出てきた白いけむりのような物質は，空気中の水蒸気がドライアイスによって冷やされてできた水のつぶである。

⑶　①　発生した二酸化炭素は空気中に出ていくため，反応前の全体の重さと反応後の全体の重さの差が，発生した二酸化炭素の重さにあたる。発生した二酸化炭素の重さは，加えた炭酸カルシウムが2.0ｇのとき，100.0＋50.0＋2.0－151.2＝0.8(ｇ)，6.0ｇのとき，100.0＋50.0＋6.0－153.6＝2.4(ｇ)で，炭酸カルシウムの重さが，6.0÷2.0＝３(倍)になると，発生した気体の重さも，2.4÷0.8＝３(倍)になっている。したがって，炭酸カルシウムを4.0ｇ加えたとき発生する二酸化炭素は，0.8×$\frac{0.4}{0.2}$＝1.6(ｇ)とわかる。よって，加えた炭酸カルシウムが4.0ｇのときの反応後の重さは，100.0＋50.0＋4.0－1.6＝152.4(ｇ)となる。　②　①より，加えた炭酸カルシウムが10.0ｇのときに発生した二酸化炭素の重さは，100.0＋50.0＋10.0－157.2＝2.8(ｇ)である。　③　石灰石2.0ｇを反応させたときに発生した二酸化炭素の重さは，100.0＋50.0＋2.0－151.5＝0.5(ｇ)である。炭酸カルシウムの重さが2.0ｇのときに発生する二酸化炭素の重さは，①より0.8ｇなので，石灰石のうち，0.5÷0.8×100＝62.5(％)が炭酸カルシウムであったと考えられる。

4 日本の天気についての問題

⑴　冬の時期に発達して，日本に影響《えいきょう》を及《およ》ぼす気団は，大陸上にある，冷たくかわいた空気の集まりのシベリア気団である。

⑵　６月～７月ごろ，日本の北の海上にある冷たくしめったオホーツク海気団と，南の海上にある暖かくしめった小笠原《おがさわら》気団の勢力がつりあって，日本列島沿いに停滞《ていたい》前線ができる。この前線を梅雨前線という。

⑶　ふつう，集中豪《ごう》雨(ゲリラ豪雨)は，強い上昇《じょうしょう》気流によって発達した積乱雲によりもたらされる。

⑷　最高気温が35℃以上になる日を猛暑《もうしょ》日，最低気温が25℃以上の夜を熱帯夜という。また，百葉箱は直射日光が温度計に当たらないように，とびらを北向きにして設置されている。

⑸　このときの天気記号は⏀だから晴れ，風向きは矢羽根の向きで表されるので北東，風力は矢羽根の数で表されるから３である。

5 光の速さについての問題

⑴　地球の半径が6400kmなので，地球１周の距離《きょり》は，6400×２×3.14＝40192(km)より，約４万kmである。

⑵　地球１周の距離は約４万kmだから，光の速さは秒速，４万×7.5＝30万(km)になる。

⑶　歯車が１秒間に12.6回転しているとき，歯車が１回転するのにかかる時間は，１÷12.6＝0.079…より，約0.08秒とわかる。

⑷　歯車には歯の数が720あるので，歯と歯のすき間の数も720ある。したがって，このとき歯車は，360÷(720＋720)＝0.25(度)回転した。

⑸　この歯車は360度回転するのに0.08秒かかるから，0.25度回転するのにかかる時間は，0.08×$\frac{0.25}{360}$＝0.0000555…より，約0.000056秒になる。

⑹　歯車と反射鏡の距離が8633mなので，歯車を通った光が反射鏡で反射されて歯車に戻ってくるまでに進む距離は，8633×２＝17266(m)より，17.266kmとわかる。また，光はこの距離を進むのに約0.000056秒かかるから，光の速さは，17.266÷0.000056＝308321.4…より，秒速約31万kmと求められる。

国　語　＜第１回試験＞（50分）＜満点：100点＞

解　答

一 **問１**　①～④　下記を参照のこと。　⑤　ひっとう　**問２**　かたつむり　**問３**　ウ　**問４**　ウ　**問５**　青　**問６**　六　**問７**　イ　**問８**　(う)かが(う)　**問９**　イ　**問10**　つく　**問11**　(例)　ホームがわからず，まごまごとしているうちに電車が発車した。

二 **問１**　下記を参照のこと。　**問２**　エ　**問３**　ウ　**問４**　**ア**　働きかける～いつも人間　**イ**　当たりまえのこと　**問５**　ウ　**問６**　生きものの世界に～生きるようにする(こと)　**問７**　Ⅰ　イ　Ⅱ　不公平(不公正)　**問８**　エ　**問９**　オ　**問10**　**A**　商人　**B**　熊たち　**C**　小十郎　**問11**　荒廃　**問12**　D

●漢字の書き取り

一 問１ ① 独断 ② 注力 ③ 異形 ④ 一様　二 問１ a 自体 b 動機 c 格差 d 生計 e 除外

解　説

一 **漢字の読みと書き取り，詩の鑑賞《かんしょう》，ことばの意味，俳句の季語，慣用句の知識，条件作文**

問１ ① 自分だけの勝手な判断。 ② そこに集中して力を注ぐこと。 ③ ふつうと異なるあやしい姿，形。 ④ すべてが同じであるようす。 ⑤ ある範囲《はんい》のもっとも主だったもの。

問２ 詩のなかに書かれているキーワードや特徴《とくちょう》をおさえる。「牛のような顔」をして「つの」があり，「つの」は現れたりかくれたりして「雨」の日に「ぴん」となる。そして，背中に「から」があるのだから，「かたつむり」がよい。

問３ 「きまりが悪い」は，体裁が悪く居心地がよくないようす，気はずかしいようす。よって，ウのような「相性」の悪さには使わない。

問４ 「おみょーにち」は，“それでは，また明日”という意味。なお，「しゃっけえ」は，“冷たい”という意味。「おまっとさん」は，“お待ちどおさま”という意味。「みやましー」は，手際がよくきりっとしたようすを表す。

問５ 若さや未熟さを表す色は「青」で，「青二才」「青くさい」「青春」のように用いる。

問６ 「六日の菖蒲《あやめ》十日の菊《きく》」は，時機に遅《おく》れて役に立たないことのたとえ。

問７ 「山笑う」は，春に山の草木がいっせいに芽《め》吹《ぶ》き始めた明るいようす。なお，「山眠《ねむ》る」は，冬山の静まりかえったようす。「山粧《よそお》う」は，美しく紅葉した秋の山のようす。「山滴《したた》る」は，あふれるばかりの鮮《あざ》やかな緑におおわれた夏山のようす。

問８ 「間」は，“ひそかにすきをうかがう”という意味をもつ。

問９ 「噴飯《ふんぱん》」は，食べかけの飯を思わず吹き出してしまうほどおかしくてたまらないこと。

問10 「あきらめがつく」は，きっぱり断念すること。「目鼻がつく」は，事がおおよそ決まったり，見通しが立ったりすること。「察しがつく」は，事情が推量できること。

問11 「まごまご」は，どうすればいいか分からずうろたえるようす。

二 **出典：辻信一《つじしんいち》『弱虫でいいんだよ』**。筆者は，宮沢賢治《みやざわけんじ》の作品を紹介《しょうかい》しつつ，現代社会の格差，人間が動物に強《し》いてきた「支配・被支配《ひしはい》」の関係，それが世界に及《およ》ぼす影響《えいきょう》について説明している。

問１ a それそのもの。 b 事を起こすきっかけや目的。 c 貧富《ひんぷ》，教育，情報などさまざまな場面で起こる違《ちが》いや差。 d 暮らしを立てるための方法，手段。 e その範囲から除くこと。

問２ 直前の「注文の多い料理店ですからそこはご承知ください」という注意書きに対する，客の受け取り方が入る。後の部分にある通り，ふつうは，人間がほかの生きものを料理するものだと考えるので，客がたくさん来るから「注文が多い」店なのだという，エが選べる。

問３ 「泣き出した二人の顔」は「しわくちゃに」なったのだから，ウの「紙くずみたいに」が合う。

問４ **ア，イ** 続く三つの段落で，人間の一般的《いっぱんてき》な解釈《かいしゃく》について説明されている。二人のハンターにとって「狩猟《しゅりょう》」は「人間が動物を殺すこと」であり，「注文」は「人間が自然界に対してつけるもの」なので，逆の場合など想像もしない。筆者もふだんは「働きかける側(主体)はいつも人間」なのが「当たりまえのこと」だと思っているから，逆の展開に「ゾクッとさせられる」のである。「ゾクッと」は，恐怖《きょうふ》や感動などで身震《みぶる》いするようす。

問5　ウの「河童《かっぱ》」は，芥川龍之介《あくたがわりゅうのすけ》の作品。

問6　大富豪《だいふごう》のタイチは，「富」のために「無法な」殺生をしたせいで，列車を襲撃《しゅうげき》した野生動物たちから連れ出されかけたが，「今度はゆるしてくれ」と頼《たの》んだ青年の言葉を動物たちが受け入れたことで，解放されている。青年は，襲撃の動機を「肯定《こうてい》」したうえで，生きるためにほかの生きものをとるのは「仕方ない」という人間と動物の共通点を語り，これから「あんまり無法なこと」はしないと約束している。続く部分で，「生きものの世界に本来あるべき〝法〟に背《そむ》かないように生きるようにする」とまとめているので，ここがぬき出せる。

問7　Ⅰ　前後で「圧倒的《あっとうてき》な非対称《ひたいしょう》」の説明がされている。今の世界では富や力の格差が「圧倒的」で，人間と動物の関係も「『支配・被支配』の関係が，ますます一方的で，暴力的で，無慈悲《むじひ》なもの」になっている。このような状態を中沢新一《なかざわしんいち》が「圧倒的な非対称」だと述べており，テロや狂牛病《きょうぎゅうびょう》の原因と言っているので，イが選べる。　Ⅱ　人間の世界の圧倒的な格差，人間の動物に対する一方的な支配が「非対称」である。同じ内容を表す言葉である「不公平」「不公正」が，直前の段落と，三つ後の段落にある。

問8　最後の二つの段落で，熊たちと小十郎の関係がまとめられている。小十郎は商人に代表される都市文明の「強さ」の前で「みじめな思い」をする弱者である。熊を殺す立場だが，「熊たちにごく近い場所」にいて，互《たが》いの「弱さ」を理解し合っている。よって，もともと熊も小十郎も都市文明から隔《へだ》たった場所におり，死んで熊たちの世界に行ったと解釈するエは，当てはまらない。

問9　両方とも，あることをした後の行為《こうい》をつなぐ文脈なので，前のことがらを受けて，それに続いて次のことが起こる意味を表す「そして」がふさわしい。

問10　続く部分の，小十郎と熊たちの関係について述べられている部分に注目する。　A　「注文の多い料理店」の都会の紳士《しんし》たち，「氷河鼠《ひょうがねずみ》の毛皮」のタイチに当たるのは，小十郎から毛皮を買いたたく「商人」である。「金という権力」によって「やったり，やられたり」という「連鎖《れんさ》」の外にいる点が共通している。　B　「注文の多い料理店」の山猫《やまねこ》，「氷河鼠の毛皮」の動物たちに当たるのは，人間にやられる「熊たち」である。　C　「商人」と「熊たち」の間には，生きるために熊を殺し，商人から毛皮を買いたたかれる「小十郎」がいる。

問11　「氷河鼠の毛皮」をとりあげた中沢新一の文章が紹介されているところに注目する。人間が野生動物に強いてきた「極端《きょくたん》な不公平」，現代の人間界で圧倒的なものになっている「『支配・被支配』の関係」が，世界を「荒廃《こうはい》に導く」のである。

問12　問11でみたように，筆者は，人間が野生動物に対して強いてきたような「圧倒的な非対称」が現代の人間界に存在するために，世界は「荒廃」に導かれていると述べている。Ｄのような，「社会から『優しい気持ち』がだんだん無くなってきている」というような話は，本文では述べられていないので，ふさわしくない。

Dr.福井の

入試に勝つ！脳とからだのウルトラ科学

復習のタイミングに秘密あり！

算数の公式や漢字，歴史の年号や星座の名前……。勉強は覚えることだらけだが，脳は一発ですべてを記憶することができないので，一度がんばって覚えても，しばらく放っておくとすっかり忘れてしまう。したがって，覚えたことをしっかり頭の中に焼きつけるには，ときどき復習をしなければならない。

ここで問題なのは，復習をするタイミング。これは早すぎても遅すぎてもダメだ。たとえば，ほとんど忘れてしまってから復習しても，最初に勉強したときと同じくらい時間がかかってしまう。これはとっても時間のムダだ。かといって，よく覚えている時期に復習しても何の意味もない。

そもそも復習とは，忘れそうになっていることを見直し，記憶の定着をはかる作業であるから，忘れかかったころに復習するのがベストだ。そうすれば，復習にかかる時間が一番少なくてすむし，記憶の続く時間も最長になる。

では，どのタイミングがよいか？　さまざまな研究・発表を総合して考えると，１回目の復習は最初に覚えてから１週間後，２回目の復習は１か月後，３回目の復習は３か月後――これが医学的に正しい復習時期だ。復習をくり返すたびに知識が海馬《かいば》(脳の，知識をためる倉庫みたいな部分)にだんだん強くくっついていくので，復習する間かくものびていく。

この計画どおりに勉強するには，テキストに初めて勉強した日付と，その１週間後・１か月後・３か月後の日付を書いておくとよい。あるいは，復習用のスケジュール帳をつくってもよいだろう。もちろん，計画を立てたら，それをきちんと実行することが大切だ。

ちなみに，記憶量と時間の関係を初めて発表したのがドイツのエビングハウスという学者で，「エビングハウスの忘《ぼう》却《きゃく》曲線」として知られている。

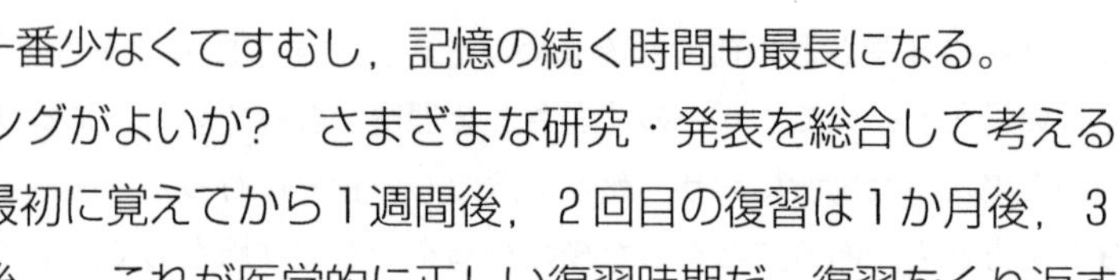

Dr.福井(福井《ふくい》一成《かずしげ》)…医学博士。開成中・高から東大・文Ⅱに入学後，再受験して翌年東大・理Ⅲに合格。同大医学部卒。さまざまな勉強法や脳科学に関する著書多数。

2023年度 国府台女子学院中学部

【算　数】〈**第１回試験**〉(50分)〈満点：100点〉

［注意］　１．円周率は3.14とします。

　　　　　２．仮分数は，すべて帯分数になおして解答してください。

1　次の□にあてはまる数を答えなさい。

(1)　$6\times8\div12+(10+8)\div3\div2-(3\times4-3\times2)=\square$

(2)　$2\frac{2}{3}\div0.16-5\times\left\{3\frac{1}{5}-5.2\div(3\times3+4)\right\}-2.4=\square$

(3)　$\left\{4\times\left(2-\square\div2\frac{2}{5}\right)+0.3\right\}\div0.25-3\frac{1}{5}=10$

2　次の□にあてはまる数を答えなさい。

(1)　何枚かあるクッキーを□個の箱に入れます。１つの箱に８枚ずつ入れると12枚あまり，９枚ずつ入れると最後の箱には３枚しか入りませんでした。

(2)　秒速20m，長さが150mの列車Ａと秒速15m，長さが200mの列車Ｂがすれちがうのに□秒かかります。

(3)　□ページの本を１日目に全体の$\frac{2}{5}$だけ読み，２日目に残りの60％を読みました。３日目に前日の３割だけ読むと33ページ残りました。

(4)　赤，青，黄，赤，青，黄，……と３つの色がこの順にくり返し表示される機械Ａ，Ｂ，Ｃがあります。機械Ａは３秒ごと，機械Ｂは６秒ごと，機械Ｃは７秒ごとに色が変わります。３つの機械が同時に赤を表示する状態から使い始めます。はじめて機械Ａが青，機械Ｂが黄，機械Ｃが赤に同時に変わるのは使い始めてから□秒後です。

(5)　開園前の動物園に□人の人が並んでいます。また，開園と同時に１分間に６人ずつ並ぶ人が増えます。入口を２つ開けるとちょうど30分で列がなくなり，６つ開けるとちょうど５分で列がなくなります。

(6)　容器Ａには濃度《のうど》５％の食塩水が□ｇ，容器Ｂには濃度８％の食塩水が200ｇ入っています。容器Ａから50ｇだけ容器Ｂに移し，よく混ぜます。その後，容器Ｂから50ｇだけ容器Ａに移しよく混ぜると，容器Ａに入っている食塩水の濃度は5.4％になりました。

3　次の問いに答えなさい。

(1)　次の［ア］～［ウ］にあてはまる数を，［エ］，［オ］にあてはまる漢字１字を答えなさい。

　現在，私達が使っている暦《こよみ》は，１年で地球が太陽の周りを一周する時間の長さ(公転周期)から考えています。１年間の日数は通常の年(平年)では365日ですが，実際の地球の公転周期は約365.25日です。つまり，毎年約［ア］時間ずれることになります。そこで，数年に１度うるう年をつくることでそのずれを調節しています。うるう年では，２月を29日とし，１年を

366日とします。最近のうるう年は2020年だったので，次のうるう年は［　イ　］年です。

平年の１年間の日数365を７で割ると［　ウ　］余ります。このことから，本日2023年１月20日は金曜日なので，１年前の2022年１月20日は［　エ　］曜日だとわかります。また，６年後の2029年３月３日に行われる予定の国府台女子学院高等部の卒業式は［　オ　］曜日です。

(2)　川の上流のＡ地点から下流のＢ地点まで６kmあります。ある船がＡからＢまで下るのに12分，ＢからＡまで上るのに20分かかります。この船を２そう用意し，それぞれＡとＢから同時に出発します。この２そうが出会うのは何分後ですか。解答は答えのみではなく，途中《とちゅう》の計算や考え方を解答らんにできるだけくわしく書きなさい。

4　次の［　　］にあてはまる数を答えなさい。

(1)　下の図１で，点は円周を８等分したものです。角 x の大きさは［　　　］度です。

図１

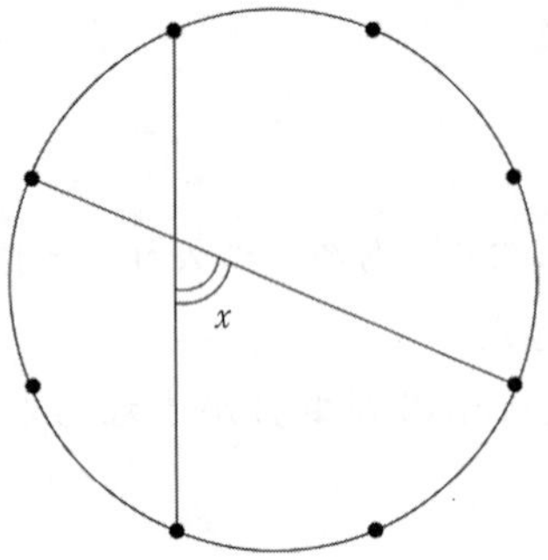

図２

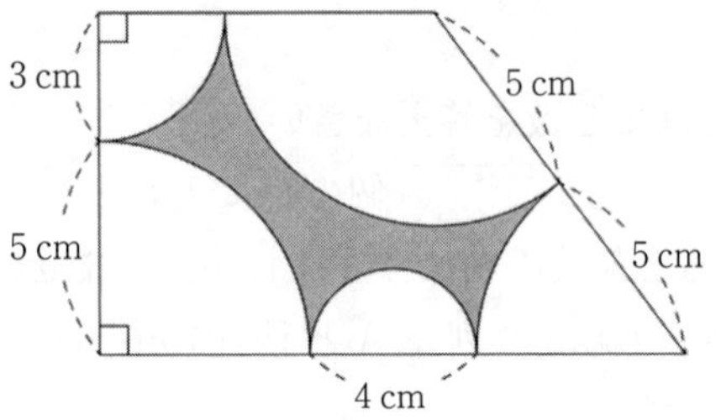

(2)　上の図２は，台形と５つのおうぎ形を組み合わせた図形です。ぬりつぶした部分の面積は［　　　］cm^2です。

(3)　下の図３の四角形ABCDを直線 l を軸《じく》として１回転したときにできる立体の体積は［　　　］cm^3です。

図３

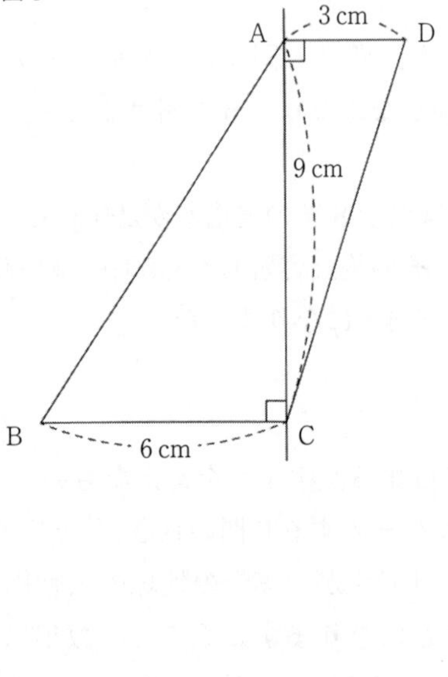

5　家から2400m離《はな》れた図書館へ向かう途中《とちゅう》に公園があります。いま，姉は公園に，妹は家にいて，２人はそれぞれの場所から同時に出発します。姉は，家に着くと８分休けいしてから図書館へ向かいます。妹は公園で10分遊んでから図書館へ向かいます。妹の歩く速さは毎分60mで，姉と妹の歩く速さは一定です。下のグラフは，２人が出発してからの時間と道のりの関係を表しています。

下の問いに答えなさい。

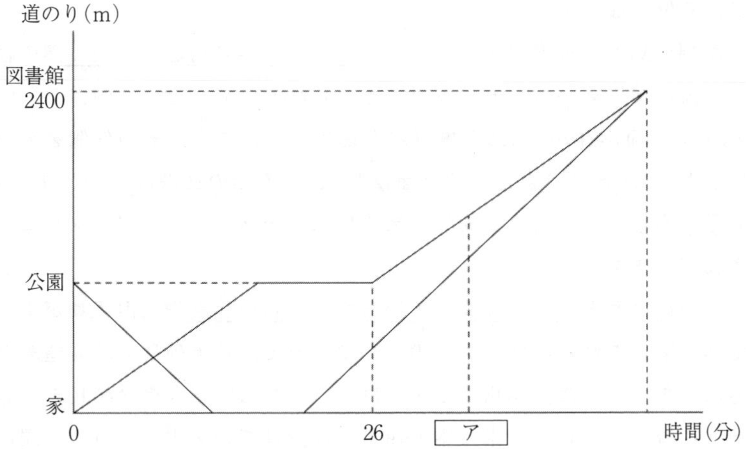

(1)　公園は家から何mの所にありますか。

(2)　姉の歩く速さは毎分何mですか。

(3)　グラフの［ア］の時に，家から姉までの道のりと，姉から妹までの道のりの比が７：２になりました。［ア］にあてはまる数を答えなさい。

(4)　妹の忘れ物に気づいた兄が自転車で家を出発しました。兄の進む速さは毎分200mで，姉を追いこした３分後に妹に追いつきました。兄が家を出発したのは，妹が家を出発してから何分後ですか。

【社　会】〈第１回試験〉（30分）〈満点：60点〉

［注意］解答は，適切な漢字をもちいて記入して下さい。

1　次の文を読んで，あとの問いに答えなさい。

日本列島は，(Ａ)北海道・(Ｂ)本州・(Ｃ)四国・(Ｄ)九州の四つの大きな島と数千の小さな島々が，ユーラシア大陸の東側に約3,000kmにわたる弓のような形で細長くつらなっています。国土面積は，約38万㎢で世界でも第60位くらいでしかありませんが，周りを海に囲まれているため，海岸線は約34,000kmの長さがあり，世界第６位になります。

日本の領土の最北端の島と最南端の島との緯度の差は約25度，(Ｅ)最東端の島と最西端の島の経度の差は約31度あります。日本の領海は海岸線から（ あ ）海里と定められていて，その外側には（ い ）があります。(い)は国連海洋法条約で海岸線から200海里以内と定められ，さらにその外側を公海といいます。島国である日本の場合は，領海と(い)を合わせた面積が，国土面積の10倍以上になります。

(Ｆ)日本近海は，世界でも有数の漁場です。また，沿岸の海底には，天然ガスやレアメタルなどの地下資源が豊富にあると予測されています。

日本列島は(Ｇ)４枚のプレートが出合うところに位置しているため，(Ｈ)地震《じしん》や火山活動がよく起こり，全体としては山がちな地形です。これらのプレートの活動によって，日本列島には構造線《こうぞうせん》と呼ばれる大規模な断層がいくつもあります。また，本州の中央には，ラテン語で「大きな溝《みぞ》」を意味する（ う ）と呼ばれる低地帯が南北に続いて，日本を東日本と西日本に分けています。(う)の西端にあたる糸魚川－静岡構造線は，プレートの境界にあたると考えられていて，西側には標高3,000ｍ級の(Ｉ)飛驒・木曽・赤石山脈がそびえ立っています。

中央構造線は，西日本を外帯と内帯に分けています。外帯の紀伊・四国・九州山地などは，高く険しい山地ですが，内帯の山地である中国・筑紫山地などは低くなだらかになっています。中央構造線と糸魚川－静岡構造線は，長野県の(Ｊ)諏訪湖付近で交わっています。

（１）　下線部(Ａ)には，国立公園が６ヶ所あります。次の文はそのうち一つの国立公園について述べたものです。これにあてはまるものを，次のア～エから１つ選び，記号で答えなさい。

北海道の東北端に位置し，北半球において流氷が接岸する南限であり，この流氷の影響を受けた海と陸の生態系の豊かさが評価され，2005年に世界自然遺産に登録されました。

ア．利尻礼文サロベツ国立公園　　イ．知床国立公園

ウ．大雪山国立公園　　エ．釧路湿原国立公園

（２）　下線部(Ｂ)には，世界遺産がある都府県がいくつもあります。次の①・②の文はそのうちのある都府県の様子を述べています。あてはまる都府県名をそれぞれ答えなさい。

①　この県の「法隆寺地域の仏教建造物」は，1993年に世界文化遺産として登録されました。

②　この県には，明治政府が設立した官営の富岡製糸場があります。この製糸場を含《ふく》む周辺地域は，2014年，世界文化遺産に登録されました。

（３）　下線部（Ｃ）に関連して，右の高松の雨温図の特徴《とくちょう》を正しく説明している文を次のア～エから１つ選び，記号で答えなさい。

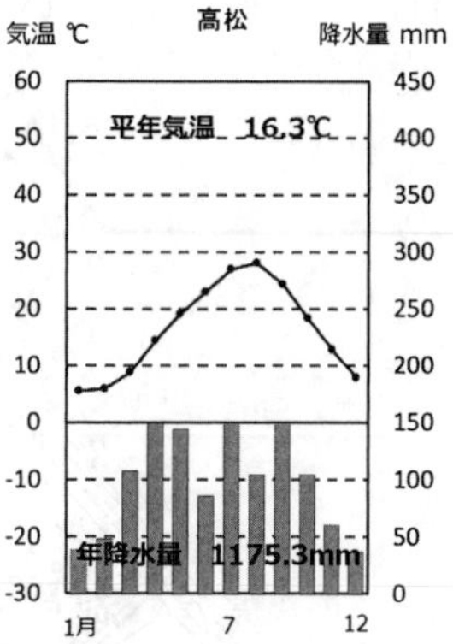

ア．夏も冬も風が山地にさえぎられるため，一年中温暖でかつ降水量が少ない。

イ．冬には，北西からの季節風の影響《えいきょう》で雪や雨の日が多い。

ウ．１年を通して降水量が少なく，冬の寒さが厳しい。

エ．１年を通して温暖で，夏から秋にかけては，南東からの季節風の影響で，多くの雨が降る。

（４）　下線部（Ｄ）には，活火山である阿蘇山があります。ここでは，火山活動によってできた「窪地《くぼち》」に多くの人びとが生活しています。この窪地を何といいますか。答えなさい。

（５）　下線部（Ｅ）について，日本標準時は考えないとすれば，最東端の島と最西端の島との時差は約何時間ありますか。整数で答えなさい。

（６）　文中の空らん（あ）～（う）にあてはまる数字や語句を答えなさい。ただし，(い)は漢字７文字で答えなさい。

（７）　下線部（Ｆ）について述べている文ａ・ｂの正誤の組み合わせが正しいものを，次のア～エから１つ選び，記号で答えなさい。

ａ　東シナ海には，深さが約200ｍまでの傾斜《けいしゃ》が緩《ゆる》やかな「大陸棚」が広がり，ここは魚が卵を産むのに適した場所である。

ｂ　寒流の親潮と暖流の黒潮が出合う「潮目」は，プランクトンが豊富でよい漁場である。

ア．ａ＝正　ｂ＝正　　イ．ａ＝正　ｂ＝誤　　ウ．ａ＝誤　ｂ＝正　　エ．ａ＝誤　ｂ＝誤

（８）　下線部（Ｇ）について，**誤って述べている**文を次のア～エから１つ選び，記号で答えなさい。

ア．東日本・北日本のほとんどは，北アメリカプレートの上にある。

イ．伊豆半島は，太平洋プレートの上にのって北上し，日本列島とぶつかり，押《お》し合っている。

ウ．西日本のほとんどは，ユーラシアプレートの上にある。

エ．フィリピン海プレートと太平洋プレートがぶつかっているところに沿うようにして，伊豆諸島や小笠原諸島ができている。

（９）　下線部（Ｈ）について，東日本大震災のとき，東北地方の太平洋沿岸部は，甚大《じんだい》な被害《ひがい》に見舞《みま》われました。その原因の一つに地震に伴《ともな》って発生した自然現象があります。その自然現象を答えなさい。

（10）　下線部（Ｉ）について，３つの山脈の総称《そうしょう》は，ヨーロッパにある山脈にたとえられています。そのヨーロッパの山脈は何といいますか。答えなさい。

(11)　下線部(Ｊ)について，次の地図は諏訪湖周辺の地図です。あとの問いに答えなさい。

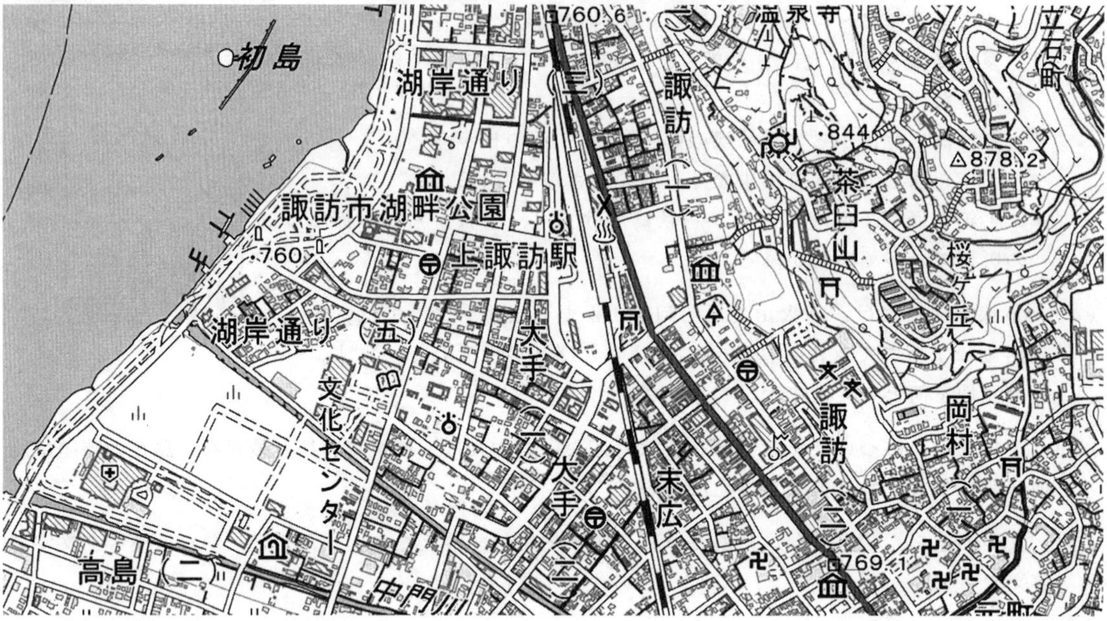

「国土地理院ホームページ」より作成

①　地図中の  は，何を表す記号ですか。答えなさい。

②　次のア～エの文は，上諏訪《かみすわ》駅周辺の様子を述べたものです。**誤っているもの**を１つ選び，記号で答えなさい。

ア．上諏訪駅には，温泉がある。

イ．上諏訪駅の南にある中門川に沿って，老人ホームや病院が並んでいる。

ウ．上諏訪駅の東の茶臼山《ちやうすやま》付近には，発電所(変電所)や墓地がある。

エ．上諏訪駅の西にある標高点と茶臼山の東の三角点との高低差は100m以下である。

2　次の文を読んで，あとの問いに答えなさい。

1972年９月，[Ⅰ]内閣のときに（ あ ）が調印され，日本と中華人民共和国の国交が正常化されました。それから50年の節目を迎《むか》え，あらためて日本と中国の関係性が注目されています。両国の間には，これまでどのような関わりがあったのでしょうか。

まずは日本が弥生時代の頃《ころ》，(A)中国の歴史書に当時の日本の様子が記されました。いくつもの国に分かれていた様子や，その中から中国に使者を送る国もあったことが分かります。

６世紀に隋，７世紀に唐がおこると，(B)日本から使者が送られ，中国の進んだ政治や文化を取り入れようとしました。唐を手本に政治制度を整え，都の整備や貨幣《かへい》の発行を行いましたが，９世紀になると唐は急速に衰《おとろ》えていきました。これにより，多くの危険を冒《おか》してまで公的な使者を派遣《はけん》する必要はないと主張した（ い ）の提案により，(C)遣唐使の派遣が停止されました。

12世紀に(D)平氏が政権を握《にぎ》ると，日宋貿易が行われました。平氏政権がこの貿易での利益を経済的基盤《きばん》としたように，中国との貿易は日本に大きな影響を与《あた》えていくことになりました。

13世紀には，モンゴル人による元が中国を支配し，日本にも服属を求めてきました。鎌倉幕府８代執権（ う ）がこれを断ると，(E)二度にわたり元の大軍が日本へ襲来《しゅうらい》し，このことは鎌倉幕府の支配を大きくゆるがしました。

14世紀に新たに建国された明は，朝貢形式により，アジア各国との通交と貿易を管理しました。室町幕府は，明との朝貢貿易をはじめ，明から与えられた通交証明書である（ え ）を持った船が中国へ渡《わた》りました。

江戸時代初期には，豊臣秀吉による朝鮮出兵などの影響で日本と明との正式な貿易は行われませんでした。17世紀前半に清が成立しても，日本との正式な国交は結ばれないままでしたが，清の商人が長崎に来航して貿易は行われました。(F)19世紀前半に起きたアヘン戦争で清がイギリスに敗北すると，これまで清から海外の情報を得ていた幕府は大きな衝撃《しょうげき》を受け，このことは(G)“鎖国”体制が変わっていくきっかけの１つにもなりました。

明治維新を経て成立した明治政府は，1871年に清と対等な条約を結び，こうして初めて日本と清の間に正式な国交が開かれました。日本は富国強兵をスローガンに軍隊の近代化を進め，1894年の(H)日清戦争で勝利したのを機に，中国への進出をはじめていきます。その後，1911年に清で革命が起こると，翌年には[Ⅱ]を臨時大総統として中華民国が成立し，清は滅《ほろ》びました。

第一次世界大戦開始以降，日本は中国への進出をさらに強めました。(I)これに対し，中国各地では激しい反日運動が起こりました。さらに1931年の満州事変により日本が(J)満州国を建国したことで，日本と中国の緊張《きんちょう》関係はピークに達し，1937年には日中戦争がはじまりました。中国では中国国民党と，[Ⅲ]の率いる中国共産党が協力して，日本への徹底抗戦《てっていこうせん》の構えを見せ，戦争は長期化しました。

(K)日本の敗戦後の1949年，中国共産党の指導のもとで中華人民共和国が成立しました。日本と中華人民共和国は，1972年には(あ)を発表して国交を正常化し，また1978年には（ お ）が結ばれ，両国の経済・文化的交流のため一層努力することを約束しました。しかし現在，中国との間には領土問題など様々な課題が挙げられており，今後の動向が注目されています。

（１）　空らん(あ)～(お)にあてはまる人名や語句をそれぞれ答えなさい。

（２）　空らん［　Ⅰ　］～［　Ⅲ　］にあてはまる人物名を，次のア～カよりそれぞれ１つずつ選び，記号で答えなさい。

ア．袁世凱　　イ．池田勇人　　ウ．毛沢東　　エ．蔣介石　　オ．田中角栄　　カ．孫文

（３）　下線部（A）について，次の史料を読み問いに答えなさい。

［　　　］は，もともと男性の王が治めていたが，倭国が乱れ，何年も争い合うようになると，女性の卑弥呼を王とした。卑弥呼は鬼道《きどう》(まじない)によって人々をうまく従えた。・・・卑弥呼の宮殿《きゅうでん》には物見やぐらや柵《さく》が厳重にめぐらされ，いつも兵士が警備していた。

①　史料中の空らんにあてはまる国名を答えなさい。

②　この史料の出典を次のア～エの歴史書から１つ選び，記号で答えなさい。

ア．「漢書」地理志　　イ．「後漢書」東夷伝　　ウ．「魏志」倭人伝　　エ．「宋書」倭国伝

（４）　下線部（B）に関連して，飛鳥時代・奈良時代には，中国の影響を受けた仏教文化が栄えました。この時代の仏教文化について述べた文として正しいものを，次のア～エから１つ選び，記号で答えなさい。

ア．聖武天皇は，仏教の力で国を守ろうと，都に法隆寺を建てた。

イ．唐から招かれた鑑真によって唐招提寺が開かれた。

ウ．阿弥陀仏《あみだぶつ》が住む極楽浄土《ごくらくじょうど》をこの世に再現しようと，平等院鳳凰堂が建てられた。

エ．栄西や道元らは，座禅により悟《さと》りを得る禅宗を伝えた。

（５）　下線部（C）について，この前後に起きた次の出来事ア～エを年代順に並《なら》べ替《か》えなさい。

ア．遣唐使の派遣が停止された。

イ．壬申の乱が起こり，新たに天武天皇が即位《そくい》した。

ウ．藤原頼通が関白に就任した。

エ．桓武天皇が都を平安京にうつした。

（６）　下線部（D）について，後白河上皇の政権内での勢力争いが発端《ほったん》となり，平清盛が源義朝を倒《たお》し，政権を握《にぎ》るきっかけになった戦いを何といいますか。答えなさい。

（７）　下線部（E）に関連して，元軍と戦った御家人たちは，この二度の戦いがきっかけで幕府に強い不満を持つようになりました。その理由を説明しなさい。

（８）　下線部（F）の時期に起きた出来事として正しいものを，次のア～エから１つ選び，記号で答えなさい。

ア．水野忠邦により天保の改革が行われた。

イ．生類憐みの令が出された。

ウ．関東大震災が起こった。

エ．桜田門外の変により，井伊直弼が暗殺された。

（９） 下線部（Ｇ）の外交について述べた文として正しいものを，次のア～エから１つ選び，記号で答えなさい。

ア．朝鮮との貿易は，薩摩藩が朝鮮の釜山へ貿易船を出して行った。

イ．ポルトガルとの貿易が許可され，商館が出島に置かれた。

ウ．江戸幕府の将軍が替わると，そのお祝いの使節として，朝鮮から通信使が来日することがあった。

エ．1792年に，アメリカのハリスが根室に来航して通商を求めたが，幕府は要求を拒否した。

(10) 下線部（Ｈ）について，この戦争の後の状況《じょうきょう》について述べた次の文の空らんにあてはまる語句の正しい組み合わせを，次のア～エから１つ選び，記号で答えなさい。

講和条約により，日本は多額の賠償金《ばいしょうきん》を得たほか，(ａ)などの領土を獲得《かくとく》した。これに対し，東アジアへ勢力を伸《の》ばそうとしていた(ｂ)は，(ｃ)を誘《さそ》い，(ａ)を清に返すよう日本に要求した。これに対抗《たいこう》する力のなかった日本は，この要求を受け入れた。

ア．ａ＝遼東半島　ｂ＝アメリカ　ｃ＝フランス・ロシア

イ．ａ＝遼東半島　ｂ＝ロシア　ｃ＝フランス・ドイツ

ウ．ａ＝山東半島　ｂ＝アメリカ　ｃ＝フランス・ロシア

エ．ａ＝山東半島　ｂ＝ロシア　ｃ＝フランス・ドイツ

(11) 下線部（Ｉ）について，1919年に中国で起きた，パリ講和会議や二十一か条の要求に抗議《こうぎ》する政治運動を何といいますか。答えなさい。

(12) 下線部（Ｊ）について，満州国の承認《しょうにん》に反対していた日本の首相が海軍の青年将校たちに暗殺されました。このとき暗殺された首相は誰《だれ》ですか。答えなさい。

(13) 下線部（Ｋ）に関連して，戦後の日本の様子について述べた文として正しいものを，次のア～エから１つ選び，記号で答えなさい。

ア．1945年に選挙法が改正され，満18歳以上の全ての男女に選挙権が与えられた。

イ．連合国軍総司令部の命令で徴兵令が定められ，満20歳以上の男子はみな兵役の義務につくようになった。

ウ．1947年には教育勅語に代わり学制が制定され，教育の機会均等などが定められた。

エ．三井・三菱などの財閥が解体され，独占禁止法により大会社が利益を独占することが禁じられた。

3　次の文を読んで，あとの問いに答えなさい。

昨年9月27日に，安倍晋三元内閣総理大臣の国葬儀《こくそうぎ》(国葬)が行われました。(A)日本国憲法制定後の現在の日本の政治体制のもとでは，(B)吉田茂元内閣総理大臣に続いて2人目であり，また偶然《ぐうぜん》ながら，(C)イギリスの女王[　　　　]2世の葬儀と日程が近かったこともあり，その実施《じっし》にあたっては，多くの注目を浴び，議論を呼び起こすことになりました。まず，日本国憲法制定後の現在の日本では，国が行う葬儀として定められているものは，(D)天皇もしくは上皇の葬儀である「大喪《たいそう》の礼」のみで，国葬儀という定まった制度はありません。つまり国葬儀は，そのときどきの政治的な判断として行われることになります。今回の国葬儀も吉田茂氏の国葬儀も，内閣の判断によって決定されましたが，いずれも，(E)国会の決議を経なかったことは，論点の1つです。

国葬儀にかかる費用も，議論となりました。ただし今まで，国葬儀でなくても，内閣総理大臣経験者など国家の要職を務めた人物の葬儀費用の一部を，国が負担することはありました。ここでも，論点はやはり，(F)国家の予算を決定する国会の決議を経なかったところにあるでしょう。

国葬儀そのものと論点は異なりますが，安倍晋三氏殺害のきっかけとなった政治と宗教の問題も注目されています。日本や欧米《おうべい》諸国は，(G)宗教は政治に関わらず，政治も国民の信仰《しんこう》を規制しないということを原則としているためです。

安倍晋三氏の国葬儀にあたっては，海外からの弔問客《ちょうもんきゃく》も多く訪《おとず》れ，その顔ぶれは，現在の日本の外交関係を反映するものとなりました。G7をはじめとする欧米の主要国からは，現役《げんえき》の首脳は欠席する一方，アメリカ合衆国副大統領や，安倍氏と同時期に政権を担《にな》った元首脳らが出席しました。(H)ウクライナ問題で日本と対立する立場にあるロシアからは，使節は派遣されましたが，政府高官は出席しませんでした。一方で，(I)安倍政権時に友好関係を深めたインドやオーストラリアからは，現役の首相が出席しました。

(1)　空らん[　　　　]にあてはまる人名を答えなさい。

(2)　下線部(A)では，様々な権利が保障されています。一方で，権利を保護した結果，他人の権利が侵害《しんがい》されることはあってはならないことです。どんな権利をどのようにどこまで保護するかについての解釈《かいしゃく》とバランスは，時代や技術の発達にともなって変わっています。昨年は，SNSをはじめとしたインターネットの普及《ふきゅう》に合わせて，6月に，「侮辱罪《ぶじょくざい》の厳罰化《げんばつか》」，10月に，「インターネット上の発信者の情報を開示しやすくするプロバイダ責任制限法の改正」が行われました。これらについて，バランスを取る対象となる権利として最も適切なものを，次のア～カから**2つ**選び，記号で答えなさい。

ア．知る権利　　イ．通信の秘密　　ウ．思想・良心の自由
エ．表現の自由　　オ．法の下の平等　　カ．知的財産権

(3)　下線部(B)の人物が，内閣総理大臣在任中に行ったこととして適切なものを，次のア～オから**2つ**選び，記号で答えなさい。

ア．所得倍増計画を掲《かか》げた。　　イ．サンフランシスコ平和条約を締結《ていけつ》した。
ウ．日米安全保障条約を締結した。　　エ．非核三原則を掲げた。
オ．国際連合への加盟を実現した。

(4)　下線部(C)の国は，日本と同様に，法律によって権限を規定された君主を国の頂点にいただく政治体制です。このような政治体制を何と呼ぶか，答えなさい。

（５） 下線部(D)の規定や皇位継承権などの，皇室についての規則が定められている法律名を答えなさい。

（６） 下線部(E)について，次の問いに答えなさい。

① 日本では，三権分立の一部を担う「国会」と「内閣」の関係について，内閣が国会の信任にもとづいて構成されるという仕組みをとっています。このような仕組みを何といいますか，答えなさい。

② 日本の三権分立について説明した文として**誤っているもの**を，次のア～エから１つ選び，記号で答えなさい。

ア．内閣総理大臣は，国会によって指名される。

イ．裁判所は，国会や内閣が定めた法律や命令が憲法に違反《いはん》していないか審査《しんさ》することができる。

ウ．内閣を構成する総理大臣や国務大臣は，国民の選挙によって直接選ばれることはない。

エ．内閣は裁判官を罷免《ひめん》することができる。

（７） 下線部(F)について，次の問いに答えなさい。

① 次のグラフは，2022年度(令和４年度)予算案の歳出《さいしゅつ》を示したものです。グラフ中のアは，地方公共団体に関する支出となります。地方公共団体の財政の偏《かたよ》りを補正するための，国から用途《ようと》を指定せずに支給される補助金を何といいますか。答えなさい。

【2022年度予算】

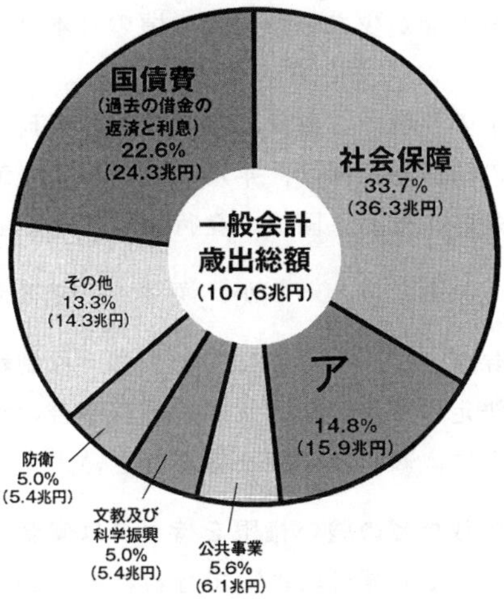

「財務省公式サイト(https://www.mof.go.jp)掲載資料」より作成

② ①のグラフから分かるように，国債《こくさい》(国の借入金)の負担は，非常に重いものとなっています。次のグラフは，1989年度(平成元年度)から2021年度(令和３年度)までの，それぞれの年度の国債の発行額を示しています。このグラフについて説明した文として**誤っているもの**を，次のア～エから１つ選び，記号で答えなさい。

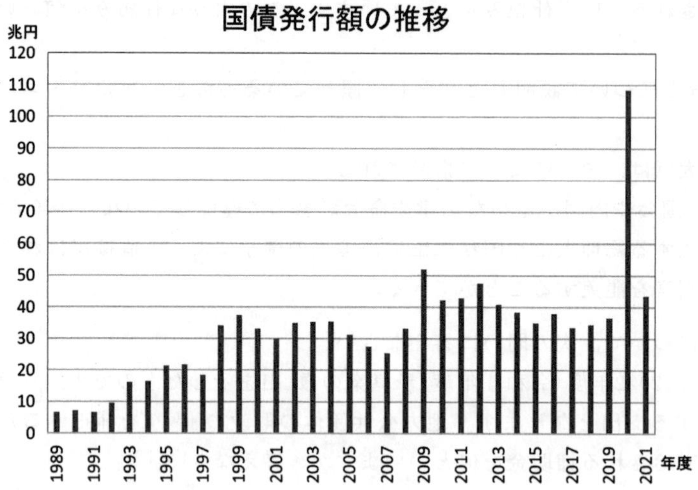

「財務省公式サイト(https://www.mof.go.jp)掲載資料」より作成

ア．1991年度までは国債の発行額が少ないが，この頃の日本は，バブル景気と呼ばれた好景気であった。

イ．国債の発行額がグラフ中の年度で２番目に多いのは，東日本大震災の翌年である。

ウ．2000年度以降現在までの国債発行額は，平均にしてみても毎年30兆円を超《こ》えている。

エ．2020年度はコロナ禍《か》の対応のため，国債の発行額は，その前年の約３倍となった。

(８)　下線部(G)のような政治の原則を何というか，漢字４字で答えなさい。

(９)　下線部(H)について，国際連合が，ロシアに対して様々な制裁を含《ふく》む有効な影響力を発揮できないのは，国際連合の意思決定の方法によります。国際連合の意思決定について説明した次の文中の空らんにあてはまるように，適切な文章を答えなさい。

国際連合で経済制裁や軍事制裁などの強い権限を持つのは安全保障理事会であり，その決定は，15ヶ国の理事国のうち，９ヶ国以上の賛成によって行われる。ただし，〔　　　　　　　　　　〕。

(10)　下線部(Ｉ)について，安倍晋三氏は内閣総理大臣在任中に「自由で開かれたインド太平洋」を掲げて，日本・アメリカ合衆国・インド・オーストラリア４ヶ国の軍事・経済など広範囲《こうはんい》にわたる協力の枠組《わくぐ》みを作ることに尽力《じんりょく》し，2019年から外相会談が，2020年からは首脳会談が行われています。この国際的な枠組みの名称《めいしょう》を答えなさい。日本語名でもアルファベット略称《りゃくしょう》でも，どちらでもかまいません。

【理　科】〈第１回試験〉(30分)〈満点：60点〉

1　次の各問いに答えなさい。

(1)　わたしたちの主食である白米は，イネの種子《しゅし》の主に何という部分にあたりますか。ことばで答えなさい。

(2)　じん臓のはたらきについて正しく説明しているものを，次の**ア**～**オ**から２つ選び，記号で答えなさい。

ア：尿素《にょうそ》などの不要物をこしとる。
イ：細菌《さいきん》などの異物を分解する。
ウ：アンモニアを無害な尿素に変える。
エ：血液中のブドウ糖の量を一定に保つ。
オ：血液中の余分な塩分や水分を調節する。

(3)　表の水溶液《すいようえき》と，その水溶液の性質の組み合わせとして正しいものを，次の**ア**～**カ**から１つ選び，記号で答えなさい。

	石灰水	重そう水	レモン水	食塩水
ア	酸性	酸性	アルカリ性	酸性
イ	酸性	酸性	酸性	中性
ウ	酸性	アルカリ性	アルカリ性	酸性
エ	アルカリ性	酸性	酸性	中性
オ	アルカリ性	アルカリ性	アルカリ性	酸性
カ	アルカリ性	アルカリ性	酸性	中性

(4)　コップに冷たい水を入れて，室温で放置しておくと，図のように水が入っているコップの内側にあわができました。このあわについて最もあてはまるものを，次の**ア**～**オ**から１つ選び，記号で答えなさい。

ア：水が分解されて発生した水素のあわである。
イ：水が分解されて発生した酸素のあわである。
ウ：コップのまわりの空気が水の中に入ってできたあわである。
エ：水に溶《と》けていた空気が溶けきれなくなって出てきたあわである。
オ：水が状態変化して，水蒸気になったあわである。

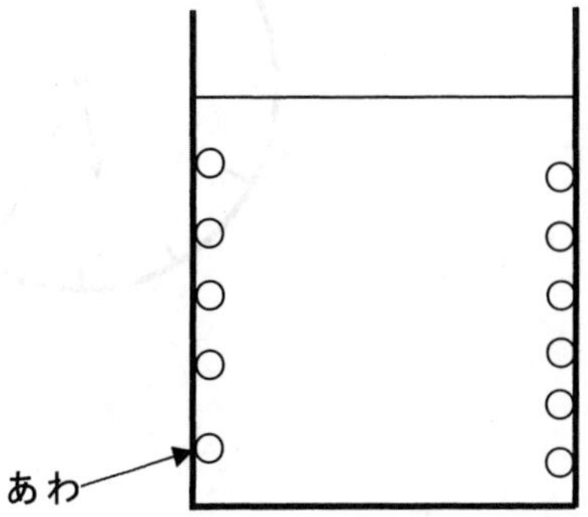

水入りのコップ

(5)　火成岩は，含《ふく》まれる鉱物によって全体的に色が白っぽく見えるものや黒っぽく見えるものがあります。次の**ア**～**オ**のうち，白っぽく見える火成岩に最も多く含まれている鉱物はどれですか。１つ選び，記号で答えなさい。

ア：ウンモ　**イ**：セキエイ　**ウ**：キ石　**エ**：カンラン石　**オ**：カクセン石

(6)　次の**ア**～**オ**の月のうち，明け方６時ごろに南中するものを１つ選び，記号で答えなさい。

ア：新月　**イ**：満月　**ウ**：上弦《じょうげん》の月　**エ**：下弦《かげん》の月　**オ**：三日月

(7)　右図のように，滑車《かっしゃ》，糸を使い，20kgの荷物をつりさげました。点Ａに力を加えて，荷物を30cmだけ持ち上げるとき，次の文の①，②にあてはまる数字をそれぞれ整数で答えなさい。ただし，荷物以外の部分のおもさはすべて考えないものとします。

荷物を30cmだけ持ち上げるためには，［　①　］kg以上の力で，糸は［　②　］cmだけ引く必要があります。

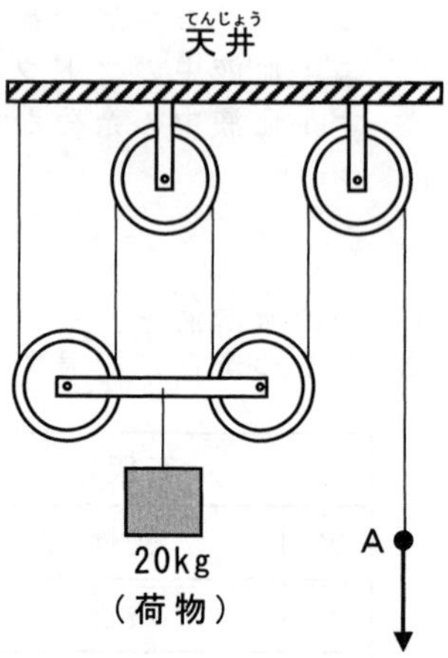

(8)　鏡に映った時計を見ると，図１のようになっていました。この時刻から１時間15分後に，鏡に映った時計はどのように見えますか。解答用紙にかき入れなさい。ただし，図２(解答例)のように，長針の先端《せんたん》は実線（———），短針の先端は点線（------）に合わせるものとします。

図１

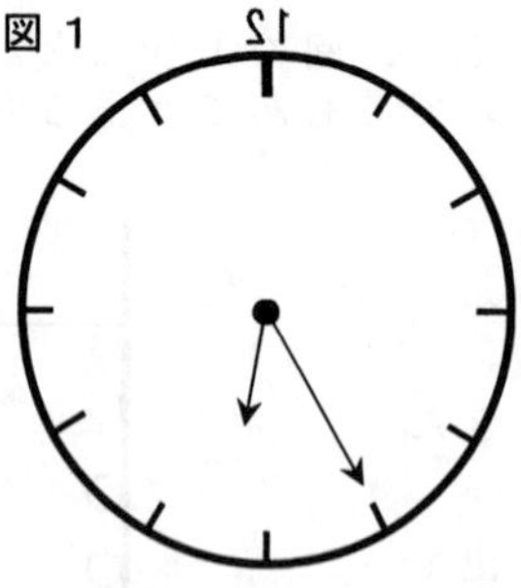

図２
（解答例）

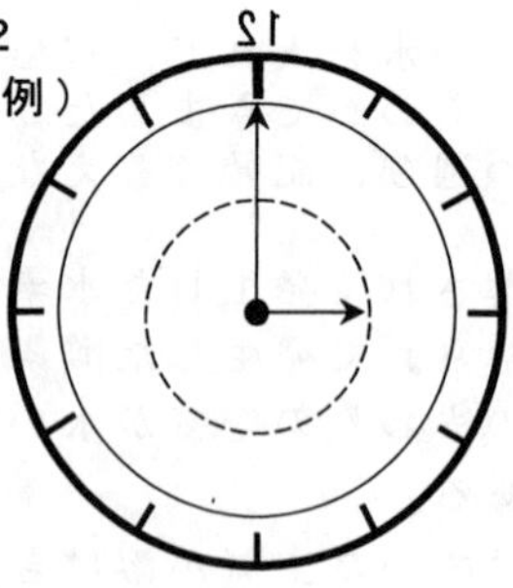

2　環境《かんきょう》問題とその取り組みについて，次の問いに答えなさい。

［１］　グラフは日本のある地域の大気中の二酸化炭素濃度《のうど》の変動を示したものです。

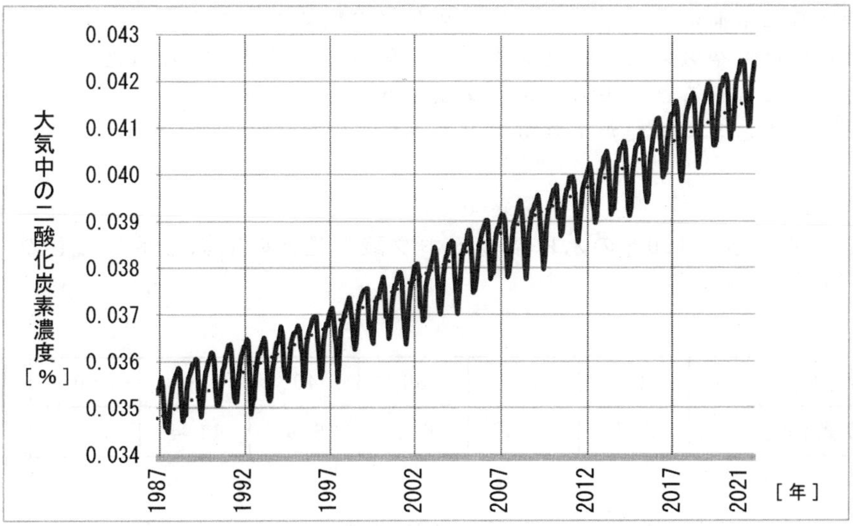

(1)　１年間の中で二酸化炭素濃度の変化が見られます。最も二酸化炭素濃度が低くなるのは，どの季節ですか。次の**ア～エ**から１つ選び，記号で答えなさい。

ア：春　　**イ**：夏　　**ウ**：秋　　**エ**：冬

(2)　(1)の季節に二酸化炭素濃度が低くなるのはなぜですか。最もあてはまるものを次の**ア～オ**から１つ選び，記号で答えなさい。

ア：動物の呼吸が盛んになるから。
イ：動物の成長が活発になるから。
ウ：動物の移動が少なくなるから。
エ：植物の呼吸が盛んになるから。
オ：植物の光合成が盛んになるから。

［２］　環境を守る取り組みの１つに，カーテンのように窓や建物の外側を植物でおおうグリーンカーテンがあります。

(3)　グリーンカーテンをつくるのに適している植物を，次の**ア～オ**から<u>すべて</u>選び，記号で答えなさい。

ア：ヘチマ　　**イ**：ジャガイモ　　**ウ**：ゴーヤ　　**エ**：コスモス　　**オ**：アサガオ

(4)　グリーンカーテンは植物の「あるはたらき」を利用することで，周囲の気温や室温を下げる効果があります。「あるはたらき」とは何ですか，<u>漢字２字</u>で答えなさい。

(5)　(4)のはたらきと，最も関係の深いことがらを，次の**ア**～**オ**から１つ選び，記号で答えなさい。

ア：ジュースに氷を入れると，ジュースの温度が低くなった。
イ：暑い日に地面に水をまくと，周りの気温が低くなった。
ウ：窓を開けて空気の入れかえをすると，部屋の気温が低くなった。
エ：高い山にのぼると，山の下より気温が低かった。
オ：日陰《ひかげ》に入ると，日なたより気温が低かった。

3　表は，水の温度と100ｇの水に溶けるホウ酸の量との関係を示したものです。次の問いに答えなさい。

水の温度[℃]	10	20	30	40	50	60	80
ホウ酸の量[ｇ]	3.7	4.9	6.8	8.9	11.4	15.0	23.6

(1)　60℃の水にホウ酸を溶かして作った飽和水溶液《ほうわすいようえき》の濃《こ》さは何％ですか。小数第１位を四捨五入して，整数で答えなさい。

(2)　30℃の水 200ｇが入っているビーカーに，ホウ酸 20.0ｇを入れて，よくかき混ぜました。このとき，溶けきれずに残ったホウ酸は何ｇですか。小数第１位まで答えなさい。

(3)　次の**ア**～**エ**のうち，(2)の溶けきれなかったホウ酸をすべて溶かすための方法として正しいものをすべて選び，記号で答えなさい。

ア：30℃の水100ｇを加える。
イ：加熱して水溶液を50℃にする。
ウ：水溶液を30℃に保ちながら，放置して水を蒸発させる。
エ：ビーカーから，丸底のフラスコに入れかえる。

(4)　40℃の水200ｇに，ホウ酸を溶かしてつくった飽和水溶液を10℃まで冷やしたとき，溶けきれなくなって出てくるホウ酸は何ｇですか。小数第１位まで答えなさい。

(5)　(4)のように固体のホウ酸を取り出す方法を何といいますか。ことばで答えなさい。

4　図は，ある日の午後９時に見えたカシオペヤ座をスケッチしたものです。なお，①〜⑪は，星Ａを中心として回るカシオペヤ座の30°ごとの位置を表しています。これについて，次の問いに答えなさい。

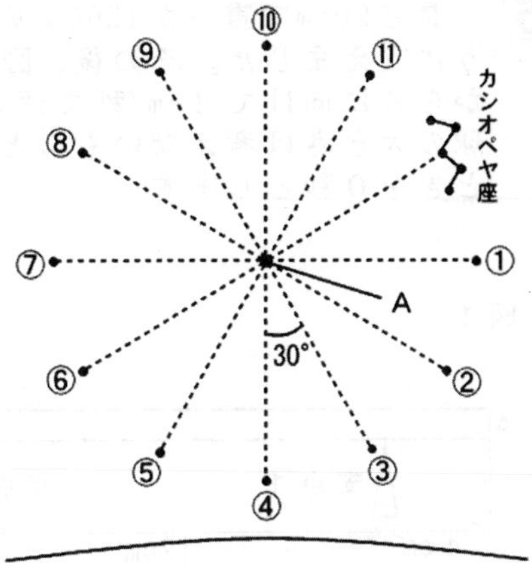

(1)　星Ａの名前を答えなさい。

(2)　この日の午後７時にカシオペヤ座は，図の①〜⑪のどの位置に見えましたか。１つ選び，記号で答えなさい。

(3)　(2)のように，１日の中で時間によって見える位置が変わる原因は何ですか。次の**ア**〜**カ**から１つ選び，記号で答えなさい。

ア：地球の自転　　**イ**：地球の公転　　**ウ**：太陽の自転
エ：太陽の公転　　**オ**：星Ａの自転　　**カ**：星Ａの公転

(4)　カシオペヤ座が③の位置に見えたとき，どのような形で見えますか。次の**ア**〜**オ**から１つ選び，記号で答えなさい。

(5)　この日の５か月後の午後９時にカシオペヤ座は，図の①〜⑪のどの位置に見えますか。１つ選び，記号で答えなさい。

(6)　この日から４か月前に，カシオペヤ座が③の位置に見えたのは何時ごろですか。次の**ア**〜**オ**から１つ選び，記号で答えなさい。

ア：午後７時　　**イ**：午後９時　　**ウ**：午後11時　　**エ**：午前１時　　**オ**：午前３時

5　長さ20cmで重さが1200ｇの一様な棒ＡＢを，支点１，支点２を使い，図１のように支えました。その後，図２のように，Ａ上に重さが300ｇの金属球を置き，ＡからＢに向けて２cm/秒で運動させました。次の問いに答えなさい。ただし，金属球の大きさは考えないものとし，すべての問題で金属球がＡ上から運動を始めたときを０秒とします。

図１

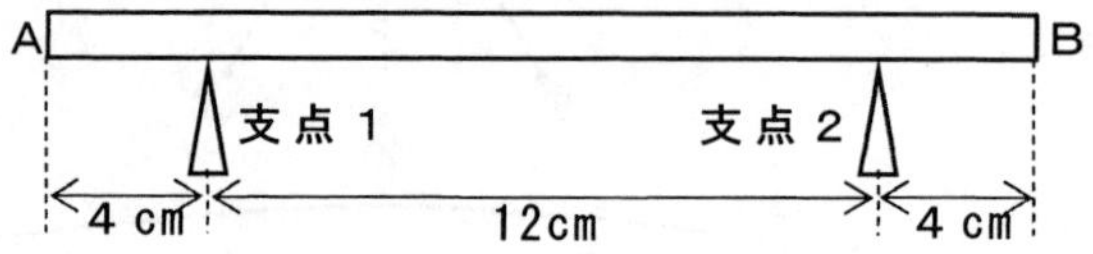

図２

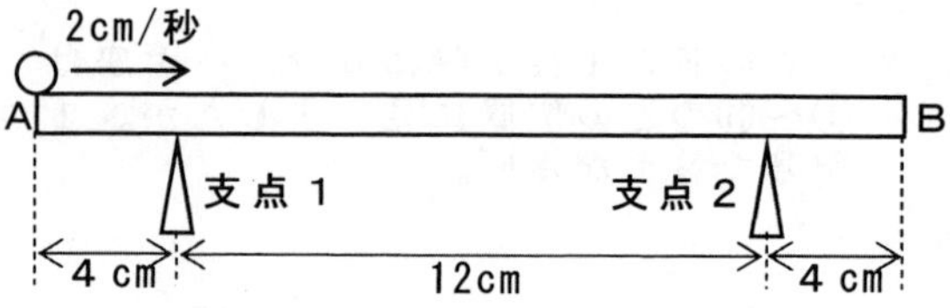

(1)　金属球が棒ＡＢ上を移動しているとき，棒ＡＢは支点１，支点２の両方から力を受けています。このとき「支点１から受ける力と支点２から受ける力の和」は一定となります。この一定の値は何ｇですか。整数で答えなさい。

(2)　次の①，②のとき，棒ＡＢが支点１から受ける力は，それぞれ何ｇですか。整数で答えなさい。

①：２秒のとき
②：５秒のとき

(3)　棒ＡＢが，それぞれの支点から受ける力の比が「支点１：支点２＝７：８」となるのは，何秒のときですか。整数で答えなさい。

(4)　金属球がＡからＢまで移動している間，棒ＡＢが支点１から受ける力と時間の関係をグラフにすると，どのようになりますか。次の**ア**～**エ**から最もあてはまるグラフを１つ選び，記号で答えなさい。

ア

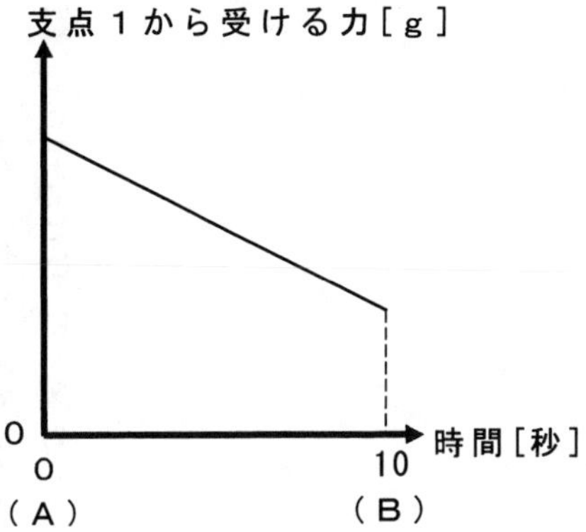

イ

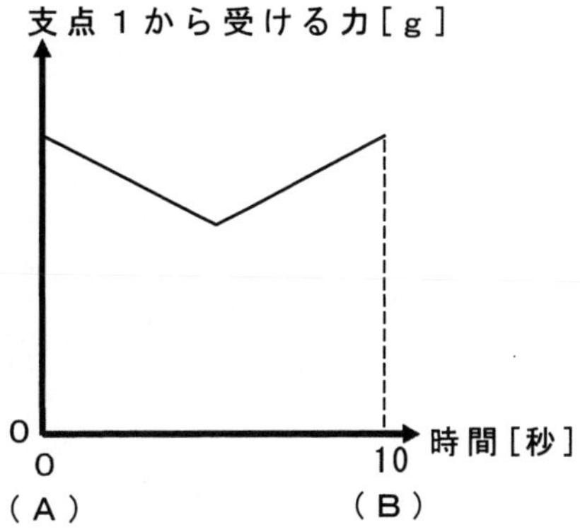

ウ

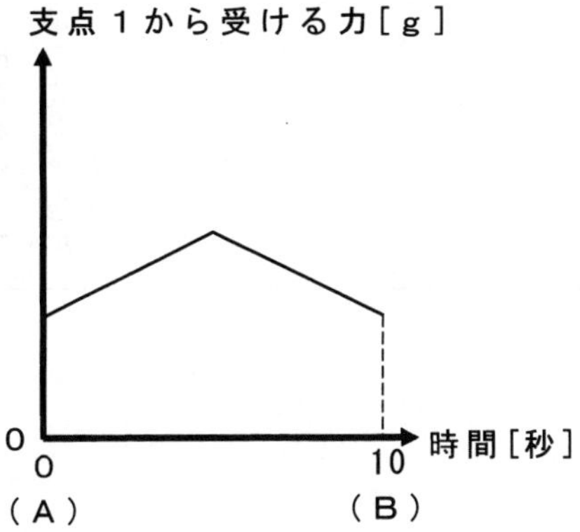

エ

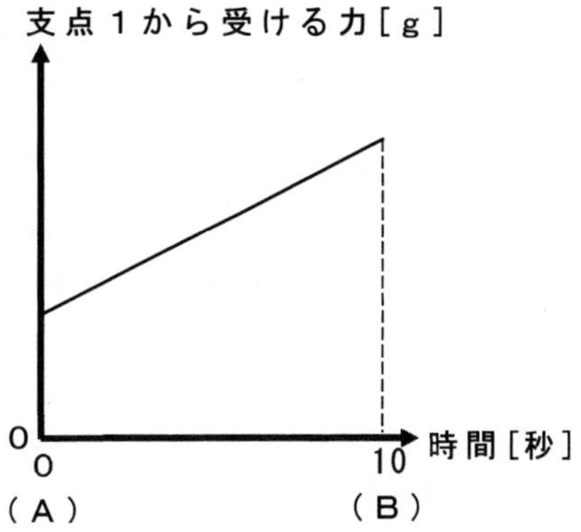

Ｅ　なるほど。人間タワーについての学級での話し合いでもみんなの前で反対意見を言わないし、先生にも嫌われたくないと考えているよね。自分の立場を守ろうとしていたり、なかなか難しい子かも。でも幼少期には絶対的な存在だった母親を様々な視点から疑いだしたところに、澪の心の成長があるんじゃないかな。

うちだれか。当てはまる人物をすべて記号で答えなさい。

ア　出畑　イ　国貞　ウ　近藤　エ　青木

問十　Ⅰ～Ⅳに当てはまる語の組み合わせとしてもっとも適当なものを次から一つ選び、ア～エの記号で答えなさい。

ア　Ⅰ　主観　Ⅱ　客観　Ⅲ　状況　Ⅳ　具体
イ　Ⅰ　主観　Ⅱ　客観　Ⅲ　肉体　Ⅳ　精神
ウ　Ⅰ　現象　Ⅱ　主観　Ⅲ　根源　Ⅳ　精神
エ　Ⅰ　肉体　Ⅱ　精神　Ⅲ　主観　Ⅳ　客観

問十一　8に入る内容としてもっとも適切な箇所《かしょ》を本文中より探し、八字で抜き出して答えなさい。

問十二　――線部⑨「今はただ、母のすごさに気圧されている」とありますが、「澪の母」は本文の中でどんな人物として描《えが》かれていますか。次から適切ではないものを二つ選び、記号で答えなさい。

ア　自分とその家族が周囲から馬鹿にされるような状況に陥《おちい》ると気持ちが不安定になってしまうほど視野が狭く、実は心に余裕がないが、そのことに自身が気づいていない。

イ　自分の正当性を信じ、それにそぐわないものを柔軟《じゅうなん》に受け容れることができないために、結局、思うようにならない対象を攻撃し、周囲からは面倒《めんどう》な人と見られがちだ。

ウ　学歴や職業などの自身の肩書《かたが》きが社会的な意味を持つと信じ、その外面的な肩書きに頼らざるをえない自分を自覚しているために、それをひけらかすことに余念《よねん》がない。

エ　教育熱心で、娘に惜《お》しみない愛情を注いでおり、自分なりに娘を支えるため、場合によっては学校や塾ともひるむことなく戦う姿勢がある。

オ　手作りの食事を用意したり、学校帰りの娘を心配してメッセージを送ったりと、自分がどんなに忙しくても手を抜かず、仕事も子育ても完璧《ぺき》であり続けようとする。

カ　母（澪の祖母）が自分にしてきたことをそのまま受け継いで子どもに向き合っており、今のように子どもを守り支配することが悪いとは思っていない。

問十三　この文章の主人公「澪」について、A～Eの五人の生徒が話し合っています。本文から読みとれる内容として、適切ではないものを一つ選び、A～Eの記号で答えなさい。

A　私は澪がかわいそうだと思ったわ。子どもを通して自分の願望を実現させようとしている母親と毎日向き合わなければならないなんてね。しかも母親は澪の気持ちを理解しようともせずに自分の価値観で突《つ》っ走る。こういうのを毒親っていうのかもしれないわ。

B　確かに。でも澪はそんな母親を客観視《し》できているところがすごいよね。そんな母に完全に毒されてエネルギーを奪《うば》われてしまう子も多いだろうに、冷めた目で、どこか母を憐《あわ》れんで見ているところもあるみたい。「母の立つその場所は脆い」とか、母の書いた手紙を「滑稽で痛々しい」とか。

C　そうかな。私は澪もまあまあ母に毒されているような気がする。澪は人の立場を上とか下とかで意識する感覚が強そうだし、自分が下で支える人間の側になってもいいとは思っていない。学校や同級生のことも何気なく上からの視点で冷静に分析《せき》しているところとかね。

D　そうよね、塾でも真ん中のクラスなのに、上位にいる青木のことを上から見ているところがあるよね。母をとても憎《にく》んでいるのに、母の期待に応えようとしているし、澪は本当の自分自身の気持ちや実力に気がつかず、現実が分かっていないよね。それにとてもプライドが高い。

上六十字以内の一文をこれより前の部分から探し、初めの五字を書き抜きなさい。

問三　――線部②「特別なもの」とあるが、澪の考える「特別」とはどういうことか。それを説明した次の文の□に、本文中より書き抜いた漢字三字の適語を入れなさい。

偏差値の高い学校に合格し、多くの□を持つ人になること。

問四　A～Dに入る会話文としてもっとも適当なものを次から選び、それぞれ記号で答えなさい。

ア　青木くん、なんで反対意見を帰りの会で言わなかったの

イ　青木くん、タワー練習の最後に手を挙げてたよね。反対意見、言おうとしてたんでしょ

ウ　青木くん、タワー練習の最後に手を挙げてたよね。賛成意見、言おうとしてたんでしょ

エ　反対に手を挙げてたよね

オ　賛成に手を挙げてたよね

カ　俺も反対した

キ　俺も賛成した

ク　青木くんはなんで賛成意見なの

ケ　青木くんはなんで反対意見なの

コ　安田さんはなんで賛成意見なの

問五　3に入る慣用句としてもっとも適当なものを次のア～エから一つ選び、記号で答えなさい。

ア　目を見張る　　イ　胸を張る

ウ　腕を磨《みが》く　　エ　肩を怒《いか》らせる

問六　――線部④「『悪い言葉』」にはなぜ「かぎかっこ」がついているのか。それを説明した次の文の空欄《らん》の指示に合った適語を書いて答えなさい。

ここでは、ただの悪い言葉というよりも、特に（五字以内の書き抜き）に則《のっと》った規則で決められている悪い言葉を指すため。

問七　――線部⑤「ほほえましく感じた」とありますが、澪は青木のことをどのような人物と感じているでしょうか。もっとも適当なものを次のア～エから一つ選び、記号で答えなさい。

ア　見かけは大人びていて何でも分かったような口をきくが、多くの経験を積んでいるわけではなく、親の言うことに従順《じゅうじゅん》な人物。

イ　自分の意見を持っているように見えても、実は母親の意見に支配されていることに気づかないおっとりした人物。

ウ　勉強ができて心に余裕《よゆう》があるため、物事にこだわりがなく誰に対しても屈託なく接することができる人物。

エ　自分で多くの経験を積んでいない事実から目を背け、知った風な口をきいて実力以上に自分を大きく見せようとする人物。

問八　――線部⑥「解き放たれた獣みたいなこどもたち」の残酷な行動として澪が思い浮かべていることに当てはまらないものを、次のア～エより一つ選び、記号で答えなさい。

ア　カースト制がはっきりしていて、誰かを傷つけることを喜ぶような子がそのトップに立つこと。

イ　先生の言うことを聞かず、授業中に歩き回ったりテスト用紙をまるめて投げたりすること。

ウ　常にいじめる対象を探している子の目から隠れ続け、クラスのいじめを見て見ぬふりをすること。

エ　掃除の時間に、自分が与えられている仕事をせず、それを誰かに押しつけて平気でサボること。

問九　――線部⑦「熱しやすく単純な男子」に当てはまる人物は次の

読みながら、澪は次第に青ざめていった。この手紙を渡したら大変なことになると思った。
　母は手紙の文面の序盤《じょばん》で自分の身分や職業を明記しているし、この手紙のコピーをとってあることまで書いてある。完全に戦闘《とう》態勢に入っている。
　やめてほしい。転入したばかりの学校で、こういうの、ぜったいにやめてほしい。だいたい母はどこから人間タワーのことを聞いたのだろう。最初の保護者会を仕事で欠席しているから、まだママ友ができていないはずだ。ママ友がいたら、その中には近藤蝶の母親のようにタワーを作ってほしいという人もいるだろうから、母もこんなスタンドプレイはしなかったはずだ。
　澪は頭を掻《か》きむしりたくなった。保護者会で皆の前で意見をするわけでもなく、誰か他に同じ意見の母親と相談してから共同で行動を起こすのでもなく、ただ、ひとりで思い立ち、その気分のまま自分の要求を通そうとしている母の文章は、整然としているのに、どこか滑稽《こっけい》で痛々《いたいた》しい。滑稽で痛々しいのに、この手紙には威力《いりょく》がある。ここまで書かれたら、さすがの沖田先生も無視はできないだろう。ＰＴＡとか教育委員会とか、自治体の教育課とか。母がそういう言葉ひとつひとつを研《と》いだ剣《つるぎ》を見せびらかすような感覚で書き記していることが、澪には分かる。学校は澪の母のことを、「責任をとらせる保護者」だと見る。「要注意人物」と同義だ。
　いやだ。いやだ。澪は泣きたくなる。
　祖母はいつも、「あなたのお母さんは昔から本当に優秀だった」「あなたのお母さんは、すばらしい仕事にｆツいている」と母を褒める。
　母は大学の教員をしていて、難しそうな分厚《ぶあつ》い本を数冊《さつ》出している。前の学校でも、そのことはかなり有名で、学校の先生や、よそのお母さんからも、「すごいね」とよく言われた。
　昔はそれがうれしかった。大学の先生って、小学校より、中学校より、高校より、ぜんぶの先生の中でいちばん「上」なんだよ。あまりに恥ずかしいことだが、そんなふうに周りの友達に自慢《じまん》をしたこともある。小学校の先生よりすごいの？　友達に訊かれて屈託なく頷《うなず》いていた幼稚《ようち》な少女。
　⑨今はただ、母のすごさに気圧《けお》されている。
　母が、母単独ですごいのならそれでいいのだけど、母のすごさはいつも大きな波のように澪をのみこんでくる。
　澪のことになると、母はすぐ頭に血がのぼる。学校や塾の先生、時には他の母親に対しても、攻撃《こうげき》的な絡《から》み方をし、彼らを自分の思い通りに動かそうとする。そうすることで、母は澪をまるごと手に入れる。いつもそうだった。
　低学年のころから、母はしょっちゅう学校の教員たちと揉めていた。指導の仕方、女子の人間関係の捌《さば》き方、度が過ぎるほど騒ぐ男子の取り扱い方。澪の成績が悪くなると、塾とも揉めた。指導法やカリキュラムに文句をつけて、澪の成績低下を指導者の責任にした。
　母は馬鹿《ばか》にされるのが厭《いや》なのだ。馬鹿を見るのが厭なのだ。馬鹿にされないように、馬鹿を見ないで済《す》むように、一生懸命努力しててっぺんを目指してきた人だから。辿《たど》り着いたその場所で、怒ったはりねずみのように常に体中の針《はり》を立てて周りを牽制《けんせい》し続ける。
　そのうち澪は母に騒がれるのが嫌になり、学校で起こっていることを、母に報告しなくなった。

（朝比奈あすか『人間タワー』文藝春秋社）

問一　波線ａ～ｆのカタカナは漢字に直し、漢字は読みをひらがなで答えなさい。

問二　――線部①「母に何度も言われたことだ」とありますが、この母に対する澪の想いが想像できる行動を具体的に表した五十字以でも、胸の中にちりちりと反発の気持ちも芽生《めば》えてしまうのだ。受験、させられたんだもの。したいなんて、本当は、思ってなかったんだもの。ママと同じ学校に行きたいなんて、思ったこともない。校庭が狭《せま》いし、男子がいないし、電車で通うのも怖いし。

でも、それが本心なのかどうかも澪には分からない。やっぱり、母と祖母が口々にほめそやすあの学校に入りたかった気もする。白いセーラー服。水色のリボン。紺《こん》に金色の線が入った上品なベレー帽《ぼう》。何度も何度も見せられた、物語の中の女の子みたいな制服を、着たかったような気もしている。

母の母校は中学からも生徒を募集《ぼしゅう》している。中学は偏《へん》差値も低いから入りやすいのよ、と元気づけるように母は言った。入りやすいと言うわりに、母は、澪を小学校入学と同時に進学塾に入れた。

低学年のうちは、小学校受験の貯金もあって、常にトップクラスの成績だった。そうなると母は、自分の母校よりも偏差値の高い学校を受けて「リベンジしよう」と言った。だけど、澪は四年生のおわりくらいから、周りにじりじりと抜《ぬ》かれて行った。まず算数が分からなくなった。それから理科の計算問題が解けなくなった。月の動きが、イメージできない。浮力《ふりょく》の計算が分からない。得意の国語だけではカバーしきれないくらい、理系科目の成績が下がった。

六年生から通い始めたこの街の塾は、成績順に三つのクラスに分かれていて、澪は現在、真ん中のクラスにいる。青木は上のクラス、佐藤杏子は下のクラス。

青木は、言動はこどもっぽいのに、ものすごく算数ができる。毎週の算数テストで、青木の名前は上位十人に入っている。だから、あんなふうに屈託《くったく》なく人に志望校を訊いたり、自分の行きたい学校名を口に出せるのだと澪は思う。

上に行けば行くほど、選べる学校が増えるんだ。自分の偏差値に見合った学校を志望してもいいし、校風が合うからと楽に入学できて自分がよい成績を取れる学校を選ぶこともできる。それは、さっき自分が何の気なしにしゃべった［ 8 ］に似ているんじゃないか。

そう思ったら、ぞっとした。上の人には選択肢がある。下の人にはそれがない。圧倒的に、上にのる人が有利。そういう仕組みになっている。だから上に行ける人は土台の数よりずっと少なくしなくてはならない。

でも、不思議だ。たぶんタワーの頂上を目指して努力してきて、今そこにいるはずの母は、全然幸せそうじゃない。娘の受験の失敗だけで、あんな虚ろな目になってしまうくらい、母の立つその場所は脆《もろ》いのか。

今日、母から預かった手紙の文面を、澪はぼんやりと思い返す。

学校についてから、糊《のり》付けされているのをそうっと剝《は》がして、中身を読んだ。それからもう一度封《ふう》をした。沖田先生に提出しなかった。

桜丘タワーを中止してほしいと書いてあった。内容は、青木がさっき喋っていたこととほとんど同じだ。全国で起こっている事故、その**e**後遺症《しょう》、各自治体の反応、そうしたことをこまごまと例示してあった。組体操に批判的な新聞記事の抜粋《ばっすい》もつけられていた。そういえば青木のさっきの言葉、二百キロの負荷だとか、時代に逆行だとか、母が選んだ新聞記事の中にそのまま同じ文言があった。

『……また、私事ではありますが、娘は中学受験の準備をしており、万が一組体操による怪我等で勉強に差し支《つか》えることになりましたら取り返しがつかないことになるのではないかと危惧《きぐ》しております。どうか学校長、ＰＴＡ、教育委員会、さらには自治体の教育課等広くご相談いただき、運動会から負傷する可能性の高い演目を外していただくべくご検討《けんとう》の程、よろしくお願いいたします。

安田茉優《まゆ》』

「ふうん」

としか、澪は言えなかった。

通りを曲がると塾の看板が見えた。青木ははっとした顔になった。

「やべえ、もう始まってるじゃん。走ろうぜ」

澪が首をふると、青木は「じゃ、俺行くから」と短く言って、躊《ちゅう》躇《ちょ》なく澪をおいて駆けて行った。

残された澪はなぜだかそのまま歩き出せず、みるみる塾のビルへ吸い込まれていく青木を見送った。相変わらず、南国の虫みたいなてかてかした緑色の水筒がリュックサックに突き刺さっている。青木が激しく走ってどれだけぐらぐら揺らしても、決して落ちることのないけなげな水筒を、澪はぼんやり見つめている。

志望校どこなの。

さっき、不意打ちみたいに訊かれた。青木の無邪気なまなざし。その程度の気持ちで受験できるんだな、と、澪は思った。その程度の……ゲームみたいな感覚で。

塾に行きたくない。でも、他に行くあてはないし、家に帰ることも考えられない。

さっきまで人間タワーの話で盛り上がっていたのに、澪は自分のなかみがすっかり萎《しぼ》んでしまった気がした。でも、どうせわたしは今日もあのビルに入って、階段をのぼって、受付で塾証を提出して、それから教室に入って少し遅刻で授業を受けるのだ。逃げ出せないことも、逃げ出したくないことも、自分がいちばんよく分かっている。

どうして聖とわたしは、パパやママの遺伝子を継《つ》がなかったのだろうと思う。聖もだめだったし、わたしも同じだ。きっと中学受験でも失敗する。そうしてまたママを悲しませることになる……。

二月の受験のことを思うと、澪は体がすくみそうになる。

澪は、今回の引っ越しの理由は、妹の聖が小学校受験に失敗したからだと知っている。表向きは、学童保育のお迎《むか》えを祖母に頼《たの》むために、実家のある町に引っ越してきたことになっているけど、お迎えくらいシッターさんに頼めばいいだけのことだった。それをわざわざ引っ越したのは、同じタワーマンションに住んでいた子たちの中に、聖が不合格だった小学校に受かった子が何人かいたから。

――もう、無理。耐《た》えられない。あの制服を見ないですむ町に住みたい。

そう言って夜中、母が父に向かって泣いているのを、澪はこっそり聞いてしまった。

聖だって、かわいそうだった。

早生まれで、小柄《こがら》な聖。しゃべりだすのが遅かった聖。なんだかよくわからないまま母に連れまわされて幼児教室に通わされ、いつの間にか受験をさせられていたのだが、不合格になってしまった時は、ちいさな目玉からぼろぼろ涙を落として「ママ、ごめんなさい」と謝った。こどもに謝らせるなんて、と父は母を責《せ》めた。母も「謝らないで」と何度も聖に言っていたけれど、時おり漏《も》れてしまう暗い溜息《ためいき》を、聖に何度も聞かせた。

引っ越してきてからも、家にいる土日も、母の笑顔にはりがないし、ときどき虚《うつ》ろな目で空《くう》を見るのは変わらない。

澪は母のぼんやりした顔を見るたび胸がきりきりと痛む。

小学校受験は、低体重児で生まれた聖には不利な戦いだった。

でも、自分なら、できたはずだ。それなのに……。

もう忘れたことにしているけれど、実をいえば澪もかつて聖と同じ学校を受験して、不合格だった。澪と聖が入れてもらえなかったのは、母の母校だった。母の気持ちを思うと、澪は心が締《し》めつけられる。娘をふたり産んで、そのふたりとも、母校を不合格になってしまったのだから。

『上にのるのだって怖《こわ》いんだよ』って言い返した子たちがいたけれど、『痛い』と『怖い』は別物だもの。『痛い』は［Ⅲ］的なもので、『怖い』は［Ⅳ］的なものでしょ」

「だから？」

「その二つは比べられないっていうこと」

「そうかなあ」

「あとね、国貞さんが言っていたとおり、土台になる下の人は、上の人に、やられっぱなしだよ。何もできない。背中をぐらぐら揺《ゆ》するとかできるけど、それで万が一潰《つぶ》れちゃったら、自分の方が怪我するでしょ。だから、下の人は平たくて丈夫《じょうぶ》な背中をただ上の人のために差し出さなきゃならない。重くて、痛いのに。でも、上の人は、自分の気持ちひとつで、どんなふうにものれるでしょ。思いやりをもってそっとのることもできるし、わざと踏《ふ》みつけることもできる。上の人には選択肢《し》がある。下の人にはそれがない。圧倒《あっとう》的に、上にのる人が有利だよ。そういう仕組みになってるんだよ、人間がつくるピラミッドって」

青木が急に立ち止まった。青木はまっすぐ澪を見ていた。薄ら笑いが消えていた。

「すげえ。安田さん、それ、みんなの前で言えばよかったのに」

青木は真顔でそう言った。

青木の意外な素直さに動揺《どうよう》して、「言わないよ。わたしは上にのる側だから」つっけんどんに澪は言った。

とたん、大きな声で、

「ひどいな、おまえ！」

青木は言った。

澪は慌《あわ》てたが、青木は笑っていた。その笑顔は、さっぱりしていて、裏がなかった。だから澪は安心して、

「わたしは人間タワーには反対だけど、人間タワーをやらないことにも反対」

と言った。

「は？　どういうこと？」

「今日の話し合いで、出畑くんや近藤さんの発言を聞いてたら……」

「デベソは単細胞《さいぼう》なんだよ。近藤はうるさいだけで頭悪いし。去年、骨折した子がいるから今年はやらないだろうって、うちのお母さん言ってた。国貞の親も反対してるらしいし」

「だけどさ、青木くんは応援《えん》団長でしょ。国貞さんも選抜《せんばつ》リレーの選手。運動会って、だいたい体が大きい子の方が、活躍《やく》の場があるじゃない。わたしとか出畑くんみたいな小さい子のほうが目立てる種目がちょっとはあってもいいんじゃないかって気もしない？」

そう言うと、青木はまた、黒目をふちどる白い部分が丸く見開かれるような、漫画みたいな顔をして、

「安田さんて、志望校どこなの」

と訊いてきた。

「え？」

脈絡《みゃくらく》のない質問に、澪の顔はひきつった。青木の目に邪気《じゃき》はない。

澪はこわばった口角をなんとか持ち上げ、苦笑いに変えて、

「何、急に。そんなのまだ決まってないよ」

と言った。

「安田さん、言うことが天才的だから、すごいところ受かりそうだな」

青木は言った。

澪は、思ったことをすぐ口にする青木のこどもっぽさに呆《あき》れた。

「じゃあ青木くんはどこなの」

そう訊くと、青木はするりと難関校を挙げた。

ったし、そういう子の目から隠《かく》れて生きるのが得意だったから、あまりひどい目に遭《あ》うことはなかった。だけど、クラスのいじめを見て見ぬふりをすることに、心はすっかり疲れていた。

　怖い子がいないだけではない。桜丘小は授業中に歩き回るような子がいない。テスト用紙をまるめて投げる子がいない。授業の始まりのチャイムが鳴ると、皆ちゃんと席につく。掃除《そうじ》の時間だって、たまにふざける男子はいるが、おおむねみんなきちんとやっている。誰かに押《お》しつけてサボる子がいない。前の学校では、考えられないことだった。

「桜丘小はすごくいい学校だと思うよ。話し合いになっても、憲法があるから悪い言葉を言う子がいないよね。それだけでもすごいことだと思う」

「そうかなあ」

　あんなに貶《けな》していたのに、自分の学校を褒《ほ》められると青木はくすぐったそうな顔をする。

「桜丘憲法ってさ、塾のやつらに日本国憲法の真似《まね》じゃんて、ばかにされたけどな」

「いい憲法だと思うよ」

　本心だった。前の学校の先生に、こういうやり方があるんだよ、と教えてあげたかった。学校で憲法を作って、一年生の時からきちんと守らせれば、学級崩壊《ほうかい》になんてならなかったかもしれない。

　桜丘憲法の中では、児童が決して使ってはいけない「悪い言葉」が毎年、五つ決まっている。今年は、きもい、うざい、ぶす、しね、ばか。こどもたちにアンケートを取って毎年選び直している。その言葉を使った瞬間《しゅんかん》、どんな状況であったとしても、校長室に呼ばれて、親にも報告がいくことになっているので、皆、言わないように気をつけている。うっかり言ってしまったら、すぐに謝《あやま》る。先生によっては居残りになることもある。他にも、あだ名をつけることや呼び捨てにすることを禁止しているし、健康な時に友達に自分の持ち物を持たせることも禁止。友達の教科書やノートに書き込みをするのも禁止。見方を変えれば規則でがんじがらめなのだけれど、むしろ小学生はがんじがらめにされるべきだと澪は思う。⑥解き放たれた獣《けもの》みたいなこどもたちがどんなに残酷《ざんこく》か、前の学校でさんざん見てきた。

　だけども、今日の話し合いで、澪は落胆《らくたん》した。

　沖田先生が、⑦熱しやすく単純な男子をうまく利用して、やりたくない派の子たちを吊《つる》し上げたのだ。

　澪は、規律をしっかり守らせる沖田先生の統率力を気に入っていたから、その沖田先生の汚《きたな》いところを見てしまったように感じて、暗澹《あんたん》とした気持ちになった。と同時に、沖田先生がこれほどタワーを作りたがっているのに、うかうかと「反対」に手を挙《あ》げてしまったことを悔《く》やんだ。今日、母親からの手紙を沖田先生に渡さなくて良かったと、心から思った。

「国貞《くにさだ》がばかなことを言ったせいで、賛成派を勢いづかせたと思わない？」

　青木は顔をしかめて言った。

「おまけに泣き出すしさ。あいつ、ディベートのやり方、分かってないな。痛《いた》いとか重いとか、［Ⅰ］的なことばっかり言うんじゃなくて、組体操の事故が何件起きているとか、ある自治体は組体操を禁止したとか、［Ⅱ］的な事実を言えば良かったんだよ」

「そうかな。わたしは、どんな客観的な事実より、国貞さんの言ったことが、人間タワーの本質をついていたと思うけど」

「あれが、本質？」

　青木が薄《うす》ら笑いを浮かべた。

「うん。そう思う。国貞さんが『下は重くて痛い』って言ったら、

「[D]」

「言っても無駄《むだ》だよ。あいつら、聞く耳持たないじゃん。近藤とかさ」

「ふうん」

「でも俺、今日のアンケートに意見書いたから」

得意げに、青木は[3]。

「どんな意見？」

「どんなっていうか、反対意見だよ、もちろん。今、テレビでも組体操の事故のニュースとかやってるじゃん。知らない？　自治体の中では組体操禁止にしようってところもあるし、二百キロの b負荷がかかるっていう話もあるし。それなのにあんなでかいタワーを作るっていうのが、時代に逆行しているっていうこと。危ないだろ。何かあったら、誰が責任とるの。俺たち受験するのにさ、もし右手を怪我《けが》したら、責任とれるの。もちろんそんなこと、そのまま書かないけどね。もっとマイルドに書いた。受験の内申《ないしん》書に差し cサワらない程度に、うまくさ」

「ふうん」

「でも、どうせ俺の意見なんか無視されて、やることになるんだろうな、タワー。沖田《おきた》はやる気マックスだし、あとのふたりは沖田の部下だし、デベソとか近藤《こんどう》とか、あいつら死ぬほどばかだし」

「ばかは④『悪い言葉』だよ」

「学校の外でなら言ってもいいんだよ」

「ふうん」

電車が塾の最寄り駅に到着した。青木と澪は一緒におりて、ホームを歩いた。

「安田さんさー、引っ越してきて、桜丘小ってレベル低いと思わなかった？」

青木が訊いてきた。

「レベル？」

「今日の話し合い、すげーレベル低かったな。俺が応援団長だから何？　応援団長は絶対に人間タワーに賛成しなきゃいけないのかよ。言論 d統制かよ。そんな決まりあるのかよ」

澪の肩《かた》のあたりを眺めながらひとりでぶつぶつ不満を言っている青木に、澪は、

「青木くんは桜丘小以外の学校を知ってるの」

と訊いてみた。

「どういう意味」

「転校とか、したことあるの」

「ない」

「そう」

澪は、青木を⑤ほほえましく感じた。おそらくは親の受け売りだろう内容をとくとくと喋《しゃべ》って満足しているが、いきがったところで世間を知らないのだ。自分の学校がどれだけましか、分かっていない。

澪は桜丘小が好きだ。秩序《ちつじょ》があり、統制が取れている。みんなが先生の言うことに従う。どの小学校もそうだと思ったら大間違いだ。

澪は転校してきた当初、用心しながらあたりを見まわして過ごしていた。だから、六年一組の人間関係については誰より詳《くわ》しいかもしれない。男子は権力が分散していてあくどい子はいないし、女子も見た目が華《はな》やかな近藤蝶《あげは》をトップに緩《ゆる》やかなカーストがあるといえばあるけれど、その近藤自体がさしで話してみたら、少しばかり自己顕示欲《けんじよく》が強いだけの、まじめな子だったから、いじめとか、変な方向にはいかなそうだ。暴力沙汰《ざた》は起こらないし、先生に暴言を吐《は》く子もいない。

前の学校には怖《こわ》い子がいた。常に獲物《えもの》を探していて、誰かを傷つけることをよろこぶような子。澪はそういう子を見抜《ぬ》くのが昔から早か

いでいるのは、授業の最初のテストが受けられないとシールをもらえないからだろう。背が高くて眼鏡《めがね》の顔が思慮《しりょ》深そうにも見える青木だが、しょせんはお子ちゃまだ。澪は速度を変えずに改札を通過し、エスカレーターでゆるゆるとホームまであがった。

ホームに佇《たたず》む青木の姿があった。すんでのところで前の電車に行かれてしまったようだ。青木は、「あ」という顔をして澪を見た。澪はちいさく会釈《えしゃく》し、ちょうどホームに入ってきた電車に、青木とは別のドアから乗った。

扉の横に立ち、リュックから漢字テスト用の練習プリントをとりだした。今日のテストに向けて最終確認をしておこう。構想、容易、準備、肥満、再起。一度間違えた漢字にだけチェックがついている。そこだけ確認しておけばよい。構想、容易、準備、肥満、再起……。間違えたところにはしっかりシルシをしなさい。①母に何度も言われたことだ。

ふと顔を上げると、民家が中心の平べったい街並《まちな》みが振動《しんどう》とともに後ろへ後ろへ流されて、その向こうに薄《うす》くのばしたようなグレーの雲があった。

雲は町全体を覆《おお》っていて、太陽光をゆるやかに遮《さえぎ》っていた。

澪は漢字のプリントを手にしたまま、ぼんやりと外を眺《なが》めていた。

この景色を見ると、澪はいつも不思議な気分になった。どの家にも窓がある。窓の中には人がいる。わたしが一生会うことのない人々。その全員がそれぞれ違う小学校や中学校や高校や大学に通っている。お父さんもいるだろうし、お母さんもいるだろう。皆、別々の会社に勤めていて、別々の生活がある。いりくんだ世界のあちこちに、無数の人生があるのだと思うと、澪は奇妙《きみょう》な安堵《あんど》をおぼえた。自分はその無数の人生の中のひとつなのだ。だったら、②特別なものでなくてもいいはずだ。そんなふうに思うことで、澪の気持ちはいつも少しだけ軽くなる。

「安田さん」

ふいに肩の後ろから声をかけられた。青木だった。

澪はびっくりしたが、顔に出さず、「何」と静かに訊《き》いた。

「［A］」

青木が言った。

挨拶《あいさつ》もなく、ぶしつけに本題に入る青木のこどもっぽさに、澪は内心でいらだった。無表情のまま見返すと、

「［B］」

と青木は言った。

「知ってる」

桜丘タワー、みんなが「人間タワー」と呼んでいる、組体操の演目のことだ。

澪は人間タワーを見たことがない。この春、都心のタワーマンションからこの町に引っ越してきたばかりなので、去年の運動会に参加していないからだ。桜丘小の伝統だとか、一度見たら忘れられないとか、皆が異様にほめたたえるけれど、どんなものなのかイメージがわかないし、内心で、特別な訓練を受けているわけでもない小学生たちが作るものなどタカが知れてると思っているから、さほど興味も湧《わ》かない。

「［C］」

澪が言うと、青木の目に共感を迫《せま》るような色が浮《う》かんだ。

「うん。そうなんだよ。なのに、デベソたちがうるさくて、発言できなかった」

「でべそ?」

「出畑《でばた》のことだよ」

「あだ名、だめなんでしょ」

「みんな言ってるよ。幼稚園の時から。あいつ実際デベソだし」

非常に数が多い。…お□□□□い

問九　次の文の□に入る語として最も適当なものをあとのア～オの中から一つ選び、記号で答えなさい。

病気の母を心配して□看病する娘。

ア　うやうやしく　イ　つつましく　ウ　かいがいしく
エ　やるせなく　オ　こころもとなく

問十　次の——線部の表現が正しければ○、間違っていれば正しい表現を答えなさい。

女手一人で私を育ててくれた母。

問十一　「なけなし」という言葉を使って二十字以上三十字以内で短文を作りなさい。話が通じれば主語がなくてもかまいません。

二　次の文章を読み、あとの問いに答えなさい。

センサーに人さし指を当ててから、カード型のキーをスライドさせた。カチッと開錠《じょう》の音がする。扉《とびら》を開けて、安田澪《やすだみお》は自宅に帰る。

家には誰もいない。澪は銀色のラメの入った「瞬《しゅん》足」スニーカーを玄関《げんかん》で**a**ランザツに脱《ぬ》ぎ捨てると、ランドセルを廊下《ろうか》に放った。両親は仕事だ。学童《がくどう》保育に行っている妹の聖《ひじり》の迎《むか》えには、近所に住む祖母が行くことになっている。

澪はまっすぐ冷蔵庫に向かい、母が用意しておいてくれたおにぎりと鶏《とり》のつくねをレンジであたためた。手を洗《あら》わず、髪《かみ》を梳《と》かさず、靴《くつ》下《した》をかえず、つまりは母に言われていたことを一つも実行せずに澪はおにぎりをほおばった。

家を出る前にスマホを確認すると、母からメッセージが届いていた。

——お弁当、リュックの中に入れてあります。飲み物はペットボトルを買ってね。

「了解《りょうかい》です」と返事をした。

今日は、学校を出る時間が二十分も遅《おそ》かった。いつもの電車にはもう乗れない。どうせ塾には遅刻《ちこく》だ。そう思うと、いっそすがすがしいくらいの気分になって、駅までゆっくり歩いた。

ロータリーの横断歩道を渡っていると、同じ塾に通っている青木栄《あおきえい》太郎《たろう》が改札《かいさつ》へ向かって必死に駆《か》けていくのが見えた。

小学校で同じクラスの青木は、ひょろりとしていて背が高いから、遠目でもすぐ分かる。彼が背負っている青いリュックのサイドポケットにはいつも、緑色というにはテカり過ぎる、亜《あ》熱帯の昆《こん》虫の羽みたいな変な色の細長い水筒《すいとう》が突《つ》き刺《さ》さっていて、落ちそうだなと思うけど、落ちたことはないのだろう。だから今日も突き刺さっている。

——塾についた?

母からメッセージが来た。授業開始五分前だ。澪は少し迷《まよ》ってから、「ついた」と送った。すかさず母からまたメッセージが届く。

——お手紙、学校の先生に出してくれたよね。

どきんとして、澪の指先が固くなる。ランドセルに入れっぱなしの手紙を思い出した。

「出したよ」

澪は嘘《うそ》を書いた。すぐに母から返事が来た。

——了解です。授業、しっかり集中して、がんばってね。

澪はスマホをリュックにしまった。

今日の三、四時間目、運動会の組体操について話し合いがあった。桜丘タワーをやるのか、やらないのか。意見はまとまらず、そのせいで帰りの会が長引いた。青木もわたしも、それから同じ塾に通っている佐藤杏子《さとうきょうこ》も、今日の授業はそろって遅刻だろう。いや、佐藤は母親が車で送ることも多いから、もしかしたらもう到《とう》着しているかもしれない。

全力疾走《しっそう》の青木の姿は、すでに視界《しかい》から消えてしまった。青木が急

2023年度

国府台女子学院中学部

【国　語】〈**第一回試験**〉（五〇分）〈満点：一〇〇点〉

注意＝句読点や記号もそれぞれ一字と数えます。

一　**次の各問題に答えなさい。**

問一　次の①～⑤の――線部のカタカナは漢字に直し、漢字は読みをひらがなで答えなさい。

①　混乱を広げないよう可能な限りのシュウソクをはかる。
②　物語の結末をアンにほのめかす。
③　ヨウシュンの候。
④　主役に選ばれ、ボウガイの喜びだ。
⑤　今度の試合もきっと何の造作もなく勝つだろう。

問二　次の（　）に当てはまる最も適切な語を、あとのア～エから一つ選び、記号で答えなさい。

まるで腫《は》れ物にさわるような（　　）だ。

ア　扱《あつか》い　イ　動き　ウ　触《ふ》れあい　エ　関わり

問三　次の文で説明された「野菜」の名前をひらがなで答えなさい。

ウリ科の植物の一種。夏野菜だが、秋から冬にかけて旬《しゅん》をむかえ、冬至《とうじ》には欠かせない食べものである。諸《しょ》説あるが、名はカンボジアに由来しており、日本へは南蛮《なんばん》(特にポルトガル)から渡来《とらい》したといわれている。

問四　「さける」と「よける」は同じような意味で使われているように思われますが、厳密には違《ちが》いがあります。次の①～③の例文は「さける」を使うほうが自然である文、④～⑥の例文は「よける」を使うほうが自然である文です。これらの文の違いを考えた場合、◎の文の（　）にはどちらの語を使うのが自然ですか。あとの記号で答えなさい。

①　リスクをさけて行動できることが成功への第一歩だ。
②　彼は山奥《おく》にこもり、人目をさけて生活している。
③　はじめは苦手な問題はさけて、易《やさ》しい問題から解こう。
④　目の前に転がってきたボールをよけて歩き続けた。
⑤　あなたの嫌《きら》いなにんじんはよけてあるから、残さず食べなさい。
⑥　あの落下物をよけていなければ、今ごろ負傷していただろう。

◎出荷の前に、不良品は（　　）おく。

ア　「さけて」を用いるほうが自然である。
イ　「よけて」を用いるほうが自然である。

問五　「英」という漢字が持つ意味として当てはまらないものをあとのア～エより一つ選び、記号で答えなさい。

ア　イギリス　イ　花　ウ　絵画　エ　名誉《めいよ》

問六　次の――線部のうち、どちらの使い方が正しいか。正しい方の記号を答えなさい。

ア　目の前に広がるダイナミックな山々の景色に感動した。
イ　ダンスの大会でダイナミックな演技を披露《ひろう》する。

問七　矢印の向きに従って読むと二字熟語ができるように、□に当てはまる漢字を答えなさい。

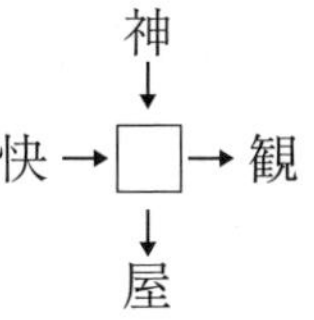

問八　□にひらがなを当てはめ、次の意味に対応する言葉を答えなさい。

2023年度
国府台女子学院中学部 ▶解説と解答

算　数　＜第１回試験＞（50分）＜満点：100点＞

解　答

1 (1)　1　(2)　$\frac{4}{15}$　(3)　3　**2** (1)　18　(2)　10　(3)　250　(4)　84　(5)　120　(6)　300　**3** (1)　**ア**　6　**イ**　2024　**ウ**　1　**エ**　木　**オ**　土　(2)　7.5分後　**4** (1)　67.5　(2)　15.78　(3)　386.22　**5** (1)　960m　(2)　毎分80m　(3)　34　(4)　25.4分後

解　説

1 **四則計算，逆算**

(1)　$6\times8\div12+(10+8)\div3\div2-(3\times4-3\times2)=48\div12+18\div3\div2-(12-6)=4+6\div2-6=4+3-6=1$

(2)　$2\frac{2}{3}\div0.16-5\times\left\{3\frac{1}{5}-5.2\div(3\times3+4)\right\}-2.4=\frac{8}{3}\div\frac{4}{25}-5\times\left\{\frac{16}{5}-\frac{26}{5}\div(9+4)\right\}-\frac{12}{5}=\frac{8}{3}\times\frac{25}{4}-5\times\left(\frac{16}{5}-\frac{26}{5}\div13\right)-\frac{12}{5}=\frac{50}{3}-5\times\left(\frac{16}{5}-\frac{26}{5}\times\frac{1}{13}\right)-\frac{12}{5}=\frac{50}{3}-5\times\left(\frac{16}{5}-\frac{2}{5}\right)-\frac{12}{5}=\frac{50}{3}-5\times\frac{14}{5}-\frac{12}{5}=\frac{50}{3}-14-\frac{12}{5}=\frac{50}{3}-\frac{42}{3}-\frac{12}{5}=\frac{8}{3}-\frac{12}{5}=\frac{40}{15}-\frac{36}{15}=\frac{4}{15}$

(3)　$\left\{4\times\left(2-\square\div2\frac{2}{5}\right)+0.3\right\}\div0.25-3\frac{1}{5}=10$より，$\left\{4\times\left(2-\square\div2\frac{2}{5}\right)+0.3\right\}\div0.25=10+3\frac{1}{5}=13\frac{1}{5}$，$4\times\left(2-\square\div2\frac{2}{5}\right)+0.3=13\frac{1}{5}\times0.25=\frac{66}{5}\times\frac{1}{4}=\frac{33}{10}$，$4\times\left(2-\square\div2\frac{2}{5}\right)=\frac{33}{10}-0.3=3.3-0.3=3$，$2-\square\div2\frac{2}{5}=3\div4=\frac{3}{4}$，$\square\div2\frac{2}{5}=2-\frac{3}{4}=\frac{8}{4}-\frac{3}{4}=\frac{5}{4}$　よって，$\square=\frac{5}{4}\times2\frac{2}{5}=\frac{5}{4}\times\frac{12}{5}=3$

2 **過不足算，通過算，相当算，整数の性質，ニュートン算，濃度《のうど》**

(1)　１つの箱に８枚ずつ入れると12枚余り，１つの箱に９枚ずつ入れるには，９－３＝６(枚)不足するから，必要な枚数の差は，12＋６＝18(枚)とわかる。これは，９－８＝１(枚)の差が箱の数だけ集まったものなので，箱の数は，18÷１＝18(個)と求められる。

(2)　右の図１のようになってから，列車Ａの最後尾《さいこうび》アと列車Ｂの最後尾イが出会うまでの時間を求めればよい。図１のときのアとイの間の長さは，150＋200＝350(m)である。また，アとイの間の長さは１秒間に，20＋15＝35(m)の割合で縮まるから，アとイが出会うまでの時間は，350÷35＝10(秒)とわかる。

図１
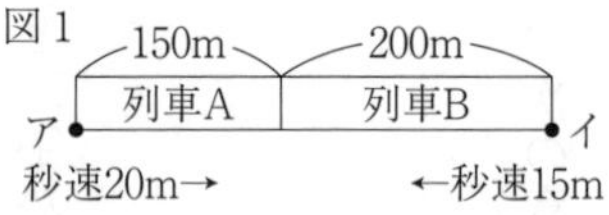

(3)　この本のページ数を１とすると，１日目に読んだページ数は，$1\times\frac{2}{5}=\frac{2}{5}$なので，その残りは，$1-\frac{2}{5}=\frac{3}{5}$となる。よって，２日目に読んだページ数は，$\frac{3}{5}\times0.6=\frac{9}{25}$だから，その残りは，$\frac{3}{5}-\frac{9}{25}=\frac{6}{25}$とわかる。さらに，３日目に読んだページ数は，$\frac{9}{25}\times0.3=\frac{27}{250}$なので，$\frac{6}{25}-\frac{27}{250}=\frac{33}{250}$

にあたるページ数が33ページである。したがって，この本のページ数は，$33\div\frac{33}{250}=250$(ページ)と求められる。

(4)　機械Ａが最初に青に変わるのは３秒後であり，その後は，３×３＝９(秒)ごとに青に変わるので，機械Ａが青に変わる時間は{3，12，21，…}秒後となる。また，機械Ｂが最初に黄に変わるのは，６×２＝12(秒後)であり，その後は，６×３＝18(秒)ごとに黄に変わるから，機械Ｂが黄に変わる時間は{12，30，48，…}秒後となる。よって，はじめて機械Ａが青，機械Ｂが黄に同時に変わるのは12秒後であり，９と18の最小公倍数は18なので，機械Ａが青，機械Ｂが黄に同時に変わる時間は{12，30，48，66，84，…}秒後と求められる。さらに，機械Ｃは，７×３＝21(秒)ごとに赤に変わるから，機械Ｃが赤に変わる時間は21の倍数になる。したがって，求める時間は84秒後である。

(5)　１つの入口から１分間に入園する人の数を$\boxed{1}$人とする。入口が２つの場合，30分で，６×30＝180(人)が列に加わり，その間に，$\boxed{1}$×２×30＝$\boxed{60}$(人)が入園して列がなくなる。また，入口が６つの場合，５分で，６×５＝30(人)が列に加わり，その間に，$\boxed{1}$×６×５＝$\boxed{30}$(人)が入園して列がなくなる。よって，右上の図２のように表すことができる。図２から，$\boxed{60}$－$\boxed{30}$＝$\boxed{30}$にあたる人数が，180－30＝150(人)とわかるので，$\boxed{1}$＝150÷30＝５(人)と求められる。したがって，$\boxed{60}$にあたる人数は，５×60＝300(人)だから，開園前に並んでいた人の数は，300－180＝120(人)である。

図２
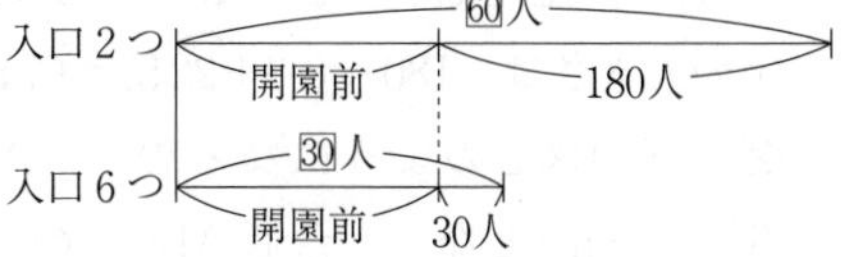

(6)　ＡからＢに50ｇの食塩水を移すと，Ｂに入っている食塩水の重さは，200＋50＝250(ｇ)になる。また，(食塩の重さ)＝(食塩水の重さ)×(濃度)より，はじめにＢの食塩水に含《ふく》まれていた食塩の重さは，200×0.08＝16(ｇ)，ＡからＢに移した50ｇの食塩水に含まれていた食塩の重さは，50×0.05＝2.5(ｇ)とわかるので，ＡからＢに移した後にＢの食塩水に含まれている食塩の重さは，16＋2.5＝18.5(ｇ)になる。よって，このときのＢの食塩水の濃度は，18.5÷250×100＝7.4(％)だから，ＢからＡに50ｇ移したときのようすは右下の図３のように表すことができる(△はＡからＢに50ｇ移した後のＡの重さ)。図３で，ア：イ＝(5.4－５)：(7.4－5.4)＝１：５なので，△：50＝$\frac{1}{1}$：$\frac{1}{5}$＝５：１とわかる。したがって，△＝50×$\frac{5}{1}$＝250(ｇ)だから，最初にＡに入っていた食塩水の重さは，250＋50＝300(ｇ)と求められる。

図３
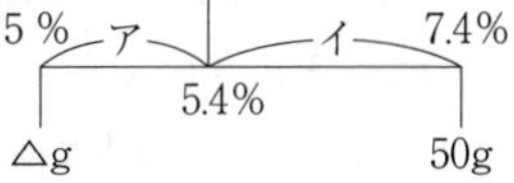

3　周期算，流水算，旅人算

(1)　実際の公転周期は約365.25日だから，１年を365日とすると，毎年約，365.25－365＝0.25(日)ずれることになる。また，１日は24時間なので，これは時間に直すと，24×0.25＝６(時間)(…ア)になる。すると，24÷６＝４(年間)で１日ずれることになるから，４年に１度うるう年をつくることで，そのずれを調節している。よって，2020年の次のうるう年は４年後の，2020＋４＝2024(年)(…イ)とわかる。次に，365÷７＝52余り１より，365を７で割ると１(…ウ)余る。つまり，365日後は52週間と１日後だから，2023年１月20日の曜日(金曜日)は，2022年１月20日の曜日から後ろに１日ずれたことになる。したがって，2022年１月20日の曜日は木曜日(…エ)とわかる。同様に考えて，2029年１月20日の曜日を調べる。このとき，2024年と2028年はうるう年であり，間にうるう年の２月29日をはさむ場合はも

2023年１月20日	金曜日	
2024年１月20日	土曜日	＋１
2025年１月20日	月曜日	＋２
2026年１月20日	火曜日	＋１
2027年１月20日	水曜日	＋１
2028年１月20日	木曜日	＋１
2029年１月20日	土曜日	＋２

う１日ずれることに注意すると上のようになるので，2029年１月20日は土曜日とわかる。さらに，2029年は平年だから，３月３日は１月20日の，(31－20)＋28＋３＝42(日後)である。42÷７＝６より，これは６週間後なので，2029年３月３日の曜日も土曜日(…オ)になる。

(2)　６kmは6000mだから，下りの速さは毎分，6000÷12＝500(m)，上りの速さは毎分，6000÷20＝300(m)とわかる。よって，２そうの船が向かい合って進むとき，間の距離《きょり》は１分間に，500＋300＝800(m)の割合で縮まるので，２そうの船が出会うのは，6000÷800＝7.5(分後)と求められる。

4　角度，面積，体積，相似

(1)　下の図１で，BDとCEは円の直径だから，BDとCEが交わる点Oは円の中心になる。よって，三角形OACは二等辺三角形であり，角AOCの大きさは，360÷８×３＝135(度)なので，角OCAの大きさは，(180－135)÷２＝22.5(度)とわかる。また，角COBの大きさは90度だから，角 x の大きさは，180－(90＋22.5)＝67.5(度)と求められる。

(2)　下の図２のようになるので，AD＝３＋５＝８(cm)，BC＝５＋４＋５＝14(cm)，AB＝３＋５＝８(cm)となり，台形ABCDの面積は，(８＋14)×８÷２＝88(cm^2)とわかる。また，角アと角イの大きさの和は180度だから，半径５cmのおうぎ形の中心角の合計は，180＋90＝270(度)とわかる。さらに，直径４cmの半円の半径は，４÷２＝２(cm)なので，おうぎ形の面積の合計は，$5 \times 5 \times 3.14 \times \frac{270}{360} + 3 \times 3 \times 3.14 \times \frac{1}{4} + 2 \times 2 \times 3.14 \times \frac{1}{2} = (18.75 + 2.25 + 2) \times 3.14 = 23 \times 3.14 = 72.22$($cm^2$)と求められる。よって，ぬりつぶした部分の面積は，88－72.22＝15.78(cm^2)である。

(3)　直線 l の右側の部分を，直線 l を軸《じく》として線対称《せんたいしょう》の位置に移動すると，下の図３のようになる。この図形を１回転してできる立体は，三角形ABCを１回転してできる円すい(㋐)から三角形AEFを１回転してできる円すい(㋑)を除いた立体と，三角形CAD′を１回転してできる円すい(㋒)から三角形CFEを１回転してできる円すい(㋓)を除いた立体を組み合わせたものである。ここで，三角形AED′と三角形BECは相似であり，相似比は，AD′：BC＝３：６＝１：２だから，AE：EB＝AF：FC＝１：２となり，$AF = 9 \times \frac{1}{1+2} = 3$(cm)，FC＝９－３＝６(cm)とわかる。また，三角形AEFと三角形ABCも相似であり，相似比は，AE：AB＝１：(１＋２)＝１：３なので，$EF = 6 \times \frac{1}{3} = 2$(cm)と求められる。よって，㋐の体積は，６×６×3.14×９÷３＝108×3.14(cm^3)，㋑の体積は，２×２×3.14×３÷３＝４×3.14(cm^3)，㋒の体積は，３×３×3.14×９÷３＝27×3.14(cm^3)，㋓の体積は，２×２×3.14×６÷３＝８×3.14(cm^3)だから，この立体の体積は，㋐－㋑＋㋒－㋓＝(108－４＋27－８)×3.14＝123×3.14＝386.22(cm^3)と求められる。

図１

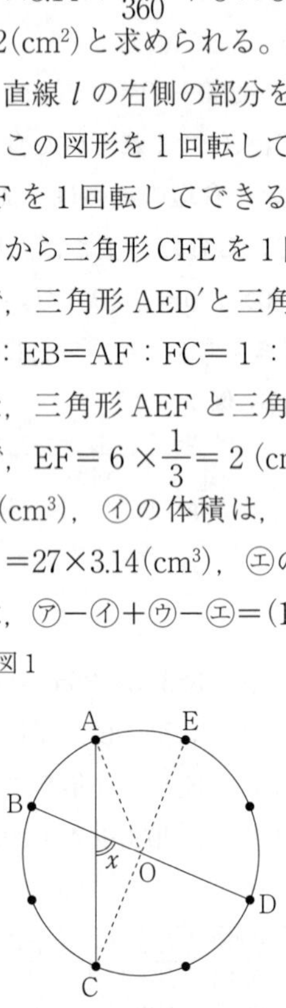

図２

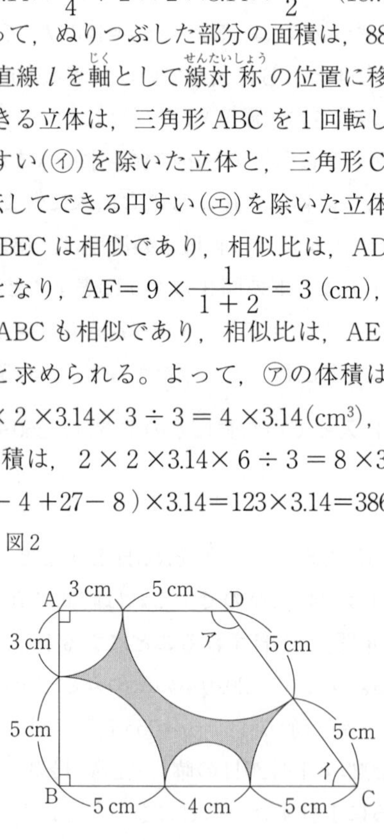

図３

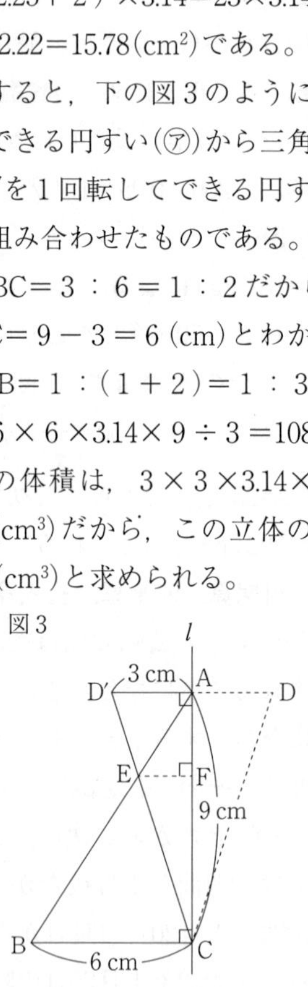

5　グラフ―旅人算

(1)　妹の歩く速さは毎分60mであり，妹が家から公園まで歩いた時間は，26－10＝16(分)だから，家から公園までの道のりは，60×16＝960(m)とわかる。

⑵　公園から図書館までの道のりは，2400－960＝1440(m)なので，妹が公園から図書館まで歩いた時間は，1440÷60＝24(分)となる。よって，下の図１で，c＝26＋24＝50(分)とわかるから，姉が公園を出発してから図書館に着くまでに歩いた時間の合計は，50－８＝42(分)となる。さらに，この間に姉が歩いた道のりの合計は，960＋2400＝3360(m)なので，姉の歩く速さは毎分，3360÷42＝80(m)と求められる。

⑶　図１で，a＝960÷80＝12(分)だから，b＝12＋８＝20(分)となる。よって，d＝80×(26－20)＝480(m)，e＝960－480＝480(m)と求められる。ここで，★印の部分では２人の間の道のりが毎分，80－60＝20(m)の割合で縮まり，☆印の部分では家から姉までの道のりが毎分80mの割合で広がる。この比は，20：80＝１：４なので，★印の部分で縮まった道のりを[1]，☆印の部分で広がった道のりを[4]とすると，(480－[1])：(480＋[4])＝２：７という式を作ることができる。さらに，A：B＝C：Dのとき，B×C＝A×Dとなるから，(480＋[4])×２＝(480－[1])×７，960＋[8]＝3360－[7]，[8]＋[7]＝3360－960，[15]＝2400より，[1]＝2400÷15＝160(m)と求められる。つまり，★印の部分で２人の間の道のりは160m縮まったので，★印の部分の時間は，160÷20＝８(分)とわかる。したがって，ア＝26＋８＝34(分)となる。

⑷　兄の進行のようすをかき入れると，下の図２のようになる。図２の斜線《しゃせん》部分の時間は３分であり，このとき兄と妹の間の道のりは毎分，200－60＝140(m)の割合で縮まったから，f＝140×３＝420(m)とわかる。すると，26分後からg分後までの間に姉と妹の間の道のりは，480－420＝60(m)縮まったことになるので，その時間は，60÷20＝３(分)と求められる。つまり，g＝26＋３＝29(分)である。よって，姉が家を出発してから兄に追いこされるまでの時間は，29－20＝９(分)だから，その間に姉が歩いた道のりは，80×９＝720(m)と求められる。さらに，兄がこの720mを走るのにかかった時間は，720÷200＝3.6(分)なので，兄が家を出発したのは，妹が家を出発してから，29－3.6＝25.4(分後)である。

図１

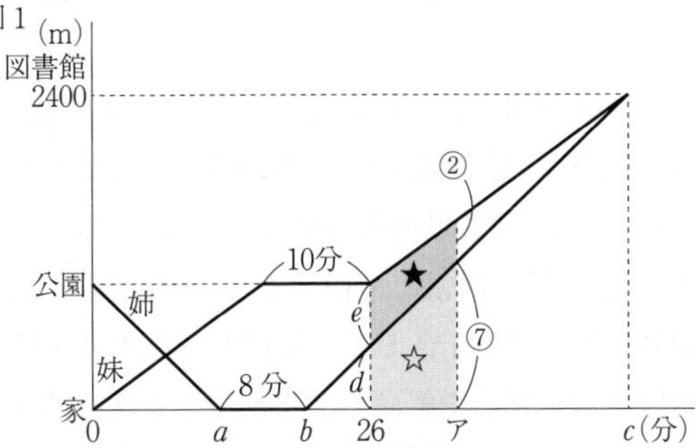

図２

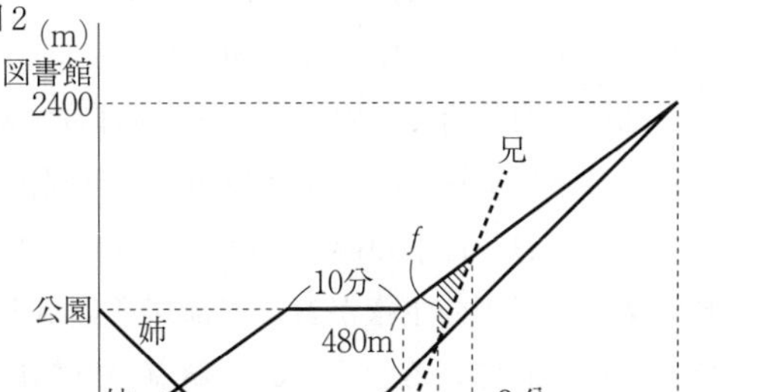

社　会　＜第１回試験＞（30分）＜満点：60点＞

解　答

[1] ⑴　イ　⑵　①　奈良県　②　群馬県　⑶　ア　⑷　カルデラ　⑸　約２(時間)
⑹　あ　12　い　排他的経済水域　う　フォッサマグナ　⑺　ア　⑻　イ　⑼　津波
⑽　アルプス(山脈)　⑾　①　博物館　②　エ　[2] ⑴　あ　日中共同声明　い　菅

原道真　**う**　北条時宗　**え**　勘合　**お**　日中平和友好条約　(2)　Ⅰ　オ　Ⅱ　カ　Ⅲ　ウ　(3)　①　邪馬台国　②　ウ　(4)　イ　(5)　イ→エ→ア→ウ　(6)　平治の乱　(7)　(例)　幕府は恩賞の領地を十分に与えることができなかったから。　(8)　ア　(9)　ウ　(10)　イ　(11)　五・四運動　(12)　犬養毅　(13)　エ　**3**　(1)　エリザベス　(2)　イ，エ　(3)　イ，ウ　(4)　立憲君主制(政)　(5)　皇室典範　(6)　①　議院(責任)内閣制　②　エ　(7)　①　地方交付税(交付金)　②　イ　(8)　政教分離　(9)　(例)　常任理事国５か国すべての賛成が必要　(10)　クアッド(QUAD)

解　説

1　日本の国土についての問題

(1)　2005年，ユネスコ(国連教育科学文化機関)の世界自然遺産に登録されたのは知床《しれとこ》であるので，イがあてはまる。知床国立公園は北海道北東部に位置し，オホーツク海に突《つ》き出た知床半島に位置する国立公園である。

(2)　①　奈良県生駒《いこま》郡斑鳩《いかるが》町にある法隆寺は，７世紀に聖徳太子が建てた寺院である。現存する世界最古の木造建築物として，1993年に世界文化遺産に登録された。なお，奈良県には「法隆寺地域の仏教建造物」のほか，「古都奈良の文化財」と「紀伊山地の霊場と参詣《さんけい》道」の合計３つの世界文化遺産がある。　②　富岡製糸場は，群馬県南西部に位置する富岡市に明治政府がつくった日本で最初の本格的な官営模範製糸工場である。2014年に「富岡製糸場と絹産業遺産群」として世界文化遺産に登録された。

(3)　瀬戸内の気候に属する香川県高松市は，夏は南東の季節風が四国山地に，冬は北西の季節風が中国山地にさえぎられるため，１年を通して降水量が少なく，冬でも比較《ひかく》的温暖な気候である。したがって，アが正しい。なお，イは日本海側の気候，ウは北海道の気候，エは太平洋側の気候の特《とく》徴《ちょう》について説明している。

(4)　カルデラは，火山の噴火によってできた大きな窪地《くぼち》である。熊本県の阿蘇《あそ》山は，世界最大級のカルデラを持つ活火山として知られる。

(5)　地球は24時間で１周自転(360度回転)するので，360÷24＝15(度)の経度差で１時間の時差が生じる。日本最東端の南鳥島と最西端の与那国島の経度差は約31度なので，両地点の時差は約２時間となる。なお，日本の標準時は兵庫県明石市などを通る東経135度の経線が基準となっている。

(6)　**あ**　沿岸国の主権がおよぶ海域を領海といい，その範囲は領土の沿岸から12海里(約22km)までと定められている。　**い**　領海の外側には200海里(約370km)までの排他的経済水域を設定することができ，沿岸国には排他的経済水域内における水産資源や鉱産資源を利用・管理・開発する権利が認められている。　**う**　フォッサマグナは日本列島を地質学的に西南日本と東北日本とに分ける大地溝《ちこう》帯である。

(7)　a　東シナ海には水深が200m以内の大陸棚が広がっている。大陸棚は河川から栄養分が流れ込みやすく，また太陽光が届きやすいため魚のえさとなるプランクトンが豊富である。海藻も育ちやすいので，魚の産卵場所や隠れ場所としても適している。　b　暖流と寒流がぶつかり合う潮目(潮境)はプランクトンが豊富で，暖流の魚も寒流の魚も集まるため好漁場になる。

(8)　伊豆半島がのっているのは太平洋プレートではなくフィリピン海プレートなので，イが誤っている。フィリピン海プレートの上にできた海底火山や火山島がプレートとともに移動して本州とぶつかり，現在のような半島の形になったと考えられている。

(9)　2011年３月11日に東北地方の太平洋沖で起きた地震に伴い発生した津波によって，東北地方の太平洋側を中心に大きな被害が出た。東日本各地で起きた大きな揺れや津波，火災によって２万人を超《こ》える死者・行方不明者が発生した。

(10)　本州の中央部に位置する飛騨《ひだ》山脈(北アルプス)・木曽山脈(中央アルプス)・赤石山脈(南アルプス)の３つの山脈をあわせて「日本アルプス」という。ヨーロッパ中央部を東西にはしるアルプス山脈にちなんで名づけられた。

(11)　①　博物館を表す地図記号(🏛)は，博物館や美術館などの建物の形のイメージを記号にしたものである。　②　ア　上諏訪駅には温泉(♨)があるので，正しい。　イ　地形図に方位記号が記されていないので，この地形図では上が北を表している。上諏訪駅の南を流れる中門川に沿って，老人ホーム(⌂)と病院(⊕)があるので，正しい。　ウ　上諏訪駅の東にある茶臼山付近には，発電所(変電所)(☼)と墓地(⊥)があるので，正しい。　エ　上諏訪駅の西の標高点(・)は760m，茶臼山の東の三角点(△)は878.2mなので，その標高差は118.2mあり，100m以上なので誤っている。

2　日本と中国の外交を題材にした問題

(1)　**あ**　1972年に日中共同声明が発表され，中国との国交が正常化した。両国の友好の証として中国から日本に２頭のパンダが贈《おく》られた。　**い**　菅原道真が遣唐使の廃止を提言し，794年に遣唐使の派遣が停止された。これによって大陸からの新しく入ってくる文化の影響が薄れ，日本の風土や生活に合った国風文化が生まれた。　**う**　鎌倉幕府第８代執権の北条時宗のときに，元(中国)の皇帝フビライ＝ハンが２度にわたって大軍を日本に送った。元軍と高麗軍による２度の侵攻を，元寇(1274年の文永の役，1281年の弘安の役)という。　**え**　日本と明との貿易は，室町幕府第３代将軍をつとめた足利義満が始めた。この貿易では，倭寇(日本の海賊《かいぞく》)と正式な貿易船とを区別するために勘合(符)とよばれる割符が使用された。このことから日明貿易は勘合貿易ともよばれる。　**お**　1978年の福田赳夫《たけお》内閣のときに，日中平和友好条約が結ばれた。

(2)　Ⅰ　1972年，田中角栄と中国の周恩来首相が北京で会談し日中共同声明を発表した。　Ⅱ　中国では清を倒そうと，1911年に辛亥革命が起こり，翌12年には辛亥革命を指導した孫文を臨時大総統として，首都を南京とする中華民国の建国が宣言された。その後，孫文は清朝皇帝の退位と引きかえに臨時大総統を袁世凱《えんせいがい》にゆずった。　Ⅲ　日中戦争が始まった1937年から，毛沢東が率いる中国共産党と蔣介石《しょうかいせき》が率いる国民政府が協力して日本と戦った(国共合作)。第二次世界大戦後，中国共産党と国民政府の対立が再開され，勝利した毛沢東が中華人民共和国を建国し，国民政府は台湾に逃れた。

(3)　①　邪馬台国は３世紀ごろの日本に存在した国の１つで，女王である卑弥呼がまじないによって国を治めていた。　②　３世紀ごろの日本のようすは，『魏志』倭人伝に記されているので，ウが正しい。なお，『漢書』地理志は紀元前１世紀ごろ，『後漢書』東夷伝は１世紀ごろ，『宋書』倭国伝は５世紀ごろの日本のようすを知ることができる中国の歴史書である。

(4)　奈良時代の753年に来日した鑑真は唐(中国)の高僧で唐招提寺を開いた。なお，アについて，法隆寺は聖徳太子が建てた飛鳥文化を代表する寺院で，聖武天皇は全国に国分寺・国分尼《に》寺を建立し，都には東大寺をつくった。ウは平安時代，エは鎌倉時代の仏教文化について説明しているので，正しくない。

⑸　アは894年，イは672年，ウは1019年，エは794年のできごとなので，年代順に並べ替えると，イ→エ→ア→ウとなる。

⑹　平氏と源氏の勢力争いに後白河上皇の側近の争いがからんで，1159年に平治の乱が起こった。戦いに勝った平清盛は1167年に武士として初めて太政大臣になり，政治の実権を握《にぎ》った。一方，敗れた源義朝は殺され，子の源頼朝は伊豆に流された。

⑺　元寇は元軍による侵略戦争であったため，御家人の働きで元軍を退けても幕府は新たな領地を得ることができなかった。したがって，御家人に十分な恩賞を与えることができず，御家人は幕府に対して不満を持つようになった。

⑻　天保の改革は老中の水野忠邦が1841年から始めた幕政改革なので，19世紀前半のできごととして正しい。水野忠邦は，上知令・人返しの法・株仲間の解散などを行ったが，改革は２年余りで失敗に終わった。なお，生類憐《あわれ》みの令は江戸幕府の第５代将軍徳川綱吉が17世紀末に出した法令。関東大震災は1923年９月１日，桜田門外の変は1860年に起こったできごと。

⑼　アは薩摩藩ではなく対馬藩，イはポルトガルではなくオランダ，エはアメリカのハリスではなくロシアのラクスマンの誤りである。

⑽　日清戦争の講和条約として1895年に結ばれた下関条約によって，日本は清に朝鮮の独立を認めさせ，２億両《テール》(約３億円)の賠償《ばいしょう》金と台湾・澎湖《ポンフー》諸島・遼東《リャオトン》半島を獲得した。しかし，南下政策を進めるロシアがドイツ・フランスとともに三国干渉《かんしょう》を行い，遼東半島の清への返還を求めたため，日本は遼東半島を清に返還した。三国干渉を機に，日本国内ではロシアへの敵対感情が高まった。

⑾　パリ講和会議で二十一か条の要求が認められたため，中国では1919年に抗議運動が起きた。５月４日に起きたことから，五・四運動とよばれる。なお，朝鮮では同年の３月１日に三・一独立運動が起きた。

⑿　1932年５月15日，海軍の青年将校らが首相官邸などを襲い，犬養毅首相が暗殺された(五・一五事件)。これによって日本では政党政治が終わり，軍部が政治に介入《かいにゅう》するようになった。

⒀　ア　1945年の選挙法の改正では，満20歳以上のすべての男女に選挙権が与えられた。満18歳以上に選挙権が与えられたのは2015年の公職選挙法の改正以降のことなので，正しくない。　イ　徴兵令は1873年に明治政府が出した法令である。連合国軍最高司令官総司令部(GHQ)は軍隊を解散させ，日本の民主化を図ったので，正しくない。　ウ　教育勅語にかわって制定されたのは，学制ではなく教育基本法の誤りである。　エ　GHQ が経済の民主化を進めるために戦後の日本で行った政策について正しく説明している。

3　安倍晋三元首相の国葬儀《こくそうぎ》を題材とした問題

⑴　2022年９月19日，エリザベス２世の葬儀が行われた。エリザベス２世の在位期間は70年にわたり，イギリス史上最高年齢かつ最長在位の君主であった。なお，安倍晋三も在職期間が日本最長の首相である(2023年４月現在)。

⑵　通信の秘密とは，個人間の通信の内容を当事者以外の第三者に知られないことをいい，通信の秘密を守る目的は，国民のプライバシーを守ることにある。また，表現の自由は表現・思想・感情などを発する場合，国家権力によってその内容が制限されたり禁止されたりすることがないよう保

障するものである。したがって，これらはインターネット上の情報発信者の情報開示や発信した情報に対する侮辱《ぶじょく》罪とのかかわりが大きく，バランスをとるべき対象といえる。

(3)　吉田茂首相が1951年にサンフランシスコ平和条約を結び，日本は独立を回復した。また，吉田茂は同日にアメリカとの間で日米安全保障条約を結んだ。なお，アは池田勇人内閣，エは佐藤栄作内閣，オは鳩山一郎内閣のときに行われたことである。

(4)　立憲君主制とは憲法によって権力の行使が制限された君主制で，制限君主制ともいわれる。大日本帝国憲法下の天皇制も立憲君主制である。

(5)　皇室典範《てんぱん》とは，皇位継承権など皇室にかかわる重要事項について定めた法律である。

(6)　①　内閣が国会の信任によって成り立つしくみを議院(責任)内閣制という。議院内閣制では内閣が国会の多数を占《し》める政党によって組織されることが多く，内閣は国会に対して連帯して責任を負う。　②　内閣は最高裁判所長官を指名，その他の裁判官を任命する権限を持っているが，裁判官を罷免《ひめん》(辞めさせる)することはできない。したがって，エが誤っている。司法権を公正に行使するため裁判所はあらゆる権力から独立しており，国会による弾劾裁判あるいは国民審査によらなければ辞めさせられない。

(7)　①　地方自治体間の財政の偏《かたよ》りを是正するために国から使い道を指定されず支給される補助金を地方交付税交付金という。地方交付税交付金は，歳出の中で社会保障関係費，国債費についで３番目に多くなっている。なお，使い道を指定された国からの補助金を国庫支出金という。　②　国債の発行額が２番目に多いのは2009年なので，2011年の東日本大震災の翌年ではなく，2008年のリーマン・ショックの翌年である。

(8)　信教の自由や宗教の自由を保障するため，政治と宗教は分離されるべきであるという考え方(原則)を政教分離という。日本では，政教分離の原則のもと，宗教団体が政治にかかわることや，国家が宗教団体や個人に干渉することを禁止している。

(9)　国際連合における表決は原則として多数決で行われるが，安全保障理事会で行われる重要な議論の表決では常任理事国に拒否権が与えられているため，五大国(アメリカ・イギリス・フランス・ロシア・中国)一致の原則によって常任理事国のうち１か国でも反対すると可決されない。つまり，常任理事国５か国をふくむ９か国以上の賛成が議決には必要である。

(10)　日本・アメリカ・インド・オーストラリアの４か国から構成される安全保障や経済について協議する枠組みをクアッド(QUAD)といい，英語で「４つ」を意味するQuadからとっている。

理　科　＜第１回試験＞（30分）＜満点：60点＞

解　答

1 (1)　胚乳　(2)　ア，オ　(3)　カ　(4)　エ　(5)　イ　(6)　エ　(7)　①　5kg　②　120cm　(8)　解説の図③を参照のこと。　2 (1)　イ　(2)　オ　(3)　ア，ウ，オ　(4)　蒸散　(5)　イ　3 (1)　13％　(2)　6.4g　(3)　ア，イ　(4)　10.4g　(5)　再結晶　4 (1)　北極星　(2)　①　(3)　ア　(4)　ウ　(5)　⑦　(6)　ウ　5 (1)　1500g　(2)　①　900g　②　750g　(3)　6秒　(4)　ア

解　説

1　小問集合

⑴　白米はイネの種子の主に胚乳《はいにゅう》の部分にあたる。胚乳は発芽のための養分をたくわえている部分である。

⑵　じん臓には，血液中の尿素《にょうそ》などの不要物をこしとったり，余分な塩分や水分を調節したりするはたらきがある。なお，イは血液の成分である白血球，ウはかん臓，エはすい臓やかん臓のはたらきである。

⑶　石灰水と重そう水はアルカリ性，レモン水は酸性，食塩水は中性の水溶液《すいようえき》である。

⑷　水には少量の空気が溶《と》けている。気体は，水の温度が上がると水に溶けることのできる量が減少する。このため，コップに冷たい水を入れて室温で放置しておくと，水の温度が上がり，水に溶けていた空気の一部が溶けきれなくなってあわとなって出てくる。

⑸　火成岩の色は，含《ふく》まれる鉱物によって決まり，セキエイのような無色鉱物を多く含むものほど白っぽく見える。なお，ウンモ，キ石，カンラン石，カクセン石は有色鉱物である。

⑹　下弦《かげん》の月は明け方６時ごろに南中する。なお，新月は正午ごろ，満月は真夜中０時ごろ，上弦の月は夕方６時ごろ，三日月は午後２時ごろに南中する。

⑺　①　20kgの荷物は１本の糸によって４か所で支えられているから，荷物を持ち上げるためには，20÷４＝５(kg)以上の力で糸を引けばよい。　②　荷物を持ち上げる力が荷物の重さの，５÷20＝$\frac{1}{4}$になるので，糸を引く長さは，持ち上げる長さの４倍の，30×４＝120(cm)になる。

⑻　鏡に映った時計は実物と左右が逆に見える。よって，図１の時計は，右の図①のように，５時35分をさしているとわかる。５時35分から１時間15分後は，５時35分＋１時間15分＝６時50分なので，時計の針は右上の図②のようになっている。よって，鏡に映った時計は，右上の図③のように見える。

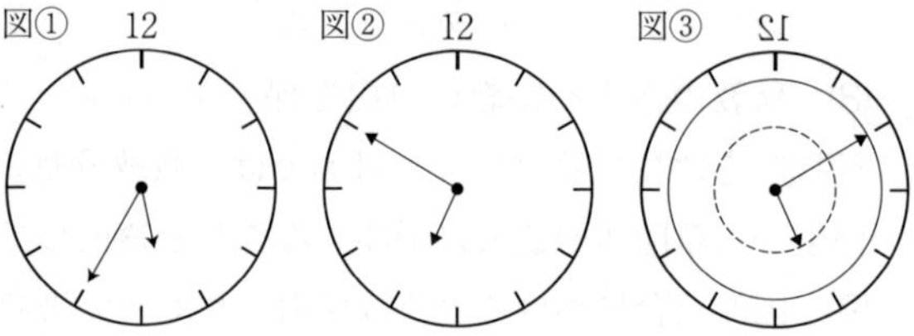

2　環境《かんきょう》問題と環境を守る取り組みについての問題

⑴，⑵　植物は，光合成のはたらきによって二酸化炭素を吸収する。光合成は気温が高く，葉が生いしげる夏に盛んになるから，夏に大気中の二酸化炭素濃度《のうど》が低くなる。

⑶　グリーンカーテンを作るのに適しているのは，柵《さく》などに巻きつきやすいつる性の植物で，ここではヘチマとゴーヤ，アサガオが選べる。

⑷　植物が体内の水分を水蒸気として空気中へ放出するはたらきを蒸散という。水が水蒸気になるときには，まわりから熱をうばうので，周囲の気温や室温が下がる。

⑸　暑い日に地面に水をまくと，水が蒸発するときに熱がうばわれるため，まわりの気温が低くなる。

3　ホウ酸の水への溶け方についての問題

⑴　60℃の水100ｇには，ホウ酸が15.0ｇまで溶けるから，60℃の水にホウ酸を溶かして作った飽和《ほうわ》水溶液の濃《こ》さは，$\frac{15}{15+100}$×100＝13.0…より，13％になる。

⑵　30℃の水100ｇに溶けるホウ酸の量は6.8ｇなので，30℃の水200ｇに溶けるホウ酸の量は，6.8×$\frac{200}{100}$＝13.6(ｇ)となる。よって，溶けきれずに残ったホウ酸は，20.0－13.6＝6.4(ｇ)である。

⑶　⑵の状態から，さらに30℃の水100gを加えると，ホウ酸は，13.6＋6.8＝20.4(g)まで溶けるので，20.0gのホウ酸はすべて溶ける。また，加熱して水の温度を50℃にすると，ホウ酸が，$11.4\times\frac{200}{100}=22.8$(g)溶けるから，20.0gのホウ酸はすべて溶ける。なお，水を蒸発させると溶けるホウ酸の量は減り，容器を変えても溶ける量は変わらない。

⑷　ホウ酸は40℃の水100gに8.9g，10℃の水100gに3.7g溶ける。したがって，40℃の水200gにホウ酸を溶かして作った飽和水溶液を10℃まで冷やしたときに，溶けきれなくなって出てくるホウ酸は，$(8.9-3.7)\times\frac{200}{100}=10.4$(g)と求められる。

⑸　固体をいったん水に溶かしたあと，水溶液から再び結晶《けっしょう》として取り出す方法を再結晶という。

４　北の空の星座の見え方についての問題

⑴　星Ａはこぐま座の２等星の北極星である。カシオペヤ座などの北の空の星座は，北極星を中心に反時計回りに回転しているように見える。

⑵，⑶　地球は１日に１回(360度)西から東に回転している。この動きを自転といい，星座は，地球の自転により動いて見える。そのため，カシオペヤ座は１時間で，360÷24＝15(度)反時計回りに回転した位置に見える。午後７時は午後９時の，９－７＝２(時間前)だから，15×２＝30(度)時計回りに回転した①の位置に見える。

⑷　カシオペヤ座は北極星を中心にして回転しているように見えるので，③の位置にあるときにはウのように見える。

⑸　地球は１年で360度太陽のまわりを回転しているので，１か月では，360÷12＝30(度)回転している。このため，カシオペヤ座は，北極星を中心に１か月に30度反時計回りに回転した位置に見える。よって，５か月後の午後９時には，反時計回りに，30×５＝150(度)回転した⑦の位置に見える。

⑹　４か月前の午後９時にカシオペヤ座が見える位置は，30×４＝120(度)時計回りに回転した④になる。③の位置は④の位置から反時計回りに30度回転した位置にあたるので，４か月前にカシオペヤ座が③の位置で見られるのは，午後９時から，30÷15＝２(時間後)の午後11時となる。

５　てこについての問題

⑴　支点１と支点２で，棒ABの重さ1200gと金属球の重さ300gを支えているので，棒ABが支点１と支点２から受ける力の和は，1200＋300＝1500(g)になる。

⑵　①　２秒後の金属球の位置は，棒ABの左はしから，２×２＝４(cm)で，支点１の真上にあたる。また，棒ABの重さは1200gだから，このとき支点１にかかる棒の重さは，1200÷２＝600(g)となる。よって，棒ABが支点１から受ける力は，600＋300＝900(g)となる。　②　５秒後の金属球の位置は，棒ABの左はしから，２×５＝10(cm)で，棒ABの長さは20cmだから，棒ABの真ん中とわかる。よって，支点１と支点２は金属球の重さ300gを，300÷２＝150(g)ずつ支えている。したがって，棒ABが支点１から受ける力は，600＋150＝750(g)となる。

⑶　棒ABが，それぞれの支点から受ける力の比が，(支点１)：(支点２)＝７：８になるときの，支点１が金属球から受ける力は，$1500\times\frac{7}{7+8}-600=100$(g)となる。したがって，支点２が金属球から受ける力は，300－100＝200(g)となり，支点１，支点２が金属球から受ける力の大きさの比は，100：200＝１：２となる。ここで，金属球から支点１，支点２までの長さの比は，それぞれにかかる力の大きさ比の逆比になるので，金属球から支点１，支点２までの長さの比は２：１と

なる。よって，金属球の位置は支点１から，$12\times\frac{2}{2+1}=8$（cm）だから，金属球がA上から運動を始めた，（４＋８）÷２＝６（秒後）と求められる。

⑷　⑵，⑶より，棒ABが支点１から受ける力の大きさは，２秒のとき900g，５秒のとき750g，６秒のとき700gである。また，０秒のとき金属球はA上にある。このとき棒ABが支点１から受ける力を□gとすると，支点２を中心としたてこのつり合いの式は，□×12＝300×（４＋12）＋1200×（20÷２－４）となる。よって，□＝1000（g）とわかる。したがって，棒ABが支点１から受ける力は，時間がたつにつれて減少していくので，アが選べる。

国　語　＜第１回試験＞（50分）＜満点：100点＞

解　答

一　問１　①～④　下記を参照のこと。　⑤　ぞうさ　問２　ア　問３　かぼちゃ　問４　イ　問５　ウ　問６　イ　問７　楽　問８　（お）びただし（い）　問９　ウ　問10　ひとつ　問11　（例）　母はなけなしのお金をはたいて妹のために晴着を買った。

二　問１　a，c，f　下記を参照のこと。　b　ふか　d　とうせい　e　こうい　問２　手を洗わず　問３　選択肢　問４　A　エ　B　カ　C　イ　D　ア　問５　イ　問６　桜丘憲法　問７　ア　問８　ウ　問９　ア　問10　イ　問11　人間タワーの本質　問12　ウ，カ　問13　D

●漢字の書き取り

一　問１　①　収束　②　暗　③　陽春　④　望外　二　問１　a　乱雑　c　障　f　就

解　説

一　漢字の書き取りと読み，慣用句の知識，ことばの知識，外来語の意味，漢字のパズル，短文づくり

問１　①　物事が落ち着き，良好な状態になること。　②　はっきりとは述べられず，それとなく示されるさま。　③　春の陽気に満ちたあたたかい季節。　④　望んでもみなかった，予想外のこと。　⑤　「造作もない」は，たいした手間もかからず，たやすいようす。

問２　「腫《は》れ物にさわるような」は，あるものに対して気をつかって慎重《しんちょう》に接する態度を表すので，物や人への接し方を意味する「扱《あつか》い」がよい。

問３　かぼちゃは十六世紀ごろ，ポルトガル船により日本に初めてもたらされたと言われ，名前は産地であるカンボジアの音がなまったものが由来とされる。現代でも冬至にかぼちゃを食べる風習がある。

問４　①～③の例文では「リスク」や「人目」，「問題」といった形のないものが目的語となっているのに対し，④～⑥の例文では「ボール」や「にんじん」，「落下物」などの形あるものが目的語となっている。「よける」は対象の物を動かしたり，自分の身体をずらしたりして物理的にかわすことを表すとわかるので，「不良品」を取り除くことを言いたい場合は「よけて」がふさわしい。

問５　「英」は「はなぶさ」と読み，“美しく咲《さ》く花”や，転じて優《すぐ》れていることを表す。また，

「英国」という熟語があるように，イギリスを指す言葉でもある。

問６　「ダイナミック」は絶えず変化するさまや，エネルギーに満ちて生き生きと力強く動くようすを表す。よって，人が実際に動いている場面を描《えが》いているイがよい。

問７　「楽」を入れると，上から時計まわりに「神楽《かぐら》」「楽観」「楽屋」「快楽」という熟語ができる。

問８　「おびただしい」は，度が過ぎるほど数が多いさま。

問９　病気の母を心配して世話を焼くようすを表す言葉なので，ひたむきに心をこめて働くさまを表す「かいがいしい」がよい。「うやうやしい」は，敬意をもってていねいに接するさま。「つつましい」は，謙虚《けんきょ》でひかえめなさま。「やるせない」は，くやしさや悲しみなど，行き場のない感情をもてあますさま。「こころもとない」は，たよりなくて不安にさせるさま。

問10　「女手ひとつで」は，女性が自分の労働力のみで子どもを養うさま。

問11　「なけなし」は，お金や気持ちなどが，ごく少量しかないさま。

二　**出典は朝比奈《あさひな》あすかの『人間タワー』による。**主人公の澪《みお》は中学受験のための塾《じゅく》に通う道すがら，転校先の小学校で議論になっている組体操の演目や，受験と母親のことについて思いをはせる。

問１　**a**　雑多に散らかっているさま。　**b**　人や物にかかる負担。　**c**　「差し障《さわ》る」は，障害となったり問題になったりすること。　**d**　方針や行動を指揮し，まとめあげること。　**e**　「後遺症」は，けがや病気が治った後も続く症状《しょうじょう》。　**f**　音読みは「シュウ」で，「就職」などの熟語がある。

問２　三つ目の段落で澪は，帰宅後に手を洗い，髪を梳《と》かし，靴下《くつした》をかえるという「母に言われていたことを一つも実行せずに」おにぎりを食べ始めている。細かいことまで口うるさく言い聞かせてくる母親に対し，反抗的《はんこうてき》な気持ちを持っていることが読み取れる。

問３　空欄《くうらん》８の前後の部分で澪は，受験においては偏差値《へんさち》が高いほど「選べる学校が増える」，すなわち「上の人」ほど「選択肢《せんたくし》」が多い仕組みなのだと考えている。

問４　**A**　青木が澪に話しかけた最初の言葉であることや，ぼう線部⑦の少し後に澪が「人間タワー」についてのクラスの話し合いで「『反対』に手を挙げ」たと書かれていることなどから，エがよい。　**B**　直後の部分で澪が「知ってる」と答えていることから，澪ではなく青木自身について話している発言だとわかる。空欄３の後には青木がアンケートに「反対意見」を書いたとあるので，カが選べる。　**C**　直後の部分で青木が「そうなんだよ」と答えていることから，澪は青木に“はい”か“いいえ”で答えられる質問をしたとわかる。また，続く部分で青木は，クラスで「発言できなかった」経緯《けいい》を話しているので，青木が「反対意見」を言おうとしていたことを言いあてているイがふさわしい。　**D**　直後の部分で青木は，同級生が聞く耳を持たないので「言っても無駄《むだ》だ」と答えている。澪は，青木にクラスでの発言を促《うなが》す内容のことを言ったとわかるので，アがよい。

問５　青木が自分の考えを「得意げに」話し始める場面なので，自分に自信があってほこらしげなさまを表す「胸を張る」がよい。なお，「目を見張る」は，おどろきや怒《いか》り，感動などで目を大きく開くさま。「腕《うで》を磨《みが》く」は，努力して技能を上達させること。「肩《かた》を怒らせる」は，威嚇《いかく》するように肩を高く構え，いばった態度をとること。

問６　ぼう線部⑥の前の部分には，桜丘小の「桜丘憲法」では児童が使ってはいけない「悪い言葉」が五つ決まっているとある。青木の言った「ばか」という言葉は一般《いっぱん》的に「悪い」とされる言葉である以前に，「桜丘憲法」で「悪い言葉」に指定されているために「かぎかっこ」が使われているとわかる。

問７　青木は同級生を見下し，自分の考えを得意げに話しているが，澪はそんな青木も「桜丘小以外」の世界を知らず，意見は「親の受け売り」にすぎないと考えている。青木の「眼鏡《めがね》の顔が思慮《しりょ》深そう」な見た目とは裏腹に，言動は「こどもっぽい」ことを澪は「ほほえましい」と感じていると想像できるので，アがよい。澪が青木を「ほほえましい」と感じたきっかけは，青木は転校した経験がないと知ったことであり，青木は母親の意見に支配されているという考えは書かれていないので，イは正しくない。澪が青木の屈託《くったく》のなさを感じたのは，続く部分で志望校を無邪気《むじゃき》に聞かれた場面なので，ウは合わない。青木は自分の世間知らずなところから目を背《そむ》けているというよりも，自覚していないようすなので，エはふさわしくない。

問８　前の部分で澪は，「前の学校」は桜丘小のように「統制が取れている」学校ではなく，「誰《だれ》かを傷つけることをよろこぶような子」や「授業中に歩き回るような子」，「テスト用紙をまるめて投げる子」，「掃除《そうじ》」を「誰《だれ》かに押《お》しつけてサボる子」がいたとふり返っている。「怖《こわ》い子」から目をつけられないように隠《かく》れて生き，「クラスのいじめを見て見ぬふり」をしていたのは澪自身なので，ウが正しくない。

問９　続く部分に，「沖田先生」は反対派を「吊《つる》し上げ」るために「単純な男子」を利用したと書かれているので，「単純な男子」は「人間タワー」に賛成派の児童だとわかる。また，ぼう線部④の前の部分で青木は，「沖田先生」の部下として「デベソ」（出畑《でばた》）と「近藤」の名前をあげ，「聞く耳」を持たず自分の発言をじゃましたと話している。ただし，ウの近藤はぼう線部⑤に続く部分で「見た目が華《はな》やかな」女子だと書かれているので，合わない。また，続く部分には，国貞《くにさだ》が人間タワーの「下は重くて痛い」と発言したとあるので，国貞は反対派だとわかる。

問10　空欄Ⅱに続く部分で，澪は青木の発言を受け，事故の件数や自治体の事例といったディベートの根拠《こんきょ》を「客観的な事実」と呼んでいる。よって，Ⅱには「客観」が入り，Ⅰには Ⅱの対義語である「主観」が入るとわかる。また，澪は「痛い」という感覚と「怖い」という感覚は「別物」であり，「比べられない」と話していることから，ⅢとⅣには二項《にこう》対立の関係にある「肉体」と「精神」が入るとわかる。

問11　空欄Ⅱに続く部分で澪は，「土台になる下の人」は「重くて痛い」という国貞の発言は「人間タワーの本質」をついており，上の人には「選択肢」があって圧倒的《あっとうてき》に有利だが，下の人には「選択肢」がないという「仕組み」を説明している。澪は，このような「人間タワーの本質」は中学受験も似ていると思い至り，自分の考えに「ぞっと」している。

問12　ぼう線部⑨に続く部分で，澪の母は「澪のこと」になると「すぐ頭に血がのぼ」り，学校や塾の先生など他人を「自分の思い通りに動かそうとする」ことや，「馬鹿にされる」ことが厭《いや》で「怒《おこ》ったはりねずみのように」周りを威嚇《いかく》していることが書かれている。また，本文の前半では，働きながらも澪にきちんと食事や弁当を用意し，澪が無事に塾についたかどうかをメッセージで確《かく》認《にん》するなど，仕事と育児の両方に力を入れているようすが見られる。澪の母が自分から職業をひけらかす描写《びょうしゃ》は本文にないので，ウは正しくない。祖母が母をどのように育てたかは本文には書かれておらず，母が祖母の方針をどの程度受け継《つ》いでいるかは不明なので，カは合わない。

問13　澪は，自分の成績があまり良くないことを自覚して「きっと中学受験でも失敗する」と悲観しているほか，塾に行きたくないと思いながら，結局は「逃《に》げ出せない」事実や「逃げ出したくない」という自分の気持ちも理解している。自分の気持ちや実力には気がついていると言えるので，Ｄがふさわしくない。

Dr.福井の

入試に勝つ！脳とからだのウルトラ科学

試験場でアガらない秘けつ

キミたちの多くは，今まで何度か模擬試験（たとえば合不合判定テストや首都圏模試）を受けていて，大勢のライバルに囲まれながらテストを受ける雰囲気を味わっているだろう。しかし，模擬試験と本番とでは雰囲気がまったくちがう。そういうところでも緊張しない性格ならば問題ないが，入試独特の雰囲気に飲みこまれてアガってしまうと，実力を出せなくなってしまう。

試験場でアガらないためには，試験を突破するぞという意気ごみを持つこと。つまり，気合いを入れることだ。たとえば，中学の校門前にはあちこちの塾の先生が激励《げきれい》のために立っている。もし，キミが通った塾の先生を見つけたら，「がんばります！」とあいさつをしよう。そうすれば先生は必ずはげましてくれる。これだけでもかなり気合いが入るはずだ。ちなみに，ヤル気が出るのは，TRHホルモンという物質の作用によるもので，十分な睡眠をとる，運動する（特に歩く），ガムをかむことなどで出されやすい。

試験開始の直前になってもアガっているときは，腹式呼吸が効果的だ。目を閉じ，おなかをふくらませるようにしながら，ゆっくりと大きく息を吸う。ここでは「ゆっくり」「大きく」がポイントだ。そして，ゆっくりと息をはく。これをくり返し何回も行うと，ノルアドレナリンという悪いホルモンが減っていくので，アガりを解消することができる。

よく「手のひらに“人”の字を書いて飲みこむことを３回行う」とアガらないというが，そのようなおまじないを信じて実行し，自分に暗示をかけてもいいだろう。要は，入試に対するさまざまな不安な気持ちを消し去って，試験に集中できるようなくふうをこらせばいいのだ。

Dr.福井（福井一成《ふくいかずしげ》）…医学博士。開成中・高から東大・文Ⅱに入学後，再受験して翌年東大・理Ⅲに合格。同大医学部卒。さまざまな勉強法や脳科学に関する著書多数。

Memo

Memo

2022年度　国府台女子学院中学部

〔電　話〕（047）322－７７７０
〔所在地〕〒272-8567　千葉県市川市菅野３－24－１
〔交　通〕JR総武線－「市川駅」より徒歩12分
京成電鉄－「市川真間駅」より徒歩５分

【算　数】〈第１回試験〉（50分）〈満点：100点〉

［注意］　１．円周率は3.14とします。

２．仮分数は，すべて帯分数になおして解答してください。

1　次の□にあてはまる数を答えなさい。

(1)　$(3-3\div2)\times4-3\div(2\div3)-8\div6\div2=\square$

(2)　$(0.8+1.1\div0.2)\times1\frac{3}{7}\div8-\left(\frac{3}{4}\div0.25\times\frac{1}{8}-\frac{1}{4}\right)=\square$

(3)　$2.25+\left\{\left(9-1\frac{2}{3}\times\square\right)\times4.2\right\}\div1.4=9\frac{1}{4}$

2　次の□にあてはまる数を答えなさい。

(1)　３種類のおもりＡ，Ｂ，Ｃがあります。Ａ２個とＢ１個の重さの合計はＣ４個の重さと等しく，Ａ３個とＣ１個の重さの合計はＢ２個の重さと等しくなります。Ｂの重さはＡの重さの□倍です。

(2)　大小２つのサイコロを投げるとき，２つのサイコロの目の数の和が４の倍数になるのは□通りです。

(3)　チョコレートを何人かの子供に分けるのに，１人に５個ずつ分けると34個余り，１人に７個ずつ分けると４個不足します。チョコレートは□個あります。

(4)　姉は妹より４歳《さい》年上です。現在，母の年齢《れい》は妹の年齢の６倍です。４年前，母，姉，妹の年齢の平均は16歳でした。現在，姉は□歳です。

(5)　濃《のう》度が10％，８％，□％の３種類の食塩水を１：１：３の割合で混ぜると６％の食塩水ができます。

(6)　ＡとＢが同じコースを走るとＡは40秒，Ｂは45秒かかります。ＢとＣが同じ時間だけ走るとＢは300m，Ｃは240m進みます。ＡとＣが同じコースを走るとＡはＣより7.8秒早い□秒でゴールします。

3　次の問いに答えなさい。

(1)　和美と詩織の２人が会話をしています。[ア]～[オ]にあてはまる数を答えなさい。

和美「ねぇ，この数の並びを知ってる？」

１，１，２，３，５，８，……

詩織「知ってるよ。確か，８の次が[ア]で，その次が21になるんだよね。」

和美「そう。『和』がポイントになる数の並びだよね。

この数の並びに，他に『和』についての性質ってないかな？　考えてみようよ。」

詩織「いいよ。じゃあ，一番左の数から順番に足してみようか。

左から４番目まで足すと１＋１＋２＋３＝７

左から５番目まで足すと１＋１＋２＋３＋５＝12になるでしょ。
何か規則性とかあるかな？」

和美「うーん。６番目までの和を求めると［　イ　］になるけど……
あっ，３番目までの和の４に［　ウ　］を足すと５番目の数と同じで，
４番目までの和の７に［　ウ　］を足すと６番目の数になってない？」

詩織「えっ，本当？　もう一つ調べてみる？
左から６番目までの数をすべて足して，その数に［　ウ　］を足したら……
［　エ　］番目の数になってる！」

和美「この規則が成り立つってことは，例えば［　オ　］番目までの数の和に［　ウ　］を足すと100番目の数と同じになるってことだよね。」

詩織「そういうことになるね。本当にそうなるか確かめてみよう。」

和美「うん，やってみよう。確かこの数の並びって『フィボナッチ数列』っていうんだよね。
他にもいろんな性質があったような。今度調べてみない？」

詩織「うん。面白そうだね！」

(2)　姉，兄，妹の３人で4000円の品物を買います。姉は妹より1000円多く，妹は兄の半分の金額を出しました。姉が出した金額はいくらですか。解答は答えのみではなく，途中《とちゅう》の計算や考え方を解答らんにできるだけくわしく書きなさい。

4　次の［　　］にあてはまる数を答えなさい。

(1)　下の図１のように，正方形の紙をBEを折り目として折り返したところ，点Cは点Fに移りました。角xの大きさは，［　　］度です。

図１

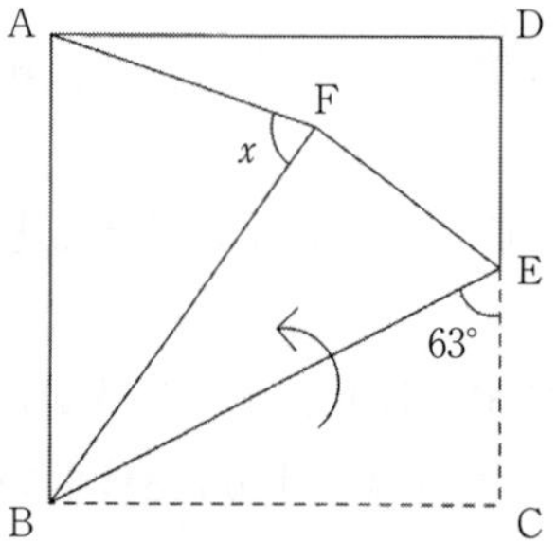

図２

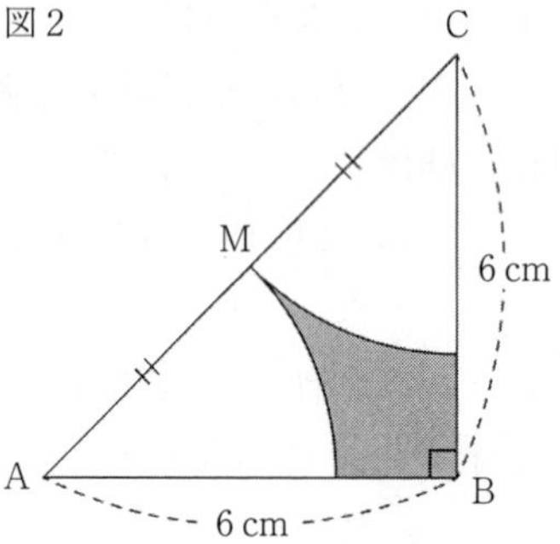

(2)　上の図２は，直角二等辺三角形ABCと２つのおうぎ形を組み合わせたものです。点Mは辺ACの中点です。ぬりつぶした部分の面積は［　　］cm^2です。

(3)　次のページの図３の展開図を組み立ててできる立体の体積は［　　］cm^3です。

図３

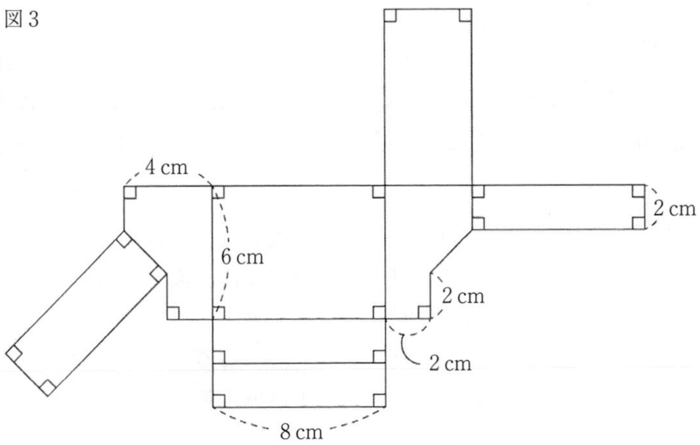

5　下のグラフは，Ａ駅からＥ駅まで進む普通《ふつう》列車と急行列車の運行の様子をあらわしており，たて軸《じく》はＡ駅からの距離《きょり》，横軸は普通列車がＡ駅を出発してからの時間を示しています。

普通列車は各駅に停まり，急行列車はＣ駅のみに停まります。どちらの列車も駅での停車時間は２分間です。Ｃ駅において，普通列車と急行列車が同時に停まっている時間が30秒間ありました。

次の問いに答えなさい。

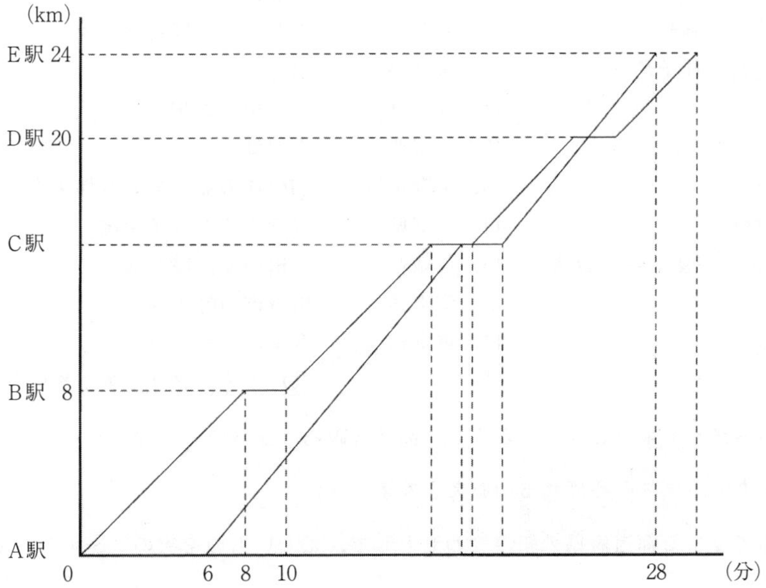

(1)　普通列車の速さは時速何 km ですか。

(2)　急行列車の速さは時速何 km ですか。

(3)　Ｄ駅で急行列車が普通列車を追い越《こ》したのは，普通列車がＤ駅に到《とう》着してから何秒後ですか。

(4)　Ｃ駅はＡ駅から何 km 離《はな》れた場所にありますか。

【社　会】〈第１回試験〉（30分）〈満点：60点〉

［注意］解答は，適切な漢字をもちいて記入して下さい。

1　**次のリストは，昨年行われた東京オリンピックの聖火リレーが計画された都道府県と，走行ルートに関係がある語句を，リレー順に並べたものです。このリストを見て，あとの問いに答えなさい。**

1．(A)福島県　相馬野馬追，鶴ヶ城
2．栃木県　日光の社寺
3．群馬県　富岡製糸場
4．長野県　(B)日本アルプス
5．岐阜県　関ヶ原古戦場
6．愛知県　熱田神宮，犬山城
7．三重県　伊勢神宮
8．和歌山県　那智の滝，高野山
9．奈良県　唐古・鍵遺跡，平城宮跡
10．大阪府　百舌鳥・古市古墳群
11．(C)県　阿波おどり
12．(D)県　丸亀城，瀬戸大橋
13．(E)県　仁淀川，四万十川
14．(F)県　松山城，宇和海
15．大分県　九重連山，湯布院温泉
16．宮崎県　高千穂神社，大御神社
17．鹿児島県　(G)奄美大島，種子島
18．沖縄県　首里城
19．熊本県　阿蘇山，熊本城
20．長崎県　対馬，壱岐
21．佐賀県　吉野ヶ里遺跡
22．福岡県　『神宿る島』宗像・沖ノ島と関連遺産群
23．山口県　(H)秋吉台
24．島根県　出雲大社，宍道湖
25．広島県　平和記念公園・(I)
26．岡山県　岡山城
27．鳥取県　(J)伯耆《ほうき》富士，鳥取砂丘
28．兵庫県　姫路城，神戸港
29．京都府　(K)
30．滋賀県　彦根城
31．福井県　(L)若狭湾，永平寺
32．石川県　金沢駅の鼓門，輪島塗
33．富山県　五箇山の(M)合掌造り集落
34．新潟県　佐渡金銀山
35．山形県　新庄まつり，出羽三山神社
36．秋田県　なまはげ
37．(N)青森県　神山地，十和田湖
38．北海道　洞爺湖，ウポポイ
39．岩手県　中尊寺，復興祈念公園
40．宮城県　(O)
41．静岡県　富士山，茶畑
42．山梨県　山中湖
43．神奈川県　(P)江の島，鶴岡八幡宮
44．千葉県　海ほたる，銚子漁港
45．茨城県　袋田の滝，霞ヶ浦
46．埼玉県　川越市の町並み
47．東京都　多摩ニュータウン
(Q)小笠原諸島，東京都庁

（1）　下線部(A)の福島県がスタート地点となった理由を，簡単に説明しなさい。

（2）　下線部(B)のうち，中央アルプスと呼ばれる山脈名を答えなさい。

（3）　空らん(C)～(F)にあてはまる都道府県の組み合わせとして，正しいものを次のア～エから１つ選び，記号で答えなさい。

ア．(C)＝徳島　(D)＝愛媛　(E)＝高知　(F)＝香川
イ．(C)＝愛媛　(D)＝高知　(E)＝香川　(F)＝徳島
ウ．(C)＝徳島　(D)＝香川　(E)＝高知　(F)＝愛媛
エ．(C)＝愛媛　(D)＝香川　(E)＝徳島　(F)＝高知

（4）　下線部(G)に関連して，熱帯・亜熱帯地域の河口や沿岸部などには淡水《たんすい》と海水が混じり合う地域があります。そこに群生する林を何といいますか，答えなさい。

（５）　下線部（H）にみられる石灰岩《せっかいがん》の台地を何といいますか，答えなさい。

（６）　空らん（Ｉ）・（K）・（O）には，日本三景と呼ばれる名勝が入ります。この場所の写真(あ)～(う)の正しい組み合わせを，次のア～エから１つ選び，記号で答えなさい。

(あ)

(い)

(う)

ア．（Ｉ）＝(あ)　（K）＝(い)　（O）＝(う)
イ．（Ｉ）＝(う)　（K）＝(あ)　（O）＝(い)
ウ．（Ｉ）＝(い)　（K）＝(う)　（O）＝(あ)
エ．（Ｉ）＝(あ)　（K）＝(う)　（O）＝(い)

（７）　下線部（Ｊ）は別名で，正式には大山といいます。日本にはこのような郷土富士と呼ばれる，別名のある山が多くあります。次の(あ)～(う)の郷土富士の正式な名前の組み合わせとして，正しいものを次のア～エから１つ選び，記号で答えなさい。

(あ) 会津富士　　(い) 津軽富士　　(う) 蝦夷富士

ア．(あ)＝岩木山　(い)＝羊蹄山　(う)＝磐梯山
イ．(あ)＝磐梯山　(い)＝羊蹄山　(う)＝岩木山
ウ．(あ)＝磐梯山　(い)＝岩木山　(う)＝羊蹄山
エ．(あ)＝岩木山　(い)＝磐梯山　(う)＝羊蹄山

（８）　下線部（L）は，入り組んだ海岸線を持つ海です。この特徴《とくちょう》に**あてはまらない場所**を次のア～エから１つ選び，記号で答えなさい。

ア．三陸海岸　　イ．九十九里浜　　ウ．志摩半島　　エ．大村湾

（９）　下線部（M）の特徴を説明した文として正しいものを，次のア～エから１つ選び，記号で答えなさい。

ア．風の被害《ひがい》が少なくなるよう，平屋で，周りを石垣《いしがき》で囲んでいる。
イ．雪が積もりにくくなるように，屋根の傾斜《けいしゃ》が大きくなっている。
ウ．雨が多く降るので，大きな瓦《かわら》を敷《し》き詰《つ》めて屋根を作っている。
エ．鼠《ねずみ》や虫の害を減らすため，地面よりかなり高い位置に床《ゆか》を作っている。

(10)　下線部(Ｎ)は，青函《せいかん》トンネルで北海道と接続しています。青函トンネルを示したものとして正しいものを，図中のア～エから１つ選び，記号で答えなさい。

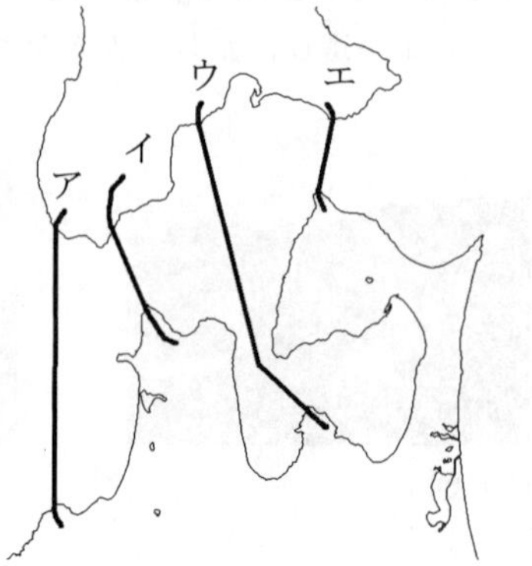

(11)　下線部(Ｐ)について，下の地図から読み取れる，江の島周辺を説明した文として**あやまっているもの**を，次のア～エから１つ選び，記号で答えなさい。

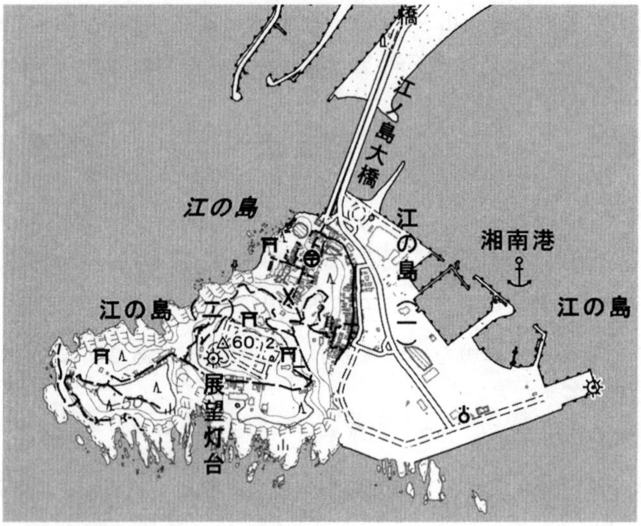

ア．島の西側の地形は崖《がけ》が多い。
イ．島には針葉樹が多く生えている。
ウ．展望灯台は標高５０ｍ以上ある高台に建っている。
エ．島から江ノ島大橋を渡《わた》ったところに煙突《えんとつ》がある。

(12)　下線部(Ｑ)では，1973年に，海底火山の噴火《ふんか》により新しい島が誕生しました。この島は2013年からの噴火でさらに大きくなっています。この島の名前を次のア～エから１つ選び，記号で答えなさい。

ア．西之島　　イ．南鳥島　　ウ．奥尻島　　エ．三宅島

2　次の土地と税の関係について述べた文を読んで，あとの問いに答えなさい。

縄文時代から(A)弥生時代にかけて稲作が日本に伝わると，誰がその土地を利用するのかという考えが生まれました。

奈良時代には朝廷は，６歳《さい》以上の人々に(　あ　)という土地を与《あた》え，(B)三つの税と兵役・労役の負担を求めました。しかし，人口の増加や自然災害によって耕作できない土地が出てくると，(あ)が不足してきました。そこで朝廷は，開墾《かいこん》を奨励《しょうれい》し，開墾した土地は自分の土地にすることを認めました。貴族や寺社は開墾に力を入れ，広大な土地を支配するようになり，その土地は荘園とよばれるようになりました。

10世紀頃《ごろ》になると，土地を守り勢力を広げるために，武装する人びとが現れ，その中から次第《しだい》に(C)武士が成長していきました。

(D)鎌倉時代には，幕府により土地が支配されました。各地に置かれた(　い　)が，農民たちから年貢を取りたてたり，土地の治安維持の役割を担《にな》いました。一方で，農村の人々は団結力を高め，不作の時の年貢の減免《げんめん》などを支配者に交渉《こうしょう》したりするようになりました。(E)室町時代の1428年に，近江(滋賀県)で起きた事件は，日本で初めて起きた農民たちによる武力行使です。この事件を(　う　)とよびます。

応仁の乱以降は，各地に登場した戦国大名が領地全体を支配するようになり，荘園は消えていきました。その後(F)豊臣秀吉が行った土地の調査により，田畑の予想収穫量《しゅうかくりょう》を調べて確実に年貢を取ることになりました。この土地の調査は(　え　)とよばれています。

江戸時代には，幕府や藩が領地を治め，農民が納める年貢米が重要視されました。農村では田畑の売買は禁止され，本百姓に年貢納入と犯罪防止に対し連帯責任を負わせる制度を設けました。また，これまで開墾できなかった土地を開墾する(G)新田開発も進みました。

(H)明治時代になると，これまで大名が所有していた土地と人民を天皇に返還する(　お　)が行われました。また，(　か　)が行われ，地価の３％を税として現金で納めさせました。当時の納税額は，1890年に開かれた(I)第１回帝国議会の選挙にも影響《えいきょう》を与えました。

第二次世界大戦後は，1945年に自作農を増やすために(J)農地改革が行われました。しかし，1970年代からは洋食文化の広まりにより水田を減らす減反政策が進められるようになりました。

（１）　空らん(　あ　)～(　か　)にあてはまる語句を答えなさい。

（２）　下線部(A)について述べた文として正しいものを次のア～エから１つ選び，記号で答えなさい。

ア．青森県の三内丸山遺跡から，この時代の大規模集落の跡が見つかっている。
イ．縄目の文様があり，厚手でもろい特徴をもつ土器を用いていた。
ウ．青銅器や鉄器はまだ伝わっておらず，農業には打製石器が用いられた。
エ．静岡県の登呂遺跡から，この時代の水田跡や農具などが多数見つかっている。

（３）　下線部(B)のうち，地方の特産物を都に納める税を何というか，答えなさい。

（４）　下線部(C)について，10世紀はじめに関東地方で，自ら新皇と名乗り独立を宣言する反乱が起き，武士の力により鎮圧《ちんあつ》されました。この反乱を起こした武士は誰ですか，答えなさい。

（5）　下線部(Ｄ)について，この時代の出来事について述べた文として正しいものを，次のア～エから１つ選び，記号で答えなさい。

ア．後醍醐天皇により建武の新政が行われた。

イ．承久の乱の後，幕府は京都に六波羅探題を置き朝廷を監視《かんし》した。

ウ．北条氏が，代々将軍を補佐《ほさ》する管領の地位に就《つ》いた。

エ．日明貿易が行われ，銅銭や絹織物などが輸入された。

（6）　下線部(Ｅ)について，この時代の文化について述べた文として正しいものを，次のア～エから１つ選び，記号で答えなさい。

ア．鴨長明が『方丈記』を著《あらわ》した。

イ．近松門左衛門の書いた人形浄瑠璃の脚本《きゃくほん》が人気を集めた。

ウ．観阿弥・世阿弥父子が能を大成した。

エ．東大寺南大門の金剛力士像が作られた。

（7）　下線部(Ｆ)について，この人物の政策について述べた文ａ・ｂの正誤の組み合わせとして正しいものを，次のア～エから１つ選び，記号で答えなさい。

ａ：明を征服《せいふく》するにあたり，２度にわたる朝鮮侵略を行った。これを文永の役・弘安の役という。

ｂ：仏教勢力をけん制するために，キリスト教を保護した。

ア．ａ：正　ｂ：正　　イ．ａ：正　ｂ：誤　　ウ．ａ：誤　ｂ：正　　エ．ａ：誤　ｂ：誤

（8）　下線部(Ｇ)について，江戸幕府８代将軍徳川吉宗は，自身が行った改革で新田開発を奨励しました。吉宗が行った一連の改革を何といいますか，答えなさい。

（9）　下線部(Ｈ)について，この時代に起きた次のア～エのできごとを時代順に並《なら》べ替《か》えなさい。

ア．八幡製鉄所の建設

イ．岩倉使節団の欧米への派遣《はけん》

ウ．大日本帝国憲法の発布

エ．ポーツマス条約の締結《ていけつ》

（10）　下線部(Ｉ)について述べた文ａ・ｂの正誤の組み合わせとして正しいものを，次のア～エから１つ選び，記号で答えなさい。

ａ：皇族・華族，天皇が任命した議員からなる議会を貴族院という。

ｂ：選挙権は，直接国税15円以上を納める25歳以上の男女に与えられた。

ア．ａ：正　ｂ：正　　イ．ａ：正　ｂ：誤　　ウ．ａ：誤　ｂ：正　　エ．ａ：誤　ｂ：誤

（11）　下線部(Ｊ)について，これは具体的にどのような政策ですか。次の語句を必ず用いて説明しなさい。

「政府」，「地主」，「小作人」

3　日本の政治の仕組みについて述べた文を読んで，あとの問いに答えなさい。

昨年10月31日に行われた衆議院議員選挙は，(A)衆議院議員の任期が終わった後に行われた選挙として話題になりました。日本国憲法は，衆議院議員選挙が行われる場合について，「任期満了《まんりょう》」と「衆議院により（ あ ）が可決されたとき」を定めています。その上で，(B)天皇の国事行為《こうい》として解散が実施《じっし》されます。しかし，日本国憲法制定後行われた26回の衆議院解散のうち，「任期満了」によるものはたった１回，「（ あ ）の可決」によるものは４回しかなく，昨年の解散を含む残りの21回は内閣の決定に基《もと》づいて行われてきました。このように，実際の(C)国政において内閣の果たす役割は非常に大きなものとなっています。

（1）　下線部(A)の期間は何年ですか，答えなさい。

（2）　空らん(あ)にあてはまる語句を答えなさい。

（3）　下線部(B)として**あてはまらないもの**を，次のア～エより１つ選び，記号で答えなさい。

ア．憲法改正の公布
イ．法律の公布
ウ．国会の召集《しょうしゅう》
エ．最高裁判所長官の指名

（4）　下線部(C)に関連して，あとの問いに答えなさい。

①　内閣の役割を説明した文として正しいものを，次のア～エより１つ選び，記号で答えなさい。

ア．内閣は，弾劾裁判によって裁判官をやめさせることができる。
イ．内閣は，日本国憲法に「国権の最高機関」と規定されている。
ウ．内閣は，法律案を国会に提出することができる。
エ．内閣は，都道府県知事を任命することができる。

②　憲法および法律の規定を実施するために内閣が制定する命令を何といいますか，答えなさい。

4　インターネットの普及《ふきゅう》について述べた文を読んで，あとの問いに答えなさい。

現在の私たちの生活は，インターネット無しでは成り立たなくなってきました。インターネットの利用は，人々の生活を便利にする一方で問題も生み出しています。例えば，表現の自由はとても大切ですが，それはあくまで(A)他人の権利を侵害《しんがい》せず社会的に害を与えない範囲《はんい》でのことです。しかし，匿名性《とくめいせい》の高いインターネットで，問題が発生した場合に責任を追及《ついきゅう》するにあたっては，(B)個人情報や個人の生活の様子が知られないように保護される権利にも配慮《はいりょ》する必要があり，現在，その制度の整備が進められているところです。

また，(C)インターネットを通じて提供されている多くのサービスは，ごくわずかの国際的な大企業が管理しており，そのような企業が私たちの生活や精神に及《およ》ぼす影響は，知らず知らずのうちにとても大きなものとなっています。こういった企業の活動に，政治はどう向き合うべきか，(D)国際的な話し合いが進められています。

（1）　下線部(A)について，日本国憲法では「**この憲法が国民に保障する自由及び権利は……国民は，これを濫用《らんよう》してはならないのであつて，常に□のためにこれを利用する責任を負ふ**」と規定しています。空らんにあてはまる語句を答えなさい。

（２） 下線部(Ｂ)は，「新しい人権」の１つとして2000年代より広く認められるようになってきました。この権利は一般的《いっぱんてき》に何といいますか，答えなさい。

（３） 下線部(Ｃ)のような状況《じょうきょう》は，私たちの社会に新たな問題も起こしています。現在，実際に起こっている問題として**適切でないもの**を，次のア～エより１つ選び，記号で答えなさい。

ア．インターネット上の取り引きが増加したために，実物の貨物を扱《あつか》う運送業者で失業する人が増えてしまう。

イ．私たちが，特に検索《けんさく》や広告によってインターネットから得る情報が，それらの企業によって都合のよいものばかりとなってしまう。

ウ．それらの企業が，私たちの氏名や住所の他，インターネット上のアクセス履歴や発言，位置情報などの個人情報まで収集して，利用することが可能になってしまう。

エ．それらの企業は国際的に経済活動を行っているため，税をかけたり，不正を取《と》り締《し》まったりすることが難しくなってしまう。

（４） 下線部(Ｄ)に関連して，あとの問いに答えなさい。

① 国際連合について説明した文として正しいものを，次のア～エより１つ選び，記号で答えなさい。

ア．国際連合は，経済制裁を行うことはできるが，軍事制裁を行うことはできない。

イ．国際連合の総会は，すべての加盟国によって構成され，その採決には，すべての加盟国が１票ずつの投票権を持つ。

ウ．国際連合の安全保障理事会の常任理事国は，アメリカ合衆国，中華人民共和国，イギリス，ロシア，ドイツである。

エ．ＷＴＯは，世界中の人々の健康や保健についてあつかう国際連合の専門機関であり，このコロナ禍の中でも，各国の調整を行ったり様々な情報を収集・発信している。

② 日本を含《ふく》む11カ国によって2018年に発足《ほっそく》した，幅広《はばひろ》い分野で共通の経済制度を作っていこうとする国際的な枠組《わくぐ》みがあります。2021年には，日本がこの枠組みの議長国をつとめ，また，イギリス，中華人民共和国，台湾(中華民国)が相次いで参加を希望する表明を行うなど，ますます注目を集めています。この国際的な枠組みの名称《めいしょう》を日本語名で答えなさい。

【理　科】〈第１回試験〉（30分）〈満点：60点〉

1　次の各問いに答えなさい。

(1)　耳のつくりのなかで，からだの回転を感じる部分を，次の**ア**～**エ**から１つ選び，記号で答えなさい。

ア：うずまき管　　**イ**：半規管《はんきかん》　　**ウ**：鼓膜《こまく》　　**エ**：耳管《じかん》

(2)　種子をつくらない植物を，次の**ア**～**オ**から１つ選び，記号で答えなさい。

ア：マツ　**イ**：チューリップ　**ウ**：ホウセンカ　**エ**：ワラビ　**オ**：イチョウ

(3)　消毒用アルコールを燃焼させたとき，水蒸気の他にもう１種類の気体が出てきます。その気体を次の**ア**～**オ**から１つ選び，記号で答えなさい。

ア：水素　**イ**：ちっ素　**ウ**：酸素　**エ**：塩化水素　**オ**：二酸化炭素

(4)　銅粉12.0ｇを十分に加熱すると，酸素と結びついて，酸化銅が15.0ｇ得られます。銅粉12.0ｇを，加熱を途中《とちゅう》でやめたところ全体の重さが14.6ｇになりました。このとき，酸素と結びついた銅は何ｇですか。小数第１位まで答えなさい。

(5)　栃木《とちぎ》県では「大谷石《おおやいし》」という，おもにぎょう灰《かい》岩でできた石がとれます。ぎょう灰岩はどのようにしてできた岩石ですか。次の**ア**～**オ**から，最もあてはまるものを１つ選び，記号で答えなさい。

ア：サンゴやフズリナの死がいなどがたい積してできた岩石
イ：ホウサンチュウの死がいなどがたい積してできた岩石
ウ：火山灰などが固まってできた岩石
エ：マグマが地下深くでゆっくり冷えてできた岩石
オ：砂や小石が固まってできた岩石

(6)　冬の夜空には，シリウス，プロキオン，ベテルギウスをつないでできる「冬の大三角」を見ることができます。この３つの星がある星座の組み合わせとして，正しいものを次の**ア**～**カ**から１つ選び，記号で答えなさい。

	シリウス	プロキオン	ベテルギウス
ア	おおいぬ座	こいぬ座	オリオン座
イ	おおいぬ座	オリオン座	こいぬ座
ウ	こいぬ座	おおいぬ座	オリオン座
エ	こいぬ座	オリオン座	おおいぬ座
オ	オリオン座	こいぬ座	おおいぬ座
カ	オリオン座	おおいぬ座	こいぬ座

(7)　図は，手回し発電機を簡単に表したものです。手回し発電機のＡとＢに豆電球をつないだときと，ＡとＢを直接つないだときのハンドルを回した手ごたえを比べました。これについて，正しく述べているものはどれですか。次の**ア**～**ウ**から１つ選び，記号で答えなさい。

ア：豆電球をつないだときの方が，手ごたえが大きい。
イ：直接つないだときの方が，手ごたえが大きい。
ウ：どちらも手ごたえは変わらない。

(8)　図１のように，ＡＣ＝ＢＣ＝２cmの直角二等辺三角形の切《きり》込《こ》みをいれたついたてを用意しました。図２のように，**豆電球**，**ついたて**のＣ，**スクリーン**のＸを10cmずつ離《はな》して一直線上に置いたところ，**スクリーン**に光が届いた部分が明るくなりました。明るくなった部分を正しく表しているものを，次の**ア**～**エ**から１つ選び，記号で答えなさい。ただし，**ア**～**エ**の１目盛りは１cmであり，白くぬられているところは明るい部分を表しています。

図１

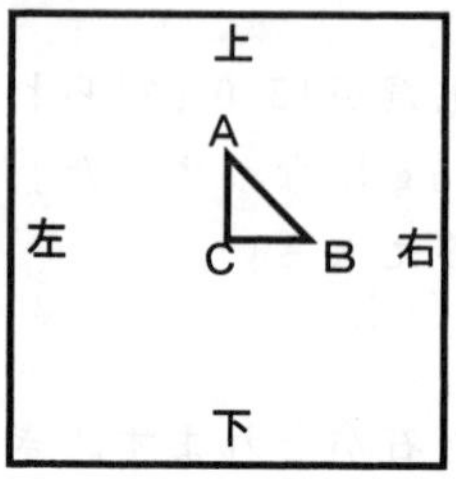

図２

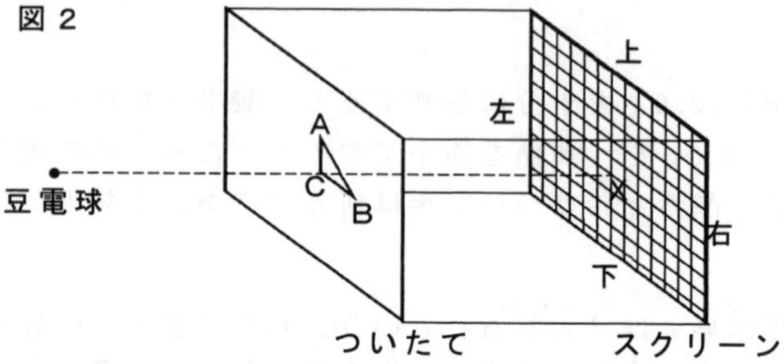

ア

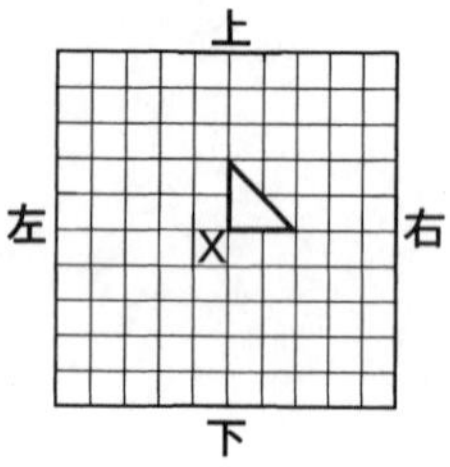

イ

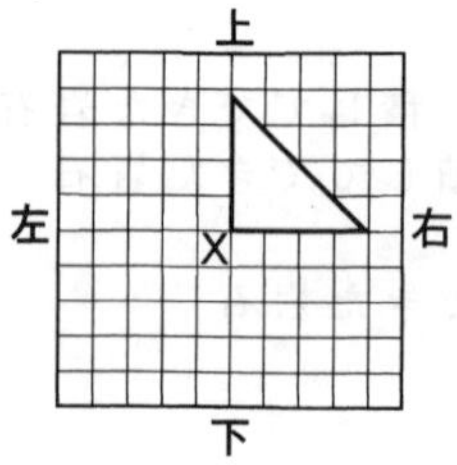

ウ

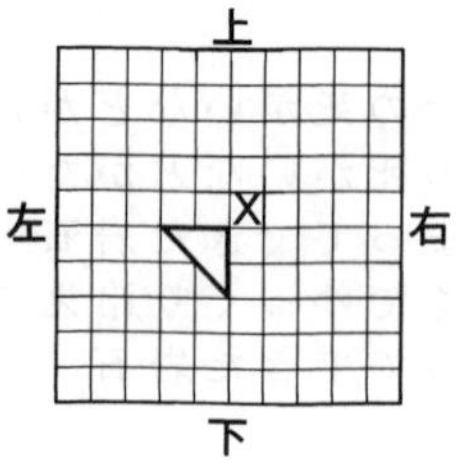

エ

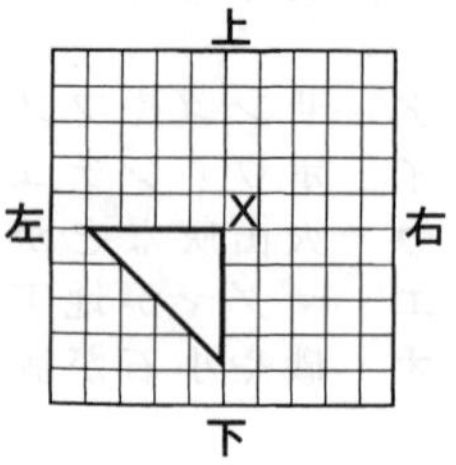

2　日本のある場所で飼育されているミツバチの巣箱の中には，巣板が垂直に並べられています。ミツバチは，蜜《みつ》を見つけると巣板の上で，図１のように，尻《しり》を振《ふ》りながらまっすぐ歩き（尻振り走行），元の位置にもどる（もどり走行）をくり返す「８の字ダンス」と呼ばれる動きで，仲間に蜜の方角ときょりを伝えます。

蜜の方角は，図２のように，巣箱から太陽のある方角を巣板の上方向におきかえ，蜜がある方角に向かって，尻振り走行することで，仲間に伝えています。次の問いに答えなさい。

図１

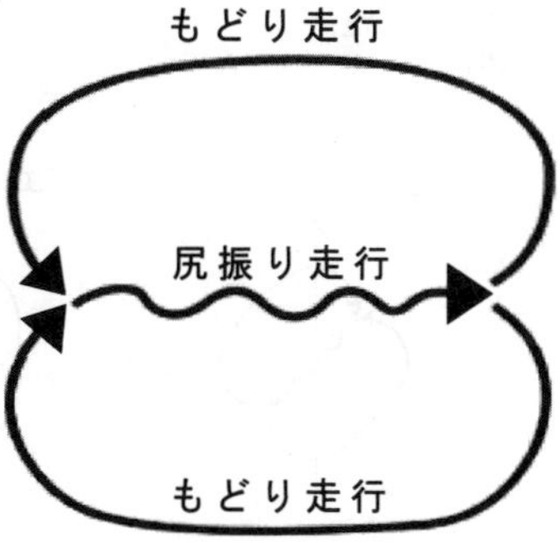

図２

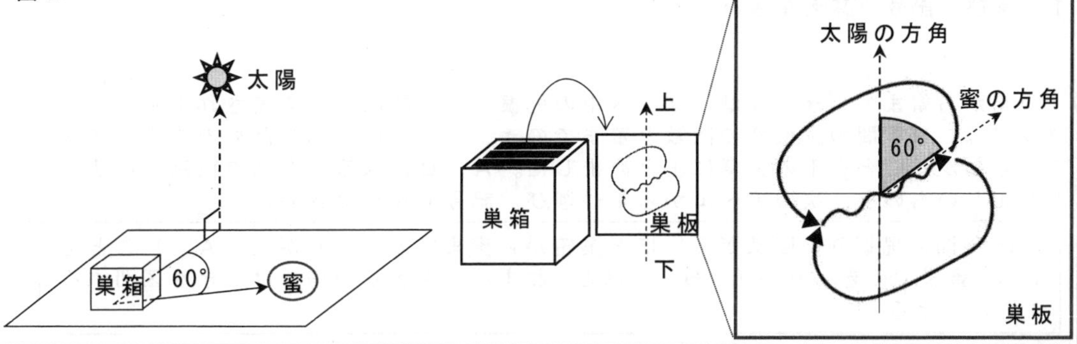

(1)　ミツバチの巣では，女王バチ，オスバチ，はたらきバチなどが役割を分担して生活をしています。同じように役割を分担しながら生活している動物として正しいものを，次の**ア**～**オ**から１つ選び，記号で答えなさい。

ア：スズムシ　　**イ**：ミミズ　　**ウ**：ゾウリムシ
エ：シロアリ　　**オ**：クモ

(2)　図３は巣箱と太陽と蜜の方角を表したものです。④の方角の蜜から，正午に巣箱にもどったミツバチは，巣板の上でどのような８の字ダンスを行いますか。次の**ア～オ**から１つ選び，記号で答えなさい。

図３

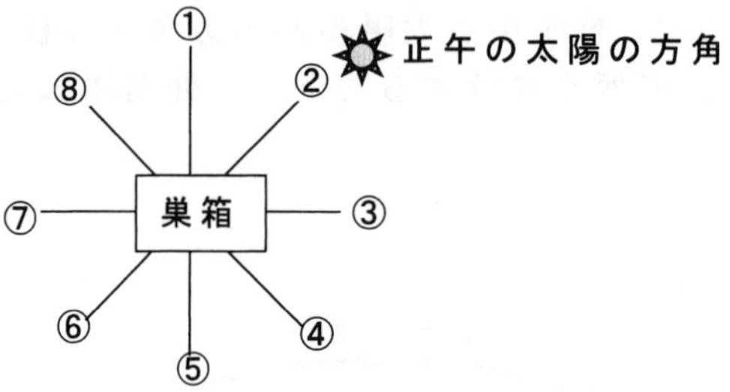

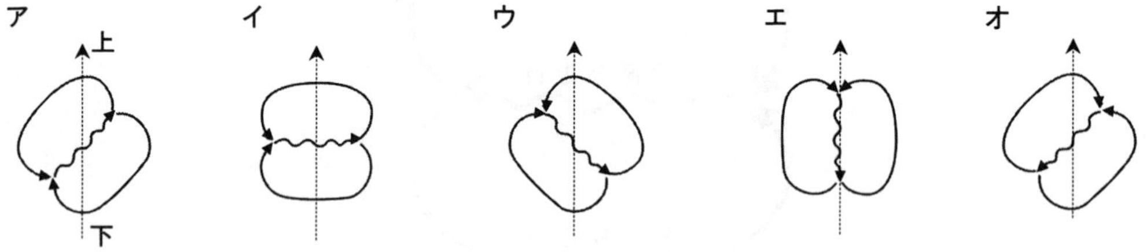

(3)　(2)の８の字ダンスをしたミツバチが，３時間後に同じ④の方角から巣箱にもどりました。このときに行う８の字ダンスとしてあてはまるものを，(2)の**ア～オ**から１つ選び，記号で答えなさい。

(4)　巣箱から蜜までのきょりは，ダンス中の尻振りの回数によって表されます。下のグラフは，15秒間の尻振りの回数と蜜までのきょりの関係を示したものです。グラフからわかることを下の文章にまとめました。**A**，**B**に入ることばの組み合わせとして正しいものを，次の**ア～エ**から１つ選び，記号で答えなさい。

15秒間の尻振りの回数が多いほど巣箱から蜜までのきょりが（　**A**　）ことを表し，蜜までのきょりが（　**B**　）ほど，わずかなきょりの差をはっきり区別することができる。

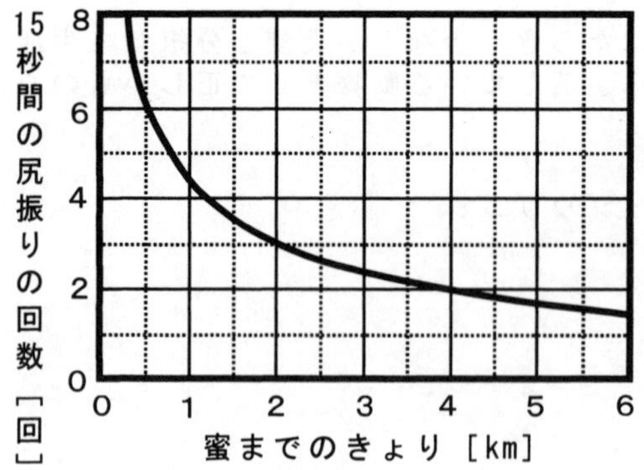

	A	B
ア	遠い	遠い
イ	遠い	近い
ウ	近い	遠い
エ	近い	近い

(5)　あるミツバチは，巣箱にもどってから１分間あたり12回の尻振りを行いました。巣箱から蜜までのきょりは何kmですか。

3 **鉄にうすい塩酸を加えると，水に溶《と》けにくい気体が発生します。これに関する実験について，次の問いに答えなさい。**

［実験］ ある重さの鉄のかたまりと，濃《こ》さの異なる２種類の塩酸（**Ａ**液と**Ｂ**液）を用意して，試験管に鉄のかたまりを入れた後，塩酸を加えて，発生する気体の体積を調べました。表はこの結果をまとめたものです。

（塩酸の条件）

濃さの比⇒**Ａ**液：**Ｂ**液＝１：２

表

加えた塩酸の体積[cm^3]	0	10	20	30	40	50	60
Ａ液で発生した気体の体積[cm^3]	0	80	160	240	320	380	380
Ｂ液で発生した気体の体積[cm^3]	0	160	320	380	380	380	380

(1)　このとき発生する気体は何ですか。名前を答えなさい。

(2)　水に溶けにくい気体を集めるときの方法を何といいますか。方法名を答えなさい。

(3)　次の**ア**～**カ**のうち，(1)と同じ気体が発生するのはどれですか。すべて選び，記号で答えなさい。

ア：銅に塩酸を加える。
イ：銅に水酸化ナトリウム水よう液を加える。
ウ：マグネシウムに塩酸を加える。
エ：マグネシウムに水酸化ナトリウム水よう液を加える。
オ：アルミニウムに塩酸を加える。
カ：アルミニウムに水酸化ナトリウム水よう液を加える。

(4)　同じ重さの鉄でも，かたまりよりも細かい粒《つぶ》にして塩酸を加えた方が，激しく気体が発生します。この理由として最もあてはまるものを，次の**ア**～**オ**から１つ選び，記号で答えなさい。

ア：塩酸にうくため。
イ：別の金属に変わるため。
ウ：塩酸とふれ合う面積が大きくなるため。
エ：温度が下がるため。
オ：１cm^3あたりの重さが大きくなるため。

(5)　**Ａ**液を使って鉄のかたまりをすべて溶かすには，**Ａ**液の体積は最小で何cm^3必要ですか。小数第１位を四捨五入して，整数で答えなさい。

(6)　**Ｂ**液の２倍の濃さの塩酸（**Ｃ**液とします）を使って，(5)の半分の重さの鉄のかたまりをすべて溶かすには，**Ｃ**液の体積は最小で何cm^3必要ですか。小数第１位を四捨五入して，整数で答えなさい。

4　よく晴れた風がほとんどない５月のある日に，日本のある場所で，気温，地温（地面の温度），湿度《しつど》，太陽高度を測定しました。図１は，この日の気温，地温，湿度の結果を，図２は，太陽高度の結果をそれぞれ示しています。次の問いに答えなさい。

図１

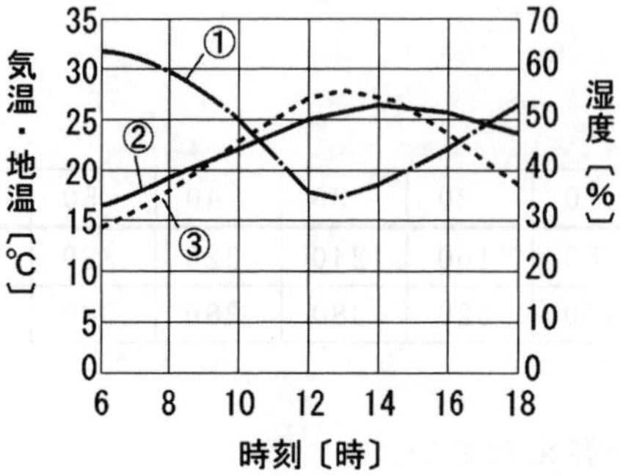

図２

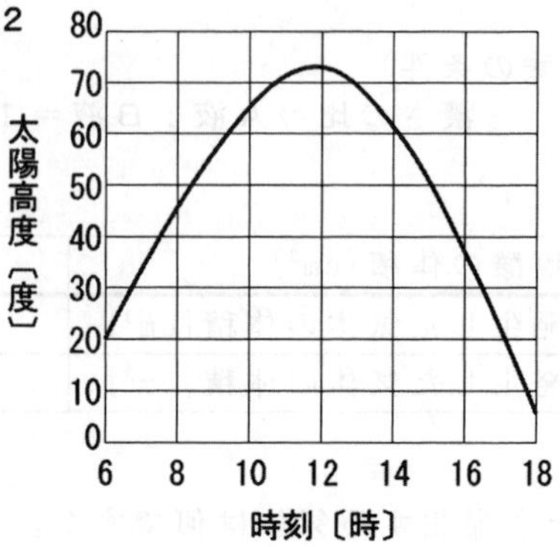

(1)　図１のグラフで，気温，地温，湿度の結果を表しているものはどれですか。①～③からそれぞれ１つずつ選び，番号で答えなさい。

(2)　気温を調べる設備として「百葉箱」があります。百葉箱の特徴《とくちょう》としてあてはまるものを，次の**ア**～**カ**から<u>すべて</u>選び，記号で答えなさい。

ア：外の空気が入らないように，周りを１枚の大きな木の板でおおっている。
イ：地面の熱が伝わりやすいように，高さは30cm以下に設置している。
ウ：直射日光がさしこまないように，とびらは北向きにつけている。
エ：太陽の熱をよく伝えるように，おもに金属でできている。
オ：太陽の熱を吸収しないように，白いペンキでぬられている。
カ：中の温度計に直射日光が当たるように，屋根がない。

(3)　図２の結果から，５月のある日に太陽が南中した時刻は11時40分であることがわかりました。10日後に同じ場所で太陽高度を調べたとき，南中高度と南中した時刻は，５月のある日と比べてどのようになりますか。正しい組み合わせを次の**ア**～**カ**から１つ選び，記号で答えなさい。

	南中高度	南中した時刻
ア	高くなる	12時より前
イ	高くなる	12時ちょうど
ウ	高くなる	12時より後
エ	低くなる	12時より前
オ	低くなる	12時ちょうど
カ	低くなる	12時より後

(4)　よく晴れた日の海の近くでは，昼間に海から陸に向かって「海風」が吹《ふ》き，夜間は陸から海に向かって「陸風」が吹きます。下の文章は，海風や陸風が吹く理由を述べたものです。A，Bに入ることばの組み合わせとして正しいものを，次の**ア**～**カ**から１つ選び，記号で答えなさい。

> 昼間，太陽によって陸や海があたためられますが，陸は海に比べて（　A　）性質があるので，陸の方が海よりも温度が（　B　）、なります。陸上の空気や海上の空気は，陸や海によってあたためられるので，陸上の空気の方が海上の空気よりも温度が（B）なります。高温の空気は上昇《じょうしょう》し，上昇した空気があった場所に周りから空気が流れこむことによって，海から陸に向かって海風が吹きます。逆に，夜間は陸が海に比べて（A）性質があるので，陸から海に向かって陸風が吹きます。

	A	B
ア	暖まりやすく，冷めやすい	高く
イ	暖まりやすく，冷めやすい	低く
ウ	暖まりやすく，冷めにくい	高く
エ	暖まりにくく，冷めにくい	低く
オ	暖まりにくく，冷めにくい	高く
カ	暖まりにくく，冷めやすい	低く

5　１cm³あたりの重さが表１のような**液体Ａ**，**Ｂ**と，体積と重さが表２のような**小球Ｘ**，**Ｙ**をそれぞれ使い，実験を行いました。次の問いに答えなさい。

表１

	１cm³あたりの重さ［ｇ］
液体Ａ	0.8
液体Ｂ	1

表２

	体積［cm³］	重さ［ｇ］
小球Ｘ	100	100
小球Ｙ	100	80

［実験１］

液体Ａ，**Ｂ**を容器に入れ，**ばねはかり**に糸でつるした**小球Ｘ**，**Ｙ**を入れたところ，それぞれ図１，図２のようになりました。ただし，糸の体積と重さは考えないものとします。

図１

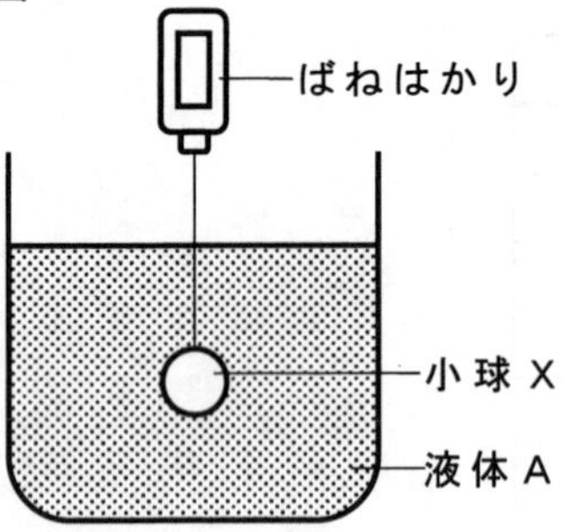

図２

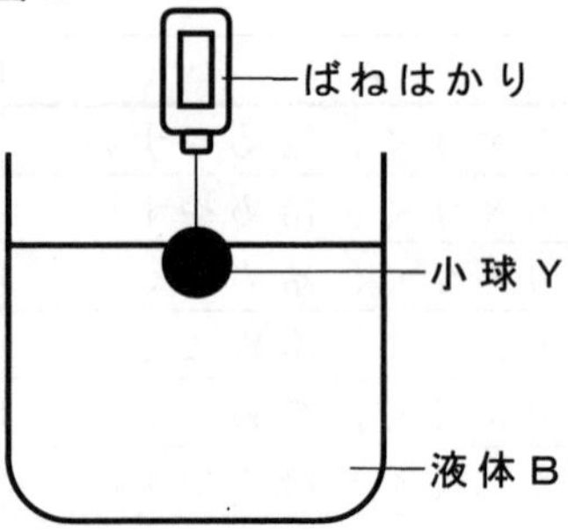

(1)　図１の**ばねはかり**は何ｇを示しますか。

(2)　図１で糸を切ったとき，**小球Ｘ**はどのようになりますか。次の**ア**～**ウ**から１つ選び，記号で答えなさい。

ア：**小球Ｘ**は上昇《じょうしょう》し，**液体Ａ**の液面で止まる。
イ：**小球Ｘ**はその場にとどまる。
ウ：**小球Ｘ**は下降し，容器の底で止まる。

(3)　図２の**ばねはかり**は０ｇを示しました。**小球Ｙ**の，液面より下に沈《しず》んでいる部分の体積は何cm³ですか。

［実験２］

液体Ａ，**Ｂ**は互《たが》いに混ざり合わない特徴《とくちょう》があります。**液体Ａ**，**Ｂ**を50cm^{3}ずつ用意し，次の操作１，操作２で容器に静かに注ぎました。

図３

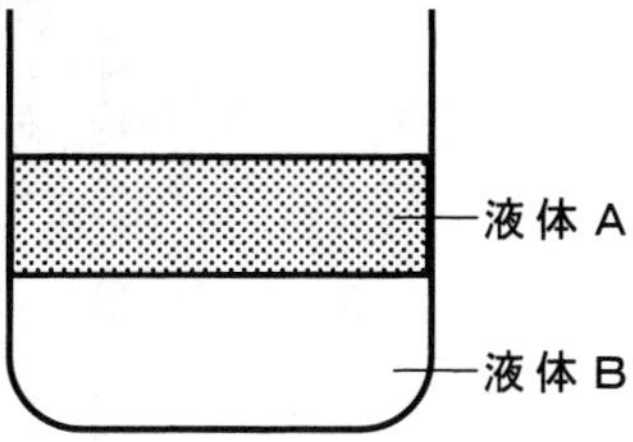

操作１：はじめに**液体Ｂ**を注ぎ，その後**液体Ａ**を静かに注いだところ，図３のように**液体Ａ**，**Ｂ**の層に分かれました。

操作２：はじめに**液体Ａ**を注ぎ，その後**液体Ｂ**を静かに注いだところ，操作１と同様に，図３のように**液体Ａ**，**Ｂ**の層に分かれました。

操作１，操作２より，「混ざり合わない液体では，１cm^{3}あたりの重さが大きい液体の方が下に沈む」ことが分かりました。

(4)　図３の状態で，全体の重さをはかると150ｇでした。容器だけの重さは何ｇですか。

その後，次の特徴をもつ**液体Ｃ**を用意しました。

特徴１：**液体Ｃ**の１cm^{3}あたりの重さは1.6ｇである。

特徴２：**液体Ｃ**は，**液体Ａ**とは混ざり合うが，**液体Ｂ**とは混ざり合わない。

図４

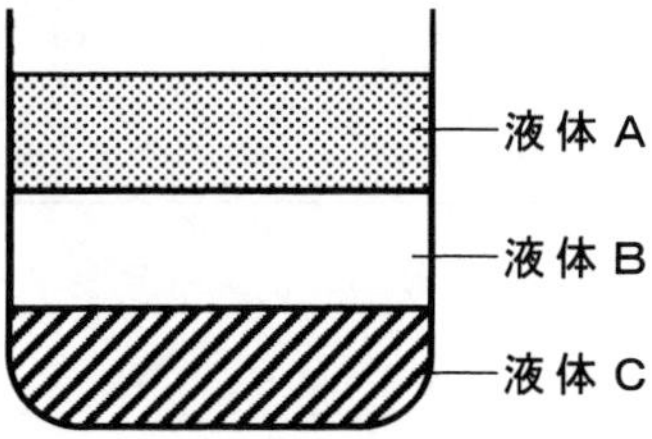

(5)　**液体Ａ～Ｃ**を，表の**ア～カ**の順番で注いだときに，図４のような**液体Ａ～Ｃ**の層に分かれるものをすべて選び，記号で答えなさい。ただし，**液体Ａ**と**液体Ｃ**は，ふれ合うとすぐに混ざり合うものとします。

	１番目の液体	２番目の液体	３番目の液体
ア	Ａ	Ｂ	Ｃ
イ	Ａ	Ｃ	Ｂ
ウ	Ｂ	Ａ	Ｃ
エ	Ｂ	Ｃ	Ａ
オ	Ｃ	Ａ	Ｂ
カ	Ｃ	Ｂ	Ａ

イ　作者は「玲奈」のように相手のことを真っ先に考えてあげる優しさを最も求めているのだと思う。そして「斜に構えた」「世の全てを冷笑する」とか、決して好ましく描かれない「ママ」の意見をあえて取りあげることで、「玲奈」が信じる正義や心の優しさを際《きわ》立たせて訴《うった》えたいのだと思った。

ウ　この話は結局、世の中の分断や不寛《かん》容といった根深い現代の問題を描きたかったのだと思う。互いが相手を思いやって行動すれば良いという、いとも簡単な解決策で、社会の分断は必ず乗り越えられるはずだし、どんな相手ともわかりあえる平和な社会になるならば、明日から早速《さっそく》試してみようと思った。

エ　この話で僕が驚いたのは、譲れない、大切なものを守るために人は怒りを感じるというところ。でもその大切なものは個人によって違うし、他人が完全にそのことを理解するのは難しい場合がある。だからこそ社会では多様性を重んじ、それぞれの生き方を尊重するように言われるのだと思った。

オ　私は、困っている人や弱い人のために手を差し伸《の》べるのは理屈《くつ》抜《ぬ》きで良いことなのだと思っていた。でも手を差し伸べる側の本音は利他《りた》にかこつけて自身が優越《えつ》感を得たいためである可能性もある。そう考えると、「他人のため」という行為は必ずしも称《しょう》賛されるものとは限らないと思った。

ウ　まるで単純な機械のように、人間らしい現実的な感情を持たず、正しいことのみを守ろうとする様子。

エ　まるで全く柔軟《じゅうなん》性のない物質のように、その場の特別な対処が効《き》かず、他者に共感する力もない様子。

問十三　――線部⑩「そういう差異」とありますが、══線部の「いかにも大人しめな子たち」と「玲奈」の差異について、次のように説明しました。（1）（2）にあてはまる語を指示した字数にしたがって自分の言葉で答えなさい。

積極的にコミュニケーションをとることを、玲奈は（1　五字程度）と考えているが、大人しめな子たちは（2　五字程度）と考えていること。

問十四　――線部⑪「自分の脆弱な倫理」とありますが、なぜ「脆弱」だといえるのでしょうか。その理由として最も適切な説明を次のア～エより一つ選び、記号で答えなさい。

ア　自分の価値観だけをより所にして物事を見ていたから。

イ　自分が本当は何を求めているのかわからなかったから。

ウ　自分の信念が弱く、他者に影響《えいきょう》されやすい部分があったから。

エ　自分の学びが未熟で、確かな知識が身についていないから。

問十五　この文章が最も伝えたかった事柄《がら》ともいえる、［Ⅱ］にあてはまる最も適切な文を次のア～エより一つ選び、記号で答えなさい。

ア　とにかく他者を信じて生きよう

イ　さあ、前を向いて生きるのよ

ウ　自分の信念は貫《つらぬ》いたほうがいいよ

エ　まあ、思慮《りょ》深く生きなさい

問十六　この文章の表現や内容に関する説明として、明らかにあてはまらないものを次のア～オより二つ選び、記号で答えなさい。

ア　「玲奈」と「ママ」のやりとりを中心として物語が進み、一《いち》途《ず》で純粋だが幼いところのある「玲奈」の考えを「ママ」が拒《きょ》否《ひ》し、たしなめるという展開を通じて「玲奈」の心の成長が力強く描かれている。

イ　ＬＩＮＥやインスタグラムなどのＳＮＳツール、若者に流行する文化、コロナ禍における世の中の閉塞《へいそく》的な状況など、現在の社会を取り巻《ま》く身近な事柄が個人の視点を通して描かれている。

ウ　句読点の位置が工夫されたり、話し言葉特有のくだけた表現が用いられることで、若い登場人物のやりとりにリアリティーが生まれ、この問題が日常にひそむものであることをうかがわせている。

エ　「はま屋」での外食で、女友達が「玲奈」の、「駿」への好意を疑って冷やかしの表情を浮かべたことから、「駿」と「玲奈」、及び女友達らは、地元の同じ小学校の同級生であったことがわかる。

オ　現実の世の中でも起きているであろう出来事を想像させるショッキングな内容も、「玲奈」の中学生らしい真っ直《す》ぐな言動によってそれほど深刻さを感じさせないものとなっている。

問十七　この文章の内容、及びその内容から考えられる社会のあり方などについて、様々な意見を挙げました。次のア～オより、本文の内容からは考えられない意見を二つ選び、記号で答えなさい。

ア　この話の注目するべきところは、「ママ」の考えを描いた点だ。これは学校の道徳の教科書には決して書かれないような内容だが、ある意味、それこそが人間の本音だと考える人もいるだろう。そして、そんな「ママ」が自分の意識を変えようと気づくシーンが一番考えさせられるところだと思った。

エ　子供は純粋な存在で、子供自身の意思よりも親の意向によって人生が決定づけられてしまう運命であると感じたこと。

問八　Ｉ にあてはまる最も適切な文を次のア～エより一つ選び、記号で答えなさい。

ア　駿くんも本当はお母さんが大好きなはずだ。自分の親が嫌《きら》いな子供なんていない。牛カルビもとんかつもチャーハンも、嫌いな子供がいるはずないもの。

イ　結局のところだから、私たちは無い物ねだりで、自分が持ってない両親やきょうだいや友達や物やルックスとか性格までをも欲しがってしまうのだ。

ウ　いったいどうしてそんなにこじれたことになってしまったんだろう。青い鳥じゃないけれど人は目の前にある幸せには気がつきにくいってことなんだ。

エ　なんだかんだいって駿くんが幸せそうでよかった。幸せの尺《しゃく》度なんて人それぞれでうまく伝えられない。その無力さは何かを奪うことでしか埋《う》められないんだ。

問九　――線部⑥「分かってもらえない。この人に、私の気持ちは分かってもらえない」とありますが、このときの玲奈の気持ちとしてあてはまらないものを次のア～エより一つ選び、記号で答えなさい。

ア　自分の思いが相手には伝わらなかったことのやるせなさ。

イ　自分の思いが思いがけない方向にとらえられた寂しさ。

ウ　自分の思いが好ましくないように解釈《しゃく》された怒り。

エ　自分の思いを相手に上手に伝えられない不安。

問十　――線部⑦「浅はかなこと」とありますが、なぜ「浅はか」だというのですか。その根本的な理由を次のア～エより一つ選び、記号で答えなさい。

ア　少しだけだが、駿くんの親のお店の売上《うりあげ》の足しになればいいという気持ちを持ってしまったから。

イ　親友をもてなすのに適当だと考え、駿くんの親が経営するお店に外食をしに行ってしまったから。

ウ　駿くんに嫌《いや》がられる可能性があるとわかっていたのに、駿くんの親のお店に行ってしまったから。

エ　自分の行為が駿くんを喜ばせるとは限らない可能性があることに全く気づかなかったから。

問十一　――線部⑧「人を傷つけたいなんて思ったことはないのに、それでも私は色んな人を傷つけてきたんだろう」とありますが、これは「玲奈」だけの問題ではなく、世の中の多くの人にあてはまることだと思われます。「ママ」は人々の、このような性質によって、どのような問題が生じるおそれがあると考えているのでしょうか。最も適切なものを次のア～エより一つ選び、記号で答えなさい。

ア　新しいルールや自主規制を一方的に押し付けるようになる。

イ　全ての人は生きていれば必ず誰かの邪魔になる。

ウ　分からないことを想像しようとすらしなくなる。

エ　自分の正義を盾にして邪魔な人を積極的に排除するようになる。

問十二　――線部⑨「ロボットみたいに」とありますが、これは、その女性のどのような様子を表しているのでしょうか。あてはまらない説明を次のア～エより一つ選び、記号で答えなさい。

ア　まるでプログラムされたかのように決められたルールを守ることだけを大切にしている様子。

イ　まるでレコーダーのように同じ言葉を繰り返すだけで、臨機応変なコミュニケーションがはかれない様子。

くれる。部活動に入るときも「いろいろ部活を見学したけれど、A子には茶道部が合っていると思うし、人見知りなA子は私と一緒《しょ》に茶道部に入るのが絶対いいから。」と私の入部届《とどけ》も出しておいてくれた。

問四　――線部②「いつからか話を半分の半分くらいにしか聞かないように気をつけるようになった」とありますが、これはなぜですか。最も適切な説明を次のア～エより一つ選び、記号で答えなさい。

ア　パパやママの言うことは世の中の大多数の人が考えることとは異なっており、そのようなひねくれた考え方に自分自身が毒されてしまうことを避《さ》けたかったから。

イ　正義や親切を純粋《すい》に信じる正しい心を大切にしたいため、パパやママのような決して純粋とはいえない、風変わりな考え方に耳を傾《かたむ》けるのはやめようと思ったから。

ウ　パパやママの考えは危険で、他者の親切を素直に受け取れない気の毒な人々を増やす可能性があるものだが、自分の親の考え方なのである程度は聞くしかないから。

エ　正義や親切をありのままに受容するシンプルさこそ自身が大切にしているものであり、パパやママの考え方であっても一定以上には聞きいれたくはなかったから。

問五　――線部③「途端に自分が同年代の中でもかなり精神年齢が低いのかもしれないという可能性にぶち当たって」とありますが、玲奈は「駿くん」のどのような点を受けて、自身をこのようにとらえたのでしょうか。あてはまらないものを次のア～エより一つ選び、記号で答えなさい。

ア　駿くんが家族の存在を達観し、冷静に見つめている点。

イ　駿くんが緊《きん》張感のある家族関係の中で生き抜《ぬ》いている点。

ウ　駿くんが自分の力や判断で生きていこうとしている点。

エ　駿くんが苦しい家計を少しでも支えようとしている点。

問六　――線部④「うわだる」（うわー、だるい）という「駿くん」の言葉には彼のどのような気持ちが込《こ》められているでしょうか。最も適切な説明を次のア～エより一つ選び、記号で答えなさい。

ア　玲奈が自分の境遇《ぐう》に思いを重ねてくれることは理解したが、自分のことで玲奈を悩ませるつもりは全くなく、思いがけない玲奈の態度にとまどう気持ち。

イ　玲奈が自分の境遇を気の毒に感じ、涙まで流していることに困り果てて、なんとかしなければと慌てているものの本心では彼女の行為を嬉《うれ》しく思う気持ち。

ウ　玲奈が自分の境遇にショックを受け、心配して涙まで流してくれたことが自分への同情であると感じていらだちが募り、彼女をどこまでも嫌悪《けんお》する気持ち。

エ　玲奈が自分の境遇に驚きを感じ、涙を流してくれる様子を見て、素直に感謝の気持ちを表すことはできないものの、彼女のことを愛《いと》しく感じる気持ち。

問七　――線部⑤「私たち子供って超不安定なものの上に自分の生活が預けられてるんだなと改めて思う」とありますが、これはどういうことですか。最も適切な説明を次のア～エより一つ選び、記号で答えなさい。

ア　子供は親を選べず、偶《ぐう》然生まれた家庭環《かん》境の中で生きていくことしかできない無力な存在であると感じたこと。

イ　子供は自分ではどうすることもできない他者の生活に頼《たよ》らなければ生きていけない未熟《じゅく》な立場であると感じたこと。

ウ　子供の生活環境は経済力を含《ふく》めた親の力に支えられて成り立つもので、幸福な生活は親の職業次第《しだい》であると感じたこと。

じさんをよく見る。ああいう人は、生きてるだけで大切なものを奪《うば》われてるような気持ちになってるってことなんだろうか。じゃあ駿くんは、何を大切に思ってるんだろう。そして私は、彼が大切にしているものの、何を傷つけてしまったんだろう。やっぱり、自尊心なんだろうか。LINEを見返して考えたいけど、さすがにママはもうLINEの使用許可を出してくれないだろう。

「　Ⅱ　」

ママはそう言って立ち上がると、後ろを通り過ぎる瞬間私の肩《かた》に手を置き、「歯磨《みが》き忘れないようにね」と言い残して自分の部屋に入った。

（金原ひとみ『狩りをやめない賢者ども』
河出書房新社『文藝』より）

＊1　ラブドリ…音楽ユニット名。
＊2　セイラ、イーイー…いずれも同じ中学校に通う玲奈の友人。
＊3　ゲリラファーム…ゲーム名。
＊4　フェス…ロックフェスティバル。このイベントに出かけたのはママである。
＊5　脆弱…もろく弱いこと。

問一　～～～線部(ア)「お冷」のよみがなを解答欄《らん》に合うように答えなさい。

問二　～～～線部(イ)「施し」、(ウ)「村社会」の意味として最も適切な説明をそれぞれ①～④より一つずつ選び、番号で答えなさい。

(イ)　施し
①　支えて助け合うこと　②　感謝を期待すること
③　ひそかに物事を行うこと　④　恵み与えること

(ウ)　村社会
①　その集団全体の利益を守るため、古い慣習や秩序《ちつじょ》にこだわり、それにそぐわない者は排《はい》除することもためらわない集団。
②　その集団全体の独自性を高めるため、いかに伝統を守るかを民主的に話し合い、成長を遂《と》げていこうと努力する集団。
③　その集団全体に争いが起きないように、利益を気にせず、どのような相手であっても互《たが》いに助け合おうとする集団。
④　集団全体を強固なものとするために、人々の心身の鍛錬《たんれん》を理論的な方法によって進めていこうとする集団。

問三　次のア～エに描《えが》かれた親切な行為のうち、——線部①「人の親切とか正義感は、必ずしもいいものとは限らない、あるいは裏の意味がある」と受け取られかねない具体的事例として、あてはまらないものを次のア～エより一つ選び、記号で答えなさい。

ア　A子さんはついつい歩きスマホをしてしまう。いつものように自分の感覚で左に曲がろうとしたところ、「危ないっ！」と知らない女性の声がした。恥《は》ずかしいぐらいの大声だ。A子さんの目の前約数十センチのところを猛《もう》スピードの車が走っていったのだ。

イ　洗ったパレットの水気を切るために、流しの近くにあえてそのまま置いて図書室に出かけていった。教室に戻《もど》ると、学級委員のB美さんがいつも以上の笑顔で、「これ、A子ちゃんのだよね、私、きれいに拭《ふ》いておいたのよ。はい。」と、そのパレットを持ってきてくれた。

ウ　オンライン発表のためのチーム学習で、リーダーとなったA子さんの担当部分の出来ばえは本当に素晴らしい。しかし、あるとき、自分しか見ないので気にしていなかった原稿《げんこう》の誤《ご》字が細かく訂《てい》正されていた。副リーダーのC太君が直してくれていたのだ。

エ　D香さんはとても友達思いで、私のことを常に心配していてくらいずっと頭の中で、コンビニのレジ袋《ぶくろ》の中に大きい石を入れてブンブン振《ふ》り回してその女の頭を打ち付け続ける想像が止まらなかった」

（中略）

「でもママは実際にその人を殺したわけじゃないじゃん。そこで実際にやってしまうのと、思いとどまって自分を省みるのは全然違うよ」
「もちろんそれは全然違うよ。でも私はこんな女死んで当然だ、死んだ方が社会のためだって思いながら、頭の中で何度もその女を殺した。つまり私は自分の正義を盾《たて》にして、邪魔《じゃま》な奴らの死を強烈《れつ》に願ったんだよ。邪魔な奴らの死を望むっていうことがどういうことか分かる？　全ての人は、生きていれば必ず誰かの邪魔になるんだよ？」
「ちょっと待って。ママは何が言いたいの。私どうしてこんな苦しくて辛《つら》い話聞かされてるの？　なんか怖いよ。自分が普《ふ》通に正しいと思った生き方をしてるだけで、人から殺したいと思われたり、自分が殺したいと思ったりすることがあるって話だよね？」
「つまり、世界は理解し合えない人、話し合っても無駄《だ》な人で満ちているっていうこと。そういう人たちの隣人《りんじん》として生きていくことの難しさに、私はこの年になっても直面して苦しんでる。物理的にも精神的にも独立していく年頃の玲奈が、友達らと⑩そういう差異によって思い悩《なや》むのは当然だし、その差異を最大限の想像力を持ってやり過ごすなり、超《こ》えるなりしていかなければならないってことを伝えたいんだよ」
「そんなこと言われたってどうしたらいいのか分かんないよ。私はただ皆幸せだったらいいなって、皆に幸せでいて欲しいし、自分も幸せでいたいし、そのためにできることをしたいって思ってるだけだよ。私のしたことが、どうしてそんなに駿くんを苦しめたのか、私には分かんないんだよ」
「分からないなら想像しな。自分が想像できない人ほど、思いやりな。私は誰よりも、あの強烈な殺意を持ったルール女ほど思いやらなければならないっていう結論に達して、⑪自分の＊5脆弱《ぜいじゃく》な倫理《りんり》を一から構築し直していく道を選んだよ」
黙《だま》り込んで、カモミールティーを覗き込む。巨大な迷路に投げ込まれたみたいだった。きっとどんなに考えても想像しても答えは出ないし、正解はないのだ。そういうお題が私はもともと苦手なのだ。国語なんかでも、この時の主人公の気持ちはどうだったこうだったの問いがあるけど、そんなの分かるわけないじゃんだって私この人じゃないし。私だったらどう思うかだったら分かるよ、でも人のことなんて分かんないじゃんどうしてこんな問題が存在するのか意味が分かんない、ってずっとどこか投げ出していた。もちろん、人のことは全然分かんないなんて言わない。でも自分の延長線上でしか考えられないよねって思う。この目の前にいるママのことだって、私はよく分からない。思考回路が全く分からない。どうしてそんなどうでもいい小競《こぜ》り合いで殺したいとまで思うのか、さっぱり分からない。席なんて譲《ゆず》り合えばいいじゃん。皆で譲り合いながらフェスを楽しめばいいじゃん。どうしてそんな簡単なことができないんだろう。どうして殺したいとか、虫けらとか、殺したいと思う自分に苦しむとか、そんな奇妙《きみょう》なことになるんだろう。ママの言葉によれば、譲れないものがあると、人は怒りを抱くってことらしい。好きなもの、大切なものがあればあるほど、怒りを抱きやすい。例えばパパが人参《にんじん》入れなくていいと言った時にママが怒るのは、人参を入れることを大切に思ってるから、つまり栄養のあるものを作ることに信念を持ってるから、ってことなんだろう。でも、コンビニとかで「袋《ふくろ》いらない！」「ペイペイで！」とか怒鳴《どな》ってるおじさんとかは、一体何を大切に思ってあんなに大きな声を出してるんだろう。電車なんかでも、生きてるだけで苛々《いらいら》してる感じのおい友達らが皆でお金を出し合ってプレゼントしてくれたものだ。食器洗い担当のパパがしょっちゅうお皿を割るから、もらった時から割られるのが怖くて使う時は必ず自分で洗うようにしている。私の正義感は、駿くんを傷つけたんだろうか。いやそんな、世のため人のためなんて気持ちでお店に行ったわけじゃない。お腹空いてたし、近いし、久しぶりに外食したかったし、ヨリヨリとミナミと楽しい時間を過ごしたかった。それで、その中の理由に少しだけ、募《ぼ》金箱にお金を入れるみたいな気持ちもあったのかもしれない。でもそれが駿くんが傷ついた、怒った理由なんだろうか。だとしたら、私はこのマグカップをくれた子達とか、ヨリヨリやミナミのことも、気づかない内に傷つけたことがあるのかもしれない。例えばこの間セイラに文芸部って何が面白いの的なことを聞いたけど、そんな意図はなかったとはいえ向こうはサゲられたと感じたかもしれないし、ディスりと思われても仕方ない発言だったかもしれない。それに最近は自粛してたけど、いかにも大人しめな子たちに声を掛けたりあれこれ誘ってきたのも、本人たちからしたら通り魔《ま》に遭ったような気持ちだったのかもしれない。これまで無自覚に、自分には見えないナイフで誰かのことを刺《さ》してきたのかもしれないと思うと、私は恐《おそ》ろしくてもう外に出れないような気さえした。⑧人を傷つけたいなんて思ったことはないのに、それでも私は色んな人を傷つけてきたんだろう。

「私この間＊4フェスに行ったんだ」

「知ってる」

「その時ものすごく嫌《いや》な女に会ったの」

何だか、嫌な気持ちになった。自分の親とか友達が誰かに敵意や憎《にく》しみを露《あら》わにする瞬間が、私は怖い。いつも見ているものを裏側から見るような、例えば公園に落ちている大きな石の裏っ側、排水溝《はいすいこう》の裏っ側、電気シェードの裏っ側みたいに、見れば大抵《たいてい》、見なければ良かったという気持ちになる。

「コロナ対策で椅子《いす》が設置されてて、公平を期《き》すために席取り禁止ってアナウンスされてたんだけど、ステージの転換《かん》でざっと人が動いた瞬間に彼と手分けして席を探しに行って、まあまあいい席取れたから、一席にポカリ置いて、私は隣《となり》に座って彼に電話して呼ぼうとしたら、そのポカリをどかして座ろうとする女がいたから、ここ取ってますって言ったら、席取り禁止ですよって言われたの」

「席取りって、一瞬でもダメなの？」

「どこからが席取りでどこからが席取りじゃないのか、明確な基準は発表されてなかったし、彼氏はもうそこから見えるところにいたから、いやそこにいる友達の分なんですけどって言ったら、席取り禁止なんで、ってやっぱりポカリを椅子の下に置くの。いや、トイレに行ってるわけでもなし、そこにいるんですよ？ってポカリを席に置くと、また席取り禁止なんで、ってポカリを下に置くわけ。そんなこと言ったら、落とし物を取ろうとして一瞬腰《こし》を浮かせた人の席を取るとかもアリってことになるじゃないですか、そんなのおかしくないですかって言ったら、席取りは禁止なんです、って彼女は⑨ロボットみたいに同じ言葉を繰《く》り返すわけ。話が通じないしここで揉《も》めてたら他の席も埋《う》まっちゃうから別の席に移ったんだけど、私あんなに腹が立ったのは十年ぶりくらいで、そのルール女に対して、コロナ禍《か》でずっと我慢《がまん》してきたこと、例えばそのフェスでお酒が飲めなくなったこと、喫煙《きつえん》所も人数規制してて長蛇《だ》の列でその日一本も吸《す》えてなかったこと、それだけじゃなくてコロナになってから新しいルールと自主規制を押し付け続けてきた政府とか行政、個人に対する怒り、いやそれだけじゃなくて、幼い頃から出会ってきた「ルールなんで」的なことを私に向かって口にしてきた全ての人間、組織、(ウ)村社会的なものへの怒り、全てが元気玉みたいになって向かっていくのを感じて、その後三十分と怒《いか》りの熱が湧《わ》く。どうしてこんなこと言われなきゃいけないの。私が同情心でお店に行ったと思ってキレてるってこと？　何でそんな誤《ご》解されなきゃいけないわけ？　もしかしてと思って通知を調べるとYORIRIが投稿《こう》しましたと入っていて、慌《あわ》ててタップする。ヨリヨリのインスタにはとんかつ定食と唐揚げの画像が上がっていて、＃まじうま #RE-NA と #Mimin と＃はま屋。とハッシュタグがつけられていた。慌《あわ》ててヨリヨリのアカウントを見にいくと、やっぱりヨリヨリのフォロワーに駿くんがいた。

（中略）

「ちょっとまって誤解」「今日学校の友達と食べに行ったのは本当だけど」「ママがいないからピザとるみたいな話になって、でもヨリヨリがフライドチキン食べたいって言うから」「唐揚げ美味しいお店があるよって連れてってただけだよ」「私はま屋のご飯好きだし、めっちゃ美味しかったし」「写真撮《と》ってたけどアップするなんて思ってなかったし、施しとかまじそんなこと一ミリも考えてないんだけど」

　連投すると、すぐに既《き》読がついた。でも駿くんはなかなか返信を送ってこない。こんな奴《やつ》だったっけと、この間神社で話した時も思った。こんなんか、ちょっと摑《つか》めないなって感じの奴だったっけ？　って。成長の過程で少しずつ複雑になりつつあるってことなのか、それとも両親との関係が揺《ゆ》れていることによる複雑さなのかよく分からないけど、なんかこの間まで普通にきょうだいみたいに感じてた人が、ものすごく遠くにいる人のように感じるこの瞬間は、取り残された感と、もうあのきょうだい感は持てないんだろうなという予想で胸が苦しくなることを私は初めて知った。

「はま屋の唐揚げめっちゃ美味しいじゃん。だから仲のいい友達に食べさせてあげたくて」

　気持ちを伝えたくてもう一度送るけど、やっぱり返信はこない。

「話聞いてよ」。そう入れると、「別に無視してねえよ」と入ってきた。

「玲奈うちの店卒業式の日から一度だって来たか？　コロナで大変だって俺から聞いたから、行ってやろうって気になったんだろ？　それって施しじゃん。友達から施しって、そんなん最悪だし、バカにしてんじゃん」

　⑥分かってもらえない。この人に、私の気持ちは分かってもらえない。確かに私は卒業式の日から丸二年くらい一度もあの店には行かなかった。確かにちょっと、中学生にはハードルが高いお店だ。大人、少なくとも大学生くらいが行くお店って感じがする。でもこの間駿くんと話したこと、それで卒業式の日のことを思い出したこと、それでたまたまこの二人となら入りやすいかもと思える友達が遊びに来て、二人をもてなしたいって気持ちもあったし、私の地元いいお店あるんだよってことを教えたくもあって、いろんなそういう積み重ねの中ではま屋に連れて行っただけなんだ。それは決して施しとか同情とかそういう気持ちからの行動じゃないと思ったけど、でも本当にそうなんだろうかって私は不安になっていく。どこかで、私たちが食べることで少しでも足しになればと思っていた節はあったかもしれない。だから、サービスで唐揚げを出された時、何だか悪いことをしてしまったような気もした。でもそうやって善意で何かの足しになればって思うことがそんなに責められること？　駿くんは自分が親と関係がうまくいってないから、その怒りを私にぶつけてるんじゃないだろうか。でも自分はすごく⑦浅はかなことをして友達を傷つけてしまったのかもしれないと疑い始めた時から、腕《うで》がムヒを塗《ぬ》ったみたいに冷たくなった。どうしよう。

（中略）

　ママの淹《い》れたカモミールティーは、Happy Birthday REINA! というメッセージがプリントされたマグカップで出された。去年、仲の良なんかもう笑いすぎて声が嗄《か》れてきたなって頃、ようやく「お腹が空いた」ことに気付いた。

「フライドチキン食いたい」

　ヨリヨリの言葉にそれなだけどこの辺ＫＦＣないしなーと答えた瞬《しゅん》間、駿くんのお店のことを思い出して、近くに唐《から》揚げが美味《おい》しい定食屋あるんだけど行く？　と提案する。

「え、外食？　最高じゃん！」

「近くにあるの？」

「まあ七分くらい歩く感じ？」

「唐揚げ定食とかあんの？」

「あるある。とんかつとか、なんかチャーハンとかラーメンとかもあった気がする。友達の親がやってるお店で……」

「いいじゃんいこ！　二千円でお金足りるよね？」

「足りる足りる。多分定食とか千円もしなかったと思うよ」

　私たちはマスクをつけて外に飛び出す。地元にヨリヨリとミナミがいるのが何だか不思議で、あそこ私の小学校、あそこにでかい公園があるよ、向こうに有名な今川焼きのお店があって……あの向こうにまあまあ小さい百均……と話しながら、なんかめっちゃ大好きな街なのに改めて紹介《しょうかい》してみると意外と何にもないんだなと残念な気持ちになる。

　お店は二時半ということもあってか私たちの他には一人のおじさんしかいなくて、駿くんのお母さんは珍《めずら》しそうな目で私たちを見てから好きなとこどうぞ！　とフロアを示す。

「もしかして、駿のお友達だったかしら？」

　(ア)お冷を出しながら私を覗《のぞ》き込んで聞いたお母さんに、小学校の頃の同級生の、森川と言います、と答える。

「ああやっぱり。こんな若い子たちが来るの珍しいからびっくりしちゃった。ゆっくりしてってね」

　よそ行き顔の私を、ヨリヨリとミナミがニヤニヤしながら見ていてやめてよと小声で言う。ヨリヨリはとんかつ定食、ミナミがチャーハン、私は牛カルビ定食にした。うわ映えるー、えっちょっと一口ちょうだい、私もかつ食べたい、やっぱかつ最高、え、チャーハンも一口……えチャーハンもバリうま……、ほんとおいしい！　ヤバない？　牛ヤバい！　牛まじ牛！　と騒《さわ》いでいると、駿くんのお母さんが「これもどうぞ」と山盛《も》りの唐揚げを出してくれて私たちはポカンとする。

「サービス！」

　親指を立てるお母さんに三人で「ありがとうございます！」と声を上げた。なんか駿くんの話を聞くと、お母さんひどいとか、学校辞めさせるなんてあり得ないとか悲しみが募《つの》ったけど、何だかんだ実際いいお母さんなんだろうなとほっとした。世の全てを冷笑するためにこの世に生を享《う》けたかのような私のママなんかより、友達の話とか今日学校であった面白い話とか、部活の話とかで盛り上がれそうだ。

　［Ⅰ］フィーリングで絶対牛カルビって思ったけど、やっぱりとんかつを目の前にしたら食べたいのは当たり前だし、チャーハンと中華《か》スープのセットだって目の当たりにすれば一口はもらいたくなるよねってことだ。

（中略）

　はーとため息を声に出してベッドに倒《たお》れ込むとスマホを手に取り溜《た》まっていたLINEを開く。ヨリヨリとミナミのグループ、学校のイツメングループが活発だけど、駿くんから個人LINEが入っていて、＊3ゲリラファームの誘《さそ》いかなと思いながらタップして固まる。

「今日うちの店きただろ」「やめてくんないそういうの」「(イ)施《ほどこ》しみたいなのまじうざ」。は？　何でキレられなきゃいけないの？　は？　と思いながらちょっと不安で施しをググって意味を確認した途端どっちゅう言われるんだよ。俺がいるのあいつらのせいなのにな」
　そんなことを言う親がいること、親をあいつらと呼ぶそれなりに仲のいい友達に静かにショックを受けて、私は何も言えなくなる。
「ショック受けんなよ。なんかそんなの、俺がショックじゃん」
「ごめん」
　ごめんも違うと思いながら、ごめんとしか言えなかった。こんな時、人生のいいところも悪いところも知ってそうな＊2セイラだったら、人生経験豊富な＊2イーイーだったら、斜《しゃ》に構えたママだったらなんて言うんだろう。
「④うわだる」
　駿くんは言いながら、私の目元を覆《おお》うように手をかざした。涙《なみだ》ぐんでいたのかもしれない。怒《おこ》らせちゃっただろうかと思ったけど、ごめんともう一回言うと、別にと言って駿くんはコーラを差し出した。気を逸《そ》らすために勢いよく飲んだら炭酸がキツくて逆に涙が出た。
「学費払《はら》えなくなったら学校辞めてもらうかもって言われたし、なんか学校とか勉強のモチベーションも上がんねえんだよな。大学までエスカレーターだからもう二度と受験しなくていいんだぞって言われたから無茶苦茶がんばって受験したのにさ」
　ミナミも、お父さんがリストラされたから転校しなきゃいけなくなったんだった。そういえば、緊《きん》急事態宣《せん》言のせいで映画館が休業になるかもしれないと、ママがこの間嘆《なげ》いていた。私だって両親の仕事がどうにかなれば、学校を辞めなきゃいけなくなるかもしれないんだ。そう思うと、⑤私たち子供って超《ちょう》不安定なものの上に自分の生活が預けられてるんだなと改めて思う。小学生の頃、塾《じゅく》の請《せい》求書を渡すたびなんとなく不安で、うちってどれくらい貯金あるの？　私の受験のためにこんなに払って大丈夫なの？　とママに聞いたことがあった。幾《いく》らお金があっても不安な人は不安だし、お金がなくても平気な人は平気だから、幾ら貯金があるかよりも、自分がなぜお金がなくなることを不安に思ってしまうのかということについて考えた方がいい、その問いに向き合う力がないのなら、向き合う力を身につけるために塾でしっかり勉強したらいい。とママは真面目《まじめ》な顔で答えた。

（中略）

「そうだ。私今週の日曜朝からいないから」
　ママが唐突《とうとつ》に言う。理由は言わない。

（中略）

　ママの言葉が終わる前に「じゃあじゃあ日曜友達呼んでいい？　皆で勉強会したい！」と声を上げる。
「友達くる前に玲奈が家の掃除《そうじ》するならいいよ」
「するする。何でもする」
「誰呼ぶの？」
「ヨリヨリとミナミ誘う。もしミナミが来れなかったら他の友達誘うかも、ナツとかパスコとか」
「誰が来るのか決まったら教えて。お昼、何かピザでも予約しておこうか？」
「どうしよっかなー。ちょっと相談する。自分たちで材料買ってきてご飯作ってもいいし」
「怖《こわ》いな。火つけっ放しとかにしそう。何か取ってあげるよ。ウーバーイーツ頼《たの》んで、家の前に置いといてもらうようにしてもいいし」

（中略）

「死ぬほど楽しい！　ほんと親のいない家って最高！」
　ヨリヨリの言葉にそれなと答えると、頑《かたく》なにそれなという言葉を口にしないミナミもほんと楽しい、と最大限の喜びを表明した。中学生の集まる家にいたくないからと、結局パパも二人が来る前に家を出て行った。圧倒《あっとう》的自由だった。（中略）

をつけているから、たまに体育の時とかにマスクを外すと「外の匂《にお》いだ」とその新鮮《せん》さや、季節によって外の匂いが変わることに驚いたりする。夏の匂いとか雨の匂いとか、はあ？　って感じだったけど、今は普通に分かる。

　自粛《しゅく》警察がいるかもしれないけど、もし何か言われても気にしないように。ママは去年休校が解除《じょ》された頃《ころ》そんなことを言っていた。マスクをつけていない人を注意するおじさんとかおばさんがいるらしかった。私は出会ったことはないけど、パパがマスクをつけないで自転車に乗っていたら、マスクあげようか？　とマスクを渡《わた》そうとするおばさんに遭《あ》ったと話したことがあった。え、そんなただの親切な人じゃんマスク今手に入りづらいんだし、と言ったけど、日本に於《お》いてマスクは義務じゃない、人にマスクを押し付けるのは凶《きょう》悪犯罪に近い行為《い》だよ、とパパは鼻で笑って、その人がコロナに罹《かか》ってたらそのマスクを通じて感染《せん》するかもしれないしねとママも皮肉っぽく笑って同調した。私が学校や外で見聞きした親切な行為や正義感によって引き起こされたんであろう誰かの言動について話すと、彼らはそういう風に反応することがよくあった。「変態なんじゃない？」「その子は玲奈《れいな》のことを独占《せん》したいからそんなことを言ったんだよ」「それは敢《あ》えて意地悪でそう言ったんだよね？」「それは親切に見せかけた巧妙《こうみょう》な抑《よく》圧《あつ》、ハラスメントだね」。よく分からないけど、①人の親切とか正義感は、必ずしもいいものとは限らない、あるいは裏の意味がある、という意味っぽかった。どうして親切だと思ったことを、正義感に感動したことを、疑わなきゃいけないんだろう。どうして親切にしたい時、正義感に突《つ》き動かされる時に、深読みされるかもって心配しなきゃいけないんだろう。私は何だか、彼らのそういう言葉を聞くたび自分の大切なものがこぼれ落ちてしまうような気がして、②いつからか話を半分の半分くらいにしか聞かないように気をつけるようになった。

「おーい、玲奈」

　駅から出て信号を渡ったところで駿《しゅん》くんが声を掛《か》けてきて、おー！と手を上げ、＊1ラブドリを聞いていたイヤホンを外す。

「帰り？」

「帰りー。コンビニ寄るー」

「じゃ俺《おれ》もー」

「てかマスク」

「外でくらい好きにさせろよー」

（中略）

「今大変なんよ」

「急な関西弁」

「うち飲食じゃん？　コロナでめちゃくちゃでさ。これを乗り切れば、を何回も続けていいかげん潰《つぶ》れそう」

「え、潰れるって、お店が潰れるってこと？」

「ヤバいかもね。親も荒《あ》れてて家が地獄《ごく》よ」

「え、大丈夫なの？」

「何が？」

「何って……駿くんが」

「俺は大丈夫よ。うざって思うけど、別に親に期待してねえし」

　そもそも親に期待するものなのか、期待しないものなのか、自分は親に期待しているのかいないのか、そんなことを考えたこともなかった私は、③途端《とたん》に自分が同年代の中でもかなり精神年齢《れい》が低いのかもしれないという可能性にぶち当たって胸がざわざわしてくる。

「お母さんとお父さん、喧嘩《けんか》してたりとかするの？」

「ほぼ毎日だよ」

（中略）

「冗談《じょうだん》っぽくだけど、お前がいなきゃ楽なのにって、母親にしょっ

二〇二二年度 国府台女子学院中学部

【国　語】〈第一回試験〉（五〇分）〈満点：一〇〇点〉

注意＝句読点や記号もそれぞれ一字と数えます。

一 **次の各問題に答えなさい。**

問一　次の①～⑤の――線部のカタカナは漢字に直し、漢字はよみがなをひらがなで答えなさい。

①　シュウブンの日は彼岸《ひがん》の中日だ。
②　ボクジョウで牛を育てる。
③　美しい音色をカナでる。
④　郷土の歴史を調べる。
⑤　勇者は赤面した。

問二　それぞれの矢印の向きにしたがって適切な二字熟語ができるように、□に共通する漢字一字を答えなさい。

世
↓
人→□→合
↓
食

問三　次の熟語のしりとりが完成するよう、A、Bに適切な漢字一字をそれぞれ答えなさい。

情感→感A→A物→物B→B育

問四　次の文の――線部の意味を表す最も適切な四字熟語を後のア～エより一つ選び、記号で答えなさい。

誰もが勝利をあきらめていた試合で、彼が絶望的な状態を立て直すホームランを打ち、形勢が逆転した。

ア　絶体絶命　　イ　起死回生
ウ　完全無欠　　エ　一挙両得

問五　「八面六臂《ぴ》」の「面」は顔、「臂」はひじ、胸のことを表します。これをふまえて、この言葉の意味として最も適切なものを次のア～エより一つ選び、記号で答えなさい。

ア　場面によって発言する内容が変わること。
イ　世の中の動向がすべて分かること。
ウ　どんな場面でも図々《ずうずう》しい態度であること。
エ　一人で何人分かのはたらきをすること。

問六　次の――線部の語の使い方が適切であれば○、不適切であれば×と答えなさい。

弟の文才に舌を巻く。

問七　次のア～エの――線部の語のうち、使い方が不適切なものを一つ選び、記号で答えなさい。

ア　あの峠《とうげ》は、この地域きっての難所だ。
イ　配役は、平田監督《かんとく》きっての要望だ。
ウ　そいつは当代きっての悪党《とう》だ。
エ　A君はグループきっての売れっ子だ。

問八　「うなだれる」「うなずく」の「うな」は漢字で「項」と表記することができますが、これは身体のある一部を表しています。その身体の部位をひらがな三文字で答えなさい。

問九　「やすやすと」という語を適切に用いて、十字以上二十字以内の短文を作りなさい。

二 **次の文章を読み、あとの問いに答えなさい。**

中学一年の時の電車通学と、今の電車通学はちょっと違《ちが》う。皆マスクをつけてて、空けられるだけ間隔《かく》を空けている。外では基本マスク

2022年度

国府台女子学院中学部　▶解説と解答

算　数　＜第１回試験＞（50分）＜満点：100点＞

解　答

1 (1) $\frac{5}{6}$　(2) 1　(3) 4　**2** (1) 2　(2) 9　(3) 129　(4) 11　(5) 4　(6) 19.2　**3** (1) ア 13　イ 20　ウ 1　エ 8　オ 98　(2) 1750円　**4** (1) 72　(2) 3.87　(3) 144　**5** (1) 時速60km　(2) 時速72km　(3) 40秒後　(4) 15km

解　説

1 **四則計算，逆算**

(1) $(3-3\div2)\times4-3\div(2\div3)-8\div6\div2=(3-1.5)\times4-3\div\frac{2}{3}-\frac{8}{6\times2}=1.5\times4-3\times\frac{3}{2}-\frac{2}{3}=6-\frac{9}{2}-\frac{2}{3}=\frac{36}{6}-\frac{27}{6}-\frac{4}{6}=\frac{5}{6}$

(2) $(0.8+1.1\div0.2)\times1\frac{3}{7}\div8-\left(\frac{3}{4}\div0.25\times\frac{1}{8}-\frac{1}{4}\right)=(0.8+5.5)\times\frac{10}{7}\div8-\left(\frac{3}{4}\div\frac{1}{4}\times\frac{1}{8}-\frac{1}{4}\right)=6.3\times\frac{10}{7}\div8-\left(\frac{3}{4}\times\frac{4}{1}\times\frac{1}{8}-\frac{1}{4}\right)=\frac{63}{10}\times\frac{10}{7}\times\frac{1}{8}-\left(\frac{3}{8}-\frac{2}{8}\right)=\frac{9}{8}-\frac{1}{8}=\frac{8}{8}=1$

(3) $2.25+\left\{\left(9-1\frac{2}{3}\times\square\right)\times4.2\right\}\div1.4=9\frac{1}{4}$より，$\left\{\left(9-1\frac{2}{3}\times\square\right)\times4.2\right\}\div1.4=9\frac{1}{4}-2.25=9\frac{1}{4}-2\frac{1}{4}=7$，$\left(9-1\frac{2}{3}\times\square\right)\times4.2=7\times1.4=9.8$，$9-1\frac{2}{3}\times\square=9.8\div4.2=\frac{9.8}{4.2}=\frac{98}{42}=\frac{7}{3}$，$1\frac{2}{3}\times\square=9-\frac{7}{3}=\frac{27}{3}-\frac{7}{3}=\frac{20}{3}$　よって，$\square=\frac{20}{3}\div1\frac{2}{3}=\frac{20}{3}\div\frac{5}{3}=\frac{20}{3}\times\frac{3}{5}=4$

2 **消去算，場合の数，差集め算，年齢《ねんれい》算，濃度《のうど》，速さと比**

(1) A，B，Cの１個の重さをそれぞれⒶ，Ⓑ，Ⓒとして式に表すと，右の図１のア，イのようになる。次に，イの式の等号の両側を４倍するとウのようになり，ウの式の＿の部分にアの式の＝の部分をあてはめると，エのようになる。さらに，これを簡単にすると，オ，カのようになる。よって，A２個の重さとB１個の重さが等しいから，Bの重さはAの重さの２倍である。

図１

Ⓐ×２＋Ⓑ×１＝Ⓒ×４　…ア
Ⓐ×３＋Ⓒ×１＝Ⓑ×２　…イ
Ⓐ×12＋Ⓒ×４＝Ⓑ×８　…ウ
⬇
Ⓐ×12＋Ⓐ×２＋Ⓑ×１＝Ⓑ×８…エ
Ⓐ×14＝Ⓑ×７　…オ
Ⓐ×２＝Ⓑ×１　…カ

(2) 和が４の倍数になる目の組み合わせは，右の図２のように６通りある。このうち，２つの目の数が異なる３通りについては，大小のサイコロの目の出方が２通りずつある。よって，全部で，６＋３＝９(通り)とわかる。

図２

和が４（１，３），（２，２）
和が８（２，６），（３，５），（４，４）
和が12（６，６）

(3) １人に５個ずつ分けるのに必要な個数と，１人に７個ずつ分けるのに必要な個数の差は，34＋４＝38(個)である。これは，７－５＝２(個)の差が子供の人数だけ集まったものなので，子供の人数は，38÷２＝19(人)とわかる。よって，チョコレートの個数は，５×19＋34＝129(個)と求められる。

(4)　(平均)＝(合計)÷(人数)より，(合計)＝(平均)×(人数)となるから，４年前の３人の合計は，16×３＝48(歳《さい》)とわかる。よって，現在の３人の合計は，48＋４×３＝60(歳)なので，現在の３人の年齢は右の図３のように表すことができる。

図３

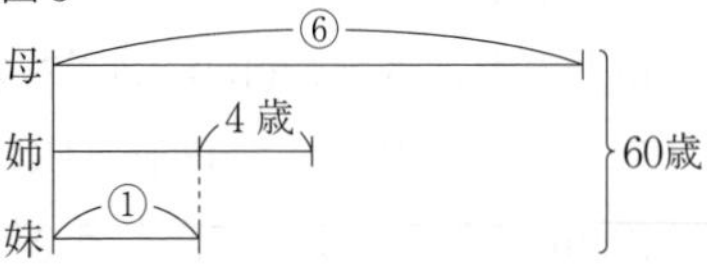

姉の年齢を４歳減らすと，⑥＋①＋①＝⑧にあたる年齢が，60－４＝56(歳)とわかるから，①にあたる年齢は，56÷８＝７(歳)と求められる。したがって，現在の姉の年齢は，７＋４＝11(歳)である。

(5)　濃度が10％の食塩水の重さを100g，濃度が８％の食塩水の重さを100g，濃度が□％の食塩水の重さを300gとすると，混ぜた食塩水の重さは，100＋100＋300＝500(g)になる。ここで，(食塩の重さ)＝(食塩水の重さ)×(濃度)より，この食塩水に含《ふく》まれる食塩の重さは，500×0.06＝30(g)とわかる。そのうち，濃度が10％の食塩水に含まれていた食塩の重さは，100×0.1＝10(g)，濃度が８％の食塩水に含まれていた食塩の重さは，100×0.08＝８(g)なので，濃度が□％の食塩水に含まれていた食塩の重さは，30－(10＋８)＝12(g)となる。よって，□＝12÷300×100＝４(％)と求められる。

(6)　ＡとＢが同じ道のりを走るのにかかる時間の比は，40：45＝８：９だから，ＡとＢの速さの比は，$\frac{1}{8}$：$\frac{1}{9}$＝９：８である。また，ＢとＣが同じ時間で走る道のりの比は，300：240＝５：４なので，ＢとＣの速さの比は５：４である。よって，右の図４のようにＢの比をそろえると，ＡとＣの速さの比は45：32とわかる。すると，ＡとＣが同じ道のりを走るのにかかる時間の比は，$\frac{1}{45}$：$\frac{1}{32}$＝32：45となる。この差が7.8秒だから，比の１にあたる時間は，7.8÷(45－32)＝0.6(秒)であり，Ａが走る時間は，0.6×32＝19.2(秒)とわかる。

図４

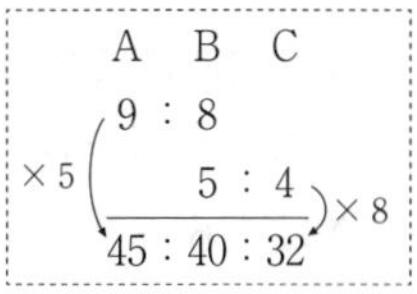

3 数列，分配算

(1)　１＋１＝２，１＋２＝３，２＋３＝５，…のように，となり合う２つの数の和が次の数になっている。よって，１番目～８番目の数と，その数までの和をまとめると，右の図１のようになる。

図１

番目	1	2	3	4	5	6	7	8
数	1	1	2	3	5	8	13	21
和	1	2	4	7	12	20	33	54

図１から，８の次は13(…ア)であり，６番目までの和は20(…イ)とわかる。また，３番目までの和に１(…ウ)を足すと５番目の数になり，４番目までの和に１を足すと６番目の数になり，６番目までの和に１を足すと８番目(…エ)の数になる。同様に考えると，100－２＝98(番目)(…オ)までの和に１を足すと，100番目の数になることがわかる。

(2)　妹が出した金額を①として図に表すと，右の図２のようになる。姉が出した金額を1000円減らすと，①＋②＋①＝④にあたる金額が，4000－1000＝3000(円)とわかるから，①にあたる金額は，3000÷４＝750(円)と求められる。よって，姉が出した金額は，750＋1000＝1750(円)である。

図２

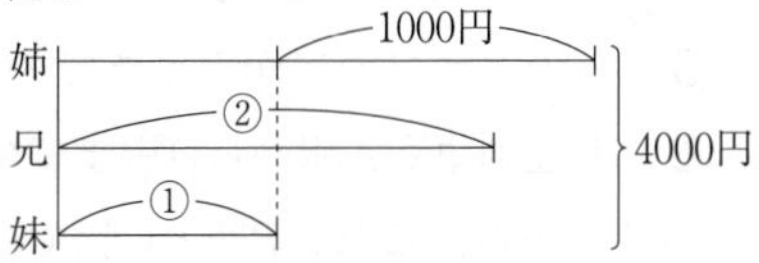

4 平面図形，立体図形―角度，面積，展開図，体積

(1)　下の図１で，角CBEの大きさは，180－(90＋63)＝27(度)である。また，三角形CBEと三角

形FBEは合同だから，角FBEの大きさも27度であり，角ABFの大きさは，$90-27\times2=36$(度)とわかる。さらに，同じ印をつけた辺の長さは等しいので，三角形BFAは二等辺三角形となり，角xの大きさは，$(180-36)\div2=72$(度)と求められる。

(2)　下の図２で，三角形ABCの面積は，$6\times6\div2=18(\mathrm{cm}^2)$だから，正方形CMBDの面積も$18\mathrm{cm}^2$である。よって，おうぎ形の半径を□cmとすると，□×□＝18となる。また，２つのおうぎ形を合わせると中心角が90度になるので，２つのおうぎ形の面積の和は，$□\times□\times3.14\times\frac{90}{360}=18\times3.14\times\frac{1}{4}=4.5\times3.14=14.13(\mathrm{cm}^2)$と求められる。したがって，ぬりつぶした部分の面積は，$18-14.13=3.87(\mathrm{cm}^2)$である。

図１

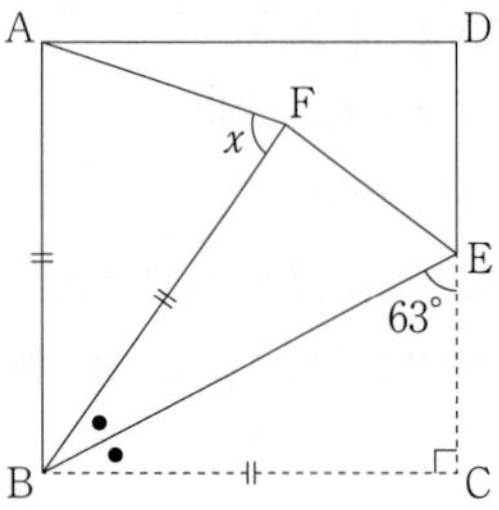

図２

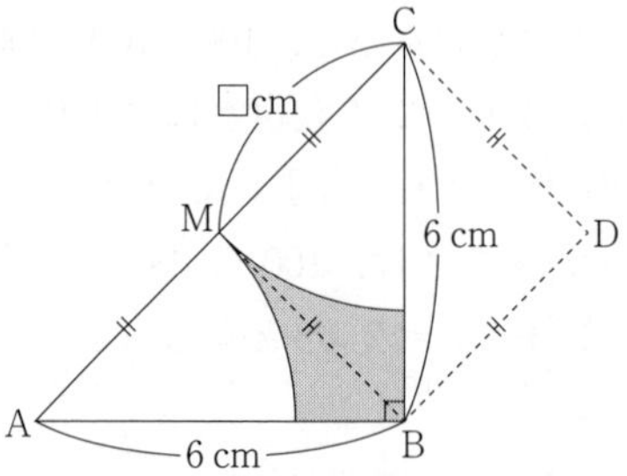

図３

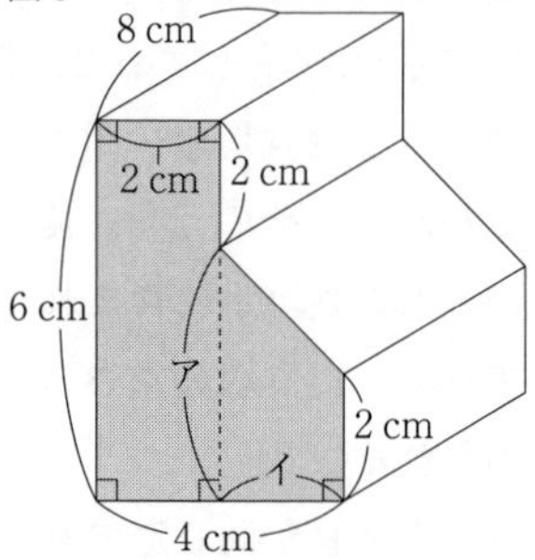

(3)　展開図を組み立てると，上の図３のように，ぬりつぶした面を底面とする六角柱になる。ぬりつぶした面を長方形と台形に分けると，長方形の面積は，$6\times2=12(\mathrm{cm}^2)$となる。また，アの長さは，$6-2=4$(cm)，イの長さは，$4-2=2$(cm)だから，台形の面積は，$(2+4)\times2\div2=6(\mathrm{cm}^2)$と求められる。よって，底面積は，$12+6=18(\mathrm{cm}^2)$なので，体積は，$18\times8=144(\mathrm{cm}^3)$とわかる。

5　グラフ―速さと比

(1)　普通《ふつう》列車はA駅からB駅までの８kmを８分で進むから，普通列車の速さは時速，$8\div\frac{8}{60}=60$(km)である。

(2)　急行列車がA駅を出発してからE駅に到《とう》着《ちゃく》するまでの時間は，$28-6=22$(分)である。また，途中《とちゅう》でC駅に２分停車しているので，急行列車がA駅からE駅までの24kmを進むのにかかる時間は，$22-2=20$(分)とわかる。よって，急行列車の速さは時速，$24\div\frac{20}{60}=72$(km)と求められる。

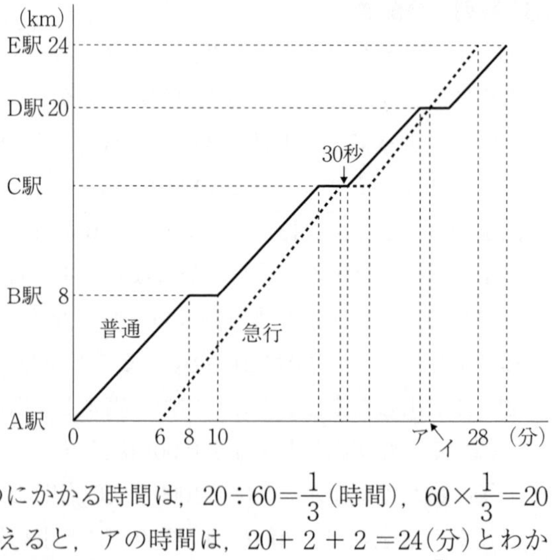

(3)　右のグラフのアからイまでの時間を求める。普通列車がA駅からD駅までの20kmを進むのにかかる時間は，$20\div60=\frac{1}{3}$(時間)，$60\times\frac{1}{3}=20$(分)だから，これにB駅とC駅での停車時間を加えると，アの時間は，$20+2+2=24$(分)とわかる。また，急行列車がA駅からD駅までの20kmを進むのにかかる時間は，$20\div72=\frac{5}{18}$(時間)，$60\times\frac{5}{18}=\frac{50}{3}=16\frac{2}{3}$(分)なので，これにC駅での停車時間を加えると，イの時間は，$6+16\frac{2}{3}+2$

$=24\frac{2}{3}$(分)と求められる。よって，イはアの，$24\frac{2}{3}-24=\frac{2}{3}$(分後)，$60\times\frac{2}{3}=40$(秒後)である。

(4)　C駅に到着したのは普通列車の方が，２分－30秒＝１分30秒＝1.5分早いから，もし普通列車がB駅で停車しなかったとすると，C駅に到着するのは普通列車の方が，1.5＋２＝3.5(分)早くなる。よって，もし急行列車が普通列車と同時に出発していたとすると，C駅に到着するのは急行列車の方が，６－3.5＝2.5(分)早くなる。つまり，普通列車と急行列車がA駅からC駅まで進むのにかかる時間の差は2.5分である。また，普通列車と急行列車の速さの比は，60：72＝５：６なので，普通列車と急行列車が同じ距離《きょり》を進むのにかかる時間の比は，$\frac{1}{5}:\frac{1}{6}$＝６：５となる。この差が2.5分だから，比の１にあたる時間は，2.5÷(６－５)＝2.5(分)であり，普通列車がA駅からC駅まで進むのにかかる時間は，2.5×６＝15(分)と求められる。したがって，A駅からC駅までの距離は，$60\times\frac{15}{60}=15$(km)である。

社　会　＜第１回試験＞（30分）＜満点：60点＞

解　答

1 (1)　(例)　東日本大震災からの復興という理念があったから。　(2)　木曽山脈　(3)　ウ　(4)　マングローブ　(5)　カルスト(台地)　(6)　ア　(7)　ウ　(8)　イ　(9)　イ　(10)　イ　(11)　エ　(12)　ア　**2** (1)　**あ**　口分田　**い**　地頭　**う**　正長の土一揆　**え**　太閤検地　**お**　版籍奉還　**か**　地租改正　(2)　エ　(3)　調　(4)　平将門　(5)　イ　(6)　ウ　(7)　エ　(8)　享保の改革　(9)　イ→ウ→ア→エ　(10)　イ　(11)　(例)　政府が地主から土地を買い上げ，小作人に安く売りわたした。　**3** (1)　４年　(2)　内閣不信任決議案　(3)　エ　(4)　①　ウ　②　政令　**4** (1)　公共の福祉　(2)　プライバシーの権利　(3)　ア　(4)　①　イ　②　環太平洋パートナーシップ(協定)

解　説

1　日本の地形や各地方の特色，地形図の読み取りなどについての問題

(1)　東京2020オリンピックは，2011年に発生した東日本大震災からの復興《ふっこう》を広くアピールする機会とされた。そのため，聖火リレーは「希望の道を，つなごう。」のコンセプトのもとに行われ，東日本大震災において津波や原子力発電所の事故などで被害が特に大きかった福島県が復興の象徴《しょうちょう》としてスタート地点に選ばれた。

(2)　中部地方の中央をほぼ南北に並ぶ，飛騨《ひだ》山脈(北アルプス)・木曽山脈(中央アルプス)・赤石山脈(南アルプス)の３つの山脈を，ヨーロッパのアルプス山脈にちなんで「日本アルプス」という。「日本の屋根」ともよばれ，ここには3000m級の山々が連なる。

(3)　C　阿波《あわ》は徳島県の旧国名。阿波おどりは徳島県に伝わる伝統的な盆《ぼん》おどりである。　D　丸亀《まるがめ》城は香川県北西部の丸亀市にある城で，丸亀市はうちわの産地としても知られる。丸亀うちわは伝統的工芸品に指定されており，香川県はうちわの生産量が日本一多い。また，瀬戸大橋は香川県坂出《さかいで》市と岡山県倉敷《くらしき》市児島《こじま》を結ぶ本州四国連絡《れんらく》橋の一つである。　E　仁淀《によど》川は高知県中部を流れる河川。四万十《しまんと》川は「日本最後の清流」と言われる四国地方最長の河川で，高知県西部を流れている。いずれも四国山地から流れ出し，土佐湾《わん》(太平洋)に注いでいる。　F　松山城は，愛媛県の県庁所在地である松山市にある城である。また，愛媛県では県西部の宇和海でリアス海岸を生かした真珠《しんじゅ》やマダイの養殖《ようしょく》がさかんに行われている。

⑷　熱帯・亜《あ》熱帯地域の河口や沿岸部の淡水《たんすい》と海水が混ざり合う地域には，マングローブとよばれる常緑樹の林が形成されているところがあり，日本では鹿児島県や沖縄県で見られる。

⑸　山口県中西部にある石灰岩台地の秋吉台では，鍾乳洞《しょうにゅうどう》やドリーネ(すり鉢《ばち》状のくぼ地)など，雨水や地下水が石灰岩をとかすことで形成されたカルスト地形が見られる。

⑹　㋐は，広島県の厳島《いつくしま》(宮島)である。海上に浮かぶ厳島神社の大鳥居や社殿《しゃでん》は，ユネスコ(国連教育科学文化機関)の世界文化遺産に登録されている。㋑は，京都府北部にある天橋立《あまのはしだて》。２つの湾を隔《へだ》てる砂州《さす》の上に続く砂浜と松林が美しく，雪舟が水墨画に描《えが》いたことでも知られる。㋒は，宮城県の松島を写したものである。松島は，宮城県中東部の松島湾内外にある約260の島々の総称。

⑺　磐梯《ばんだい》山は福島県中部，岩木山は青森県西部，羊蹄《ようてい》山は北海道西部にそびえる活火山である。それぞれ，福島県西部のよび名である会津から「会津富士」，青森県西部のよび名である津軽から「津軽富士」，北海道の古いよび名である蝦夷《えぞ》から「蝦夷富士」ともよばれる。

⑻　若狭《わかさ》湾は，京都府と福井県の海岸線を形成する湾である。山が海に沈《しず》みこみ，谷の部分に海水が入りこんだことによって形成された複雑な海岸線が特徴《とくちょう》となっている。リアス海岸とよばれるこのような海岸は，若狭湾のほか，東北地方の太平洋側にのびる三陸海岸や三重県の志摩《しま》半島，長崎県の大村湾にも見られる。しかし，千葉県東部にのびる九十九里浜は日本最大級の砂浜海岸で，海岸線はゆるやかな弧《こ》を描いたような形状になっているので，リアス海岸の特徴にはあてはまらない。

⑼　合掌《がっしょう》造りとは，雪が積もりにくくなるように屋根の傾斜《けいしゃ》を大きくした民家の建築様式である。豪雪地帯における住まいの工夫で，富山県の五箇山《ごかやま》と岐阜県の白川郷《ごう》にある合掌造り集落は，ユネスコの世界文化遺産に登録されている。

⑽　青函《せいかん》トンネルは，1988年に開通した本州と北海道を結ぶ海底トンネルである。青森県西部の津軽半島の先端《せんたん》と，北海道南西部の松前半島(渡島《おしま》半島の南西部)を結んでいる。

⑾　ア　この地形図には地図記号が書かれていないことから，地図の上が北，下が南，右が東，左が西にあたる。島の西側には崖《がけ》()が多いので，正しい。　イ　島の西側に針葉樹(Λ)が多く生えているので，正しい。　ウ　展望灯台のすぐ北にある三角点に60.2と書かれていることから，展望灯台は標高50m以上ある高台に建っていることがわかる。よって，正しい。　エ　島から江ノ島大橋を渡《わた》ったところにあるのは，煙突《えんとつ》()ではなく記念碑《ひ》()なので，あやまっている。

⑿　西之《にしの》島は小笠原《おがさわら》諸島(東京都)にふくまれる島である。1973年に海底火山の噴火《ふんか》が起きて近くに新島ができ，それが西之島と陸続きになったことで面積が拡大した。2013年にも噴火によって面積が拡大している。なお，イは東京都に属する日本最東端の島。ウは北海道南西部の日本海に浮《う》かぶ島で，1993年の北海道南西沖地震では津波によって大きな被害を受けた。エは伊豆諸島に属する東京都の島で，2000年に起きた火山の噴火では，全島民が島外に避難《ひなん》する事態となった。

2　各時代の歴史的なことがらについての問題

⑴　**あ**　646年に中大兄皇子が示したとされる改新の詔《みことのり》では，すべての土地と人民を国のものとする公地公民が原則とされた。そして，６歳《さい》以上の人々には国から口分田が与えられ，代わりに税や兵役・労役が課されることになった。これを班田《はんでん》収授という。この制度は701年に出された大宝

律令によって確立された。　**い**　1185年，源頼朝は国ごとに守護，荘園・公領ごとに地頭を置き，地頭はおもに年貢の取り立てや治安維持《いじ》にあたった。　**う**　1428年，近江《おうみ》(滋賀県)の馬借(運送業者)が借金の帳消しを求めて酒屋や土倉を襲《おそ》うと，同じような騒《さわ》ぎが近畿地方各地に広がった。これを正長の土一揆《いっき》といい，農民による初めての武力行使として記録されている。　**え**　豊臣秀吉は，ものさしやますの長さ・大きさを統一し，1582年から太閤《たいこう》検地とよばれる土地の測量を行った。農地の面積や生産力(石高)などを調べて検地帳を作成し，そこに土地の耕作者を登録して年貢納入の責任者とした。　**お**　1869年，政府は版籍奉還《はんせきほうかん》によって大名が治めていた土地(版)と人民(籍)を天皇に返還させた。しかし，大名が知藩事として残ったことで幕藩体制が存続したため，1871年に廃藩置県を行い，中央から各府県に府知事や県令を派遣《はけん》して中央集権体制を強化した。
か　1873年，明治政府は地租改正を行った。これによって，地券を持つ土地の所有者が地価の３％を地租として現金で納めることになったので，米の豊作不作に税収が左右されなくなり，財政は安定した。

(2)　ア　青森県の三内丸山遺跡は，2021年に「北海道・北東北の縄文遺跡群」として世界文化遺産に登録された縄文時代を代表する遺跡である。　イ　縄文時代につくられた縄文土器について説明している。弥生土器は装飾《そうしょく》が少なく，高温で焼かれたため薄手《うすで》で丈夫《じょうぶ》なことが特徴である。
ウ　弥生時代には大陸から青銅器や鉄器が伝わり，農業には石包丁などの磨製石器も用いられたので，あやまり。　エ　静岡県の登呂遺跡からは弥生時代の水田跡《あと》や田下駄《げた》などの木製農具が多数発見されている。

(3)　律令制度のもとで人々には租・庸《よう》・調という三つの税と労役・兵役の負担などが課された。租は収穫した稲の約３％を地方の役所に納める税，庸は都での労役の代わりに布などを納める税，調は地方の特産物を都に納める税である。なお，調・庸や労役・兵役は成年男子にのみ課された。

(4)　平将門《まさかど》は下総《しもうさ》(千葉県北部・茨城県南部)の武士で，10世紀初めに常陸《ひたち》(茨城県)や下野《しもつけ》(栃木県)，上野《こうずけ》(群馬県)の国府を攻略《こうりゃく》して関東地方一帯を支配下に置き，自ら新皇と名乗った。しかし，藤原秀郷《ひでさと》や平貞盛《さだもり》らによって討《う》たれ，反乱は鎮《しず》められた。

(5)　ア　後醍醐《ごだいご》天皇は1333年に鎌倉幕府を滅《ほろ》ぼしたのち，建武の新政を始めた。　イ　1221年に後鳥羽《ごとば》上皇が承久《じょうきゅう》の乱を起こすと，これを鎮めた幕府は朝廷や西国の武士を監視するために六波《ろくは》羅《ら》探題を京都に置いた。よって，正しい。　ウ　管領は室町幕府における将軍の補佐役である。鎌倉幕府では執権が将軍を補佐し，北条氏が代々この職に就いた。　エ　日明貿易は，室町幕府第３代将軍を務めた足利義満が1404年に開始した貿易で，勘合貿易ともよばれる。

(6)　室町時代前半の北山文化では，足利義満の保護を受けた観阿弥・世阿弥父子が田楽や猿楽などの伝統芸能から能を大成した。なお，アとエは鎌倉時代の文化，イは江戸時代前半の元禄文化について述べている。

(7)　a　文永の役・弘安の役ではなく，文禄の役・慶長の役が正しい。なお，文永の役と弘安の役は元寇の２度の戦いである。　b　織田信長の政策である。豊臣秀吉も当初は信長の政策にならってキリスト教を認めたが，後にバテレン追放令を出してキリスト教の布教を禁じた。

(8)　徳川御三家の一つである紀伊藩(和歌山県)出身の徳川吉宗は，江戸幕府の第８代将軍になると，幕府の財政再建のために，享保《きょうほう》の改革とよばれる幕政改革に取り組んだ。

(9)　起こった時代順に並べかえると，イ(1871～73年)→ウ(1889年)→ア(1897～1901年)→エ(1905

年）となる。

⑽　a　貴族院について正しく説明している。　　b　男女ではなく，男子が正しい。日本で女性に選挙権が与えられたのは，第二次世界大戦後の1945年12月のことである。

⑾　第二次世界大戦後，日本ではGHQ（連合国軍最高司令官総司令部）の指導のもとでさまざまな民主化政策が進められた。農地改革では地主の土地を国が強制的に買い上げ，小作人に安く売りわたしたことで多くの自作農が創出された。

3　日本の政治のしくみについての問題

⑴　衆議院議員の任期は４年だが，任期の途中《とちゅう》で解散されることもある。なお，参議院議員の任期は６年で，解散はない。

⑵　衆議院には，内閣不信任決議を行う権限がある。内閣不信任決議案が可決，あるいは内閣信任案が否決された場合，内閣は10日以内に総辞職するか，衆議院を解散しなければならない。衆議院が解散されると，40日以内に衆議院議員総選挙が行われ，選挙日から30日以内に特別国会（特別会）が召集《しょうしゅう》される。

⑶　最高裁判所の長官は，内閣が指名して天皇が任命する。したがって，エがあてはまらない。

⑷　①　アとイは内閣ではなく国会の役割について説明している。エについて，都道府県知事は住民の直接選挙で選ばれ，ほかの機関による任命などは受けない。したがって，ウが正しい。法律案は，内閣または国会議員が国会に提出する。　　②　内閣は，憲法や法律の規定にもとづいて政策を実施するため，政令を定めることができる。

4　基本的人権や現代の社会についての問題

⑴　公共の福祉には，社会全体の利益という意味がある。日本国憲法は基本的人権を，「侵すことのできない永久の権利」として国民に保障するとともに，国民は基本的人権を濫用《らんよう》してはならず，公共の福祉のために利用する責任があるとも定めている。

⑵　日本国憲法では明文化されていないが，時代の変化に合わせて憲法条文を拡大解釈《かいしゃく》することで広く認められるようになった権利を，「新しい人権」という。個人の情報は他人に勝手に公開されるべきではないという考えから生まれたプライバシーの権利のほか，知る権利や環境権などがこれにふくまれる。

⑶　インターネット上の取り引きが増加したことで，貨物を運ぶ運送業界では仕事が増え，人手不足や働く環境の悪化が問題となっている。したがって，アが適切でない。

⑷　①　ア　国際連合は，安全保障理事会の決議にもとづき，侵略《しんりゃく》行為などを行った国への軍事制裁が可能なので，正しくない。なお，軍事制裁を行えなかったのは，国際連盟である。　　イ　国際連合の総会について正しく説明している。　　ウ　国際連合の安全保障理事会は，アメリカ合衆国，中華人民共和国・イギリス・フランス・ロシアの５か国である。敗戦国であるドイツはふくまれない。　　エ　WTO（世界貿易機関）ではなくWHO（世界保健機関）について説明している。　　②　環太平洋パートナーシップ協定（TPP・環太平洋経済連携《れんけい》協定）は太平洋を取り巻《ま》く国と地域による国際的な枠組《わくぐ》みで，関税の撤廃《てっぱい》など，貿易の活性化・自由化に向けた話し合いが行われたり，協定が結ばれたりしている。2018年に発効し，その後，EU（ヨーロッパ連合）を離脱《りだつ》したイギリスなど，太平洋地域以外の国も参加希望を表明している。

理 科 ＜第１回試験＞（30分）＜満点：60点＞

解 答

1 (1) イ　(2) エ　(3) オ　(4) 10.4g　(5) ウ　(6) ア　(7) イ　(8) イ
2 (1) エ　(2) イ　(3) ア　(4) エ　(5) 2km
3 (1) 水素　(2) 水上置換(法)　(3) ウ，オ，カ　(4) ウ　(5) 48cm³　(6) 6cm³
4 (1) **気温**…②　**地温**…③　**湿度**…①　(2) ウ，オ　(3) ア　(4) ア
5 (1) 20g　(2) ウ　(3) 80cm³　(4) 60g　(5) エ，カ

解 説

1 小問集合

(1) 耳のつくりで，からだの回転を感じる部分を半規管という。また，空気の振動《しんどう》は鼓膜《こまく》を振動させ，３つの小さな骨によってうずまき管に伝えられる。その振動が信号に変えられ，神経を通って脳に伝えられる。

(2) マツ，チューリップ，ホウセンカ，イチョウは種子をつくってふえる植物で，ワラビは胞子《ほうし》でふえる植物である。

(3) 消毒用アルコールには水素と炭素がふくまれている。そのため，消毒用アルコールを燃焼させると，水素と空気中の酸素が結びついて水(水蒸気)が発生し，炭素と空気中の酸素が結びついて二酸化炭素が発生する。

(4) 銅と結びついた酸素の重さは，$14.6-12.0=2.6$(g)である。12.0gの銅と過不足なく結びつく酸素の重さは，$15.0-12.0=3.0$(g)なので，このとき酸素と結びついた銅の重さは，$2.6\times\frac{12.0}{3.0}=10.4$(g)である。

(5) ぎょう灰岩は，火山灰などが固まってできた岩石である。なお，アは石灰岩，イはチャート，エは火成岩のうちの深成岩，オはれき岩である。

(6) おおいぬ座のシリウス，こいぬ座のプロキオン，オリオン座のベテルギウスを結んでできる三角形を冬の大三角という。

(7) ＡとＢを直接つないだときの方が，ＡとＢに豆電球をつないだときより流れる電流の大きさが大きいため，ハンドルを回したときの手ごたえが大きい。

(8) 豆電球から出た光は広がりながら直進するため，スクリーンにはついたての切込《きりこ》みと同じ向きの明るい部分ができる。豆電球からついたてのＣまでの長さと，豆電球からスクリーンまでの長さの比は，$10:(10\times2)=1:2$なので，スクリーンの明るい部分のAC，BCにあたる部分の長さは，それぞれ，$2\times2=4$(cm)になり，方眼の１目盛りが1cmだから，４目盛り分になる。

2 ミツバチの８の字ダンスについての問題

(1) ミツバチの巣には，１匹の女王バチと多くのはたらきバチ(メスだけ)とオスバチが役割を分担して生活していて，オスバチは女王バチとの交尾《こうび》のためだけに存在している。シロアリはゴキブリのなかまだが，女王アリ，はたらきアリ(メスだけ)，オスアリが役割を分担して生活している。

(2) 太陽のある方角を巣板の上方向におきかえると，蜜《みつ》は太陽の方角から右回りに90度回転した方角にある。よって，イのような８の字ダンスを行う。

(3)　太陽は１時間に約15度東から西に移動して見えるので，３時間後の太陽は，15×３＝45(度)より，図３の②の位置から45度右回りに回転した③の位置に見える。したがって，太陽のある方角を巣板の上方向におきかえると，蜜は太陽の方角から右回りに45度回転した方角にあるので，アのような８の字ダンスを行う。

(4)　グラフが右下がりになっていることから，15秒間の尻振《しりふ》りの回数が多いほど，巣箱から蜜までのきょりが近いことがわかり，蜜までのきょりが近い方がグラフの傾《かたむ》きが大きいことから，蜜までのきょりが近いほど，わずかなきょりの差をはっきり区別することができるとわかる。

(5)　15秒間の尻振りの回数は，$12\times\frac{15}{60}=3$(回)である。したがって，グラフより，巣箱から蜜までのきょりは２kmと読みとれる。

3　鉄と塩酸の反応についての問題

(1)　鉄にうすい塩酸を加えると，鉄が溶《と》けて水素が発生する。

(2)　水素のように，水に溶けにくい気体を集めるときは水上置換《ちかん》法で集める。

(3)　マグネシウムやアルミニウムなどの金属に塩酸を加えると水素が発生する。ただし，銅に塩酸を加えても気体は発生しない。また，アルミニウムに水酸化ナトリウム水よう液を加えても水素が発生する。

(4)　鉄を細かい粒《つぶ》にすると，塩酸とふれ合う面積が大きくなるので，激しく水素が発生する。

(5)　Ａ液10cm^3が完全に反応したときに発生する気体の体積は80cm^3，Ａ液の体積が50cm^3以上では発生した気体の体積は380cm^3で一定である。よって，Ａ液を使って鉄のかたまりをすべて溶かすには，Ａ液は，$10\times\frac{380}{80}=47.5$より，最低で48$cm^3$必要である。

(6)　Ｂ液10cm^3が完全に反応したときに発生する気体の体積は160cm^3，Ｂ液の体積が30cm^3以上では発生した気体の体積は380cm^3で一定である。よって，Ｂ液を使って鉄のかたまりをすべて溶かすには，Ｂ液は，$10\times\frac{380}{160}=23.75$($cm^3$)必要である。Ｃ液はＢ液の２倍の濃《こ》さで，溶かす鉄のかたまりの重さは半分なので，Ｃ液を使って鉄のかたまりをすべて溶かすために必要なＣ液の最小の体積は，23.75÷２÷２＝5.9375より，６cm^3と求められる。

4　気象の観測についての問題

(1)　よく晴れた日では，気温が最も高くなる時刻は地温が最も高くなる時刻より１時間くらいおそい。したがって，②が気温を表し，③が地温を表している。また，気温が高くなると湿度《しつど》が低くなるため，①が湿度を表しているとわかる。

(2)　百葉箱は，太陽の熱を吸収しないように内も外も白いペンキでぬられていて，風通しをよくするために側面はよろい戸になっている。また，直射日光がさしこまないように，とびらは北向きにつけられている。

(3)　日本では，太陽の南中高度は夏至の日(６月22日ごろ)に最も高くなる。したがって，５月のある日と比べて，その10日後の太陽の南中高度は高くなる。また，明石《あかし》市(兵庫県)を通る東経135度の地点で太陽が南中したときを正午(12時)と決めている。すると，太陽が南中した時刻が11時40分なので，この場所は明石市より東にあるとわかる。明石市より東の地域では，１年を通して太陽が南中する時刻は12時より前になる。

(4)　陸は海に比べて，暖まりやすく冷めやすいため，よく晴れた日の昼間は陸の方が海より温度が高くなる。陸上で暖められた空気は，同じ体積の周りの空気より軽いため上昇《じょうしょう》し，海から陸に向かって空気が流れ込む。これが海風である。逆に，夜間は海上の空気の温度の方が陸上より高いため，海上の空気が上昇し，陸から海に向かって陸風が吹《ふ》く。

5 浮《ふ》力《りょく》と密度についての問題

⑴　液体中の物体には，物体がおしのけた液体の重さと同じ大きさの上向きの力がはたらく。この力を浮力という。図１で，小球Ｘがおしのけた液体Ａの重さは，0.8×100＝80(g)だから，小球Ｘには上向きに80gの浮力がはたらく。したがって，ばねはかりの示す重さは，100－80＝20(g)になる。

⑵　小球Ｘの１cm^3あたりの重さは，100÷100＝１(g)で，液体Ａの１cm^3あたりの重さより大きい。したがって，図１で糸を切ると，小球Ｘは下降し，容器の底で止まる。

⑶　ばねはかりは０gを示したのだから，小球Ｙの重さと小球Ｙにはたらく浮力の大きさは等しく80gである。したがって，小球Ｙがおしのけた液体Ｂの重さも80gだから，小球Ｙの液面より下に沈《しず》んでいる部分の体積は，80÷１＝80(cm^3)である。

⑷　液体Ａと液体Ｂの合計の重さは，0.8×50＋１×50＝90(g)である。よって，容器だけの重さは，150－90＝60(g)になる。

⑸　１cm^3あたりの重さが重い液体が下の層にくる。液体Ａを１番目や２番目に入れると，どの場合も液体Ｃが液体Ａの下に入ろうとするときや，液体Ｃの上に液体Ａを注ぐときにふれ合い，混ざり合ってしまう。そこで，液体Ａと液体Ｃが混ざり合わないように，液体Ａを３番目に入れるとよい。

国　語　＜第１回試験＞（50分）＜満点：100点＞

解　答

一 **問１**　①～③　下記を参照のこと。　④　きょうど　⑤　せきめん　**問２**　間　**問３**　（例）　Ａ　動　Ｂ　体　**問４**　イ　**問５**　エ　**問６**　○　**問７**　イ　**問８**　うなじ　**問９**　（例）　彼は難しい課題をやすやすとなしとげた。　**二** **問１**　（お）ひや　**問２**　⑴　④　⑼　①　**問３**　ア　**問４**　エ　**問５**　エ　**問６**　ア　**問７**　イ　**問８**　イ　**問９**　エ　**問10**　エ　**問11**　イ　**問12**　ウ　**問13**　**1**　（例）　好ましい　**2**　（例）　好ましくない　**問14**　ア　**問15**　エ　**問16**　ア，エ　**問17**　イ，ウ

●漢字の書き取り

一 **問１**　①　秋分　②　牧場　③　奏(でる)

解　説

一 漢字の書き取り，漢字のパズル，四字熟語の知識，慣用句の知識

問１　①　二十四節気の一つで，毎年９月23日ごろの昼夜がほぼ同時間になる日。　②　牛や馬，羊などの家畜《かちく》を放し飼いにする場所。　③　音読みは「ソウ」で，「演奏」などの熟語がある。　④　自分が生まれ育った土地。ふるさと。　⑤　はずかしくて顔が赤くなること。

問２　「間」を入れると，上から時計まわりに「世間」「間合」「間食」「人間」という熟語ができる。

問３　Ａに「動」，Ｂに「体」を入れると，「情感」→「感動」→「動物」→「物体」→「体育」と

いうしりとりが完成する。

問４ 「起死回生」は，危機に直面した絶望的な状態から，一気によい方向に立て直すこと。

問５ 「八面六臂《はちめんろっぴ》」は，一人で何人分もの活躍《かつやく》をすること，またはいろいろな方面で活躍をすることを表す。

問６ 「舌を巻く」は，“あまりにもすぐれていて，おどろき感心する”という意味。

問７ 「～きっての」は，“～のなかで最も”という意味。イは，無理を承知で強く望むようすを表す「たっての」が正しい。

問８ 「うなだれる」は，悲しさやはずかしさなどの気持ちから首を前に垂れること。「うなずく」は，同意や承諾《しょうだく》などの気持ちを表すために首を縦にふることであり，どちらも首に関係している。「項」は，首の後ろの部分である「うなじ」を表している。

問９ 「やすやすと」は，物事を難なく簡単に行うようすを表す。

二 **出典は『文藝《ぶんげい》』2021年秋季号所収の「狩りをやめない賢者《けんじゃ》ども(金原《かねはら》ひとみ作)」による。**玲奈《れいな》は，自分の悪気のない行動で友達を傷つけてしまった。ママは，自分の体験から玲奈に他人と生きていく難しさを語る。

問１ 「お冷《ひや》」は，冷たい飲み水のこと。

問２ (イ) 「施《ほどこ》し」は，気の毒に思って与えること。　(ウ) 「村社会」は，閉鎖《へいさ》的で，古くからのしきたりを守りながら，よそ者を受け入れようとしない社会。

問３ 傍線《ぼうせん》部①は，直前の玲奈の両親の言葉にあるような，親切が行き過ぎていたり，一見親切なようで実は嫌味《いやみ》だったりする行為《こうい》について言っている。イ～エはそれにあたるが，アは裏のない純粋《じゅんすい》に親切な行為なので，合わない。

問４ 同じ段落に，「どうして親切だと思ったことを～心配しなきゃいけないんだろう」とあるように，玲奈は両親の言葉を聞きながらも，自分は親切や正義感を素直《すなお》に受けいれたいと考えていることをおさえる。そして，自分のそのような気持ちを大切にしたくて，両親の言葉を「半分の半分くらいにしか聞かないように」気をつけているのである。よって，エがふさわしい。なお，イは，「パパやママ」の考えに「耳を傾《かたむ》けるのはやめようと思った」とあるが，まったく聞かないわけではないので誤り。

問５ 駿《しゅん》くんは，「親も荒《あ》れてて家が地獄《じごく》」と大変な家庭の状況《じょうきょう》を冷静にとらえ，そのなかでも「俺《おれ》は大丈夫《だいじょうぶ》」，「親に期待してねえし」と，自分の力で生きていこうとしている。友達のそのようなようすを見て，玲奈はこれまで親に期待するとかしないとか考える状況にもなかった自分のことを「精神年齢《ねんれい》が低いのかもしれない」と考えたのである。

問６ 直後の駿くんの行動に注目する。玲奈の「目元を覆《おお》うように手をかざし」ていることから，自分の話を聞いて玲奈が涙《なみだ》ぐむなどとは想像していなくて，友達のそんな顔を見たくないという気持ちが読み取れる。よって，アがふさわしい。

問７ 直前に注目する。玲奈は，駿くんの話を聞き，お父さんがリストラされて転校しなくてはいけなくなった友達のことや，自分も「両親の仕事がどうにかなれば，学校を辞《や》めなきゃいけなくなるかもしれない」ことを考えている。自分たち子供は親に生活をゆだねているので，親の経済的事情によりいつ生活が変わってしまうかわからない状態にあることを，傍線部⑤のように言っているのである。よって，イが選べる。

問8　直後で，空欄《くうらん》Ⅰの内容を「フィーリングで絶対牛カルビって思ったけど～もらいたくなるよねってことだ」とたとえている。玲奈と友達が定食屋で，それぞれ「とんかつ定食」，「チャーハン」，「牛カルビ定食」を注文したが，おたがいに「一口ちょうだい」と他の人のものを欲《ほ》しがったように，自分の持っていないものが欲しくなるということを表す文なので，イがふさわしい。

問9　玲奈は，はま屋の唐揚《からあ》げが美味《おい》しいので「仲のいい友達に食べさせてあげたくて」連れていっただけだったのだが，それを駿くんに「施し」と言われ，「怒《いか》り」を覚えている。また，誤解を解こうといろんな言葉をかけたが伝わらず，駿くんを「ものすごく遠くにいる人のように感じ」ている。駿くんに言われて，本当に自分に「施し」といった気持ちはなかったんだろうかと「不安」になっているが，それは「自分の思いを相手に上手に伝えられない」という不安ではないので，エがふさわしくない。

問10　「浅はか」は，注意深い考えが足りないこと。傍線部⑦の文に，「自分はすごく浅はかなことをして～冷たくなった」とあることから，玲奈は「友達に食べさせてあげた」いという気持ちで行動したが，そのことによって駿くんが傷つく可能性に今になって気がつき，そこまで考えられなかったことを深く後悔《こうかい》し始めたのだとわかる。

問11　ママがフェスに行ったときの話に注目する。ママは，自分とは考えのちがう女性に対して腹を立てた。しかし，後で「自分が想像できない人ほど」「思いやらなければならない」と考えたと話している。自分とはちがう人に対して思いやれないことは，「全ての人は，生きていれば必ず誰《だれ》かの邪魔《じゃま》になる」ことだと玲奈に伝えているので，イが選べる。

問12　傍線部⑨は，席をとった女性の，ママが何を言っても聞く耳を持たず，ルールとして決められた「席取り禁止」ということだけを繰《く》り返し言うようすを表している。よって，ア，イ，エが合う。

問13　玲奈は，積極的にコミュニケーションをとることがいいことだと考えているからこそ，「いかにも大人しめな子たちに声を掛《か》けたりあれこれ誘《さそ》っ」たりしてきたのである。しかし，「大人しめな子たち」は玲奈とは考え方がちがっていたと考えられる。

問14　ママがフェスのときに出会った女性に対して考えていたことは，「自分の正義」にもとづいていただけで，自分とは考え方のちがう女性のことを想像したり思いやったりしていなかった。「自分が想像できない人ほど」「思いやらなければならない」という考えに至った今，自分の価値観だけで物事を見るのは「脆弱《ぜいじゃく》」だと思うようになったのだと考えられる。

問15　物語後半のママの言葉に注目する。友達とのすれちがいに悩《なや》む玲奈にママは，「世界は理解し合えない人，話し合っても無駄《むだ》な人で満ちて」いて，「その差異を最大限の想像力を持ってやり過ごすなり，超《こ》えるなりしていかなければならないってことを伝えたい」と，想像することの大切さを語っている。よって，エがふさわしい。

問16　物語の前半は，玲奈と友達とのやりとりで展開されているので，アはふさわしくない。また，玲奈が「私の地元いいお店あるんだよってことを教えたく」て友達をはま屋に連れていったと書かれていることから，ヨリヨリとミナミは玲奈と地元が同じではないとわかるので，エも合わない。

問17　玲奈は，友達の気持ちまで考えずにとった行動で友達を傷つけてしまい，悩んでいた。よって，玲奈が「相手のことを真っ先に考えて」いるわけではないので，イは合わない。また，「互《たが》いが相手を思いやって行動」することは「簡単」ではないからこそ，ママも「この年になっても」「苦しんでる」と言っているので，ウも合わない。

Dr.福井の 入試に勝つ！脳とからだのウルトラ科学

意外！　こんなに役立つ“替え歌勉強法”

病気やケガで脳の左側（左脳）にダメージを受けると，字を読むことも書くことも，話すこともできなくなる。言葉を使うときには左脳が必要だからだ。ところが，ふしぎなことに，左脳にダメージを受けた人でも，歌を歌う（つまり言葉を使う）ことができる。それは，歌のメロディーが右脳に記憶されると同時に，歌詞も右脳に記憶されるからだ。ただし，歌詞は言葉としてではなく，音として右脳に記憶される。

そこで，右脳が左脳の10倍以上も記憶できるという特長を利用して，暗記することがらを歌にして右脳で覚える“替え歌勉強法”にトライしてみよう！

歌のメロディーには，自分がよく知っている曲を選ぶとよい。キミが好きな歌手の曲でもいいし，学校で習うようなものでもいい。あとは，覚えたいことがらをメロディーに乗せて替え歌をつくり，覚えるだけだ。メロディーにあった歌詞をつくるのは少し面倒かもしれないが，つくる楽しみもあって，スムーズに暗記できるはずだ。

替え歌をICレコーダーなどに録音し，それを何度もくり返し聞くようにすると，さらに効果的に覚えることができる。

音楽が苦手だったりして替え歌がうまくつくれない人は，かわりに俳句（川柳）をつくってみよう。五七五のリズムに乗って覚えてしまうわけだ。たとえば，「サソリ君，一番まっ赤は，あんたです」（さそり座の１等星アンタレスは赤色――イメージとしては，運動会の競走でまっ赤な顔をして走ったサソリ君が一番でゴールした場面）というように。

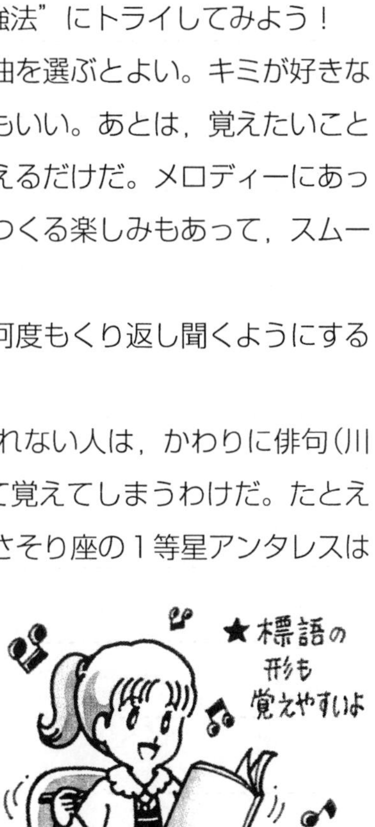

Dr.福井（福井《ふくい》一成《かずしげ》）…医学博士。開成中・高から東大・文Ⅱに入学後，再受験して翌年東大・理Ⅲに合格。同大医学部卒。さまざまな勉強法や脳科学に関する著書多数。

Memo

2021年度　国府台女子学院中学部

〔電　話〕(047) 322－７７７０
〔所在地〕〒272-8567　千葉県市川市菅野３－24－１
〔交　通〕JR総武線─「市川駅」より徒歩12分
京成電鉄─「市川真間駅」より徒歩５分

【算　数】〈第１回試験〉（50分）〈満点：100点〉

［注意］１．円周率は3.14とします。
２．仮分数は，すべて帯分数になおして解答してください。

1　次の□にあてはまる数を答えなさい。

(1)　$5\times9\div3+24\div3\div2-(6\div2\times3)=\square$

(2)　$5\times\left(\frac{6}{7}\times2\frac{11}{12}+11\div4.4\right)\times\left(2.05-1\frac{1}{4}\right)=\square$

(3)　$6-\left\{0.2\times\square+\left(1.7+\frac{7}{10}\right)\right\}\div\left(5-\frac{4}{11}\right)=5\frac{4}{15}$

2　次の□にあてはまる数を答えなさい。

(1)　半径□mの円形の池の周りに40cmおきに旗を立てたところ，ちょうど157本で池を一周しました。

(2)　5000円を姉，兄，弟の３人に分けました。姉は兄の２倍より900円少なく，兄は弟より100円多くなりました。姉がもらった金額は□円です。

(3)　今，姉は12歳《さい》で母は42歳です。□年後に姉と母の年齢《れい》の比は６：11になります。

(4)　10円硬貨《こうか》が２枚，50円硬貨が２枚，100円硬貨が２枚あります。これらを使って支払《はら》うことができる金額は□通りあります。ただし，支払い額の合計が０円の場合は考えないものとします。

(5)　ある動物園の開園前に200人の入園者が並んでいます。開園後，１分間に40人ずつ入園者が列に加わります。開園と同時に３か所の入り口を開けると25分で列がなくなり，５か所の入り口を開けると□分で列がなくなります。

(6)　濃度《のうど》が５％，８％，12％の３つの食塩水をかき混ぜました。出来上がったのは，９％の食塩水500ｇです。５％と８％の食塩水の量の比は１：２であり，12％の食塩水の量は□ｇです。

3　次の問いに答えなさい。

(1)　四角すいの体積の求め方を立方体を使って次のように考えました。文中の[ア]～[オ]にもっともふさわしいものを選択肢《せんたくし》から選び番号で答えなさい。

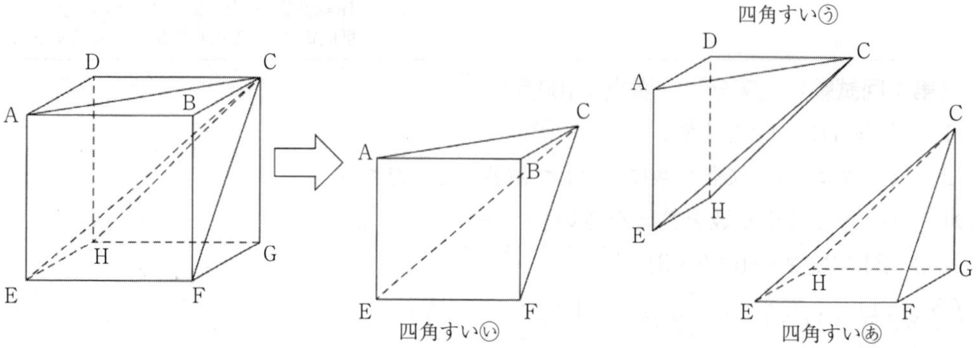

立方体を図のように３つの四角すいに分けます。

四角すい(あ)と四角すい(い)では，四角形EFGHと四角形EABFが[　ア　]な正方形，三角形FGCと三角形ABCが[　ア　]な[　イ　]であり，四角すい(あ)と(い)は同じ形で同じ大きさの四角すいです。

四角すい(あ)と(う)についても同じように考えることができるので，３つの四角すいは，すべて同じ形，同じ大きさの四角すいであることがわかります。

これより，四角すい(あ)の体積は元の立方体の体積の[　ウ　]倍であり，四角すいの体積はEF×FG×[　エ　]×[　ウ　]で求められます。

ここで，EF×FGが四角すいの[　オ　]とすると，[　エ　]が四角すいの高さを表しているので，四角すいの体積は[　オ　]×高さ×[　ウ　]で求められることがわかります。

＜選択肢＞

①　平行　　②　合同　　③　正三角形　　④　直角二等辺三角形

⑤　$\frac{1}{2}$　　⑥　$\frac{1}{3}$　　⑦　$\frac{1}{4}$　　⑧　CG　　⑨　GH　　⑩　CH

⑪　表面積　　⑫　側面積　　⑬　底面積

(2)　A，Bの２人が１周400mの池の周りを走ります。同じ場所から出発して，反対方向に進むと出発してから２分後に出会い，同じ方向に進むと20分後にはじめてAがBを追いぬきました。Aの走る速さは毎分何mですか。

解答は答えのみではなく，途中《とちゅう》の計算や考え方を解答らんにできるだけくわしく書きなさい。

4　次の［　］にあてはまる数を答えなさい。

(1)　下の図1で，四角形ABCDは平行四辺形，五角形EFGCHは正五角形です。角xの大きさは，［　　］度です。

図1

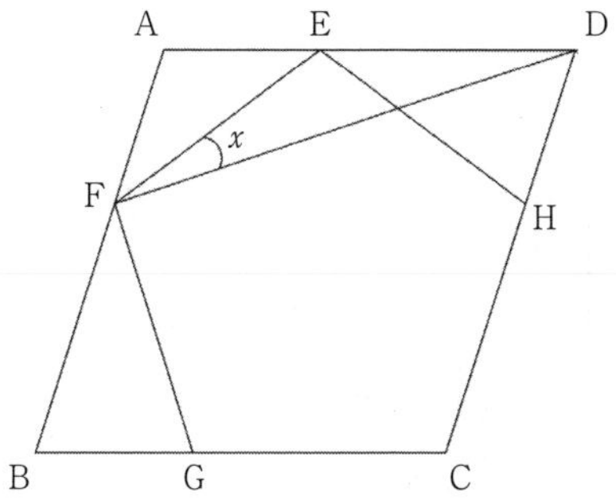

図2

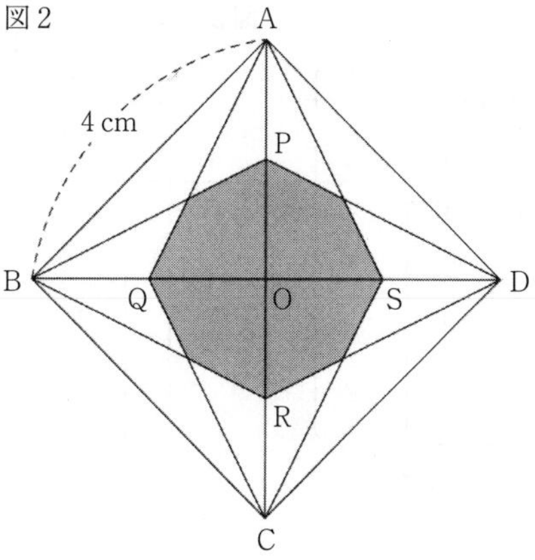

(2)　上の図2の正方形ABCDにおいて，点Oは対角線の交点です。また，点P，Q，R，SはそれぞれOA，OB，OC，ODの真ん中の点です。ぬりつぶした部分の面積は［　　］cm^2です。

(3)　下の図3の立方体において，P，Q，R，Sはそれぞれの辺の真ん中の点です。この立方体を3点P，Q，Fを通る平面と，3点S，R，Gを通る平面で切り分けました。切り分けた立体のうち点Bをふくむ立体の体積は［　　］cm^3です。

図3

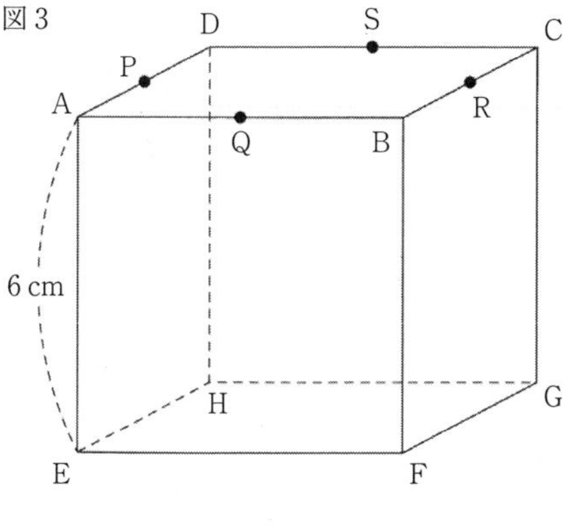

5　次の図1のように，1辺の長さが30cmの立方体の形をした水そうAの中に1辺の長さが20cmの立方体の形をした水そうBが入っています。また，図2のように，水そうBの真上にじゃ口①，水そうAにじゃ口②がついています。はじめに，じゃ口①から水を入れ，水そうAが水でいっぱいになったときにじゃ口①を閉めます。同時にじゃ口②から水を出し，しばらくして，じゃ口①を再び開き水を入れました。下の図3は，水を入れ始めてからの時間と底面から一番高い水面の高さの関係を表したグラフです。ただし，水そうの厚みは考えないものとし，それぞれのじゃ口からは一定の量の水が出るとします。

(1)　じゃ口①から出る水の量は毎分何Lですか。

(2)　じゃ口②から出る水の量は毎分何Ｌですか。

(3)　ア にあてはまる数を答えなさい。

(4)　じゃ口①を再び開けたのは，はじめに水を入れ始めてから何分何秒後ですか。

図１

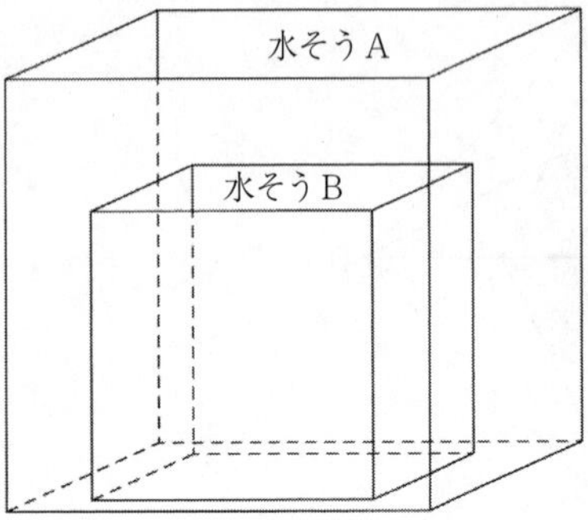

図２

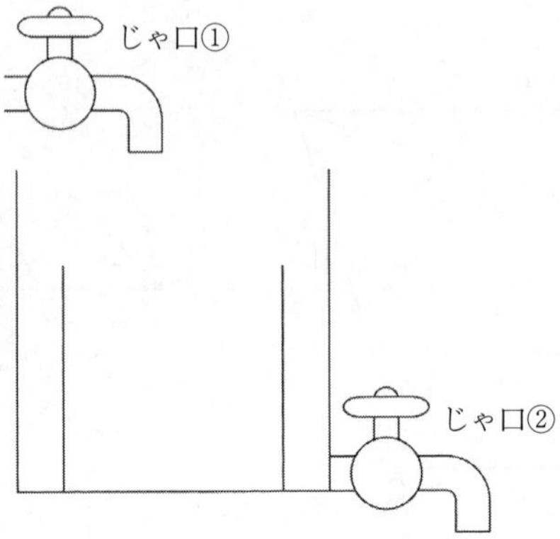

図３

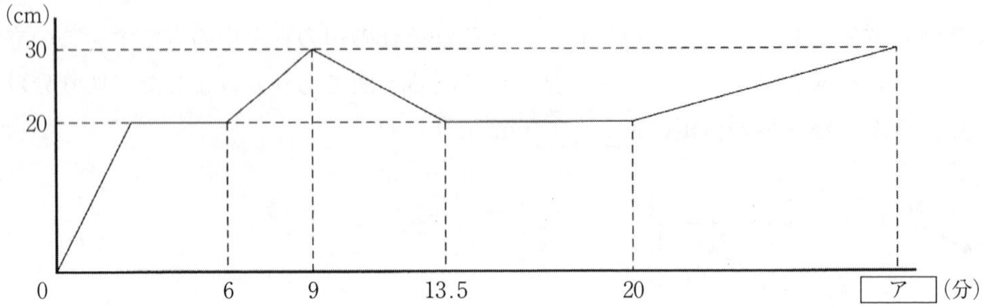

【社　会】〈第１回試験〉（30分）〈満点：60点〉

［注意］解答は，適切な漢字をもちいて記入して下さい。

1　次の文を読んで，あとの問いに答えなさい。

わたしは，日本列島の様々な島について調べ学習を行いました。最初に調べたのは，日本の最端にある島々についてです。これを表にまとめました。

	島の名前	緯度《いど》・経度	所属する都道府県
北端《ほくたん》	（ あ ）	北緯《ほくい》46度　東経149度	(A)北海道
南端《なんたん》	沖ノ鳥島	北緯20度　東経136度	（ い ）
東端《とうたん》	南鳥島	北緯24度　東経154度	（ い ）
西端《せいたん》	（ う ）	北緯24度　東経123度	沖縄県

島によっては，対策すべき課題があることがわかりました。たとえば，沖ノ鳥島では(B)波に削られて島が沈没《ちんぼつ》するのを防ぐために護岸工事が行われました。

続いて世界遺産に登録された島についてです。(C)鹿児島県の屋久島が日本で初めて世界自然遺産に登録されたほか，近年では(D)福岡県の沖ノ島をはじめとした遺跡群《いせきぐん》が世界文化遺産に登録されました。

また，いくつかの島は（E）中国・韓国・ロシアとの間で，領土をめぐる問題が存在することもわかりました。

産業について調べると，香川県の(F)小豆島のように気候に合った農業がさかんに行われていることもわかりました。

最後に，近年話題になった西之島についてです。この島は，小笠原諸島に含まれ，海底火山の活動により面積を拡大しています。(G)火山活動は日本各地に大きな影響《えいきょう》を与《あた》えており，今後の動向が気になります。

（１）　表中の空らん(あ)～(う)にあてはまる島名や都道府県名を答えなさい。

（２）　下線部(A)について，次の問いに答えなさい。

①　北海道の自然や産業について述べた文として，正しいものを次のア～エから１つ選び，記号で答えなさい。

ア．北海道南部には北見山地が広がっている。

イ．北海道の太平洋側は，黒潮という寒流の影響で，日本海側と比べて気温が低い。

ウ．根釧台地は火山灰におおわれた土地で農業に向かなかったが，土地改良によって米作りがさかんになった。

エ．釧路や苫小牧では工業港があり原材料の入手がしやすいため，木材を使ったパルプ工業がさかんである。

②　知床半島では，開発が行われる以前にその土地を買い取り，保護する「しれとこ100平方メートル運動」が世界遺産登録前から行われていました。このような運動を何というかカタカナで答えなさい。

（３）　下線部(B)について，島の沈没を防ぐ必要があるのはなぜですか。「海里」という語句を必ず用いて，その理由を簡単に答えなさい。

(4) 下線部(C)について，次の問いに答えなさい。

① 鹿児島県では，漁業の中でも養殖業《ようしょくぎょう》がさかんに行われています。鹿児島県が，全国で最も多く生産している水産物は何ですか。次のア～エから1つ選び，記号で答えなさい。

ア．うなぎ　　イ．金魚　　ウ．まだい　　エ．かき

② 鹿児島県は，全国でも有数の畜産《ちくさん》がさかんな県です。2019年の家畜《かちく》の飼育頭数割合を示した次のグラフのうち，鹿児島県にあたるものをア～エから1つ選び，記号で答えなさい。

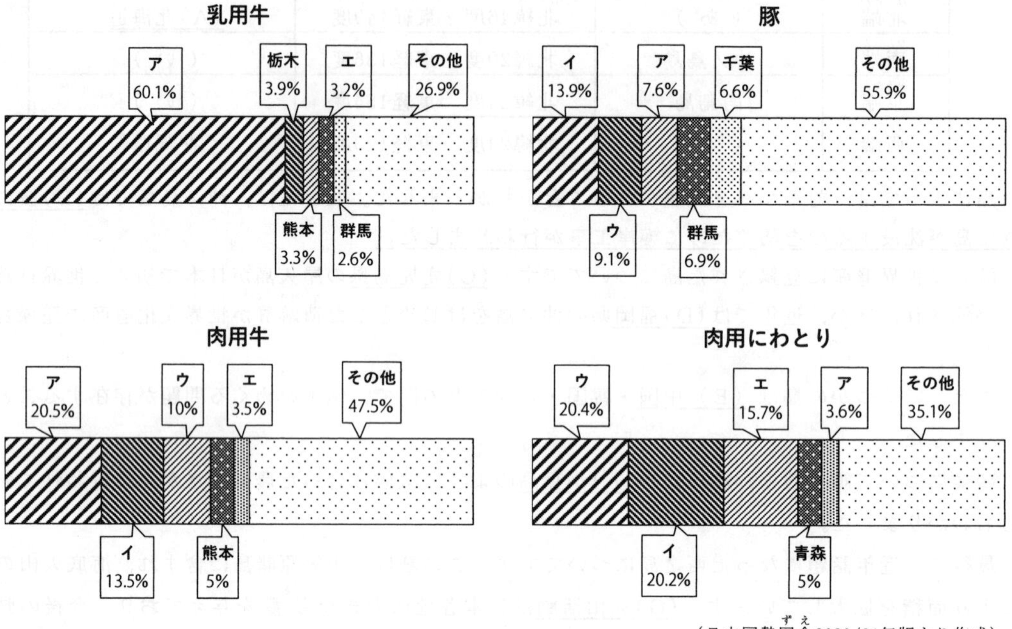

(日本国勢図会《ずえ》2020/21年版より作成)

(5) 下線部(D)について，福岡県には北九州工業地域があります。これについて述べた文として，正しいものを次のア～エから1つ選び，記号で答えなさい。

ア．様々な工業がさかんで，臨海地域では鉄鋼・石油化学などの素材型工業，内陸部でコンピューターや自動車などの組み立て型工業が発展した。ほかの工業地帯と比べると，印刷業の生産額が多い。

イ．20世紀初頭から鉄鋼業を中心に発展したが，素材型から組み立て型への工業の構造転換《てんかん》が遅れ，全国の生産額にしめる割合を低下させた。近年では自動車工場が進出し，機械工業の割合が少しずつ増加している。

ウ．自動車工業などの機械工業がさかんで，大規模な自動車会社とその関連工場が多くある。大規模な石油化学コンビナートもあり，1960年代にはそこから出るけむりに含まれた亜硫酸《ありゅうさん》ガスによる公害が発生した。

エ．生産額は全国第2位で，重化学工業・電気機械の大工場のほか，金属やせんい業の中小工場が多く，中小工場の生産額も多い。

（６） 下線部（Ｅ）について，中国は日本の主な貿易相手国のひとつです。次のグラフは，2019年の日本の輸入品の主な輸入先について表したものです。中国にあたるものをア～エから１つ選び，記号で答えなさい。

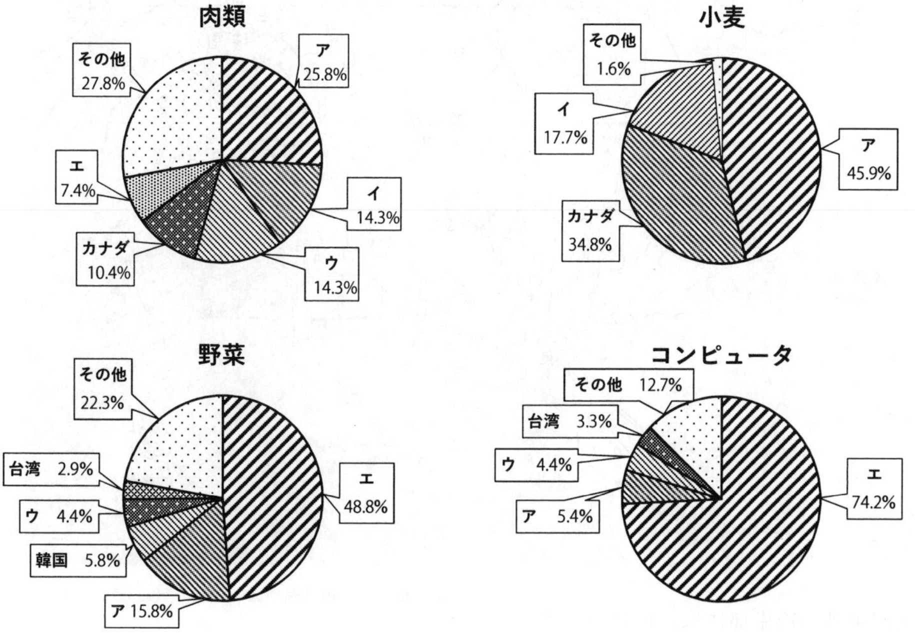

（日本国勢図会2020/21年版より作成）

（７） 下線部（Ｆ）について，次の問いに答えなさい。

① 小豆島は香川県に属します。香川県高松市の雨温図として，正しいものを次のア～エから１つ選び，記号で答えなさい。

ア．

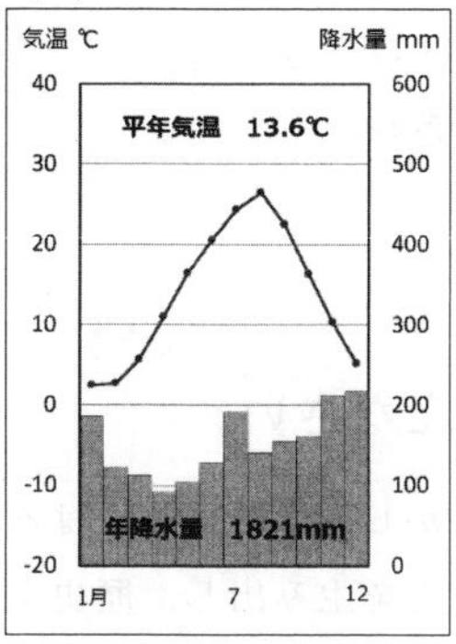

イ．

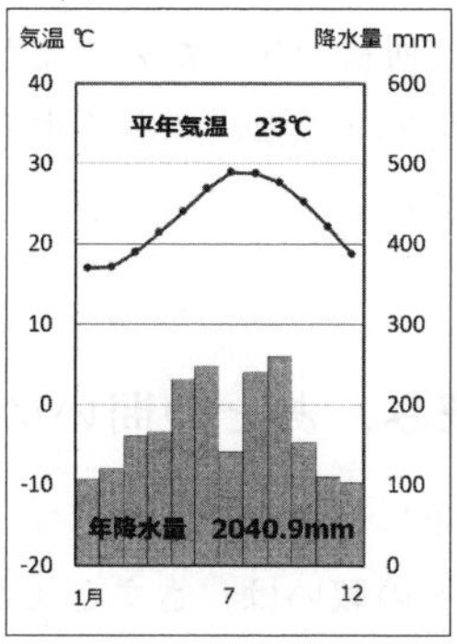

ウ．

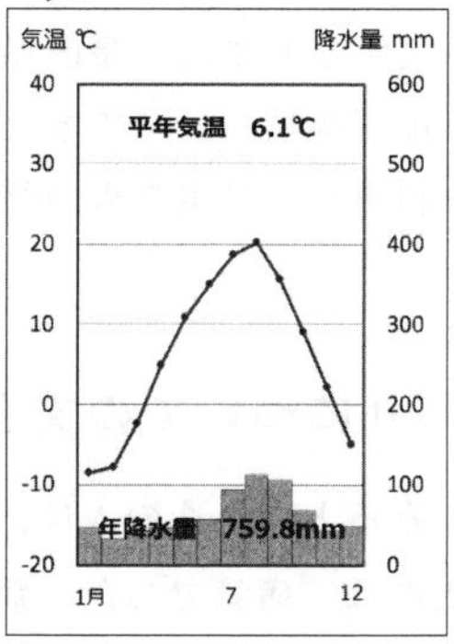

エ．

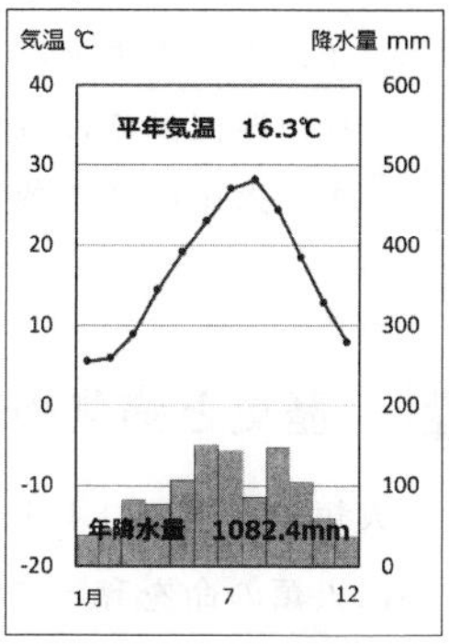

（気象庁HP 過去の気象データより作成）

② 次の２万５千分の１の地図から読み取れる内容として正しいものを次のア～エから１つ選び，記号で答えなさい。

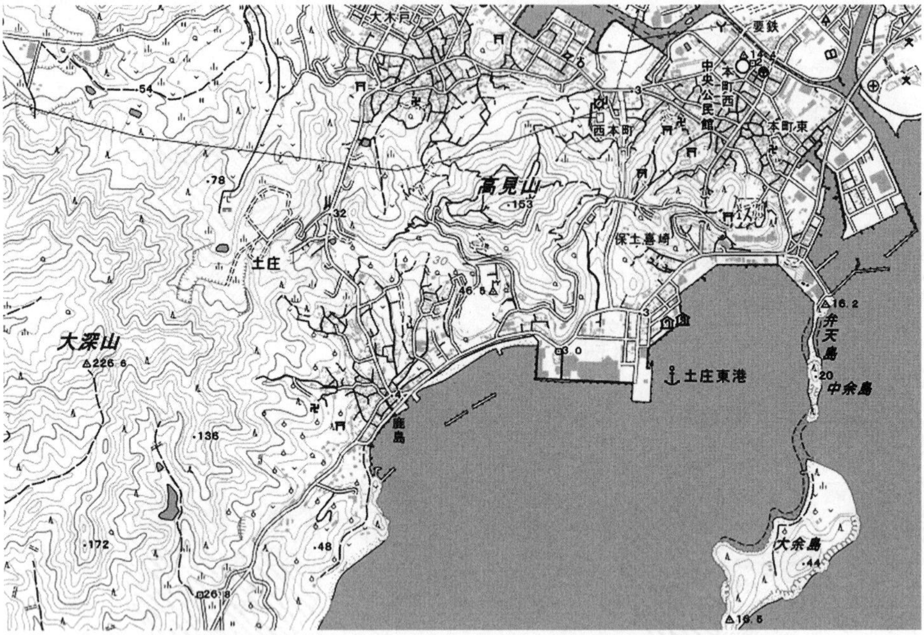

（国土地理院　地理院地図webページ(maps.gsi.go.jp)より作成）

ア．土庄東港の沿岸部には，博物館が並んでいる。

イ．西本町の北西には，裁判所や官公署，高等学校が並んでいる。

ウ．大深山の東側のふもとには果樹園が多い。

エ．土庄の北側は，こう配が非常に急なため田や畑がまったくない。

（８） 下線部(G)に関する説明として，正しいものを次のア～エから１つ選び，記号で答えなさい。

ア．火山ガスが冷えて固まったものが原油となる。

イ．火山の噴火による災害としては，長崎県の雲仙岳で起きた火砕流があげられる。

ウ．鹿児島県には，火山灰が積もってできたカルスト台地が広がる地域がある。

エ．火山の熱や蒸気を利用した発電を火力発電という。

2 歴史と病気の関わりについての文を読み，あとの問いに答えなさい。

人類の歴史をひもといてみると，多くの人は，戦争にばかり注目します。しかし，戦争よりもはるかに人類の命を奪《うば》ってきたのは，病気でした。病気との戦いは，さまざまな文化を生み出し，歴史上のできごとも引き起こしてきました。

天然痘《てんねんとう》は非常に古くからある病気で，日本では，大陸との交流がさかんになる６世紀頃《ごろ》に伝わったと言われています。(A)聖徳太子(厩戸王)も，この天然痘によって命を落としたという説があります。

奈良時代に入っても天然痘は猛威《もうい》を振《ふ》るい，身分の高い人々まで次々と病に倒《たお》れ，これが(B)大仏を建立《こんりゅう》する一因ともなりました。天然痘は，たとえ死を免《まぬが》れても失明にいたる場合がありました。しかし，そうした(C)失明した人たちも日本の文化の重要な担《にな》い手《て》となったのです。

(D)鎌倉幕府が滅《ほろ》んだ14世紀は，世界的にも「14世紀の危機」と呼ばれる混乱の時代であり，その原因のひとつはペストという伝染病《でんせんびょう》の流行でした。この流行で，ヨーロッパでは人口の３分の１が亡《な》くなり，中国で（ あ ）が滅んだ原因のひとつであったとも考えられています。

さらに，15世紀に入って，ヨーロッパ人が大航海時代に乗り出すと，彼《かれ》らを通じて様々な病気が，世界中に広がりました。例えば，1492年にヨーロッパ人としてはじめてアメリカ先住民と交流した（ い ）の一行は，梅毒という病気を持ち帰り，この病気は数十年後には早くも日本にまで伝染《でんせん》しています。この病気の東アジアでの流行には，（Ｅ）主に中国人や日本人による海賊《かいぞく》の活動が関係しているようです。

江戸時代の後半になると，（Ｆ）西洋の学問を導入して医学を進歩させようという動きが生まれます。一方で，幕末から明治のはじめにかけては，開国とともに多くの伝染病も日本に入ってきました。特にコレラの流行は大勢の死者を出し，（Ｇ）明治政府や国民が近代化を目指す大きなきっかけとなりました。また，病気を持《も》ち込《こ》む欧米の船を拒否《きょひ》できなかったことは，（Ｈ）不平等条約改正への機運をもたらす一因ともなったのです。

19世紀から20世紀にかけて，人類の伝染病対策は大きく進歩し，そのなかで（Ｉ）世界に貢献《こうけん》した日本人もいました。それでも，数多くの死者を出すような流行は繰《く》り返《かえ》し起こりました。

例えば，（Ｊ）第一次世界大戦はそれまでの人類史上最大の戦争でしたが，戦争を通じて流行したインフルエンザによる死者数は，戦死者の数倍にものぼります。さらに，工業の発展は「公害病」という新たな病気をも生み出し，日本では，第二次世界大戦後の（Ｋ）高度経済成長期に，その被害《ひがい》はより深刻なものとなりました。

現代では，人びとの交流がますますさかんになり，伝染病もより広まりやすくなっています。それでも，国際的な人やもののやりとりなしに私たちの生活は成り立ちません。この「病気」という問題に（Ｌ）人類全体がどう取り組むか，それは常に問われ続けているのです。

（１） 文中の空らん（ あ ）にあてはまる王朝名を次のア～エから１つ選び，記号で答えなさい。

ア．宋　　イ．元　　ウ．明　　エ．清

（２） 文中の空らん（ い ）にあてはまる人名を答えなさい。

（３） 下線部（Ａ）の人物が政治を行った時代の，日本と大陸との交流について説明した文として正しいものを次のア～エから１つ選び，記号で答えなさい。

ア．このときの中国王朝は唐であった。

イ．聖徳太子が仏教の導入をすすめたのに対して，有力豪族の蘇我氏は反対の立場をとって争った。

ウ．朝鮮半島に勢力を拡大しようと出兵したが，白村江の戦いで敗れた。

エ．朝鮮半島の百済《くだら》とは友好関係にあった。

（４） 下線部（Ｂ）とほぼ同じ時期のできごとを次のア～エから１つ選び，記号で答えなさい。

ア．日本で初の一般《いっぱん》に流通した通貨である，和同開珎が発行された。

イ．墾田永年私財法が制定されて，新たに開墾《かいこん》した土地は，子孫に伝えてよいことになった。

ウ．坂上田村麻呂が征夷大将軍となって，東北地方に派遣《はけん》された。

エ．藤原道長が関白となって権力を握《にぎ》った。

(5)　下線部(C)について，目の見えない人々によって育まれた文化を次のア～エから1つ選び，記号で答えなさい。

ア．『土佐日記』『更級日記』などの日記文学。

イ．『平家物語』の琵琶《びわ》による弾《ひ》き語《がた》り。

ウ．『曽根崎心中』などの人形浄瑠璃。

エ．世阿弥が大成した，仮面を付けて舞《ま》う能。

(6)　下線部(D)について説明した文として，正しいものを次のア～エから1つ選び，記号で答えなさい。

ア．将軍の補佐役《ほさやく》は管領という役職であった。

イ．将軍の位をめぐって，応仁の乱が起こったため衰退《すいたい》した。

ウ．六波羅探題を京都において，朝廷を監視《かんし》した。

エ．第三代将軍が，金閣を建立した。

(7)　下線部(E)のような，14世紀から16世紀にかけて東アジアの海で活動した海賊は何と呼ばれるか，答えなさい。

(8)　下線部(F)について，ヨーロッパの医学書を翻訳《ほんやく》して『解体新書』を著《あらわ》したのは誰《だれ》ですか。次のア～エから1人選び，記号で答えなさい。

ア．杉田玄白　　イ．平賀源内　　ウ．伊能忠敬　　エ．滝沢馬琴

(9)　下線部(G)について説明した文として正しいものを次のア～エから1つ選び，記号で答えなさい。

ア．西南戦争では，大久保利通が率いるかつての武士階級の軍を，近代兵器を装備した明治政府の軍が打ち破った。

イ．郵便制度の開始，義務教育の開始，徴兵制の開始は，すべて明治時代である。

ウ．日清戦争の賠償金《ばいしょうきん》を利用して，政府は富岡製糸場を建設した。

エ．大日本帝国憲法は，国民の代表である国会が制定するという形式で成立した。

(10)　下線部(H)に関連して，関税について説明した次の文を読んで，空らんにあてはまる文を答えなさい。

不平等条約の内容で特に重要なのは，関税に関するものです。関税とは，貿易を行うときにかかる税金です。日本が結んだ不平等条約では，日本は［　　　　　　］。

(11)　下線部(I)について，このような日本人の一人として，北里柴三郎がいます。彼の業績を説明した文として正しいものを次のア～エから1つ選び，記号で答えなさい。

ア．ドイツに留学して破傷風《はしょうふう》の治療法《ちりょうほう》を確立し，帰国後はペスト菌《きん》の発見などの業績を残した。

イ．コレラの危険性と予防を民衆に訴《うった》え，また，天然痘の予防接種も普及《ふきゅう》させた。

ウ．日露戦争で軍医として勤めた後に文学者となり，『舞姫』『山椒大夫』などの作品がある。

エ．アメリカに留学して，そこを拠点《きょてん》に伝染病の研究に取り組み，アフリカでの調査中にみずからも黄熱病《おうねつびょう》に感染《かんせん》して亡くなった。

(12)　下線部(Ｊ)で，日本は勢力範囲《はんい》をさらに拡大しました。この前後に行われた，日本のアジア進出について，以下のできごとを時代順に並《なら》べ替《か》えなさい。

ア．朝鮮半島を植民地にした。

イ．日中戦争が始まった。

ウ．中国東北部に満州国を建国した。

エ．台湾を植民地にした。

(13)　下線部(Ｋ)のときのできごととして正しいものを次のア～オから**２つ**選び，記号で答えなさい。

ア．ラジオ放送が普及した。

イ．東海道新幹線が開通した。

ウ．東京でオリンピックが開かれた。

エ．携帯《けいたい》電話が普及した。

オ．消費税が初めて導入された。

(14)　下線部(Ｌ)について，国際連合の機関のひとつで，世界中の人々の健康を守るために設立された組織は何ですか，答えなさい。アルファベットの略称《りやくしよう》でもかまいません。

3　次の文を読んで，あとの問いに答えなさい。

今年2021年は，日本国憲法が公布されて75周年になります。この憲法は，大日本帝国憲法を改正する形式で制定され，その第１条は次のとおりです。

第１条　天皇は，日本国の象徴《しようちよう》であり日本国民統合の象徴であって，この地位は，主権の存する日本国民の総意に基《もとづ》く。

このように，一番最初の条文で(Ａ)天皇の地位について定めています。同時に，日本国憲法の３つの原則のうちの(　あ　)を明記しています。また，(あ)を実現する政治のしくみとして，三権分立が重要な役割を果たしています。

三権分立について，憲法では次のように示しています。

第41条　国会は，国権の最高機関であって，国の唯一《ゆいいつ》の(　い　)機関である。

第42条　国会は，(Ｂ)衆議院及《およ》び参議院の両議院でこれを構成する。

第64条①　国会は，罷免《ひめん》の訴追《そつい》を受けた裁判官を裁判するため，両議院の議員で組織する(　う　)裁判所を設ける。

第66条①　(Ｃ)内閣は，法律の定めるところにより，その首長たる内閣総理大臣及びその他の国務大臣でこれを組織する。

第76条①　すべて司法権は，最高裁判所及び法律の定めるところにより設置する下級(Ｄ)裁判所に属する。

３つの原則の２つめは，基本的人権の尊重であり，日本国憲法には(Ｅ)人権について規定した条文が多数存在しています。一方，(Ｆ)国民の義務についても規定があります。

３つの原則の３つめとして，戦争の放棄《ほうき》を明記しています。

第９条①　日本国民は，正義と秩序《ちつじよ》を基調とする国際平和を誠実に希求し，国権の発動たる戦争と，(　え　)による威嚇又《いかくまた》は(え)の行使は，国際紛争《ふんそう》を解決する手段としては，永久にこれを放棄する。

第９条②　前項《ぜんこう》の目的を達するため，陸海空軍その他の戦力は，これを保持しない。国の交戦権は，これを認めない。

ところで，(G)昨年９月まで約７年８か月続いた安倍晋三内閣では，上の第９条の条文内容変更《へんこう》を含めて，憲法を改正する動きが進められました。憲法改正については，日本国憲法上では次のように定められています。

第96条①　この憲法の改正は，各議院の総議員の（　お　）の賛成で，国会が，これを発議し，国民に提案してその承認《しょうにん》を経なければならない。この承認には，特別の国民投票又は国会の定める選挙の際行われる投票において，その（　か　）の賛成を必要とする。

（1）　下線部(A)について，日本国憲法における天皇の役割を述べた次の文の空らんにあてはまる語句を答えなさい。

天皇は，国会の指名に基《もと》づいて内閣総理大臣を［　　　　］する。

（2）　下線部(B)について述べた文のうち正しいものをア～エから１つ選び，記号で答えなさい。

ア．衆議院議員の任期は６年で，３年ごとに半数が改選される。

イ．参議院議員の被選挙権《ひせんきょけん》を持つのは，満25歳《さい》以上の日本国民である。

ウ．参議院議員選挙は，小選挙区と全国を一選挙区とする比例代表制を合わせた「小選挙区比例代表並立制《へいりつせい》」で行われる。

エ．予算を先に審議《しんぎ》する権限があるなど，衆議院は参議院より優遇《ゆうぐう》されている。

（3）　下線部(C)について述べた次の文のうち正しいものを次のア～エから１つ選び，記号で答えなさい。

ア．衆議院で内閣不信任決議案が可決された時は，内閣は40日以内に総辞職しなければならない。

イ．外国と条約を締結《ていけつ》することも内閣の仕事の１つである。

ウ．国務大臣は，内閣官房長官《かんぼうちょうかん》，国家公安委員会委員長，11の省の各大臣の合計13名である。

エ．昨年９月の菅内閣誕生時に，国務大臣の３分の１は女性だった。

（4）　下線部(D)について述べた文のうち正しいものを次のア～エから１つ選び，記号で答えなさい。

ア．最高裁判所は，長官１名と裁判官10名の合計11名で構成されている。

イ．最高裁判所裁判官は，任命後初めての参議院議員選挙の際に行われる国民審査《しんさ》により，辞《や》めさせられる可能性もある。

ウ．地方裁判所は各都道府県ごとにあり，合計47か所設置されている。

エ．民事裁判は，個人や企業《きぎょう》の財産，権利・義務などについての争いを裁くものである。

(５)　下線部(Ｅ)に関連して，自由権は３種類に分類されます。下の①～③の自由にそれぞれあてはまる憲法の条文ａ・ｂ・ｃの組み合わせとして正しいものを次のア～カから１つ選び，記号で答えなさい。

①　身体の自由

②　精神の自由

③　経済活動の自由

ａ．何人も，いかなる奴隷《どれい》的拘束《こうそく》も受けない。又，犯罪に因《よ》る処罰《しよばつ》の場合を除いては，その意に反する苦役《くえき》に服させられない。

ｂ．何人も，公共の福祉《ふくし》に反しない限り，居住，移転及び職業選択《せんたく》の自由を有する。

ｃ．学問の自由は，これを保障する。

ア．①－ａ　②－ｂ　③－ｃ　　イ．①－ａ　②－ｃ　③－ｂ

ウ．①－ｂ　②－ａ　③－ｃ　　エ．①－ｂ　②－ｃ　③－ａ

オ．①－ｃ　②－ａ　③－ｂ　　カ．①－ｃ　②－ｂ　③－ａ

(６)　下線部(Ｆ)について，国民の義務として**誤っているもの**を，次のア～エから１つ選び，記号で答えなさい。

ア．勤労の義務

イ．普通《ふつう》教育を受ける義務

ウ．納税の義務

エ．子どもに普通教育を受けさせる義務

(７)　下線部(Ｇ)の政策について述べた文のうち正しいものを次のア～エから１つ選び，記号で答えなさい。

ア．アベノミクス政策を行い，銀行の金利(利子)が上がった。

イ．消費税に軽減税率が導入された。

ウ．マスクが国民一人につき２枚ずつ配付された。

エ．ロシアとの首脳会談で，北方領土の４島返還《へんかん》で合意した。

(８)　空らん(　あ　)にあてはまる語句を答えなさい。

(９)　空らん(　い　)にあてはまる語句を答えなさい。

(10)　第64条①には，国会が裁判官を辞職させることができる権限について記されています。空らん(　う　)にあてはまる語句を答えなさい。

(11)　空らん(　え　)にあてはまる語句として，正しいものを次のア～エから１つ選び，記号で答えなさい。

ア．外交　　イ．核兵器《かくへいき》　　ウ．自衛隊　　エ．武力

(12)　空らん(　お　)・(　か　)にあてはまる語句の組み合わせとして，正しいものを次のア～エから１つ選び，記号で答えなさい。

ア．(お)－過半数　(か)－過半数　　イ．(お)－過半数　(か)－３分の２以上

ウ．(お)－３分の２以上　(か)－過半数　　エ．(お)－３分の２以上　(か)－３分の２以上

【理　科】〈第１回試験〉（30分）〈満点：60点〉

1　次の各問いに答えなさい。

(1)　冬眠《とうみん》する動物を次の**ア**～**オ**からすべて選び，記号で答えなさい。

ア：カモ　　**イ**：カエル　　**ウ**：コウモリ　　**エ**：カモノハシ　　**オ**：マグロ

(2)　ヒトが直立二足歩行するようになったことで起きた変化として正しいものを，次の**ア**～**オ**から２つ選び，記号で答えなさい。

ア：二足歩行を行うとき，体のバランスをとるために，２つの目が頭の前方についた。
イ：体重を支えるために，足の裏が広くかかとの骨が大きくなった。
ウ：２本の足で歩きやすいように，骨ばんが小さくなった。
エ：脳を首の骨で支えられるように，脳が小さくなった。
オ：歩行に前足が必要なくなったため，物をつかんだり道具を使えるようになったりした。

(3)　図のように，水でしめらせた割りばしをろうそくのほのおの中に入れてしばらくすると，割りばしが黒くこげている部分がありました。その黒くなる部分として最もあてはまるものを，次の**ア**～**オ**から１つ選び，記号で答えなさい。ただし，黒くなる部分は■で表しているものとします。

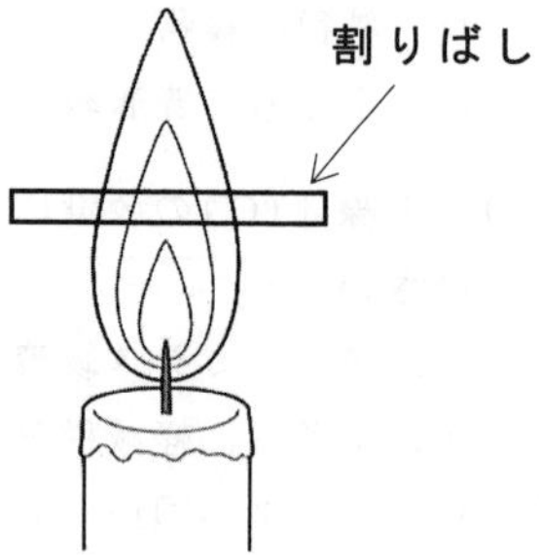

(4)　次の①，②の水よう液にそれぞれ電流を流すと，同じ気体が発生しました。その気体の名前を答えなさい。

①：うすい水酸化ナトリウム水よう液
②：うすい塩酸

(5)　地震《じしん》について，次の**ア**～**オ**から正しいものを１つ選び，記号で答えなさい。

ア：地震そのものの規模の大きさを震度《しんど》という。
イ：地震が発生した地下の場所を震源《しんげん》といい，その真上の地表の地点を震央《しんおう》という。
ウ：地震が発生すると，必ず津波《つなみ》も発生する。
エ：地震を観測した地点でのゆれの大きさをマグニチュードという。
オ：地震が発生すると，伝わる速さのちがう２種類の波が同時に発生し，伝わる速さが速い方の波が起こすゆれを主要動という。

(6)　日の出と日の入りは，下の①～③のどの太陽と地平線の位置関係のときですか。日の出と日の入りの組み合わせとして最もあてはまるものを，次の**ア**～**オ**から１つ選び，記号で答えなさい。

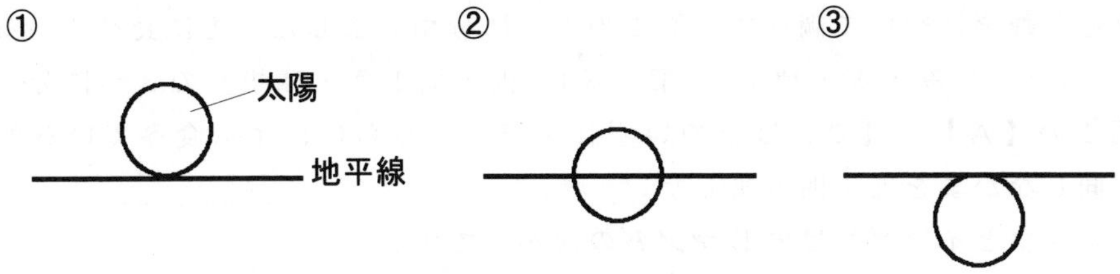

	日の出	日の入り
ア	①	①
イ	①	③
ウ	②	②
エ	③	①
オ	③	③

(7)　図は電球を簡単に表したものです。電球について，まちがっているものはどれですか。次の**ア**～**エ**から１つ選び，記号で答えなさい。

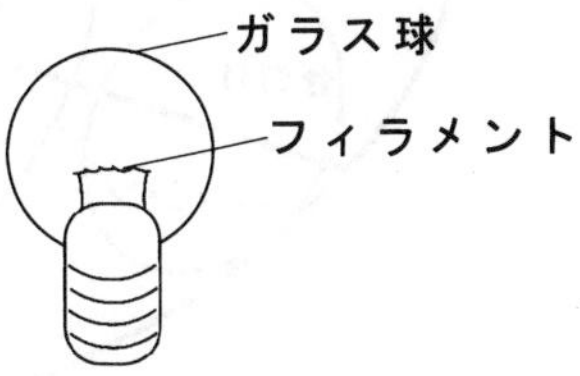

ア：ガラス球には，フィラメントが明るく光るために酸素が入れてある。
イ：ガラス球には，フィラメントが焼き切れないようにアルゴンが入れてある。
ウ：フィラメントには，熱に強いタングステンという金属が使われている。
エ：フィラメントには，過去に竹が使われていたことがある。

(8)　図の分銅を使い，上皿てんびんで小石の重さを正しい手順で測ったところ58ｇでした。このとき，何回の操作で小石の重さを測ることができましたか。数字で答えなさい。ただし，上皿てんびんは，すでにつりあいが調節されているものとし，操作１回は以下の①，②を１回と数えることとします。

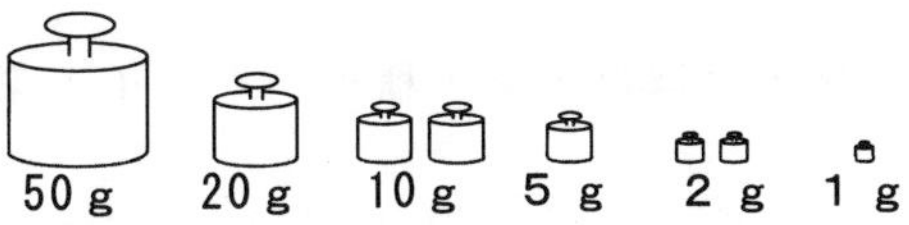

①：分銅を持ち上げ，上皿てんびんの皿に乗せる作業を操作１回と数える。
②：上皿てんびんに乗っている分銅を，上皿てんびんの皿からおろす作業を操作１回と数える。

2　**野菜の分類について，次の問いに答えなさい。**

ふだん食べている野菜は植物のどの部分を食べているのだろうと疑問に思った理科子さんは，身近な野菜について調べて，図１のように分類しました。主に食べている部分に注目すると，「つぼみ・実・種子」「葉・茎《くき》」「根・地《ち》下《か》茎《けい》・球根」の３つに分けられました。図１の【Ａ】～【Ｃ】はそのいずれかです。さらに，主に食べている部分で分けた後，同じなかまを丸で囲みました。

（例）トウミョウとインゲンは同じ***マメ科***のなかまです。

図１

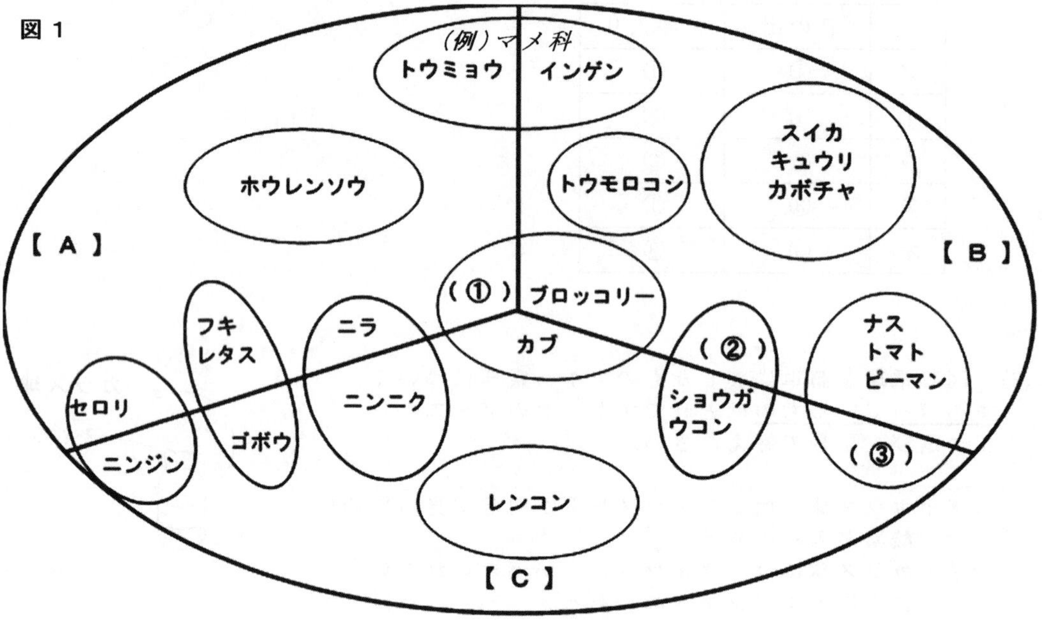

(1)　図１の【Ａ】には，植物のどの部分を食べる野菜が入っていますか。次の**ア**～**ウ**から１つ選び，記号で答えなさい。

ア：つぼみ・実・種子　　　**イ**：葉・茎　　　**ウ**：根・地下茎・球根

(2)　図１の（①）～（③）にあてはまる野菜を，次の**ア**～**ク**からそれぞれ１つずつ選び，記号で答えなさい。

ア：タマネギ　　**イ**：ミョウガ　　**ウ**：コマツナ　　**エ**：オクラ
オ：タケノコ　　**カ**：サトイモ　　**キ**：ジャガイモ　　**ク**：シソ

次に，図２のように赤インクで染色した水に，アスパラガスとブロッコリーを入れておいたところ，それぞれ先まで赤く染まりました。その後，中心を通るようにＸ－Ｙにそって縦に切り，断面を観察しました。

図２

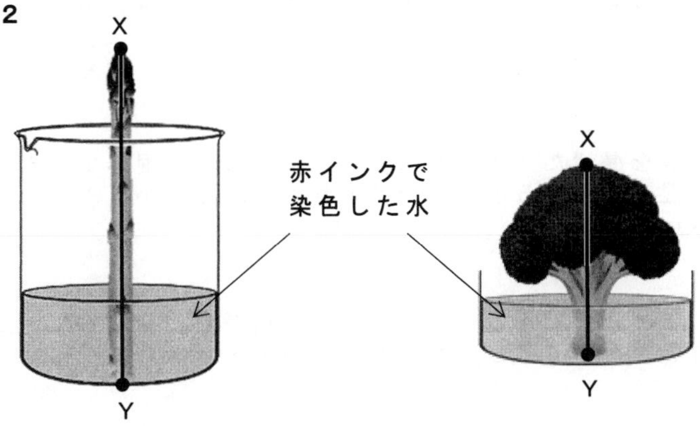

(3) ①　断面を観察したところ，赤く染まった部分がありました。赤く染まった部分のスケッチの組み合わせとして最もあてはまるものを，次の**ア**～**カ**から１つ選び，記号で答えなさい。

a

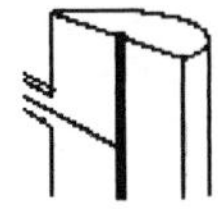

b

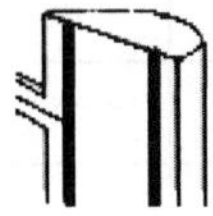

c

	アスパラガス	ブロッコリー
ア	a	b
イ	b	a
ウ	b	c
エ	c	b
オ	a	c
カ	c	a

②　①で赤く染まった部分を何といいますか。名前を答えなさい。

(4)　スイカ，キュウリ，カボチャの属するなかまの花が持っている特ちょうとしてあてはまるものを，次の**ア**～**オ**から１つ選び，記号で答えなさい。

ア：１つの花の花びらが１枚ずつはなれている。
イ：多くの花が集まっていて，１つの花のように見える。
ウ：１つの株にお花とめ花がある。
エ：花びらがない。
オ：１つの花の中のおしべどうしの長さが違う。

3 **水よう液について，次の問いに答えなさい。**

［１］ 次の①～⑤の水よう液について，あとの問いに答えなさい。

①炭酸水　　②食塩水　　③石灰水　　④アンモニア水　　⑤砂糖水

(1) 水に気体をとかして作ったものを①～⑤から２つ選び，番号で答えなさい。

(2) ２つの水よう液を混ぜたとき，水にとけにくい白色の固体ができるものがあります。このとき混ぜ合わせる水よう液はどれとどれですか。①～⑤から２つ選び，番号で答えなさい。

(3) それぞれにＢＴＢ液を加えると，水よう液の色が変わりました。このとき水よう液と色の組み合わせとして正しいものを，次の**ア～オ**から１つ選び，記号で答えなさい。

	①	②	③	④	⑤
ア	黄	緑	緑	青	青
イ	黄	緑	青	青	緑
ウ	緑	緑	青	黄	緑
エ	緑	青	黄	黄	青
オ	青	緑	黄	緑	黄

［２］ うすい水酸化バリウム水よう液（Ａ液とする），うすい塩酸（Ｂ液とする），うすい硫酸《りゅうさん》（Ｃ液とする）を使った実験について，あとの問いに答えなさい。

(4) Ａ液４cm^3にＢ液を３cm^3加えると中性になります。Ａ液10cm^3が入った試験管を７本用意して，Ｂ液の体積を変えて，それぞれの試験管に加えました。その後ＢＴＢ液を加えて水よう液の色の様子を調べると，表１のような結果になりました。このとき，表１の**a**～**d**の色の組み合わせとして正しいものを，次の**ア～オ**から１つ選び，記号で答えなさい。

表１

Ｂ液の体積[cm^3]	0	2	4	6	8	10	12
水よう液の色	青	青	青	**a**	**b**	**c**	**d**

	a	b	c	d
ア	緑	黄	黄	黄
イ	青	緑	黄	黄
ウ	黄	黄	黄	黄
エ	青	黄	黄	黄
オ	青	青	黄	黄

(5)　Ａ液にＣ液を加えると，水にとけにくい白色の固体ができます。Ａ液 30cm^3 が入ったビーカーを６つ用意して，Ｃ液の体積を変えて，それぞれのビーカーに加えたときにできる白色の固体の重さを測ると，表２のような結果になりました。Ａ液 30cm^3 にＣ液を少しずつ加えて 0.68ｇの白色の固体ができるようにするにはＣ液の体積は最小で何 cm^3 必要ですか。ただし，水にとけにくい白色の固体は，Ｃ液を加えたときのみできるものとします。

表２

Ｃ液の体積[cm^3]	0	10	20	30	40	50
白色の固体の重さ[ｇ]	0.00	0.20	0.40	0.60	0.68	0.68

4　図の①〜⑤は，５つの地点を世界地図上で示したものです。また，表は①〜⑤の地点の北緯《ほくい》と東経を表しています。これについて，次の問いに答えなさい。

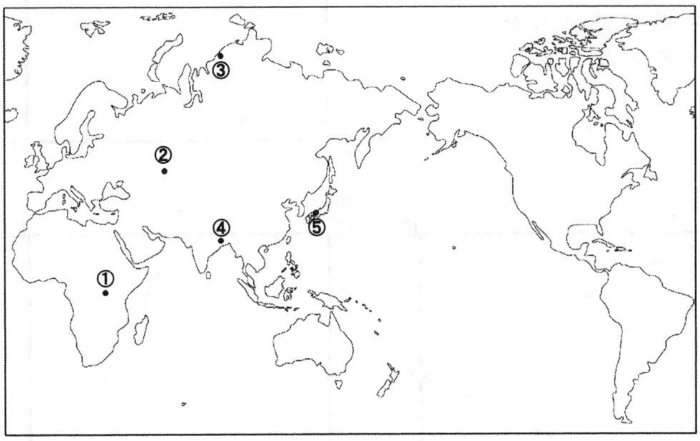

地点	北緯（度）	東経（度）
①	0	30
②	50	60
③	75	90
④	23.4	90
⑤	35	135

(1)　次の**ア**〜**エ**のうち，12月21日に③の地点と④の地点で同じになるものはどれですか。あてはまるものを１つ選び，記号で答えなさい。

ア：太陽が南中する時刻
イ：太陽の南中高度
ウ：北極星の高度
エ：２地点とも晴れていたときの最高気温

(2)　下の文は，12月21日に①の地点と②の地点で太陽が南中する時刻について述べたものです。（A）は①か②を選び，（B）は整数で答え，正しい文を完成させなさい。

①と②の地点で太陽が南中する時刻を比べると，（A）の地点の方が，（B）時間はやい。

(3)　世界中には，１年のうちのある日に，晴れていても地面に垂直に立てた棒の影《かげ》ができなくなる場所があります。次の**ア**と**イ**にあてはまる地点を①～⑤からそれぞれ１つ選び，番号で答えなさい。

ア：春分の日と秋分の日の１年で２回，棒の影ができなくなる地点。
イ：夏至の日に１年で１回，棒の影ができなくなる地点。

(4)　③の地点では，１年の中で１日中太陽がのぼらない日があります。それはいつ頃《ころ》ですか。次の**ア**～**エ**から最もあてはまるものを１つ選び，記号で答えなさい。

ア：春分の日　　**イ**：夏至の日　　**ウ**：秋分の日　　**エ**：冬至の日

(5)　⑤の地点で，春分の日の太陽の南中高度は何度ですか。

5　光について，次の問いに答えなさい。

図１は，上から見ると正方形に見える鏡張りの部屋**ＬＡＢＣ**を表しています。この部屋の角**Ｌ**にレーザー光源を置きました。レーザー光源をつけたとき，光が部屋の角に当たるための条件を調べる実験を行いました。ただし，レーザー光源の大きさと，光源から出た光の広がりは考えないものとします。

図１

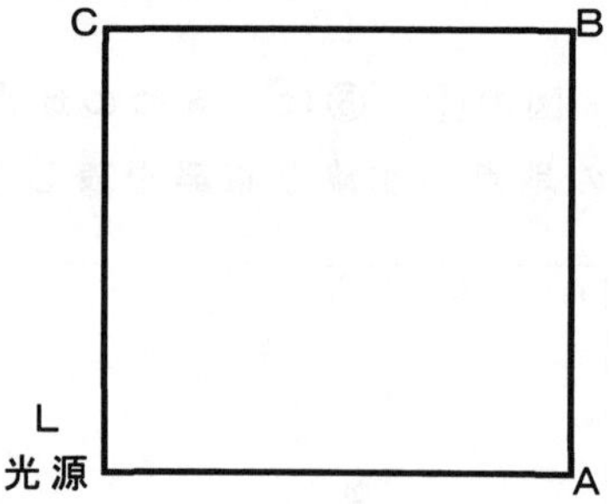

図２

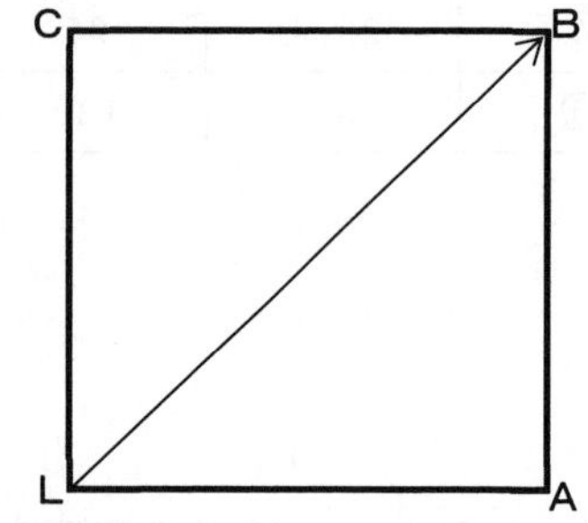

図３

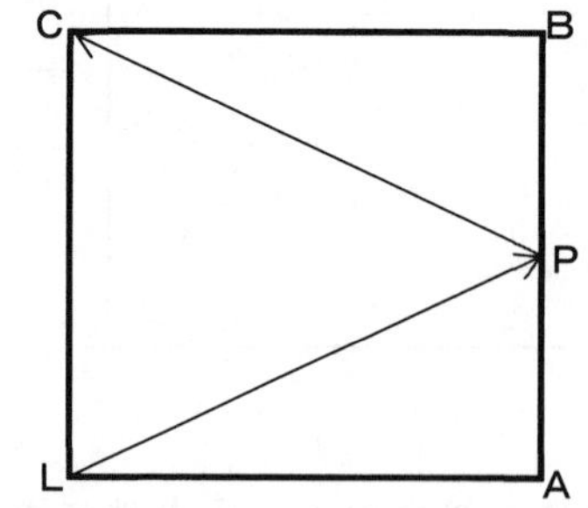

図４

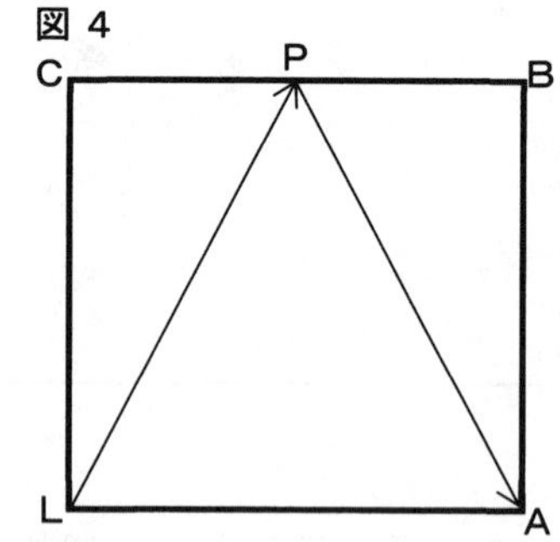

［実験１］
図２のような道すじで光が角**Ｂ**に当たりました。このとき，**ＬＡ**：**ＡＢ**＝１：１でした。

［実験２］

図３のような道すじで光が角**Ｃ**に当たりました。このとき，**ＬＡ：ＡＰ**＝２：１でした。ただし，点**Ｐ**は初めて光が反射した点を表しています。

［実験３］

図４のような道すじで光が角**Ａ**に当たりました。このとき，**ＬＣ：ＣＰ**＝２：１でした。ただし，点**Ｐ**は初めて光が反射した点を表しています。

実験１～３に加えて，いろいろな条件で実験を行いました。この結果から，光の道すじと部屋の角を含む直角三角形について，底辺：高さ＝整数：整数であれば，光が何度か反射した後に**Ａ**，**Ｂ**，**Ｃ**のいずれかの角に当たることがわかりました。

図５

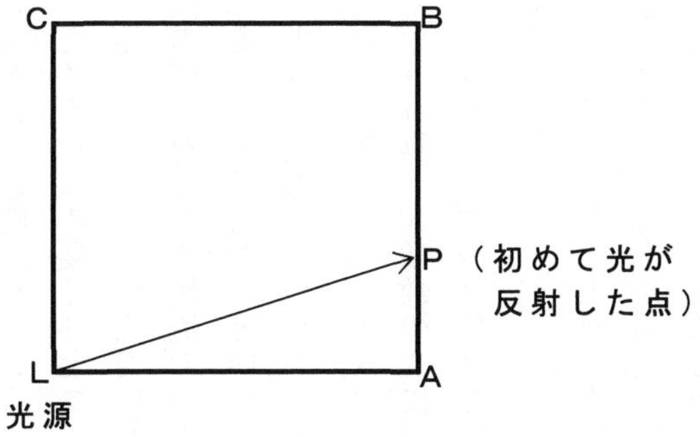

図６

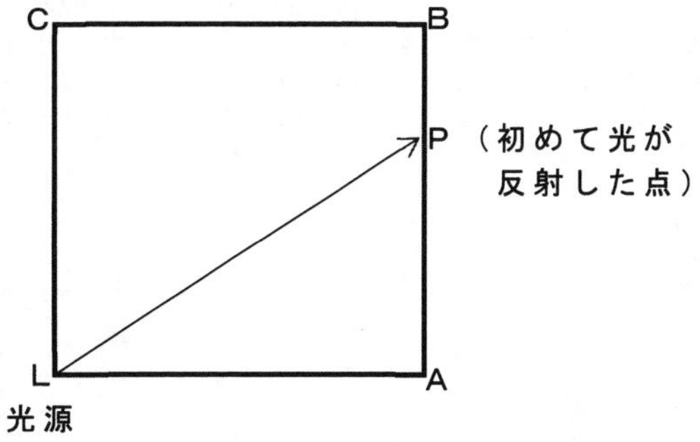

図７

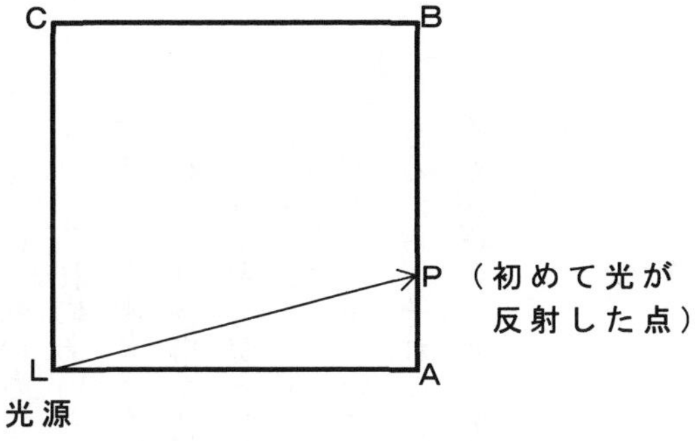

図８

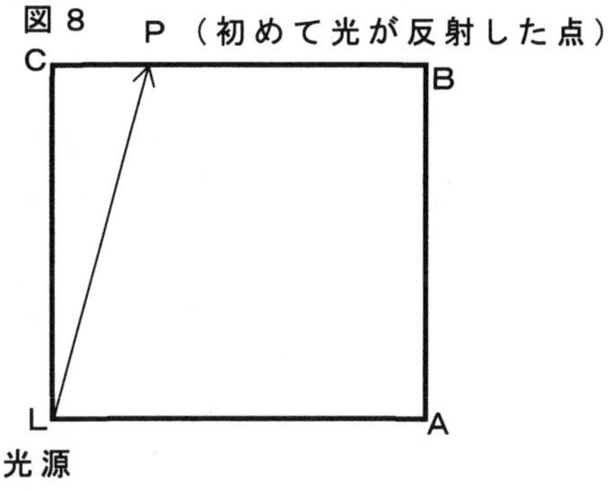

(1)　図５のように，**ＬＡ：ＡＰ**＝３：１となるように光を当てたところ，光は部屋の角に当たりました。光が当たった角を**Ａ**，**Ｂ**，**Ｃ**から１つ選び，記号で答えなさい。

(2)　図６のように，**ＬＡ：ＡＰ**＝３：２となるように光を当てたところ，光は部屋の角に当たりました。光が当たった角を**Ａ**，**Ｂ**，**Ｃ**から１つ選び，記号で答えなさい。また，部屋の角に当たるまでに，光源から出た光が反射した回数を答えなさい。

(3)　図７のように，**ＬＡ：ＡＰ**＝７：２となるように光を当てたところ，光は部屋の角に当たりました。光が当たった角を**Ａ**，**Ｂ**，**Ｃ**から１つ選び，記号で答えなさい。

(4)　図８のように，**ＬＣ：ＣＰ**＝７：２となるように光を当てたところ，光は部屋の角に当たりました。光が当たった角を**Ａ**，**Ｂ**，**Ｃ**から１つ選び，記号で答えなさい。また，部屋の角に当たるまでに，光源から出た光が反射した回数を答えなさい。

Aさん　「本当にそうね。どんなに自分の頭で考えても、昔から行われてきた世の中の大多数の人が良いと判断していることとは違う行動をとることは、とても勇気の要《い》ることで、なかなかできないことだよね。犯罪の容疑者が住んでいた近所の人に、その容疑者の普段の様子を尋ねる報道で、よく『いつもあいさつをしてくれるいい人でした』といった声をよく聞くけれど、あれは、まさに『あいさつができる人はきちんとした人だ』『きちんとあいさつできる人が悪いことをするなんて意外だ』という意識が大多数の人にはあるということよね。それぐらいみんながずっと信じて実践してきた事柄の力は大きいのよ。」

Cさん　「そうよね。だから私は、まずBさんの（　Ⅱ　）という意見をじっくりと検証し、その上で、みんなが当たり前に思っていることをいろいろな観点から考え直すことができる『生きる力』のある人になりたいと思ったわ。」

Ⅰ　（Ⅰ）にあてはまる内容を次のア～カよりいくつでも選び、記号で答えなさい。

ア　日ごろから相手を気づかう姿勢を心がける
イ　日ごろから相手に弱みを見せないようにする
ウ　日ごろから互いに敬意を持って接する
エ　日ごろから前向きな気持ちで過ごす
オ　日ごろから親しみやすい関係性を育てる
カ　日ごろから先輩には礼儀正しく接する

Ⅱ　（Ⅱ）に、その前後の内容から考えて最もふさわしい台詞を次のア～エより一つ選び、記号で答えなさい。

ア　人はそもそも自分で考えることから逃れたいんじゃないかな。新しい価値観を創造するにはたくさんの教養が必要だし、多くの人がそこまでの教養を積むことは難しいと思う
イ　やっぱりあいさつで声をかけられたら誰でもうれしいじゃない。それにあいさつする側も相手に好印象を与えることができるし、両者ともにいいことずくめだと思う
ウ　私たちは物事を判断するときに、「善と悪」のように二つに分けて考えがちだと思うの。そんなふうに自然と「いいか、悪いか」で考えること自体に問題があると思う
エ　本当はおかしいと思っても、従来の価値観の影響が大きすぎるから、それに従っている人こそが常識的だと判断されて、誰もが従わなきゃいけない気持ちになるんだと思う

も、専門家のように動物に詳《くわ》しくて、友達から『博士』と慕《した》われている児童もいるんですよ。」と語ること。

ウ　児童の生活を管理し、たとえば「校則をきちんと守らせるよう指導を徹底《てってい》した結果、一度も校則違反をしていない模《も》範的な児童が本校にはたくさんいます。」と語ること。

エ　児童の健康を第一に考え、たとえば「担任教諭は、健康で毎日登校することの大切さを教えているので、本校では欠席する児童が大変少ないんですよ。」と語ること。

問十三　（B）にあてはめるのに最もふさわしい内容を、次のア～エより一つ選び、記号で答えなさい。

ア「君たちは将来、模範的な社会人として有意義な社会生活を営めるだろうね。」

イ「それでも大きな声であいさつができる自分を誇《ほこ》らしく思っていいんだよ。」

ウ「君たちは大人にとって都合のよい子どもになっているだけかもしれないよ。」

エ「自分にはどんな適性があるのか、大人になる前にしっかり考えてほしい。」

問十四　次のア～エの説明が本文の内容に合っていれば○を、合っていなければ×をそれぞれ記しなさい。

ア　私たちは意識せず従来の価値観にしたがって行動しているが、それに影響されて生活するのは愚《おろ》かなことであり、新しい規範意識を身につけていかなければならない。

イ　徳目主義が行き過ぎると、同様のケースの問題にしか対応できない頑《かたく》なな思考を招くことになり、変化を伴《ともな》う場面において個人で適切に判断することが困難になる。

ウ　周囲の状況をくみ取ることなく、常に一定の型を守らせようとする「あいさつ」の教育に筆者は疑問を持っているが、「あいさつ」そのものの大切さは認識している。

エ　三十年以上前は鉄道会社が「車内化粧のマナー違反」を訴《うった》える広告を作る必要はなかったが、それは当時の人々が「車内化粧」に対して寛《かん》容だったからだ。

問十五　この文章の内容に関して、Aさん、Bさん、Cさんの三名が次のような話し合いをしました。この話し合いを読んで、あとのⅠ、Ⅱの問いに答えなさい。

Aさん「この文章を読んで、私たちの生活をいろいろ振《ふ》り返ってみたの。確かに今となっては、そのことにどういう意味があるのか、それが将来、どのような面で、しかも本当に役に立つかどうかもはっきりしないのに、良いことだと信じさせられていて、なんとなく従っていることって、けっこういっぱいあると思ったよ。」

Bさん「本当にそうよね。この文章にあるように、あいさつはとても大事なことだけれど、不自然なまでに強制されてするべきものではないはずだよ。（　Ⅰ　）ほうがずっと大事だよね。それに「あいさつ」だけではないわ。みんなが良いと信じているものも、ただ昔からそうだったからとか、他のみんなが良いと言っているからとか、あんまりよく考えもせずに、形式にしばられたものが多いのではないかな。」

Cさん「言われてみれば確かにそうね。それは人々が、周囲の価値観や古い規範を乗り越えて、自分の頭でしっかりと考えることができていないということなのかしら？　確かに従来通りのことを繰り返して生活している方が楽だしね。」

Bさん「もちろんそれもあるけど、それ以上に（　Ⅱ　）。」

いますか。他の表現で表した本文中の一語を書きぬいて答えなさい。

2　また、この「特定の数人の児童」がどのような児童かについて、次のように説明しました。（　）に適切な九字の語を本文中の【部以降の範囲から書きぬいて答えなさい。

（　九字　）にのっとって行動する児童

問八　――線部⑥「参観に来ている保護者や教員の多くは授業の展開に満足しているのか、大きくうなずきながら見守っていました」とありますが、ここでの「（授業の展開に満足している）参観に来ている保護者や教員の多く」にはどのような特徴《ちょう》があると筆者は考えているでしょうか。次のア～エより明らかに推測《すいそく》できないものを一つ選び、記号で答えなさい。

ア　徳目主義にしばられ、思考停止していること。

イ　児童に従来からの規範意識を持ってほしいと思っていること。

ウ　自分たちの価値観の正当性を信じていること。

エ　児童一人一人の個性を尊重する道徳教育を実践していること。

問九　――線部⑦「教諭はほとんど取り合うことをしませんでした」とありますが、これは教諭がどのような手段で授業をすすめようとしていたからですか。次の（　）に適切な三十八字の語を本文中から探し、その初めの五字と終わりの五字を書きぬきなさい。

（三十八字）で授業をすすめようとしていたから。

問十　――線部⑧「どこかのアイドルの台詞を聞いているようで、めまいがしそうになりました」とありますが、この表現には筆者の「皮肉」が込められていると思われます。なぜ「皮肉」を述べたのでしょうか。最も適切な説明を次のア～エより一つ選び、記号で答えなさい。

ア　その児童が周囲の役に立ちたいと切実に願っている様子が、ありありと伝わる言葉のように聞こえたから。

イ　その児童自身の本心ではなく、周囲が期待する内容を見事に読み取って発した言葉のように聞こえたから。

ウ　その児童が特別な存在である自分を意識したために、自然に発することができた言葉のように聞こえたから。

エ　その児童の発言は子どもらしい無邪気さから発せられた、大人までも笑顔にさせる言葉のように聞こえたから。

問十一　――線部⑨「私はまったく嫌な気分にはなりませんでした」とありますが、筆者はなぜ嫌な気分にならなかったのでしょうか。明らかに推測できない説明を次のア～エより一つ選び、記号で答えなさい。

ア　押しつけの教育とは全く無縁《えん》で、児童らが自由に子どもらしく過ごしている様子が大変好ましかったから。

イ　児童らが先生方の愛情に見守られて、自然にのびのびと過ごしている様子が大変好ましかったから。

ウ　それぞれの児童が自分の気持ちを解放し、やりたいことに正直に向き合う様子が大変好ましかったから。

エ　児童らが型にはめられた教育に抵抗し、楽しいことを自分の頭で意図的に考える様子が大変好ましかったから。

問十二　――線部⑩「児童を一人一人の固有名詞で語ることができます」とありますが、具体的にいえばこれはどのような内容になりますか。一例として最も適切な説明を次のア～エより一つ選び、記号で答えなさい。

ア　児童の学力向上に努め、たとえば「本校は学力調査の平均点が近隣《りん》の学校より高く、学力の底上げをするために全校で特別なプログラムを実行しています。」と語ること。

イ　児童の行動を観察し、たとえば「本校には整理整頓《とん》は苦手で

問一　――線部①「身近な例」とありますが、どのようなことを説明するために「例」をあげようとしているのでしょうか。最も適切な説明を次のア～エより一つ選び、記号で答えなさい。

ア　何世代にもわたって慣習的に引き継がれていく価値や規範が道徳を形成していること。

イ　共同体を形成する人たちが円滑《かつ》に社会生活を営む上で有効性のある道徳が必要なこと。

ウ　道徳は、それぞれの時代ごとの社会成員によって判断される基準であるということ。

エ　社会成員に共通して受け継がれる道徳がかつてのように通用しなくなっていること。

問二　――線部①「身近な例」の、本文中における具体的な内容を説明しなさい。

問三　――線部②「強烈な一発をお見舞いされたことがあります」という表現から、筆者のどのような思いがうかがえますか。最も適切な説明を次のア～エより一つ選び、記号で答えなさい。

ア　雑談の中で相手から発せられた内容が自分自身に関する事柄《がら》にもあてはまり、価値観の多様化に気づいてがく然としている様子。

イ　雑談をきっかけとして相手に自分の行為をたしなめられ、その相手の考えの正しさや柔軟《じゅうなん》性に歯が立たず、呆《ぼう》然としている様子。

ウ　雑談を通して相手から自分に向けられた言葉が、自分の考え方への皮肉なのだと気づいて、腹立たしい気持ちになっている様子。

エ　雑談時の相手の何気ない言葉によって、自分を改めざるを得ない新たな規範意識に目覚め、すがすがしい気持ちになっている様子。

問四　（Ａ）にあてはまる表現として最も適切なものを次のア～エより一つ選び、記号で答えなさい。

ア　有無を言わさず、「迷惑だからやめなさい」ということになるでしょう。

イ　見方を変えて、「どうして周りに迷惑なのか考えましょうよ」ということになります。

ウ　相手によりそいながら、「迷惑をかけてはいけないね」とさとしていくことです。

エ　一つの案として「みんなのために我慢《がまん》するのが正しいのだ」と教えるのだと思います。

問五　――線部③「もう一方の考え方」について、次の１、２の問いに答えなさい。

１　「もう一方の考え方」の具体的な内容を次のように簡潔に説明しました。（　）に適切な十二字の語を本文中から書きぬいて答えなさい。

（十二字）力《ちから》を育てること。

２　またこの「考え方」は、何に対する説明の一つなのですか。本文中の語を用いて二十字程度で答えなさい。

問六　――線部④「それなのに、どうしてあいさつができたんだろう」とありますが、この発言は、その教師のどのような目的から発せられたものだと考えられますか。次の（　）に適切な十六字の語を本文中から書きぬいて答えなさい。

児童が自らの（十六字）ためのきっかけを作るため。

問七　――線部⑤「特定の数人の児童」について、次の１、２の問いに答えなさい。

１　この「特定の数人の児童」はどのような児童だと考えられて

教育委員会からも地域で一番あいさつのできる学校として高く評価されているんですよ」と満面の笑みです。

総合学習の具体的な教育実践を聞きたくて訪れたのですが、校長が語るのは、学力テストの結果が良好だとか、過去に学校が表彰《しょう》されたといった話ばかり。担当の先生に取材する時にも、自ら割って入ってきて解説を始めてしまう有りさまです。現在の学校のシステムでは、校長の権限はとても大きいものがあります。どこの学校に行っても校長の人となりが学校全体の雰囲気に大きく影響《えいきょう》します。子どもたちが遊ぶ手を止めてまで、なぜ私にあいさつをしてくれたのか、分かるような気がしました。

【 一方で、あいさつに無《む》頓着《とんちゃく》だなあと感じる小学校もありました。廊下を歩いていると、あいさつをしてくる子もいれば、友達との会話に夢中だったり、何か考えごとをしていたりして、そのまま通り過ぎていく子もいます。一人の女の子が私のシャツの袖《そで》をつかんできて言いました。まだ一年生か二年生になったばかりでしょうか。「何しに来たの。ねえ、どこ行くの、一緒に遊ぶ？」。

自分の知りたいことを無邪気《むじゃき》に尋《たず》ねてくるだけで、「こんにちは」のひと言はありません。でも、⑨私はまったく嫌《いや》な気分にはなりませんでした。考えごとをしていて、大人の存在に気づかずに通り過ぎてしまう上級生がいることも、遊びに夢中になっている下級生がいることも、子どもならごく普通だと思うからです。見知らぬ部外者には注意を払《はら》い、ちゃんと関心を持って話しかけてくる児童がいるあたりは、逆にたいしたものではありませんか。

そういう学校の校長先生は、目を凝《こ》らして子どもたちの姿をとてもよく見ています。「うちの子どもたち、ちゃんとあいさつができなくて、失礼がなかったですか。いつも言い聞かせているんですけど、すみませんねえ。でも、うちの子たちにはこんなにいいところがありましてね……」といった感じで、子どもたち自慢《まん》が始まります。学校要覧《らん》に書かれているようなお決まりの紹介ではなく、⑩児童を一人一人の固有名詞で語ることができます。教育委員会に表彰された話はなくても、子どもたちに温かいまなざしを向ける教員集団が確かに存在していることが、言葉の端々《はしばし》から伝わってきます。

かつては多くの学校がそうだったと記憶《おく》していますが、最近ではかなり少数派になってしまいました。現在の学校現場には保護者や地域住民、教育委員会や地方議会などから多様で、中には理不尽《じん》とも言える要望が数多く寄せられます。先生は忙《いそが》しくてすべてに対応することができず、学校は苦境に立たされています。それでも、目の前の子どもたちに真剣《けん》に向き合っている先生は、いつの時代にもいるのです。そんな学校や先生に出会えることがあるから、自分は教育の取材を続けているのかもしれないと思う時があります。

誤解があるといけないので付け加えておきますが、私はあいさつの必要性はきちんと教えるべきだと考えています。少年野球の手伝いをすることがあるのですが、子どもたちにはあいさつをするようしつこく言いますし、あいさつの意味を考えさせるようにしています。スポーツは自分一人でも、自分たちのチームだけでも成立しません。個人競技でも同じことです。監督《かんとく》やコーチ、対戦相手やグラウンドへの感謝の気持ちがあれば、自然とあいさつの言葉は出てくるはずです。

あいさつをきちんとしている学校が、形式的だと言いたいわけでもありません。しかし「褒《ほ》められるから」とか「怒られるから」といった自分の外側の評価軸《じく》に従って子どもたちが行動しているだけだとしたら、（　B　）とささやいておきたいのです。

（名古谷隆彦『質問する、問い返す――主体的に学ぶということ』岩波ジュニア新書）

だろうか。うがった見方をすれば、これは野球部の存在を広く知ってもらって、地域にファンを増やすためのアピール活動ではないのか。映像では、通りすがりの人は気さくにあいさつを返しているように見えたけど、本当は嫌《いや》なのに仕方なく応じた人もいたのではないか。うーん、ちょっとひねくれすぎていますか。

そんな時でした。後方に座っていた一人の男の子が「あんなに大きな声で、あいさつをされたくなかった人もいたんじゃないかな」と小さな声でつぶやきました。まさに私の感覚にピタリと当てはまる発言でしたが、声が小さすぎたのか、⑦教諭はほとんど取り合うことをしませんでした。彼はきっとこう言いたかったのではないでしょうか。「人にはそっとしておいてほしい時もあるし、本当に相手のことを考えたあいさつは、必ずしも大きな声でなくてもいい」と。でも、この男子児童の心の中に生じた小さな疑問を、教室の仲間が共有することはありませんでした。

教諭の耳に届いていたのか、いなかったのか、今となっては分かりませんが、テーマ設定からいって、男子児童の疑問は十分に想定できたはずであり、聞き逃《のが》してはならない声でした。「なぜあいさつをするのか」という本質を突《つ》き詰めて考える授業であったなら、教諭の側から提起してもよい考え方だったと思うのです。

授業での発問を聞いていると、教諭は「あいさつを返してもらえなかった時に「負の感情」にどう向き合えばよいか、考えを深めたい」という意向を持っていて、道徳に真剣に取り組む姿勢のある先生だと感じました。心の中に生じる負の感情に向き合うという趣旨《しゅし》には、大いに賛同します。ただ、「迷いはあったけど、野球部員たちは克《こく》服することができた」という結論を導きたいあまり、肝心《かんじん》の負の感情をめぐる子どもたちとのやり取りが、中途《と》半端《ば》になってしまったのは残念でした。

その後も「優等生たち」の挙手は続きました。「人に元気や笑顔を与《あた》えたいから、僕はあいさつをします」という発言にいたっては、⑧どこかのアイドルの台詞《せりふ》を聞いているようで、めまいがしそうになりました。こんな建前を繰《く》り返し言わせるぐらいなら、「みんなはどう思うか分からないけど、あいさつは大切だし、決まりだからちゃんとやりなさい」と規範意識として教え込む方が、よほどすっきりします。話し合いという民主的な衣をまといながら、教員の思い描いた価値を注入するやり方には、大いに疑問を感じます。まるで子どもたち自身が結論を導いたかのように装《よそお》い、納得させようとする手法は姑息《こそく》です。

私はこれまでに取材で百校以上の学校を訪れてきました。人にはそれぞれ個性があるように、学校にも一校一校に個性があります。初めて訪れる時には「どんな雰《ふん》囲気の学校だろう」とわくわくしながら校門をくぐります。校庭の横を通り過ぎて校舎に入り、職員室の入口にたどり着くまでに、何人かの子どもたちと言葉を交わすことができれば、その学校の雰囲気は何となくつかめます。学校の個性を構成する要素の一つは、子どもたちのあいさつの仕方や、見知らぬ大人への接し方にあると感じているからです。

ある小学校では校庭で遊んでいた約二十人の児童全員が、歩いていた私に向かって、立ち止まってあいさつをしてくれました。せっかくの休み時間だったのですが、ボール遊びをする手を止めてまで、こちらに気を配ってくれる子もいて、うれしいというよりも少し申し訳ない気分になりました。校長室に通されると、パリッとしたスーツに身を包んだ校長先生が待っていました。何かを期待されているような気がしたので「きちんとあいさつのできるいい子どもたちですね」と水を向けると、「そうでしょう。うちはあいさつ運動に力を入れていて、方があることを学び、自分なりに規範を解釈《しゃく》し、距離《きょり》感を定めていくというものです。車内化粧であれば「多くの人はやめた方がよいと思っているけれど、誰にも迷惑をかけていないという人もいます。この問題の所在はどこにあるのか考えてみよう」というところから出発することになるでしょう。

私たちが大切だと感じている価値や規範を次世代に伝えようとしても、時代とともに変化していくものもあります。なぜ変わり始めているのか、変わるべきでないとしたら、それはどうしてなのかを考えるのが学校の道徳教育のあるべき姿なのではないでしょうか。多様な意見に触れる中で、既存《きそん》の価値や規範の素晴らしさにあらためて気づく児童や生徒もいるはずです。時間をかけて考え抜《ぬ》く手続きを経ていない価値観は、日常の道徳的な行動にはつながりにくいのです。「ならぬものはならぬ」というしつけが必要な時もあるのでしょうが、学校で行われる道徳教育は単なるしつけでない以上、思考停止せずに考え続けるしかありません。

ある県の国立大学付属小学校で、五年生の道徳の研究発表を見学したことがあります。公開授業だったので、廊下《ろうか》にまで見学者があふれ、教室は熱気に包《つつ》まれていました。授業の目当ては「誰に対しても礼儀《ぎ》正しく接する態度を養う」というもので、子どもたちがどんな思いを込めてあいさつをしているのかを考えながら、普段のあいさつ活動につなげていくのが目標となっていました。

初めに児童があいさつについて、日常的に感じている気持ちを発表しました。「恥ずかしい」「あいさつされても返した方がいいかどうか迷う」「仲のよくない人にはしない」……。ほとんどの子どもたちが、あいさつに苦手意識を持っている様子がうかがえました。

担当の教諭《ゆ》は、次に動画を子どもたちに見せました。内容は小学校の近くにある高校の野球部の生徒たちが、校外をランニングする際に、道行く人に大きな声であいさつをする模様《もよう》を撮影《さつえい》したものでした。映像《ぞう》を見た児童からは「高校生の様子はさわやかで気持ちがよかった」「元気がよくて、あいさつをされた人も返したくなると思う」と肯定的な声が上がる一方で、「大きな声を出しても、あいさつを返してくれなかったら暗い気持ちになりそう」「恥ずかしいし、自分にはできそうもない気がする」といったやや否定的な意見もありました。

感想を受けて、教諭は子どもたちに尋《たず》ねました。「野球部員の心の中にも、あいさつしたくないというマイナスの気持ちはあったと思う。④それなのに、どうしてあいさつができたんだろう」。しかし、この質問はどうやら子どもたちには少し難しかったようです。さきほどまでのように、活発には手が挙がらなくなりました。すると、⑤特定の数人の児童だけが発言を始めました。「もしあいさつを返してもらえなくても、自分も相手も気持ちがさわやかになるから、乗り越《こ》えられるんだと思う」「相手を元気にしたいと思ってあいさつをしているから、自分も元気をもらえるんだと思う」。

立派な意見に聞こえますが、子どもの発言なのにどこか借り物というか、ぎこちない感じがしませんか。クラスでは優等生の子どもたちなのでしょうが、私にはとても本心から出てきた言葉とは思えませんでした。「そうですね。みなさんが相手を元気にしたいという気持ちであいさつをすると、自分も相手も元気になれますね」。笑顔で応じてしまう教諭にも、違和感を覚えずにはいられませんでした。しかし、そう感じているのは私だけだったようで、⑥参観に来ている保護者や教員の多くは授業の展開に満足しているのか、大きくうなずきながら見守っていました。

授業中、私は紹介《しょうかい》された映像についてずっと考えていました。この部員たちはユニホームを脱《ぬ》いだ時にも同じようにあいさつをするの読者には若い方が多いでしょうから、もしかすると「化粧をしたって、人に迷惑《めいわく》をかけているわけではないのだから、問題ないんじゃないの」という意見があるかもしれません。

それでは、少し想像力を膨《ふく》らませてみましょうか。車内で物を食べる行為だったらいかがですか。食べこぼしやにおいがなければ「人に迷惑をかけてはいない」と強弁できるかもしれませんが、隣《となり》の座席で飲食されて気にならない人はほとんどいないはずです。同様に考えていくと、車内での化粧に多くの人が抵抗《ていこう》を感じるのは理解できるでしょう。年齢の高い方の中には「車内で化粧なんてとんでもない。議論の余地などまったくない」と、切って捨てる人もいるかもしれません。鉄道会社も、車内での化粧は道徳的に正しくない行為として利用者に理解を求めたのです。

しかし、この広告を見たとりわけ若い世代からは「無害なのに、「みっともない」という理由だけでなぜ批判されるのか」「よっぱらいや痴漢《ちかん》など、迷惑な客は他にもいる」と反発する声がインターネット上に書き込《こ》まれました。

私自身も、かつて後輩《はい》の若い男性記者と雑談をした時に、②強烈《れつ》な一発をお見舞いされたことがあります。「車内で化粧をする女性より、新聞を広げて読んでいるおやじの方がよほど迷惑だと思うんですよね」。当時は私も通勤電車でつり革につかまり、新聞を四つ折りにして読むおやじの一人でした。最近ではスマホやタブレット端《たん》末の普及《ふきゅう》で、新聞を広げる乗客を見る機会はほとんどなくなりましたが、世代によってこれほど感覚が違うものかと驚いた覚えがあります。

とはいえ、二、三十年前までは、車内で化粧する人に遭遇《そうぐう》することは一度もなく、鉄道会社がわざわざマナー違反の広告を出す必要もありませんでした。この間に規範に関する考え方が、微妙《びみょう》に変化してきたのです。

大人が「近ごろの若者は……」と言って、若者のモラル低下を嘆《なげ》くのはいつの時代も変わりません。若い世代からすれば、うっとうしいと感じることもあるでしょう。しかし「自分たちが小さいころに教えられ、その後肯定《こうてい》してきた価値を次の世代にも受け継いでもらいたい」と大人が考えるのは自然なことです。ただ、大人たちの思いが無条件に引き継がれるわけではなく、若い世代の価値観や時代状況とのせめぎ合いの中で、道徳的な正しさは定まっていきます。学校の道徳は、そうした規範や価値をめぐる教育を担ってきました。

学校の道徳に携《たずさ》わる人たちを取材すると、道徳教育への期待には主に二種類あるのが分かります。一つは、伝統的な規範意識やしつけを教えるために道徳が必要だという考え方です。「いじめが起きるのは、学校で規範意識をちゃんと教えていないからだ」という指摘《てき》も同一線上にあります。小中学校の道徳の教科化にも「規範意識を教えるはずの道徳教育が機能していない」という考え方が少なからず反映されています。徳目《とくもく》主義と呼ばれることもありますが、正義、誠実、勇気などの価値を、子どもたちになかば教え込むことによって、道徳性が養われるという立場です。車内化粧で言えば、（　Ａ　）。

ただ、教えられた価値や規範に全面的には同意できず、「現実にはそぐわないのではないか」と疑問を持つような児童生徒にとっては、教え込みは必ずしも効果を発揮しません。教員が「きちんと指導した」と得心《とくしん》しても、子どもが承服していなければ、価値や規範の実践《せん》者にはならないからです。「建前でもいいから、正義や勇気が分かっていればよい」と考える人がいるかもしれませんが、教え込まれて覚えたことは、おうむ返しのように再現するのは可能ですが、状況の変化に合わせて応用が利かないのが弱点です。

③もう一方の考え方は、世の中には一つの価値をめぐって多様な見

二つ折りの恋文が、花の番地を捜《さが》している。

ルナール「博物誌」

問十一　次の短歌を読んで、あとの1～3の問いに答えなさい。

朝の道「おはよ！元気？」と尋《たず》ねられ
もう嘘《うそ》ついた［　　］　　＊鳥居

＊鳥居…女性歌人。この短歌の作者。両親の離婚《りこん》、母との別れ、養護施設での虐《ぎゃく》待、ホームレス生活など過酷《こく》な少女時代を過ごした。

1　――線部「もう嘘ついた」とありますが、どのような言葉を発したのだと思われますか。最も適切な言葉を次のア～エより一つ選び、記号で答えなさい。

ア「うん、元気だよ。ありがとう。」
イ「まあね、なんとかやってるよ。」
ウ「しんどいよ。今日は休みたい。」
エ「もうそっとしておいてほしい。」

2　［　　］に最もふさわしい印象的な語を次のア～エより一つ選び、記号で答えなさい。

ア　いつもの道で　　イ　マイバースデー
ウ　風そよぐ街　　エ　四月一日

3　この短歌から読み取れることとして、最も適切な説明を次のア～エより一つ選び、記号で答えなさい。

ア「私」は、決して「元気」とはいえない状態であるのに、周囲に気づかれないように、常に無理をして生きなければならない状態に置かれている。

イ「私」には、本音で話せる友人がおらず、適当な言葉をかけて表面的な友情を取りつくろわざるを得ない、緊張した気分で登校している。

ウ　いつもの何気ない登校時の風景だが、「私」は互いに挨拶《あいさつ》を交わせる友人らがいることに感謝し、改めて今ある幸福に感じ入っている。

エ　何事もない一日の始まりなのに、「元気ではない」という心ない嘘をついた「私」は、ひねくれた自分の性格に悩みながら生きている。

問十二　「物腰《ものごし》」という語を用いて、二十字以上三十字以内で短文を作りなさい。

二　次の文章を読み、あとの問いに答えなさい。

「道徳」と聞いてみなさんは何を思い浮かべますか。規範《はん》意識やしつけ、それとも倫《りん》理感や価値観でしょうか。『広辞苑《えん》』によると、「人のふみ行うべき道。ある社会で、その成員の社会に対する、あるいは成員相互《ご》間の行為《い》の善悪を判断する基準として、一般に承《しょう》認されている規範の総体。法律のような外面的強制力を伴うものでなく、個人の内面的な原理」とあります。かみ砕《くだ》いてみると、法律で罰《ばっ》せられるものではないけれど、社会生活を営む上で、共同体を形成する人の心の中に共通して存在している規範ということになるでしょうか。

こうした規範や価値観は、社会や家庭によって何世代にもわたって慣習的に引き継《つ》がれていくものです。ただ、近年は価値観が多様化し、社会や家庭の伝承力も弱まってきて、「共通して存在」しなくなってきているものもあります。

①身近な例を挙げてみます。みなさんは、電車内で女性が化粧《けしょう》をするのをどう思いますか。不快な感じがするでしょうか、それとも、あまり気になりませんか。東京のある鉄道会社は、車内化粧が増えていることを受けて、「マナー違《い》反で、みっともないからやめましょう」と利用者に訴《うった》えかける広告を作りました。

二〇二一年度　国府台女子学院中学部

【国　語】〈第一回試験〉（五〇分）〈満点：一〇〇点〉

注意＝句読点や記号もそれぞれ一字と数えます。

一　次の各問題に答えなさい。

問一　次の①～⑤の――線部のカタカナは漢字に直し、漢字はよみがなをひらがなで答えなさい。

① 時代とともにヘンヨウする社会。
② 首位にツぐ成績を収めた。
③ 魚群タンチ機で群れを追う。
④ 目の前に開けた大海原。
⑤ 小豆を煮て餅と食べる。

問二　「レッテルを貼《は》る」というときの「レッテル」の意味として最も適切なものを次のア～エより一つ選び、記号で答えなさい。

ア　印象　　イ　評価　　ウ　表示　　エ　値段

問三　次のア～エの熟語には、組み立て方の異なるものが一つあります。それを記号で答えなさい。

ア　帰宅　　イ　故人　　ウ　清流　　エ　天災

問四　次のア～ウの――線部のうち、ひらがなによる表記が好ましいものを一つ選び、記号で答えなさい。

ア　状況は悪化している。事はきわめて重大だ。
イ　人に話した方が楽かもしれないが、それは秘密にしておくべきだ。
ウ　君は多趣《しゅ》味なんだね。さまざまな物が部屋にあふれているし。

問五　次の四字熟語が並んでいる順番から□に入る語を想像し、■にあてはまる最も適当な漢字一字を答えなさい。

一石□鳥　　朝三暮□　　八面■臂《ぴ》
□方美人　　一目□行

問六　次の□にあてはまる語のうち、二カ所は同じ体の部位が入ります。その体の部位を漢字で答えなさい。

□であしらう　　□に覚えがある
□の根の乾《かわ》かぬうち　　□をすくわれる
□持ちならない

問七　次のア～エの語群のうち、「芸術」という一語でまとめられるものとして最も適切なものを一つ選び、記号で答えなさい。

ア　文学　音楽　絵画　演劇　建築
イ　音楽　映画　宗教　彫刻　手芸
ウ　小説　料理　舞踊《ぶよう》　出版　国語
エ　和歌　歌劇　科学　道徳　歌舞伎《かぶき》

問八　「際《きわ》やか」という言葉は現在ではほとんど使われていない言葉ですが、「際」という言葉の意味から考えた場合、どのような意味を持つ言葉だと考えられますか。次のア～エより最も適切なものを一つ選び、記号で答えなさい。

ア　おそろしく残忍《にん》な様子　　イ　様々な種類がある様子
ウ　はっきりと目立つ様子　　エ　丁寧《ねい》で細かい様子

問九　次の□に入るものが全て出てくる昔話のタイトルを答えなさい。ひらがなでもかまいません。

渡る世間に□はない
□の筵《むしろ》
□にも棒にもかからない

問十　次の文はある昆虫を表したものです。この表現から何の昆虫のことかをよく考え、その昆虫の名をひらがなで答えなさい。

2021年度

国府台女子学院中学部　▶解説と解答

算　数　＜第１回試験＞（50分）＜満点：100点＞

解　答

1 (1) 10　(2) 20　(3) 5　2 (1) 10　(2) 2100　(3) 24　(4) 20　(5) 5　(6) 200　3 (1) ア ②　イ ④　ウ ⑥　エ ⑧　オ ⑬　(2) 毎分110m　4 (1) 18　(2) $5\frac{1}{3}$　(3) 144　5 (1) 毎分３L　(2) 毎分２L　(3) 29　(4) 15分40秒後

解　説

1 四則計算，逆算

(1)　$5\times9\div3+24\div3\div2-(6\div2\times3)=15+4-9=10$

(2)　$5\times\left(\frac{6}{7}\times2\frac{11}{12}+11\div4.4\right)\times\left(2.05-1\frac{1}{4}\right)=5\times\left(\frac{6}{7}\times\frac{35}{12}+11\div\frac{22}{5}\right)\times\left(\frac{41}{20}-\frac{5}{4}\right)=5\times\left(\frac{5}{2}+11\times\frac{5}{22}\right)\times\left(\frac{41}{20}-\frac{25}{20}\right)=5\times\left(\frac{5}{2}+\frac{5}{2}\right)\times\frac{16}{20}=5\times5\times\frac{4}{5}=20$

(3)　$6-\left\{0.2\times\square+\left(1.7+\frac{7}{10}\right)\right\}\div\left(5-\frac{4}{11}\right)=5\frac{4}{15}$より，$6-\{0.2\times\square+(1.7+0.7)\}\div4\frac{7}{11}=5\frac{4}{15}$，$6-(0.2\times\square+2.4)\div4\frac{7}{11}=5\frac{4}{15}$，$(0.2\times\square+2.4)\div4\frac{7}{11}=6-5\frac{4}{15}=\frac{11}{15}$，$0.2\times\square+2.4=\frac{11}{15}\times4\frac{7}{11}=\frac{11}{15}\times\frac{51}{11}=\frac{17}{5}=3.4$，$0.2\times\square=3.4-2.4=1$　よって，$\square=1\div0.2=5$

2 植木算，分配算，年齢《ねんれい》算，場合の数，ニュートン算，濃度《のうど》

(1)　40cm＝0.4mより，池の周りに0.4mおきに旗を立てて，ちょうど157本で池を一周したから，池一周の長さは，0.4×157＝62.8(m)とわかる。よって，池の半径を□mとすると，□×２×3.14＝62.8(m)となるので，□＝62.8÷(２×3.14)＝10(m)と求められる。

(2)　弟がもらった金額を$\boxed{1}$円とすると，兄は，$\boxed{1}$＋100(円)，姉は，($\boxed{1}$＋100)×２－900＝$\boxed{2}$－700(円)もらったことになる。これらの合計の，$\boxed{1}$＋($\boxed{1}$＋100)＋($\boxed{2}$－700)＝$\boxed{4}$－600(円)が，３人の分けた5000円と等しいから，$\boxed{4}$＝5000＋600＝5600(円)より，$\boxed{1}$＝5600÷４＝1400(円)となる。よって，姉は，1400×２－700＝2100(円)もらった。

(3)　姉と母の年齢の比が□年後に６：11になるとすると，右の図１のようになる。図１から，⑪－⑥＝⑤と，42－12＝30(歳《さい》)が等しいとわかるので，①＝30÷５＝６(歳)となる。よって，□年後の姉の年齢は，６×６＝36(歳)だから，□＝36－12＝24(年後)と求められる。

図１

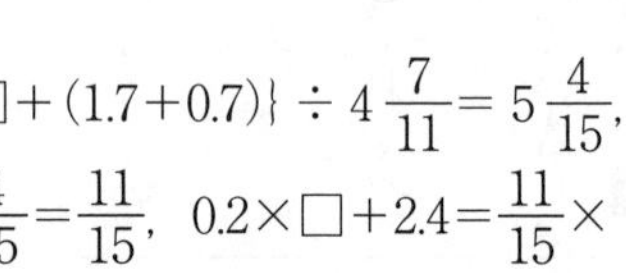

(4)　10円硬貨《こうか》だけを使って支払《しはら》える金額は，10円硬貨を使わない場合もふくめて，０円，10円，20円の３通りある。また，50円硬貨，100円硬貨だけを使って支払える金額は，０円，50円，100円，150円，200円，250円，300円の７通りある。これらを組み合わせて考えると，支払える金額は，

右の図２のように，全部で20通りある。

図２

Ø	10	20
50	60	70
100	110	120
150	160	170
200	210	220
250	260	270
300	310	320

(5)　３か所の入り口を開けると，200人の入園者の列が25分でなくなるから，１分あたり，200÷25＝８(人)ずつ列の人数が減る。このとき１分間で40人ずつ列に加わるので，３か所の入り口で１分間に通すことのできる人数は，８＋40＝48(人)である。すると，１か所の入り口では，１分間に，48÷３＝16(人)通すことができるので，５か所の入り口では，１分間に，16×５＝80(人)通すことができる。よって，５か所の入り口を開けると，200÷(80－40)＝５(分)で列がなくなる。

(6)　混ぜた５％，８％，12％の食塩水にふくまれる食塩の量を面積図で表すと，右の図３のようになる。このとき，かげの部分の面積の合計と，太線で表される長方形の面積は等しいので，長方形アとイの面積の合計と，長方形ウの面積も等しい。長方形アとイの面積の合計を，(９－５)×①＋(９－８)×②＝⑥とすると，長方形ウの横の長さは，⑥÷(12－９)＝②となる。よって，混ぜた５％，８％，12％の食塩水の量の比は１：２：２となるから，12％の食塩水の量は，$500\times\frac{2}{1+2+2}=$ 200(g)と求められる。

図３

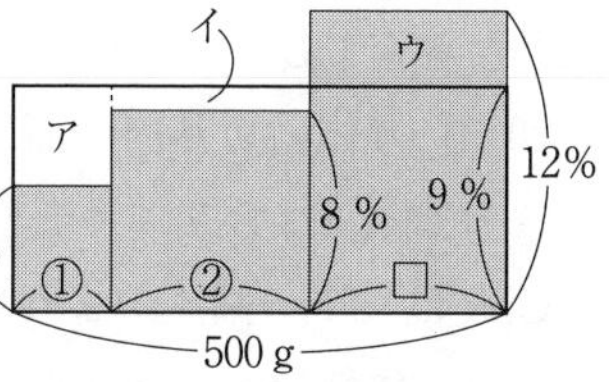

3 立体図形の構成，旅人算

(1)　立方体の６つの各面は，すべて合同な正方形だから，四角形EFGHと四角形EABFは合同な正方形であり，アには「②合同」があてはまる。次に，三角形FGC，三角形ABCは，いずれも合同な正方形を対角線で分けてできたものなので，合同な直角二等辺三角形となり，イには「④直角二等辺三角形」があてはまる。また，四角すい(あ)，(い)，(う)は，すべて同じ形，同じ大きさの四角すいであり，これらを組み合わせると元の立方体になるから，四角すい(あ)の体積は，元の立方体の体積の$\frac{1}{3}$倍となり，ウには「⑥$\frac{1}{3}$」があてはまる。さらに，四角すいの体積は，EF×FG×エ×$\frac{1}{3}$で求められるので，EF×FG×エは立方体の体積を表しており，エには「⑧CG」があてはまる。そして，四角すい(あ)において，CGを高さとすると，EF×FG，つまり面EFGHの面積が，四角すいの底面積にあたるから，オには「⑬底面積」があてはまる。

(2)　A，Bの２人が同じ場所から出発して，反対方向に進むとき，２人合わせて池１周の400mだけ進むと出会う。２人は出発してから２分後に出会うので，２人の速さの和は，毎分，400÷２＝200(m)である。また，２人が同じ場所から出発して，同じ方向に進むとき，AがBよりも１周分，つまり400mだけ多く進むと，はじめてAがBを追いぬく。出発してから20分後にはじめてAがBを追いぬくので，AはBよりも，毎分，400÷20＝20(m)多く進む。よって，AとBが１分で進む道のりを線分図で表すと，右の図のようになり，毎分，200＋20＝220(m)が，Aの速さの２倍とわかるので，Aの走る速さは，毎分，220÷２＝110(m)と求められる。

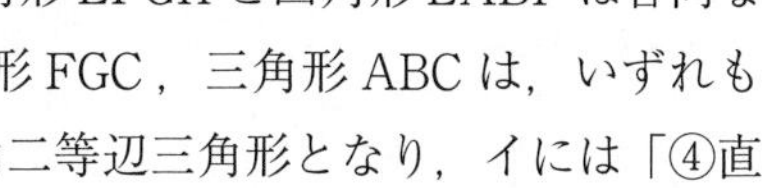

4 角度，辺の比と面積の比，分割，体積

(1)　正五角形の内角の和は，180×(５－２)＝540(度)で，１つの内角の大きさは，540÷５＝108(度)だから，下の図１で，角(あ)，(い)，(う)の大きさはいずれも108度である。よって，角(え)，(お)はいずれも，180－108＝72(度)になる。また，ADとBCは平行で，さっ角が等しいから，角(か)の大き

さは角(え)と等しく，72度となる。すると，角(お)，(か)の大きさが等しいので，三角形EHDは二等辺三角形となり，EH＝EDである。さらに，EF＝EHなので，EF＝EH＝EDより，三角形EFDも二等辺三角形とわかる。三角形EHDで，角(き)の大きさは，180－72×２＝36(度)だから，角xの大きさは，{180－(108＋36)}÷２＝18(度)と求められる。

(2)　ぬりつぶした部分の八角形を，下の図２のように対角線で８つに分けると，８つの合同な三角形に分かれる。三角形AQOに注目すると，三角形(い)と(う)の面積は等しく，OP＝PAより，三角形(い)と(あ)の面積も等しいから，三角形(あ)，(い)，(う)の面積は等しくなる。また，三角形AQOの面積は，三角形ABOの半分で，４×４÷４÷２＝２(cm^2)なので，三角形(い)の面積は，$2 \div 3 = \frac{2}{3}$(cm^2)となる。よって，ぬりつぶした部分の面積は，$\frac{2}{3} \times 8 = 5\frac{1}{3}$($cm^2$)である。

(3)　立方体に切り口の面をかき入れると，下の図３のようになり，立体APQ－EHF，三角すいG－CSR，点Bをふくむ立体の３つに分かれる。このうち，立体APQ－EHFと，三角すいG－CSRは，下の図４のように組み合わせて１つの大きな三角すいを作ることができる。図４の三角すいの体積は，$6 \times 6 \div 2 \times (6 + 6) \times \frac{1}{3}$＝72($cm^3$)で，元の立方体の体積は，６×６×６＝216($cm^3$)だから，点Bをふくむ立体の体積は，216－72＝144(cm^3)と求められる。

図１
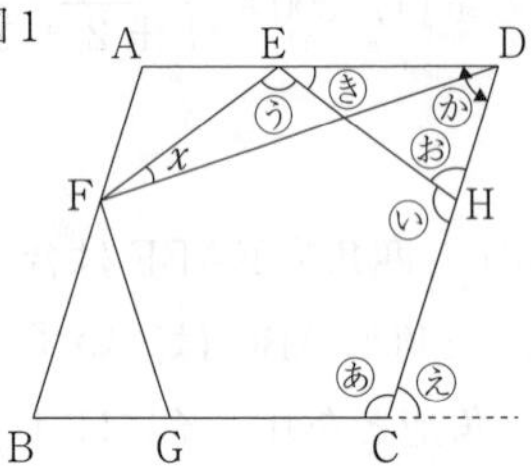

図２
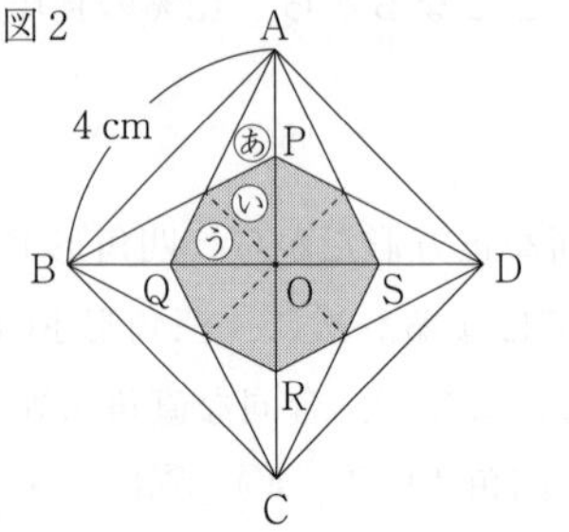

図３
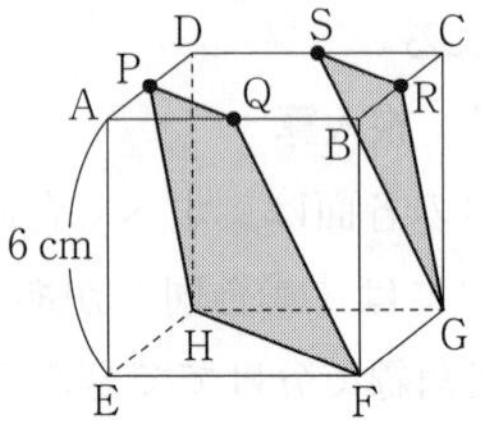

図４
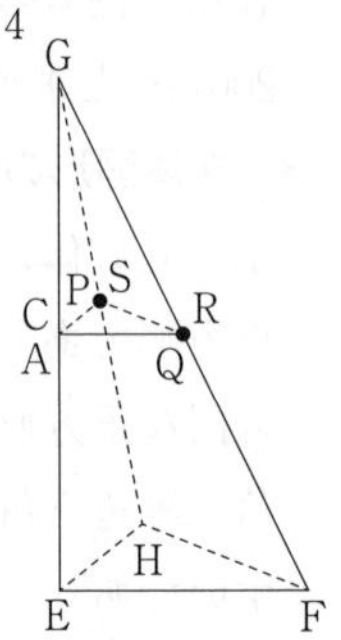

5 グラフ―水の深さと体積

(1)　問題文中の図３のグラフより，下の図Ⅰの㋐と㋑の部分に水が入るのに６分かかったことがわかる。このときの水の体積は，30×30×20÷1000＝18(L)だから，じゃ口①からでる水の量は，毎分，18÷６＝３(L)である。

(2)　じゃ口②は，９分後から13.5分後までに，図Ⅰの㋒の部分にたまっていた水をだしたので，13.5－９＝4.5(分間)で，30×30×(30－20)÷1000＝９(L)の水をだしたことになる。よって，じゃ口②からは，毎分，９÷4.5＝２(L)の水がでる。

(3)　20分後からア分後までの間，水そうにたまった水の量は(2)より，９Lである。このとき，じゃ口①もじゃ口②も開いているので，水そうには，毎分，３－２＝１(L)の水がたまっていく。よって，20分後からア分後までの時間は，９÷１＝９(分)だから，アにあてはまる数は，20＋９＝29(分)とわかる。

(4)　13.5分後からは，図Ⅰの㋐の部分にたまっていた水はじゃ口②からでていかないので，グラフの数値は20cmで一定となるが，この間も，㋑の部分にたまっていた水は，じゃ口②からでていく。よって，じゃ口①を再び開けたのを□分後とすると，13.5分後，□分後，20分後の水そうの様子は下の図Ⅱのように表せる。13.5分後から20分後までの，20－13.5＝6.5(分間)に，じゃ口②のだした水の量は，２×6.5＝13(L)である。また，13.5分後の水そうの水の量と，20分後の水そうの水の量が同じなので，この間にじゃ口②のだした水の量と，再び開けたじゃ口①がだした水の量は同じである。つまり，再び開けたじゃ口①が，20分後までにだした水の量も13Lだから，□分後から20分後までの時間は，$13\div3=4\frac{1}{3}$(分)とわかる。したがって，じゃ口①を再び開けたのは，$20-4\frac{1}{3}=15\frac{2}{3}$(分後)，つまり，$60\times\frac{2}{3}=40$より，15分40秒後と求められる。

図Ⅰ

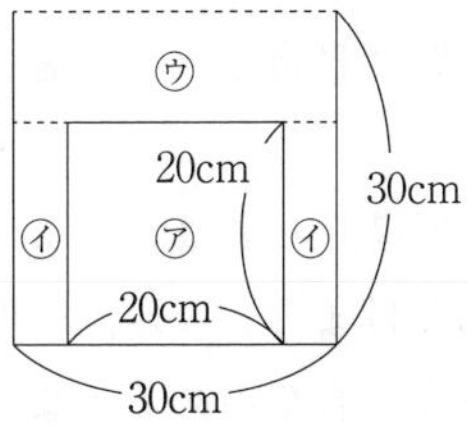

図Ⅱ

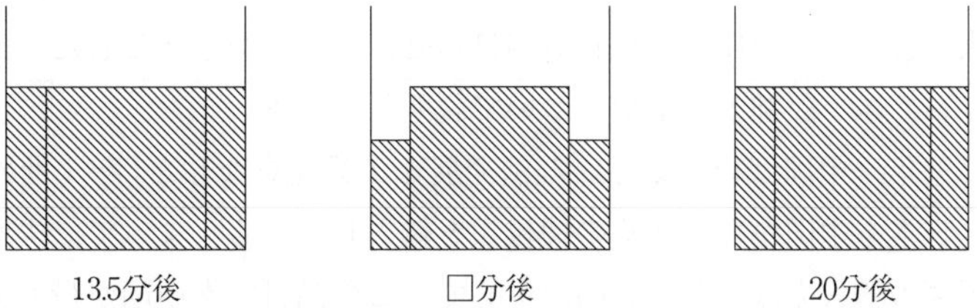

社　会　＜第１回試験＞（30分）＜満点：60点＞

解　答

[1] (1) **あ** 択捉島　**い** 東京都　**う** 与那国島　(2) ① エ　② ナショナルトラスト(運動)　(3) (例) 200海里以内の排他的経済水域を守るため。　(4) ① ア　② イ　(5) イ　(6) エ　(7) ① エ　② ウ　(8) イ　[2] (1) イ　(2) コロンブス　(3) エ　(4) イ　(5) イ　(6) ウ　(7) 倭寇　(8) ア　(9) イ　(10) (例) (日本は)関税を決める権利がありませんでした(。)　(11) ア　(12) エ→ア→ウ→イ　(13) イ，ウ　(14) 世界保健機関(WHO)　[3] (1) 任命　(2) エ　(3) イ　(4) エ　(5) イ　(6) イ　(7) イ　(8) 国民主権　(9) 立法　(10) 弾劾　(11) エ　(12) ウ

解　説

[1] 日本の地形や産業などについての問題

(1) **あ** 日本最北端の島は，北海道に属する北方領土の択捉《えとろふ》島だが，現在はロシアによって実効支配されている。　**い** 日本最南端の島である沖ノ鳥島と，最東端の島である南鳥島は小笠原諸島にふくまれ，東京都に属している。　**う** 日本最西端の島は，沖縄県の与那国《よなぐに》島である。

(2) ① ア　北見山地は北海道の北部に広がっており，南部には日高山脈が連なっている。　イ　北海道の太平洋側には，寒流の親潮(千島海流)が流れている。黒潮(日本海流)は，日本列島の太平洋側を南から北へ流れる暖流である。　ウ　根釧《こんせん》台地では，酪農がさかんに行われている。　エ　釧路や苫小牧《とまこまい》の産業について正しく説明している。　② 貴重な自然や歴史的建造物などを保存するため，国民から広く募金を集め，保存すべき土地などを買い取って管理する方法をナショナルトラストという。19世紀にイギリスで始まった取り組みで，20世紀後半に世界各地に広がった。「しれとこ100平方メートル運動」は，代表的なナショナルトラスト運動の一つとして知られる。

(3) 沖ノ鳥島が沈没《ちんぼつ》すると，沖ノ鳥島を中心とした領域と周囲200海里の日本の排他的経済水域が失われる。そこで，日本の排他的経済水域を守るため，巨額の工費をかけて護岸工事が行われた。

(4) ① うなぎは暖かい地域での養殖がさかんで，生産量(収獲《しゅうかく》量)は鹿児島県，愛知県，宮崎県の順に多い。なお，ウのまだいは愛媛県，エのかきは広島県が生産量全国第１位。また，イの金魚

は，愛知県や奈良県での生産量が多い。統計資料は『日本国勢図会』2020／21年版などによる(以下同じ)。　② 鹿児島県は畜産がさかんで，肉用牛の飼育頭数は北海道についで全国第２位，豚は全国第１位，肉用にわとりは宮崎県についで全国第２位となっている。よって，イにあてはまる。なお，アは北海道，ウは宮崎県，エは岩手県。

(5) ア　京浜工業地帯について述べた文である。　イ　北九州工業地域(地帯)について，正しく説明している。　ウ　中京工業地帯について述べた文で，文中の「石油化学コンビナート」は，四大公害病の一つに数えられる四日市ぜんそくを引き起こした，三重県四日市市のものをさしている。　エ　阪神工業地帯について説明している。

(6) 近年，中国はめざましい経済発展と工業化をなしとげ，「世界の工場」とよばれるようになった。日本も中国から，多くの機械類を輸入している。よって，エがあてはまる。また，鮮度が重要な野菜の輸入先はアジア諸国が中心で，この品目でも中国が最も大きな割合を占《し》める。なお，アはアメリカ合衆国，イはオーストラリア，ウはタイ。

(7) ① 香川県高松市は瀬戸内の気候に属し，夏の南東季節風を四国山地に，冬の北西季節風を中国山地にさえぎられるため，１年を通じて降水量が少ない。また，比較的温暖である。よって，エが正しい。なお，冬の降水量が多いアは日本海側の気候，冬の気温が高いイは南西諸島の気候，最低気温が０℃を大きく下回るウは北海道の気候の特徴を示している。　② ア　土庄東港の沿岸部には，老人ホーム(⌂)はみられるが，博物館(⌂)はみられない。　イ　西本町の北西には税務署(⟐)や官公署(Ö)はみられるが，裁判所(⍋)や高等学校(⊗)はみられない。　ウ　大深山の東側のふもとには果樹園(ȯ)が多くみられるので，正しい。　エ　土庄の北側には，畑(V)が広がっている。

(8) ア　原油は，生物の死がいなどが長い時間をかけて地中で変化してできたものである。　イ　1991年，長崎県の島原半島にある雲仙(普賢《ふげん》)岳で火砕《かさい》流が発生し，多くの死者が出た。よって，正しい。　ウ 「カルスト台地」ではなく「シラス台地」が正しい。　エ 「火力発電」ではなく「地熱発電」が正しい。

2　各時代の歴史的なことがらについての問題

(1) 14世紀の中国は，13世紀末に建国された元が支配していた。元のもととなったモンゴル帝国は，東ヨーロッパから中国・朝鮮半島にいたる大帝国を形成し，東西交流がさかんに行われたが，これによってペスト(黒死病)の感染が広がったと考えられている。

(2) 1492年，イタリア出身のクリストファー＝コロンブスが，ヨーロッパ人として初めて，北アメリカ大陸の南東に位置する西インド諸島に到達した。こののち，南北アメリカ大陸に次々とヨーロッパ人が訪れるようになり，多くのものがヨーロッパにもたらされた。

(3) ア　聖徳太子(厩戸《うまやと》王)は607年，当時の中国の王朝である隋に，小野妹子を遣隋使として派遣した。　イ 「蘇我《そが》氏」ではなく「物部《もののべ》氏」が正しい。　ウ，エ　660年，友好関係にあった朝鮮半島の百済《くだら》が新羅《しらぎ》に滅《ほろ》ぼされると，中大兄《なかのおおえの》皇子は百済の復興を目指して軍隊を派遣したが，663年の白村江《はくすきのえ》の戦いで唐(中国)・新羅の連合軍に大敗した。聖徳太子は622年に亡くなっている。

(4) 聖武天皇は743年，大仏造立《ぞうりゅう》の詔《みことのり》を出して大仏づくりを命じた。アは708年，イは743年，ウは797年のできごとである。エについて，藤原道長は1016年に摂政《せっしょう》になったが，関白にはなっていない。

(5)　『平家物語』は，僧のような姿をした，目の見えない芸人たちによって，琵琶を弾きながら語られた。このような人々を琵琶法師という。

(6)　ア　管領《かんれい》は室町幕府における将軍の補佐役で，鎌倉幕府には将軍の補佐役として執権《しっけん》が置かれた。　イ　応仁の乱(1467～77年)は，室町幕府の第８代将軍足利義政の後《あと》継《つ》ぎをめぐる争いなどが原因で起こった。　ウ　鎌倉幕府は承久《じょうきゅう》の乱(1221年)ののち，西国の御家人や朝廷を監視する機関として京都に六波羅《ろくはら》探題を設置した。よって，正しい。　エ　金閣(鹿苑《ろくおん》寺)は，室町幕府の第３代将軍足利義満が京都北山に建てたものである。

(7)　13世紀ごろ，朝鮮半島や中国の沿岸を荒らす者があらわれ，倭寇《わこう》とよばれておそれられた。しかし，室町幕府が明(中国)の求めに応じてこれを取りしまったことにより，動きがしずまった。倭寇は16世紀に再び活発になったが，この時期には倭寇として海賊行為をはたらく中国人やポルトガル人もいた。

(8)　『解体新書』は，杉田玄白《げんぱく》や前野良沢《りょうたく》らが，オランダ語の医学解剖《かいぼう》書『ターヘル＝アナトミア』を苦心のすえに翻訳《ほんやく》した医学書で，江戸時代後半の1774年に出版された。

(9)　ア　「大久保利通《としみち》」ではなく「西郷隆盛」が正しい。　イ　郵便制度は1871年，義務教育は1872年，徴兵制は1873年に開始されており，いずれも明治時代のできごとなので正しい。　ウ　「富岡製糸場」ではなく「八幡製鉄所」が正しい。富岡製糸場は，日清戦争(1894～95年)が始まるより前の1872年に操業を開始している。　エ　大日本帝国憲法は，天皇が国民に与えるという形式で成立した。

(10)　関税は，おもに自国の産業を守るため，輸入品に課される税である。江戸時代末に江戸幕府が欧米諸国と結んだ修好通商条約では，日本に関税を自由に決める権利である関税自主権が認められなかった。

(11)　アは北里柴三郎《しばさぶろう》，イは緒方洪庵《おがたこうあん》，ウは森鷗外《おうがい》，エは野口英世について説明した文である。

(12)　アは1910年，イは1937年，ウは1932年，エは1895年のできごとなので，時代順にエ→ア→ウ→イとなる。

(13)　高度経済成長期とは，1950年代後半から1973年にかけて，日本の経済がめざましく成長した時期をさす。アは1925年，イとウは1964年，エは1990年代以降，オは1989年のできごとである。

(14)　世界保健機関(WHO)は国際連合の専門機関の一つで，世界中の人々の健康を守るための活動を行っており，感染症《しょう》対策なども仕事としている。

3　日本国憲法や政治のしくみについての問題

(1)　日本国憲法第６条１項には，天皇が，国会の指名に基づいて内閣総理大臣を任命することが規定されている。これは，天皇の国事行為の一つである。

(2)　ア　「衆議院議員」ではなく「参議院議員」が正しい。衆議院議員の任期は４年で，任期途中に衆議院が解散されることもある。　イ　参議院議員の被選挙権は，満30歳以上の国民に与えられる。　ウ　参議院議員選挙は，原則として都道府県を選挙区とする選挙区選挙と，比例代表制の並立で行われる。小選挙区比例代表並立制は，衆議院議員選挙で採用されている。　エ　衆議院の優越について，正しく説明している。

(3)　ア　内閣不信任決議案が可決された時は，10日以内に衆議院が解散されないかぎり，総辞職しなければならない。　イ　外国と条約を締結《ていけつ》することは内閣の仕事なので，正しい。　ウ　国務大臣は，2021年２月時点では原則として16人以内(特別の必要がある場合は最大19人以内)とされている。　エ　2020年９月の成立時点では，菅義偉《すがよしひで》内閣の女性の国務大臣は２人だけだった。

⑷　ア　最高裁判所は，長官１名と裁判官14名の合計15名で構成されている。　イ「参議院議員選挙」ではなく「衆議院議員選挙」が正しい。　ウ　地方裁判所は47都道府県ごとに置かれているが，北海道には４か所あり，合計で50か所設置されている。　エ　民事裁判について正しく説明している。

⑸　ａは①の身体の自由に，ｂは③の経済活動の自由に，ｃは②の精神の自由に分類される。

⑹　日本国憲法に規定されている国民の義務は，勤労の義務，納税の義務，子どもに普通教育を受けさせる義務の三つである。

⑺　ア　アベノミクスとは，日本経済を成長させるために安倍晋三内閣が行った経済政策で，景気をよくするため，金利を下げる政策がとられた。　イ　安倍晋三内閣のときの2019年10月，消費税率がそれまでの８％から10％に引き上げられた。このとき，低所得者の負担を軽くするため，食料品を中心に軽減税率が導入された。よって，正しい。　ウ「国民一人」ではなく「各世帯」が正しい。　エ　ロシアとの間に北方領土の４島返還の合意はない。

⑻　日本国憲法第１条では，「主権の存する日本国民」として，国民主権の原則が明記されている。国民主権は，基本的人権の尊重，平和主義とともに日本国憲法の三大原則とされている。

⑼　日本国憲法第41条は国会を「国の唯一《ゆいいつ》の立法機関」と定め，法律をつくる権限である立法権を，国会のみに与えている。

⑽　裁判官としてふさわしくない言動などがあった裁判官については，国会に弾劾《だんがい》裁判所を設置して，裁判官を辞めさせるかどうかを決定する。裁判官は，国会議員がつとめる。

⑾　日本国憲法第９条は平和主義についての条文で，その１項は「日本国民は，正義と秩序《ちつじょ》を基調とする国際平和を誠実に希求し，国権の発動たる戦争と，武力による威嚇《いかく》又《また》は武力の行使は，国際紛争を解決する手段としては，永久にこれを放棄する」と定めている。

⑿　日本国憲法を改正する場合には，国会で改正案を審議したのち，衆参各議院の総議員の３分の２以上の賛成によって，国会がこれを発議(国民に提案)する。その後行われる国民投票で有効投票の過半数の賛成が得られると改正が成立し，天皇は国民の名でこれを公布する。

理　科　＜第１回試験＞（30分）＜満点：60点＞

解　答

1 ⑴　イ，ウ　⑵　イ，オ　⑶　オ　⑷　水素　⑸　イ　⑹　オ　⑺　ア　⑻　10回　2 ⑴　イ　⑵　①　ウ　②　イ　③　キ　⑶　①　エ　②　道管　⑷　ウ　3 ⑴　①，④　⑵　①，③　⑶　イ　⑷　エ　⑸　34cm³　4 ⑴　ア　⑵　**A**　②　**B**　２　⑶　**ア**　①　**イ**　④　⑷　エ　⑸　55度　5 ⑴　Ｂ　⑵　**記号**…Ａ　**回数**…３回　⑶　Ａ　⑷　**記号**…Ｃ　**回数**…７回

解　説

1 **小問集合**

⑴　カエルは土の中で冬眠し，コウモリは木がくさってできたすき間や人家の屋根裏などで冬眠する。

⑵　ヒトが直立二足歩行するようになったことで，足の裏が広くかかとの骨が大きく発達したといわれている。歩行に前足が必要なくなったため，前足(手)の指で道具を使うなどの複雑な動きができるようになった。

⑶　ろうそくのほのおは，外側から外えん，内えん，えん心の３つの部分に分かれていて，外えんは十分な酸素とふれることができるため完全燃焼していて，最も温度が高い。したがって，割りばしをほのおの中に入れると，外えんの部分が黒くこげる。

⑷　うすい水酸化ナトリウム水よう液に電流を流すと水素と酸素が発生し，うすい塩酸に電流を流すと水素と塩素が発生する。

⑸　ア，エ　地震《じしん》そのものの規模の大きさはマグニチュードで表され，ある地点でのゆれの大きさは震度《しんど》で表される。　ウ　津波《つなみ》は震源が海底の場合に発生することがある。　オ　震源で発生した２種類の波のうち，伝わる速さが速い方の波が起こすゆれを初期微動《びどう》という。

⑹　日の出とは，③のように，太陽の上のはしが地平線にかかったしゅん間のことをいい，日の入りも，③のように，太陽の上のはしが地平線に沈《しず》んだしゅん間のことをいう。

⑺　電球のフィラメントには，熱に強いタングステンという金属が使われていて，ガラス球の中はフィラメントが焼き切れないように，ちっ素やアルゴンなどの気体が入れられている。初期の電球には，フィラメントのかわりに竹が使われていたことがある。

⑻　分銅は測るものより重そうなものから順にのせていく。小石の重さを測ったときに分銅の重さと手順は，50gをのせる→20gをのせる→20gをおろす→10gをのせる→10gをおろす→５gをのせる→２gをのせる→２gをのせる→２gをおろす→１gをのせるである。したがって，操作した回数は10回となる。

2　野菜の分類と茎《くき》や花のつくりについての問題

⑴　それぞれの野菜の主に食べている部分は，【A】は葉・茎，【B】はつぼみ・実・種子，【C】は根・地下茎《ちかけい》・球根である。

⑵　①　カブとブロッコリーはアブラナ科の植物だから，アブラナ科で，主に葉を食べるコマツナがあてはまる。　②　ショウガとウコンはショウガ科の植物なので，ショウガ科で，主につぼみを食べるミョウガがあてはまる。　③　ナス，トマト，ピーマンはナス科の植物だから，ナス科で，主に地下の茎を食べるジャガイモがあてはまる。

⑶　①，②　アスパラガスは単子葉類で，ブロッコリーは双子葉類である。根から吸収した水や養分の通り道を道管といい，単子葉類の道管は散らばっているため，茎を縦に切ると，ｃのように数本の赤いすじが見られ，双子葉類の道管は輪のように並んでいるので，ｂのように，外側に２本のすじが見られる。

⑷　スイカ，キュウリ，カボチャはいずれもウリ科の植物で，１つの株にお花とめ花があり，１つの花の花びらはもとの方でくっついている。

3　水よう液の性質と中和についての問題

⑴　炭酸水は気体の二酸化炭素，食塩水は固体の食塩，石灰水は固体の水酸化カルシウム(消石灰)，アンモニア水は気体のアンモニア，砂糖水は固体の砂糖がとけている。

⑵　炭酸水と石灰水を混ぜると，炭酸カルシウムという水にとけにくい物質ができるため，混ぜた

よう液は白くにごる。

⑶　BTB液は，酸性の水よう液を加えると黄色，中性の水よう液を加えると緑色，アルカリ性の水よう液を加えると青色になる。それぞれの水よう液の性質は，炭酸水は酸性，食塩水と砂糖水は中性，石灰水とアンモニア水はアルカリ性である。

⑷　うすい水酸化バリウム水溶液はアルカリ性を示す。A液$10cm^3$と過不足なく反応するB液の体積は，$10\times\frac{3}{4}=7.5(cm^3)$である。したがって，加えたA液の体積が$7.5cm^3$より小さいａではアルカリ性になっているので水よう液の色は青色になり，加えたA液の体積が$7.5cm^3$より大きいｂ，ｃ，ｄではいずれも酸性になっているから水よう液の色は黄色になる。

⑸　加えたC液の体積が$30cm^3$までは，C液の体積が$10cm^3$増えるごとに白色の固体の重さが0.20ｇずつ増えている。A液とC液が反応しなくなると，白色の固体の重さは増えなくなり，白色の固体の重さは0.68ｇで増えなくなっている。よって，A液$30cm^3$と過不足なく反応するC液の体積は，$10\times\frac{0.68}{0.2}=34(cm^3)$と求められる。

4　地球上の各地域での太陽の動きについての問題

⑴　③の地点と④の地点は，いずれも東経90度の経度が同じ地点で，経度が同じ地点では太陽が南中する時刻が同じになる。

⑵　地球が西から東に自転しているため，東に位置している②の地点の方が南中する時刻がはやい。また，地球は１日に360度自転しているから，１時間では，360÷24＝15(度)動く。よって，経度が15度ちがうと南中時刻は１時間ちがう。したがって，南中する時刻は，②の地点では①の地点より，１×(60－30)÷15＝２(時間)はやくなる。

⑶　太陽の南中高度が90度になったとき，地面に垂直に立てた棒の影《かげ》はできない。ア　赤道上の地点(北緯《ほくい》０度の①の地点)では，春分と秋分の日の太陽の南中高度は90度になる。　イ　北緯23.4度の④の地点では，夏至の日の太陽の南中高度が90度になる。

⑷　北緯66.6度より北の地域を北極圏《けん》といい，この地域では，冬至の日のころは１日中太陽がのぼらない。なお，北極圏では夏至のころ夜になっても太陽はしずまない。この現象を白夜という。

⑸　春分の日の太陽の南中高度は，(90度－その地点の緯度)で表される。したがって，⑤の地点の春分の日の太陽の南中高度は，90－35＝55(度)である。

5　光の反射についての問題

⑴　光は下の図①のように進み，角Bに当たる。

⑵　光は下の図②のように進み，３回反射して角Aに当たる。

⑶　光は下の図③のように進み，角Aに当たる。

⑷　光は下の図④のように進み，７回反射して角Cに当たる。

図①

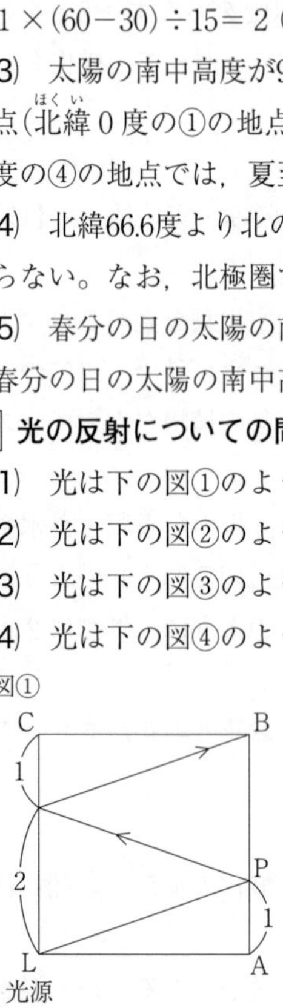

図②

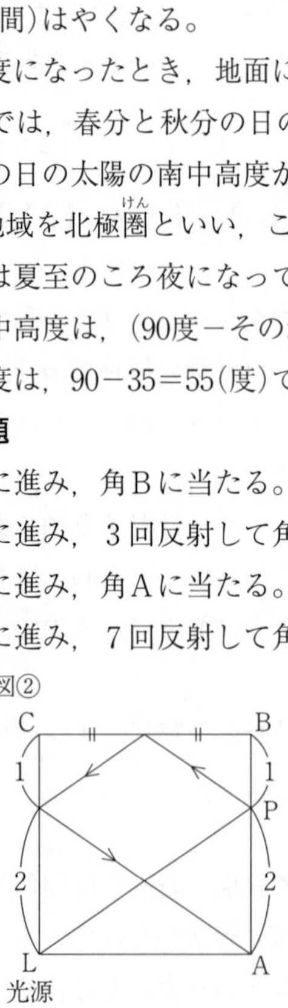

図③

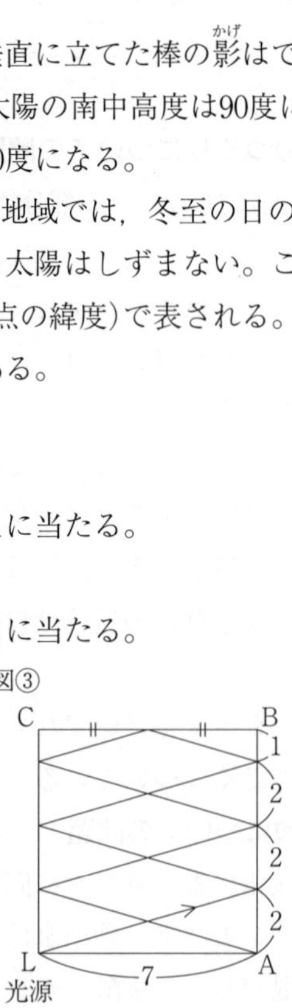

図④

国語 ＜第１回試験＞（50分）＜満点：100点＞

解答

一 **問１** ①～③ 下記を参照のこと。 ④ うなばら ⑤ あずき **問２** イ **問３** ア **問４** イ **問５** 六 **問６** 鼻 **問７** ア **問８** ウ **問９** 一寸法師 **問10** ちょう **問11** **１** ア **２** エ **３** ア **問12** （例） 先生はおだやかな物腰でいつも私に接してくれる。 二 **問１** エ **問２** （例） 電車内での化粧をマナー違反とする従来の規範に異議を唱える人々が増えはじめ，これまでの規範の有効性が揺らいできたこと。 **問３** ア **問４** ア **問５** **１** 思考停止せずに考え続ける **２** （例） 学校の道徳に携わる人たちが期待する道徳教育。 **問６** 心の中に生じる負の感情に向き合う **問７** **１** 優等生(たち) **２** 自分の外側の評価軸 **問８** エ **問９** 話し合いと～するやり方 **問10** イ **問11** エ **問12** イ **問13** ウ **問14** **ア** × **イ** ○ **ウ** ○ **エ** × **問15** Ⅰ ア，ウ，オ Ⅱ エ

●漢字の書き取り

一 **問１** ① 変容 ② 次(ぐ) ③ 探知

解説

一 漢字の読みと書き取り，語句の知識，熟語の組み立て，漢字の知識，四字熟語の完成，慣用句・ことわざの完成，表現の知識，短歌の鑑賞，短文づくり

問１ ① 形や姿が変わること。 ② 音読みは「ジ」「シ」で，「次回」「次第」などの熟語がある。訓読みにはほかに「つぎ」がある。 ③ かくされているものを探って知ること。 ④ 広々とした海。 ⑤ 「あずき」は，熟字訓としての読み。

問２ もともと「レッテル」は，商品につける紙札を表す語だが，「レッテルを貼《は》る」とすると，“一方的に評価する”という意味の慣用表現となる。

問３ アの「帰宅」は，上の漢字が動作を表し，下の漢字が動作の対象を表す組み立てになっている熟語。イの「故人」，ウの「清流」，エの「天災」は，上の漢字が下の漢字をくわしくする組み立てになっている熟語。

問４ 「事」や「物」や「方」，さらに「通り」などの名詞は，本来の意味がうすれて使われている形式名詞として用いるときは，ひらがなで表記することが望ましいとされている。アの「事はきわめて重大だ」の「事」，ウの「さまざまな物が部屋にあふれているし」の「物」が本来の意味で用いられているのに対し，イの「人に話した方が」の「方」は形式名詞として用いられているので，ひらがなで表記するのが望ましい。

問５ 上から順に，“一つの行動で二つの利益を得る”という意味の「一石二鳥」，“目先のちがいにとらわれて同じ結果であることに気づかない”という意味の「朝三暮四」，“一人で何人分もの活やくをする”という意味の「八面六臂《はちめんろっぴ》」，“だれに対しても愛想よくふるまう”という意味の「八方美人」，“文章を読むのがはやい”という意味の「一目十行」となる。

問６ 「鼻であしらう」は，“相手の言葉にまともに対応せず冷淡《れいたん》に接する”という意味。また，「鼻持ちならない」は，“言葉や行動ががまんできないほど不快である”という意味。よって，「鼻」

が二つに入ることになる。なお，「腕《うで》に覚えがある」は，“自分の力量に自信を持っている”という意味。「舌の根の乾《かわ》かぬうち」は，“言葉を言い終えてすぐに”という意味。「足をすくわれる」は，“すきをつかれて失敗させられる”という意味。

問７　「芸術」は，絵画・音楽・彫刻《ちょうこく》・文芸・演劇など，ある表現様式によって美を創作したり表現したりする活動のことなので，創作を行わない「宗教」「出版」「科学」「道徳」は，芸術にはふくまれないものと考えられる。

問８　「きらびやか」「はなやか」「しめやか」などの「やか」は，名詞やようすを表す語などについて，“いかにもそのような感じがする”という意味を表す語。現在でも使われている「際立つ」という語が，“ほかと区別されて目立つ”という意味であることから，「際やか」も，“はっきりと目立つ感じがする”という意味であるとわかる。

問９　「針《はり》の筵《むしろ》」「渡《わた》る世間に鬼《おに》はない」「箸《はし》にも棒にもかからない」となるので，お椀《わん》の舟に乗り，「箸」の櫂《かい》でこいで，「針」の刀で「鬼」退治をした「一寸法師」のことだとわかる。

問10　「二つ折りの恋文《こいぶみ》」から，紙を二つに折ったような形をした羽を持つ生き物の姿が想像できる。また，「花の番地を捜《さが》している」から，花の蜜《みつ》を求めて移動する生き物だとわかるので，ちょうである。

問11　**１**　作者が過酷《かこく》な少女時代を過ごしたことをふまえて考える。何気ない朝のあいさつのついでに「元気？」と問われただけなのに，作者は「元気だよ」と無理をして答えたと想像できる。　**２**　直前に「もう」とあることに着目する。エイプリルフールの四月一日ではあるが，今日も朝から「もう嘘《うそ》」をついてしまったのだという作者のつらい心情が感じられる。　**３**　短歌に詠《よ》まれた情景から，友だちどうしの何気ない朝のあいさつのようにも思われるが，作者が不幸な少女時代を過ごしていたということをふまえると，何気なくかけられた「元気？」という言葉に，あえて「元気だよ」と嘘をついてまで，自分の不幸な境遇《きょうぐう》を気づかれまいとする作者のつらい気持ちが読み取れる。

問12　「物腰《ものごし》」は，人と接するときの言葉や身のこなしなどの態度のこと。「おだやかな物腰」「物腰がやわらかい」などのように用いる。

□二 **出典は名古谷隆彦《なごやたかひこ》の『質問する，問い返す―主体的に学ぶということ』による。**社会の中に共通して存在していた道徳に対する考え方が微妙《びみょう》に変化してきているということや，道徳教育は押《お》しつけられたものを受け入れるだけではなく，考えて学ぶことが大切だということなどが述べられている。

問１　直前の段落で述べられている，慣習的に引き継《つ》がれていくべき「こうした規範《きはん》や価値観」が多様化によって「共通して存在」しなくなってきていることについて，例をあげて説明しようとしている。「こうした規範や価値観」は，「道徳」を「社会生活を営む上で，共同体を形成する人の心の中に共通して存在している規範」と説明していたことを指している。

問２　この後述べられているのは，「電車内で女性が化粧《けしょう》をする」ことについてどう思うかというものである。日本では「電車内で女性が化粧をする」ことは「道徳的に正しくない行為《こうい》」とされてきており，鉄道会社も「マナー違反《いはん》で，みっともないからやめましょう」などと利用者に訴《うった》えてきたが，若い世代からは，無害なのに「みっともない」という理由だけで批判《ひはん》されるのはおかしいといった反論が出てくるようになった。これまで社会の中に「共通して存在」していた規範に対する考え方が「微妙に変化してきた」のである。

問３　筆者は，通勤電車の中で「新聞を四つ折り」にして読む習慣があったが，後輩《こうはい》の若い男性記者から「車内で化粧をする女性」より「新聞を広げて読んでいるおやじの方がよほど迷惑《めいわく》」だと言われ，自分の行為が非難されたように思った。筆者は自分の行為を悪いと思っていなかっただけに，「世代によってこれほど感覚が違《ちが》うものか」と，一撃《いちげき》をくらわされたような驚《おどろ》きを覚えたのである。

問４　同じ段落で，道徳教育へ期待することの一つめは，「伝統的な規範意識やしつけを教える」ということにあり，そのためには，道徳を「正義」「誠実」「勇気」などに分けて一つひとつを教えこむ「徳目主義」によって道徳性を養うことが必要とされると述べられている。これは「車内化粧」についていえば，車内で化粧をすることは伝統的な規範に反しており，ほかの人の迷惑になるからやめるべきだということになる。

問５　**１**　道徳教育へ期待することの「もう一方の考え方」は，多様な見方を学び，自分なりに規範を解釈《かいしゃく》することである。そのために，「時代とともに変化」していく価値や規範に疑問を持ったり，問題の所在がどこにあるかを考えてみたりすることが必要で，「ならぬものはならぬ」と一方的に押《お》しつけるのではなく，「思考停止せずに考え続ける」力を養うということを重視するものである。　**２**　そもそもこれは，「学校の道徳に携《たずさ》わる人たち」からの「道徳教育への期待」としてあげられたものである。

問６　この公開授業の「目当て」は，「誰《だれ》に対しても礼儀《れいぎ》正しく接する態度を養う」というものだった。授業では，ぼう線部④の発問のように「マイナスの気持ち」にも触《ふ》れようとしていたため，どうやって「負の感情」に向き合うかということについて考えを深めさせたいという「意向」を持ったものだと筆者は感じた。つまり，この授業の「趣旨《しゅし》」は「心の中に生じる負の感情に向き合う」ことだったのである。

問７　**１**　「特定の数人の児童」の発言について，筆者はそれらが「本心から出てきた言葉」とは思えず，「ぎこちない感じ」を覚えた。だから，筆者はこの児童たちを，保護者や教員が満足する発言のできる「優等生の子どもたち」なのだと察している。　**２**　この後も「優等生たち」の発言は続くが，筆者は自分自身の「本心」を述べたのではないと感じている。読み進めると，文章の最後に，「褒《ほ》められるから」とか「怒《おこ》られるから」といった「自分の外側の評価軸《じく》」に従って行動している，という表現がある。

問８　「特定の数人の児童」の発言は，「伝統的な規範意識」に沿ったものであり，大人が子どもたちに期待する答えだったので，保護者や教員たちは満足したと考えられる。しかし，これらの発言は「本心から出てきた言葉」ではないようにも思われ，児童たちが思考せずに，従来の規範の中で大人に望まれていることを発言したものと考えられる。つまり，大人たちは，従来の「徳目主義」にのっとった発言だから満足したのであり，大人たちも自分たちの「伝統的な規範意識」や価値観を「思考停止」したままに信じていると考えられる。これらから，ア～ウはあてはまる。言いかえれば，大人たちは一人ひとりの子どもの個性を尊重していないので，エは推測できない。

問９　ぼう線部⑧をふくむ段落で，この授業についてまとめている。教諭《きょうゆ》は，自分の発問に対して児童に発言させるという手法を用い，「まるで子どもたち自身が結論を導いたかのように装《よそお》い」はしたものの，実際は「伝統的な規範意識」を押しつけていた。つまり，教諭は「話し合いという民主的な衣をまといながら，教員の思い描《えが》いた価値を注入するやり方」で授業を進めていたといえる。

問10　「台詞《せりふ》」という言葉に着目する。誰かの書いた台詞を話しているだけのアイドルと同じように，「優等生たち」も自分の「本心から出てきた言葉」ではなく，「建前」を繰《く》り返して言わされていると，筆者は感じたのである。

問11　筆者は，決められたとおりに同じようにあいさつをする児童よりも，「あいさつに無頓着《むとんちゃく》」でも「自分の知りたいことを無邪気《むじゃき》に尋《たず》ねてくる」という自発的な態度で接してくる児童に好感を持った。この小学校の児童や校長先生についての記述からは，エ以外のようすが伝わってくる。

問12　「固有名詞」は，一人ひとりが個性を持った存在であるということを表すたとえとして用いられている。共通の「規範意識」を押しつけられた児童たちは，教えられたとおりに行動するので，一人ひとりの個性が目立たなくなってしまう。しかし，一人ひとりの「子どもたちに温かいまなざし」を向けて観察していると，苦手なことや得意なことが見えてきて，クラスの中でどのような存在であるかということもわかってくるのである。

問13　「褒められるから」とか「怒られるから」という理由であいさつするのは，自分で「思考」し，自分の意思に基《もと》づいて行動しているのではなく，大人の押しつけた行動規範，つまり「自分の外側の評価軸」に従っているだけなので，大人にとって都合の良い子どもになっているだけともいえる。

問14　**ア～エ**　イは今まで見てきた内容と合う。また，筆者は文章の最後であいさつの必要性は教えるべきだと述べているので，ウも合う。なお，アは，従来の価値観を批判しているわけではないことから合わない。エは，昔は車内で化粧をするのは「みっともない」ことだという規範が社会に行きわたっており，「車内で化粧する人」がいなかったので，誤り。

問15　Ⅰ　あいさつは「不自然なまでに強制されてするべきものではない」という直前の内容をふまえて考える。あいさつは，どんなときでも相手がいるので，「相手を気づかう」，相手に「敬意」を持つ，相手と「親しみやすい関係性を育てる」，といったことが大事であると考えられる。　Ⅱ　直後のＡさんの発言に「本当にそうね」とあり，さらに「世の中の大多数の人が良いと判断していることとは違う行動をとる」のは「とても勇気の要《い》ること」で「なかなかできない」という発言もしていることに着目する。Ｂさんは，自分では周囲の価値観や古い規範に疑問を持っていても，それが常識であるということになると自分も従わないわけにはいかないという気持ちになってしまうという発言をしたと想像できる。

2020年度　国府台女子学院中学部

〔電　話〕 (047) 322－７７７０
〔所在地〕 〒272-8567　千葉県市川市菅野３－24－１
〔交　通〕 JR総武線－「市川駅」より徒歩12分
京成電鉄－「市川真間駅」より徒歩５分

【算　数】〈第１回試験〉（50分）〈満点：100点〉

［注意］ １．円周率は3.14とします。

２．仮分数は，すべて帯分数になおして解答してください。

1

次の□にあてはまる数を答えなさい。

(1) $8\div(10\times2\div5-4\div3\times2)\div3=\square$

(2) $\left\{1\frac{1}{5}\times\left(2.6+2\frac{2}{5}\right)-3\frac{2}{3}-1.5\right\}\times2-5\div(2\div0.3)=\square$

(3) $10-\left\{3\frac{4}{7}\times(\square+7.6)\div10\right\}=7$

2

次の□にあてはまる数を答えなさい。

(1) 70個のミカンを明子さん，有子さん，洋子さんの３人に分けました。明子さんと有子さんのミカンの個数の比が２：３，有子さんと洋子さんのミカンの個数の比が４：５であるとき，明子さんのミカンの個数は□個です。

(2) ある仕事をするのに，道子さん１人では10日，典子さん１人では15日かかります。この仕事を最初の３日間２人で行い，残りを道子さん１人で行ったところ全体で□日かかりました。

(3) 友子さんは□円を持って買い物に行きました。最初のお店で持っていたお金の $\frac{1}{6}$ より50円多く使い，次のお店で残りのお金の $\frac{3}{5}$ より70円多く使ったところ310円残りました。

(4) 12時から１時のあいだで，時計の長針と短針がつくる角度がはじめて直角になるのは12時□分です。

(5) ７％の食塩水450ｇから水を□ｇ蒸発させると濃度《のうど》が10.5％になります。

(6) 家から□m離《はな》れた駅で友達と待ち合わせをしました。分速80mの速さで歩いて駅に向かうと，待ち合わせの時間より５分遅《おく》れてしまいます。そこで，分速150mの速さで自転車で向かったところ，待ち合わせの時間より２分早く駅に着きました。

3

次の問いに答えなさい。

(1) [ア]～[オ]にあてはまる数を答えなさい。

◇という記号を用いて，次のような計算のルールをつくります。

$2◇3=2\times2\times2=8$

$5◇2=5\times5=25$

$(2◇3)◇2=(2◇3)\times(2◇3)=8\times8=64$

これに従って計算をすると，

3◇3＝［ ア ］

(3◇2)◇3＝［ イ ］

また，2◇6は次のように考えることができます。

2◇6＝2×2×2×2×2×2

＝(2×2×2)×(2×2×2)

＝(2◇［ ウ ］)×(2◇［ ウ ］)

＝(2◇［ ウ ］)◇［ エ ］

この考え方を用いて計算すると

2◇12＝［ オ ］

(2)　流れの速さが毎分50mの川があります。この川の上流にあるＡ地点から下流にあるＢ地点は３km離れています。船がＡ地点からＢ地点まで下るのに12分かかりました。この船がＢ地点からＡ地点まで上るのにかかる時間は何分ですか。ただし，船の静水時の速さは一定とします。解答は答えのみではなく，途中《とちゅう》の計算や考え方を解答らんにできるだけくわしく書きなさい。

4　次の［　　］にあてはまる数を答えなさい。

(1)　右の図１は，２つの直角三角形を重ねたものです。辺ABと辺CDが平行であるとき，角 x の大きさは，［　　］度です。

図１

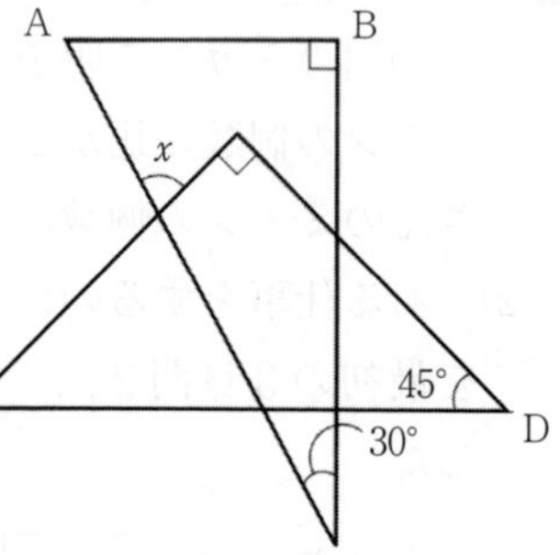

(2)　半径が４cm，中心角が150°の２つのおうぎ形を下の図２のように重ねました。ぬりつぶした部分の面積は［　　］cm^2 です。

(3)　下の図３は，１辺が６cmの立方体から，いくつかの同じ形の立体を切り取ってできる立体の展開図です。この立体の体積は［　　］cm^3 です。ただし，同じ印のついている辺は同じ長さであり，４点Ａ，Ｂ，Ｃ，Ｄはもとの立方体の辺上にあるとします。

図２

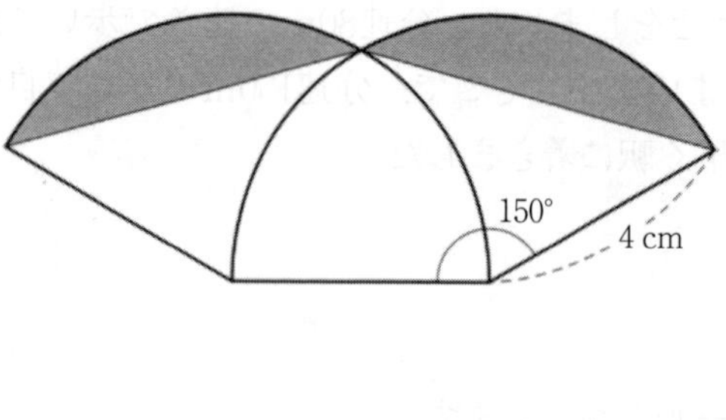

図３

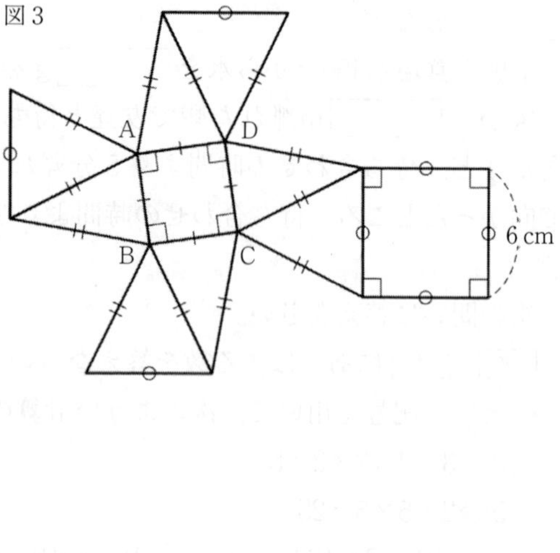

5　右の図１のように，ＡとＢの間は240cm あり，その線上に３点Ｐ，Ｑ，Ｒがあります。３点は同時に動き始め，一定の速さでＡとＢの間を往復し続けます。

図１

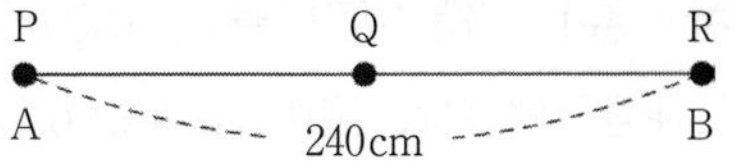

動き始めてからの時間とＡから各点までの距離《きょり》の関係は下の図２のようになり，120秒後に３点はＢで重なりました。

(1)　点Ｐの速さは秒速何cm ですか。

(2)　ア にあてはまる数を答えなさい。

(3)　点Ｑがはじめにあったのは，Ａから何cm の所ですか。

(4)　３点Ｐ，Ｑ，Ｒが再びＢで重なるのは，動き始めてから何秒後ですか。

図２

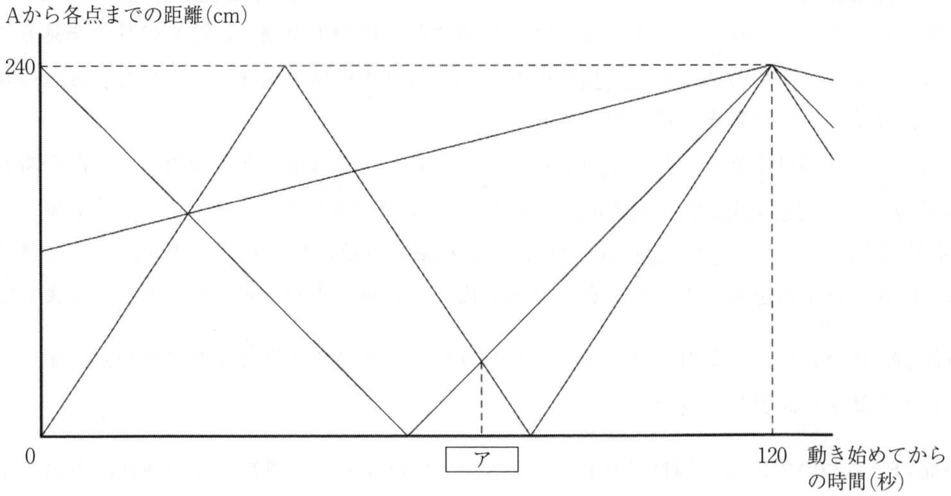

【社　会】〈第１回試験〉（30分）〈満点：60点〉

［注意］解答は，適切な漢字をもちいて記入して下さい。

1　次の文を読み，あとの問いに答えなさい。

歴史研究部に所属しているミキさんは，葛飾北斎について調べることにしました。その一環《いつかん》として，「富嶽三十六景」に描《えが》かれた土地を巡《めぐ》るフィールドワークをおこないました。

まず，(A)千葉県にある登戸《のぶと》神社に向かいました。「富嶽三十六景」の一つ(B)《登戸浦《のぶとうら》》の絵は，この神社の周辺を描いていると考えられています。ミキさんは，江戸《えど》時代と現代で神社の周りが大きく変化していることに驚《おどろ》きました。登戸浦は，かつて年貢米や(C)水産物を輸送する拠点《きよてん》となっていたそうです。現在では，(D)千葉港が物流の中心になっています。

次に，(E)東京都中央区にある日本橋に行きました。北斎の(F)《江戸日本橋》の絵には，橋から見える江戸城と富士山が描かれています。現在は，高速道路が橋の上を通り，遠くの景色を見ることはできません。しかし，江戸時代に(G)五街道の起点だった日本橋は，現在もいくつもの国道の起点になっており，多くの人や自動車が行き交っていました。

冬休みには，ミキさんは家族と一緒《いつしよ》に(H)箱根に行きました。温泉地である箱根には，江戸時代から多くの人が訪《おとず》れ，(I)箱根の伝統工芸品は当時から人気の土産物《みやげもの》だったそうです。「富嶽三十六景」《相州箱根湖水》には，(J)芦ノ湖《あしのこ》周辺から富士山を望む景色が描かれています。今でも芦ノ湖畔からは山々の間に富士山を見ることができ，北斎が描いた景色と重ね合わせることができました。

（1）　下線部(A)について，千葉県では，ほうれんそうなどを生産する近郊《きんこう》農業がさかんです。近郊農業の利点を簡単に説明しなさい。

（2）　下線部(B)について，次の図は「富嶽三十六景」《登戸浦》と、現在の登戸神社の写真です。これらの図を参考にしながら，東京湾岸の説明として，正しいものを次のア～エから１つ選び，記号で答えなさい。

ア．江戸時代に比べて，現在の方が海水域が広がっている。
イ．干拓によって海水が抜《ぬ》かれ，東京湾岸は農地として整備されている。
ウ．埋《う》め立てが進んでおり，お台場などには商業施設《しようぎようしせつ》や高層ビルが建ち並んでいる。
エ．リアス式海岸が続いており，現在は海苔《のり》の養殖がさかんに行われている。

（３）　下線部（C）について，現在では多くの水産物が海外から輸入されています。次のグラフ①と②は，それぞれある水産物の日本の輸入先の国・地域を示しています。どの水産物のグラフか，次のア～エから１つずつ選び，記号で答えなさい。

①

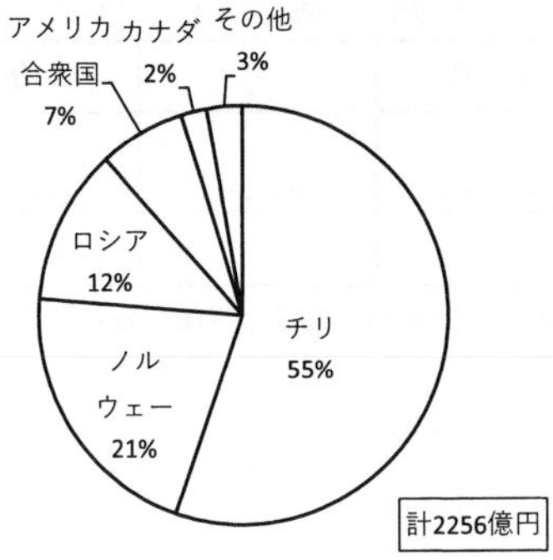

②

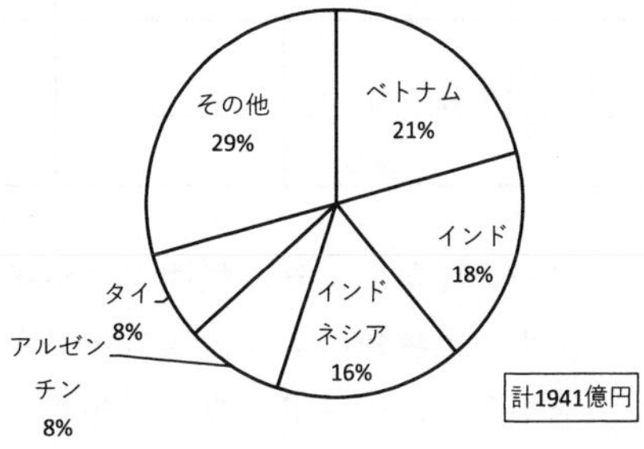

（出典　農林水産省「農林水産物輸出入概況《がいきょう》（2018年）」）

ア．えび　　イ．まぐろ　　ウ．たい　　エ．さけ・ます

（４）　次のグラフは，日本各地の工業地帯·工業地域の製造品出荷額《しゅつかがく》の構成を示しています。
下線部（D）の千葉港を中心とした工業地域のグラフを，次のア～エから１つ選び，記号で答えなさい。

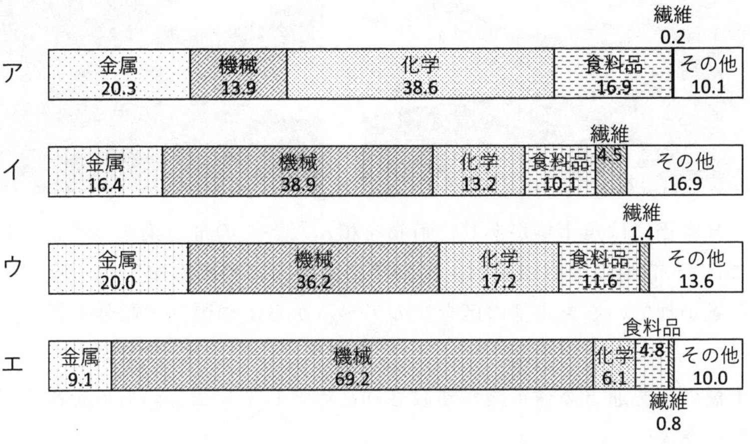

（出典　日本国勢図会《ずえ》「工業地帯，工業地域の製造品出荷額等の構成（2016年）」）

(5) 下線部(E)について，次の表は，東京都中央区の昼間人口と夜間人口を示しています。この表を参考にし，中央区の説明として適切なものを次のア～エから1つ選び，記号で答えなさい。

	昼間人口			夜間人口（常住人口）		
	総数	男	女	総数	男	女
東京都中央区	608,603人	371,513人	237,090人	141,183人	67,536人	73,647人

（出典　東京都の統計「地域，昼間・常住，男女別人口（2015年）」）

ア．Jターン現象により，昼間人口が多い。

イ．ドーナツ化現象により，人口が集中している。

ウ．住宅が多く，ベッドタウンである。

エ．会社が多くあり，他の地域から通勤している人が多くいる。

(6) 下線部(F)について，次の図は「富嶽三十六景」《江戸日本橋》と，ほぼ同じ位置で撮《と》った現在の日本橋からの景色です。次の問いに答えなさい。

① 江戸時代の日本橋には魚市場があり，荷物を積んだ多くの舟《ふね》が集まっていました。この魚市場は築地の中央卸売市場《おろしうりしじよう》に受《う》け継《つ》がれ，2018年にはさらに移転しました。築地市場の移転先の中央卸売市場が置かれている東京都の区を次のア～エから1つ選び，記号で答えなさい。

ア．世田谷区　　イ．中央区　　ウ．墨田区　　エ．江東区

② 現在の日本橋の上を通る高速道路が建設された年として，正しいものを次のア～エから1つ選び，記号で答えなさい。

ア．1854年　　イ．1904年　　ウ．1963年　　エ．2003年

(7) 下線部(G)について，五街道のうち箱根を通る街道として，正しいものを次のア～エから1つ選び，記号で答えなさい。

ア．東海道　　イ．奥州街道　　ウ．甲州街道　　エ．中山道

（８）　下線部(H)について，次の図は箱根周辺の地形図です。あとの問いに答えなさい。

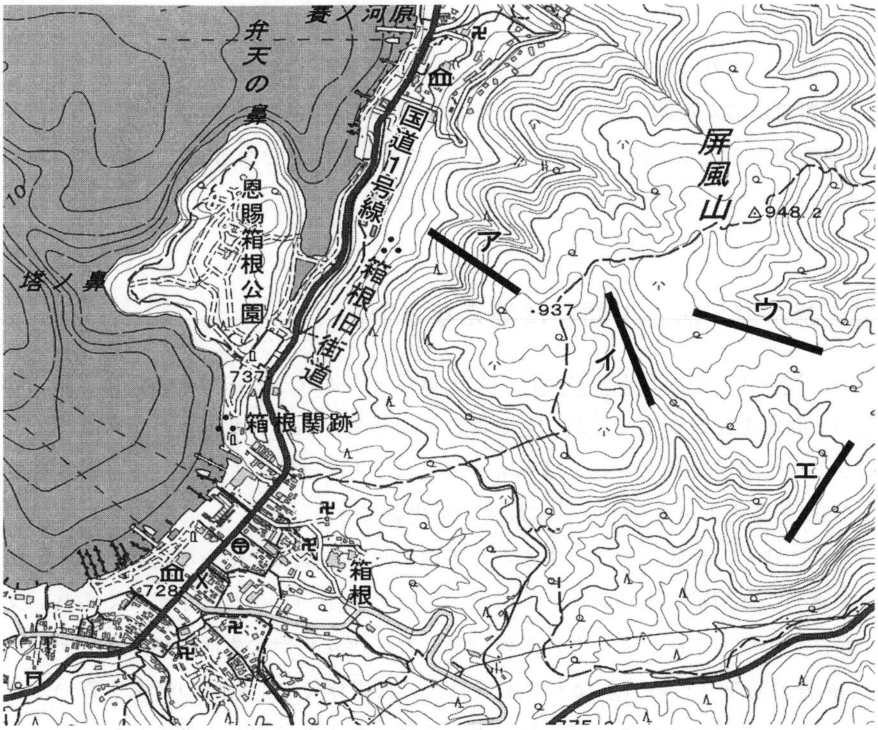

①　この地形図は２万５千分の１の縮尺です。箱根関跡《あと》から屏風山《びようぶさん》の山頂までをはかると５cmありました。実際の距離《きより》は何ｍですか。

②　地形図中のア～エから，最も傾斜《けいしや》が急なものを１つ選び，記号で答えなさい。

③　恩賜《おんし》箱根公園から国道１号線を南西の方向に進むことにします。その際に，地形図から読み取れることとして適切なものを次のア～エから１つ選び，記号で答えなさい。

ア. 道沿いに茶畑が広がっている。

イ. 道を進むと，左に郵便局と警察署が見える。

ウ. 右に博物館があるが，このあたりの標高は恩賜箱根公園より低い。

エ. 博物館前で左折すると，急な下り坂になっている。

④　地形図には様々な地図記号が記されていますが，2019 年に右の図のような新たな地図記号が決められました。この地図記号の意味として正しいものを次のア～エから１つ選び，記号で答えなさい。

ア. 記念碑　　イ. 電子基準点　　ウ. 自然災害伝承碑　　エ. 指定緊急避難《きんきゆうひなん》場所

（９）　下線部(Ｉ)について，箱根の伝統工芸品として正しいものを，次のア～エから１つ選び，記号で答えなさい。

ア. 益子焼《ましこやき》　　イ. 熊野筆《くまのふで》　　ウ. 寄木細工　　エ. 曲げわっぱ

(10)　下線部(Ｊ)について，芦ノ湖の説明として適切な文章を，次のア～エから１つ選び，記号で答えなさい。

ア．海水の影響により，塩分を含む汽水湖である。

イ．ブリの養殖が盛んな湖である。

ウ．断層運動で生じたくぼ地に，水がたまってできた断層湖である。

エ．静岡県の用水として利用されている湖である。

2　次の文を読んで，あとの問いに答えなさい。

日本の歴史は，(A)文字が伝わる前の時代から，口伝とよばれる方法で言い伝え，語りつがれました。文字が伝わり歴史を記録することができるようになると，(B)天武天皇は，今までに言い伝えられた歴史を書きおこすように命令を出しました。そして，8世紀に『古事記』と『日本書紀』が完成しました。この2つの歴史書が現存する日本最古の歴史書です。

都が(C)平安京に移り，貴族が政治の中心となる頃《ころ》には，中国の文化を消化し，日本の風土や生活に合った優美で細やかな国風文化が発達しました。文字も漢字からかな文字がつくられ，文学に多様性が出てきました。かな文字はおもに女性が使いました。平安貴族の生活を描《えが》いた（ あ ）の小説『源氏物語』，清少納言の随筆《ずいひつ》『（ い ）』などは平安時代の代表作です。武士の合戦を書いた軍記物もつくられ，とくに『(D)平家物語』は琵琶法師によって語られ人々に親しまれました。

江戸《えど》時代，5代将軍(E)徳川綱吉の頃，とくに上方を中心に栄えた文化を元禄《げんろく》文化といいます。この頃になると，庶民にも文字の読み書きができる人も増え，富をたくわえた町人が文化の担《にな》い手となりました。この文化は(F)現実的で活気に満ちたものでした。

18世紀末から19世紀初め，文化の中心が上方から江戸に移りました。こっけいや楽しさを重視し，成熟した町人文化が栄えました。この文化を化政文化といいます。庶民《しよみん》の生活を会話中心におもしろおかしく描《えが》いた「こっけい本」が人気をあつめ，（ う ）が『東海道中膝栗毛』を書きました。

また，(G)幕府を批判したり，世の中を皮肉る川柳や狂歌が町人の間で人気となりました。

(1)　下線部(A)について，文字が日本に伝わるのは5世紀頃です。それまでの日本の歴史は，外国の史料から知ることができます。倭の奴国の王が中国に使いを送り，中国の皇帝《こうてい》から金印を授《さず》けられたことが書かれている史料を次のア～エから１つ選び，記号で答えなさい。

ア．『魏志』倭人伝　　イ．『後漢書』東夷伝　　ウ．『漢書』地理志　　エ．好太王碑

(2)　下線部(B)について，天武天皇について述べた文Ｘ・Ｙの正誤《せいご》の組み合わせが正しいものを次のア～エから１つ選び，記号で答えなさい。

Ｘ．朝鮮半島で，唐と新羅が結んで百済が滅《ほろ》ぼされました。天武天皇は百済の求めに応じて大軍を送りました。

Ｙ．皇位継承《けいしよう》をめぐっておきた壬申の乱のあと，天武天皇は都を藤原京に移しました。

ア．Ｘ=正　Ｙ=正　　イ．Ｘ=正　Ｙ=誤　　ウ．Ｘ=誤　Ｙ=正　　エ．Ｘ=誤　Ｙ=誤

（３）　下線部（Ｃ）について，平安時代の出来事として**誤っている文**を次から１つ選び，記号で答えなさい。

ア．東北地方の蝦夷を制圧するために，坂上田村麻呂を近衛大将として派遣《はけん》した。

イ．藤原氏が摂関政治を始めた。

ウ．国司の不正を取りしまり，農民の負担を軽くした。

エ．最澄と空海が仏教を学びに唐にわたった。

（４）　空欄《くうらん》（あ）～（う）にあてはまる人物名や語句を答えなさい。

（５）　下線部（Ｄ）について，この物語は，平家の繁栄《はんえい》と衰退《すいたい》を描いたのもです。物語中には「平家でない人は［　　　　］」と平家の栄華《えいが》の有様を表すところがあります。空欄を埋めなさい。

（６）　下線部（Ｅ）について，綱吉が出した「すべての生き物を大切にしなさい」という法令を何といいますか。答えなさい。

（７）　下線部（Ｆ）について，答えなさい。

①　浮世草子という小説作家の井原西鶴の**作品ではないもの**を次のア～エから１つ選び，記号で答えなさい。

ア．『好色一代男』　　イ．『世間胸算用』　　ウ．『日本永代蔵』　　エ．『曽根崎心中』

②　上方の坂田藤十郎や江戸の市川團十郎などの人気役者がいた演芸は何ですか。答えなさい。

（８）　下線部（Ｇ）について，8代将軍徳川吉宗は，財政立て直しのために，「上米の制」を定めました。この制度を「参勤交代」という語句を入れて説明しなさい。

3　次の文を読んで，あとの問いに答えなさい。

今年，2020年は，東京オリンピック・パラリンピックが開催《かいさい》される年です。1940年の第12回オリンピックも東京で開催することになっていましたが，中止になりました。それは当時，(A)日中戦争の真っ最中だったからです。戦争が長期化すると，政府は国民を戦争に協力させる体制をつくり，(B)議会の承認《しょうにん》がなくても人や物資など戦争のために使える法律を制定しました。このあと，すべての政党が解散させられ，戦争に協力する組織である（ あ ）に合流しました。

生活のすべてが戦争に向けられ，(C)国民の生活は苦しい状況《じょうきょう》におかれました。そして，1941年太平洋戦争が始まりました。

戦争が終わって，日本国民は復興に全力で取り組み，1950年代中頃《なかごろ》から始まった経済成長で，日本の復興は大きく進展しました。人々の生活は大きく変わり，交通網《こうつうもう》が整備されたり，高層ビルや集合住宅などの建設が増え，(D)生活も豊かになりました。そして，(E)経済復興を果たした日本は，1964年，再び東京にオリンピックをよぶことになったのです。

（1）　下線部(A)について，この戦争は，1937年7月に北京郊外《こうがい》でおこった日中両軍の衝突《しょうとつ》で始まりました。この出来事を何といいますか。

（2）　下線部(B)の法律名を答えなさい。

（3）　本文中の空欄《くうらん》(あ)にあてはまる組織名を答えなさい。

（4）　下線部(C)について，次の2つの写真の空欄□には同じ言葉が入ります。答えなさい。

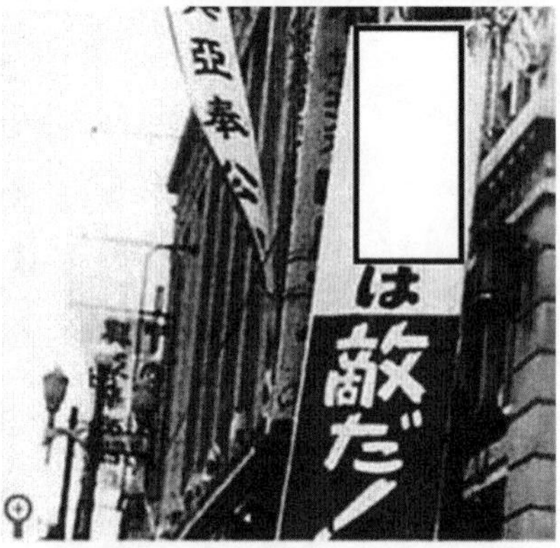

（出典：浜島書店『新詳日本史』・山川出版社ビジュアル版『日本史図録』）

（5）　下線部(D)について，各家庭には「三種の神器」とよばれる，家庭用電化製品が普及《ふきゅう》しました。「三種の神器」に**あてはまらないもの**を次のア～エから１つ選び，答えなさい。

ア．電気炊飯器《すいはんき》　　イ．電気洗濯機《せんたくき》　　ウ．電気冷蔵庫　　エ．白黒テレビ

（6）　下線部(E)について，経済成長の一方で，自然や生活環境《かんきょう》の破壊《はかい》で公害問題がおきました。公害対策として政府が1967年に制定した法律名を答えなさい。

4　次の年表を見て，あとの問いに答えなさい。

1989年(平成元年)	1月：皇太子明仁親王《あきひとしんのう》が(A)天皇になり，「平成」の元号に変わる。 4月：(B)消費税が導入される。 7月：(C)参議院議員選挙で，与党《よとう》と野党の議席数が逆転する。 11月：(あ)の壁《かべ》が壊《こわ》されて，冷戦が終わる。
1998年(平成10年)	2月：(D)長野県で冬季オリンピック・パラリンピックが開催《かいさい》される。
1999年(平成11年)	6月：(E)男女共同参画社会基本法が施行される。
2000年(平成12年)	4月：(F)介護《かいご》保険法が施行される。
2008年(平成20年)	4月：(G)後期高齢者医療《こうれいしやいりよう》制度が始まる。
2009年(平成21年)	5月：(H)裁判員制度が始まる。
2014年(平成26年)	6月：改正(Ｉ)国民投票法の施行される。
2019年(平成31年)	1月：改正(い)法が施行される。

(１)　下線部(A)の天皇について，天皇の仕事として**誤っているもの**を次のア～エから１つ選び，記号で答えなさい。

ア.国会を召集する。　　イ.内閣総理大臣の指名

ウ.最高裁判所長官の任命　　エ.法律の公布

(２)　下線部(B)の消費税について，昨年の消費税の増税で，軽減税率が取り入れられ，一部の商品の消費税については軽減される事になりました。次のうち，軽減税率の対象になるものはどれですか。あてはまるものをア～エから**すべて**選び，記号で答えなさい。

ア.自動販売機《はんばいき》で買う缶《かん》ジュース　　イ.レストランでの食事

ウ.毎日届く新聞紙　　エ.本屋で買う雑誌

(３)　下線部(C)の参議院議員選挙について，次の問いに答えなさい。

①　参議院議員選挙について説明した次の文の空欄《くうらん》に当てはまる数字を答えなさい。

参議院議員の任期は(　ⅰ　)年で，立候補できる年齢《ねんれい》は満(　ⅱ　)歳以上となっている。

②　参議院議員選挙でたびたび問題になる，「一票の格差」の原因として**誤っているもの**を次のア～エから１つ選び，記号で答えなさい。

ア.人口の多い地域と少ない地域があること。

イ.収入の多い人と少ない人がいること。

ウ.議員定数の多い地域と、少ない地域があること。

エ.選挙区の区割りが適切に行われていない地域があること。

(４)　空欄(あ)には，現在のドイツの都市の名前が入ります。この都市の名前を答えなさい。

(５)　下線部(D)の長野県で行われたオリンピックをきっかけに東京から長野まで新幹線が開業しました。現在，この路線は延長し，北陸新幹線として東京と北陸地方の都市を結んでいます。この都市名を答えなさい。

（６） 下線部（Ｅ）の男女共同参画社会に関連して，次の文の空欄に当てはまる語句をカタカナ5字で答えなさい。

生物学的ではなく，「男らしい・女らしい」「男性が外で働き，女性は家事を行うべき」といった，性別に基《もと》づいて社会的・文化的に求められる役割などの，社会的な性の差を【　　】といいます。このような価値観からくる偏見《へんけん》や不平等を無くそうとこの法律が作られました。

（７） 下線部（Ｆ）の介護保険について，この制度を説明した文の波線部①・②の内容が正しければ○，誤っていれば正しい答えを書きなさい。

介護保険の保険料は満①20歳《さい》以上の人が納めることになっている。保険料を納めている人は，原則65歳以上で介護サービスが必要性に応じて，原則②１割の自己負担でサービスを受けることができる。（前年度の所得によっては，自己負担額は増額する事がある）

（８） 下線部（Ｇ）の後期高齢者とは原則何歳以上の高齢者を指しますか，答えなさい。（寝《ね》たきり等の条件は除きます）

（９） 下線部（Ｈ）の裁判員制度に関連した次の問いに答えなさい。

① 裁判員裁判に参加し，評決を行う裁判員は事件ごとに何人選ばれますか，答えなさい。

② 裁判を受け，判決に納得《なっとく》できない場合，三回まで裁判を受ける事ができます。この制度を何といいますか，答えなさい。

（10） 下線部（Ｉ）の国民投票法について説明した次の文の①・②に当てはまる言葉の組み合わせを次のア～エから1つ選び，記号で答えなさい。

国民投票とは，憲法を改正する際に行われる制度です。憲法改正案は衆議院と参議院の両院の本会議で（ ① ）以上の賛成で発議され，国民投票で総投票数の（ ② ）をこえる国民が賛成した場合に憲法は改正されます。国民投票は18歳以上の国民が投票できます。

ア．①２分の１　②３分の２　　イ．①２分の１　②３分の１

ウ．①３分の１　②２分の１　　エ．①３分の１　②３分の２

オ．①３分の２　②２分の１　　カ．①４分の３　②３分の２

（11） 空欄（い）には，個人が作った創作物を保護する権利の名前が入ります。この権利を何といいますか。答えなさい。

【理　科】〈第１回試験〉(30分)〈満点：60点〉

1　次の各問いに答えなさい。

(1)　ヒトのからだの中で２つあるものはどれですか。次の**ア**～**エ**から１つ選び，記号で答えなさい。

ア：じん臓　　**イ**：心臓　　**ウ**：かん臓　　**エ**：すい臓

(2)　食用の魚卵とその親魚の組み合わせのうち，まちがっているものを，次の**ア**～**オ**から１つ選び，記号で答えなさい。

	魚卵	親魚
ア	イクラ	サケ
イ	とびっこ	トビウオ
ウ	数の子	ニシン
エ	たらこ	マグロ
オ	キャビア	チョウザメ

(3)　図のように，火のついたろうそくのしんの部分をピンセットでつまむとどのようになりますか。次の**ア**～**オ**から１つ選び，記号で答えなさい。

ア：つまむ前よりも，ほのおが大きくなる。
イ：つまんだ部分が赤いほのおになって燃える。
ウ：つまむ前と，ほのおの大きさは変わらない。
エ：ほのおが小さくなり，やがてほのおが消える。
オ：ピンセットが燃える。

(4)　うすい塩酸を試験管に入れたあと，ＢＴＢよう液を加えました。このときの試験管内の液体の色は（①）色になりました。この試験管に，うすい水酸化ナトリウム水よう液を加えていくと，やがて（②）色になり，さらに加え続けると（③）色になりました。（①）～（③）にあてはまる色の組み合わせとして正しいものを，次の**ア**～**カ**から１つ選び，記号で答えなさい。

	①	②	③
ア	青	黄	緑
イ	青	緑	黄
ウ	黄	緑	青
エ	黄	青	緑
オ	緑	青	黄
カ	緑	黄	青

(5)　昨年２月に，いつもより月が大きく見える「スーパームーン」が見られました。スーパームーンがいつもより大きく見える理由として，最もあてはまるものを，次の**ア**～**オ**から１つ選び，記号で答えなさい。

ア：月がふくらんだから。
イ：月が太陽に近づいたから。
ウ：月が地球に近づいたから。
エ：月が自転しているから。
オ：月が太陽の光を反射しているから。

(6)　皆既《かいき》日食のとき，太陽が月にかくされて昼間に見ることができない星が見えることがあります。冬のある日の昼ごろ皆既日食になったとき，南の方角にはどのような星が多く見えると考えられますか。最もあてはまるものを，次の**ア**～**オ**から１つ選び，記号で答えなさい。

ア：春の夜空に見える星
イ：夏の夜空に見える星
ウ：秋の夜空に見える星
エ：冬の夜空に見える星
オ：北極星や北斗七星などの北に見える星

(7)　秒速10mで岸壁《がんぺき》に向かっている船があります。この船が岸壁からある位置で汽笛《きてき》を鳴らしました。その後，岸壁で反射した音が6.4秒後に聞こえました。船が汽笛を鳴らしたのは岸壁から何mはなれたところですか。ただし，音の速さは秒速340mとします。

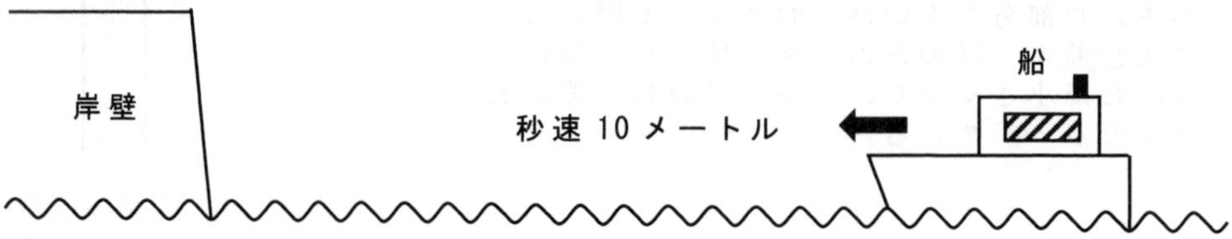

(8)　長さ120cm，重さ80ｇの一様《いちよう》な棒ＡＢの左端《ひだりはし》Ａに，重さのわからないおもりをつけました。その後，図のように左端Ａから20cmのところをばねはかりでつるしたところ，棒ＡＢは水平につり合いました。ばねはかりは何ｇを示しますか。

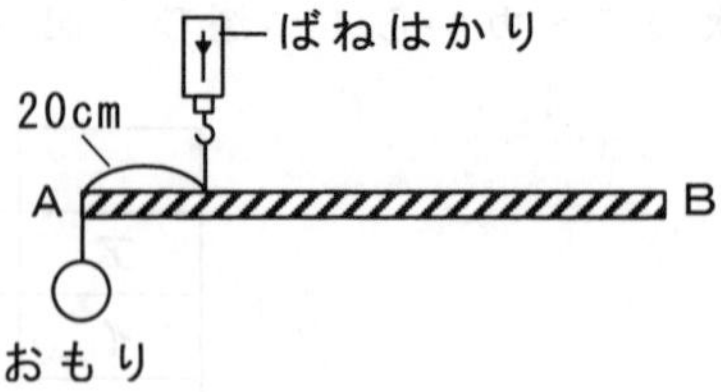

2 植物の中には，昼と夜の長さを感じ取り，花を咲《さ》かせる種類があります。そこである品種のコスモスを使い，光を当てる時間と当てない時間を変え，花を咲かせる条件を調べました。実験を行った結果が下の図です。なお，実験では，光以外の条件はコスモスにとって花を咲かせるのに最適な条件で行いました。

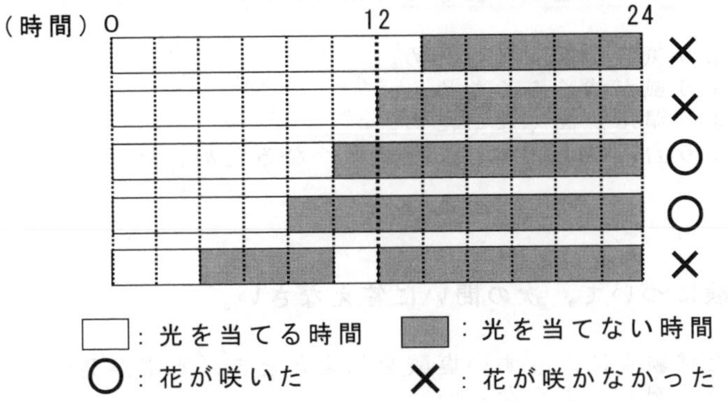

(1)　コスモスと同じ双子《そうし》葉類の植物を，次の**ア**～**オ**から１つ選び，記号で答えなさい。

ア：ムギ　　**イ**：ユリ　　**ウ**：イネ
エ：トウモロコシ　　**オ**：アサガオ

(2)　コスモスと同じような時期に花を咲かせる植物はどれですか。次の**ア**～**オ**から１つ選び，記号で答えなさい。

ア：チューリップ　　**イ**：タンポポ　　**ウ**：キク
エ：サクラ　　**オ**：ナズナ

(3)　この品種のコスモスが必ず花を咲かせるための条件は，次の**ア**～**エ**のいずれかです。図から考えるとどれになりますか。１つ選び，記号で答えなさい。

ア：明るい時間が連続して７時間以下であること。
イ：明るい時間が合計して９時間以下であること。
ウ：暗い時間が連続して13時間以上であること。
エ：暗い時間が合計して15時間以上であること。

(4)　この品種のコスモスの種を５月にまいたとき，図から，初めて花が咲く時期はいつごろになると考えられますか。次の**ア**～**エ**から１つ選び，記号で答えなさい。

ア：夏至《げし》から秋分までの間
イ：秋分から冬至《とうじ》までの間
ウ：冬至から春分まで間
エ：特に時期を決めることはできない

(5)　ある品種のサツマイモについても，コスモスと同じように光を当てる時間と当てない時間を変え，花を咲かせる条件を調べたところ，図と同じ結果になりました。実際に，花を咲かせるのに適した条件の時期になったとき，沖縄では花が咲くのがよく見られますが，本州ではあまり見られません。本州では花が咲かない理由として，最もあてはまるものを，次の**ア**～**エ**から１つ選び，記号で答えなさい。

ア：本州では沖縄より気温が低くなるため。
イ：本州では沖縄より風が強くふくため。
ウ：本州では沖縄より湿度が高くなるため。
エ：本州では沖縄より台風が上陸することが多くなるため。

3　金属を利用した実験について，次の問いに答えなさい。

(1)　次の**ア**～**オ**を入れた試験管に，うすい塩酸を加えたとき，水素が発生するものはどれですか。２つ選び，記号で答えなさい。

ア：アルミニウム　　**イ**：鉄　　**ウ**：銅　　**エ**：銀　　**オ**：金

(2)　次の**ア**～**オ**を入れた試験管に，濃い水酸化ナトリウム水よう液を加えたとき，水素が発生するものはどれですか。１つ選び，記号で答えなさい。

ア：アルミニウム　　**イ**：鉄　　**ウ**：銅　　**エ**：銀　　**オ**：金

(3)　水素の性質として，あてはまるものを次の**ア**～**オ**から１つ選び，記号で答えなさい。

ア：石灰水に通すと白くにごる。
イ：火を近づけると燃える。
ウ：水でぬらした赤色リトマス紙を近づけると青色になる。
エ：水でぬらした青色リトマス紙を近づけると赤色になる。
オ：ものが燃えるのを助けるはたらきがある。

マグネシウムの粉をステンレス皿に入れて，ガスバーナーで十分に加熱すると，すべて酸化マグネシウムに変わりました。下の表は，マグネシウムの重さと酸化マグネシウムの重さの関係を表したものです。

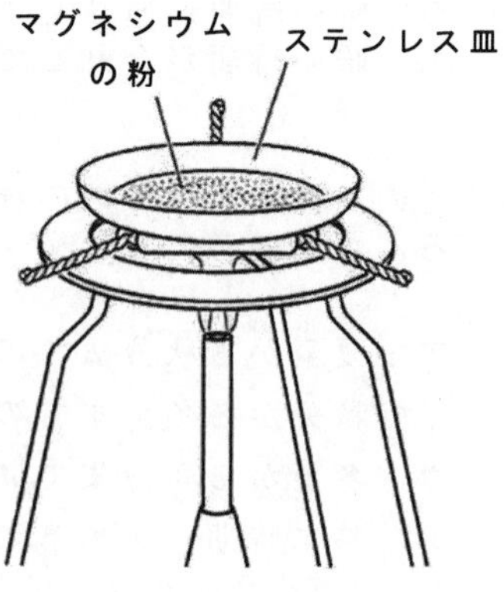

マグネシウムの重さ［g］	1.2	2.4
酸化マグネシウムの重さ［g］	2.0	4.0

(4)　マグネシウムの粉3.0ｇを加熱したとき，十分に加熱できずに，加熱後の重さが4.8ｇになりました。酸化マグネシウムにならなかったマグネシウムの重さは何ｇですか。

マグネシウムと同じように，銅の粉を十分に加熱すると，すべて酸化銅に変わりました。下の表は，銅の重さと酸化銅の重さの関係を表したものです。

銅の重さ［g］	1.2	2.4
酸化銅の重さ［g］	1.5	3.0

(5)　マグネシウムの粉6.0gに，ある重さの銅の粉が混ざってしまいました。この混ざっている粉を十分に加熱すると，加熱後の重さが12.0gになりました。混ざってしまった銅の粉は何gですか。

4　**夏休み(８月)に夏子さんは，海のそばに住んでいるおじいさんの家に海水浴に出かけました。ある日の夜，おじいさんは夏子さんに「この時期は，海からのぼる太陽が見られるんだよ。」と教えてくれました。次の日，早起きした夏子さんは，図１のように島の右側にのぼるきれいな太陽を見ることができました。これについて，次の問いに答えなさい。**

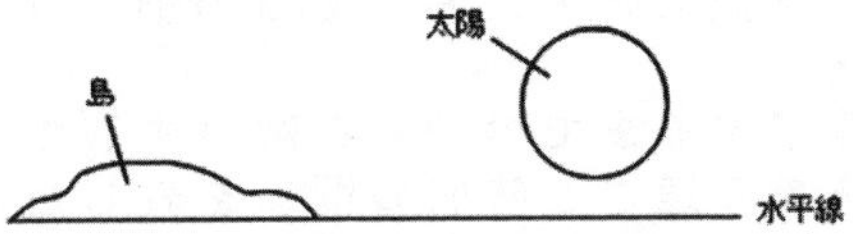

図１

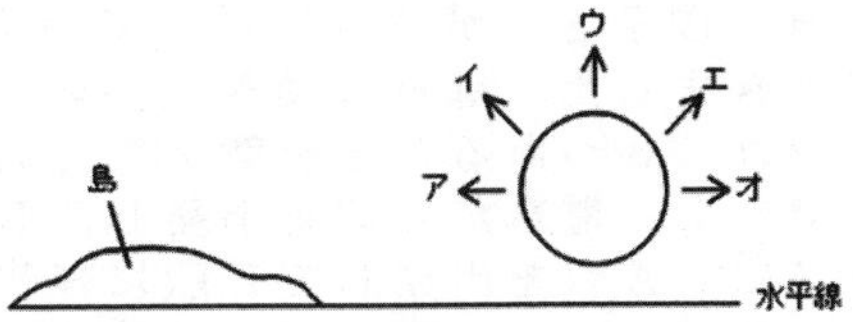

図２

(1)　図１の時刻からそのまま太陽を観察し続けると，太陽はどの向きに動きますか。最もあてはまるものを，図２の**ア**～**オ**から１つ選び，記号で答えなさい。

(2)　図１の時刻からそのまま太陽を観察し続けると，太陽が動いて見えるのはなぜですか。簡単に説明しなさい。

(3)　図１の日の，日の出の方角を次の**ア**～**オ**から１つ選び，記号で答えなさい。

ア：真東より南の方角　　**イ**：真東より北の方角　　**ウ**：真南
エ：真西より南の方角　　**オ**：真西より北の方角

(4)　図１の日の昼と夜の長さはどのようになりますか。次の**ア**～**オ**から１つ選び，記号で答えなさい。

ア：昼も夜も12時間ずつ
イ：昼も夜も12時間より長い
ウ：昼も夜も12時間より短い
エ：昼が12時間より短く，夜が12時間より長い
オ：昼が12時間より長く，夜が12時間より短い

(5)　図１の日から５日後に，水平線から図１と同じ高さにのぼる太陽を観察しました。図１の日と比べて，太陽が見えた位置と時刻の組み合わせとして正しいものはどれですか。次の**ア**～**エ**から１つ選び，記号で答えなさい。

	位置	時刻
ア	島からはなれる	おそい
イ	島からはなれる	はやい
ウ	島に近くなる	おそい
エ	島に近くなる	はやい

(6)　図１の日から日の出のようすを観察し続けたとき，日の出の方角がはじめて真東になる日はいつごろですか。次の**ア**～**オ**から１つ選び，記号で答えなさい。

ア：元日　　**イ**：春分　　**ウ**：夏至　　**エ**：秋分　　**オ**：冬至

5　**ある日，国子さんが電車に乗っているとき，電車の速さは常に同じではないことに気がつきました。電車の動きについて先生に質問したところ，電車の動きは大きく分けて３つあることを教えてくれました。**

そこで，ある電車がＡ駅を出発し，Ｂ駅に停車するまでの動きを調べました。下のグラフは，Ａ駅を出発してＢ駅に停車するまでの速さと時間の関係を表したものです。これについて，次の問いに答えなさい。ただし，この電車はＡ駅からＢ駅まで直線上を動くものとします。

①の区間：Ａ駅を出発し地点Ｘまで（一定の割合で速さが大きくなる運動）
②の区間：地点Ｘから地点Ｙまで（同じ速さの運動）
③の区間：地点ＹからＢ駅に停車するまで（一定の割合で速さが小さくなる運動）

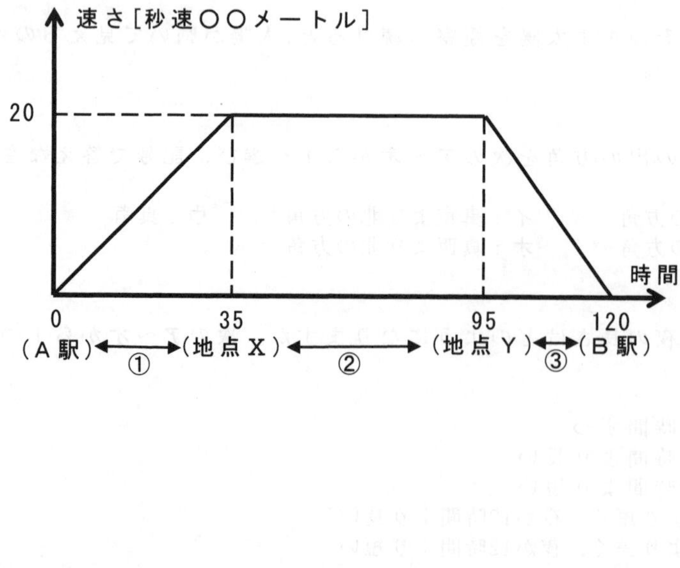

［Ⅰ］　まず，①の区間について考えます。①の区間では同じ速さで動いていないため，(速さ)×(時間)で移動距離を出すことができません。そこで，下の（＊）を使うと，①の区間を同じ速さで動いているものと考えることができます。

$$\frac{\text{区間で一番速いときの速さ}+\text{区間で一番遅いときの速さ}}{2}\quad\cdots(*)$$

(1)　①の区間での（＊）で求めた電車の速さは秒速何メートルですか。

(2)　①の区間における電車の移動距離は何メートルですか。

［Ⅱ］　次に，②の区間について考えます。

(3)　②の区間における電車の移動距離は何メートルですか。

［Ⅲ］　［Ⅰ］と同じく（＊）を使うと，③の区間における電車の移動距離を求めることができます。

(4)　③の区間における電車の移動距離は何メートルですか。

(5)　Ａ駅からＢ駅の距離は何メートルですか。

い」という感性価値を創造する機能が備わっているのかを確認すること。

エ　人工物が最も「かわいい」ものになるように、感性価値をどのような単位で分解したり、組み合わせたりするべきかを確認すること。

問十一　本文中【　】内の内容にあてはまらないものを次のア～エから一つ選び、記号で答えなさい。

ア　高度情報化社会において、日本は他国製のソフトウェアを多く利用している。

イ　日本の「かわいい」という感性価値の対象は時代によって変化することがある。

ウ　「かわいい」キャラクタや技術力の成果で、日本のマンガやアニメは世界でも人気だ。

エ　筆者は、古い時代にはなかった「かわいい」人工物の感性価値を新たに創ろうとした。

問十二　本文中の□で囲った実験結果の内容を、Ⅰ(円グラフ)、Ⅱ(折れ線グラフ)、Ⅲ(表)のいずれかを用いて、わかりやすく示したいと思います。次の説明を読み、この実験結果の内容を示すのに最も適したものをⅠ～Ⅲから選び、その記号を答えなさい。

Ⅰ…円グラフ。全体を一つの円で表し、円の中心から各事柄の数量の割合に応じた角度に分けて、いくつかの扇《おうぎ》形にすることで構成比を示す。

Ⅱ…折れ線グラフ。横軸《じく》で年月や年齢、縦軸で事柄にしたがった数量を表し、その二種の数が合わさった点を結んで変化の推移を示す。

Ⅲ…表。「○」、「×」、「△」などを目的にしたがった適切な方法で用いることで、全体の傾《けい》向を端《たん》的に示す。

問十三　この文章の内容を正確にふまえて、老若男女全てに好まれる「『かわいい』マスコット」のデザイン案を考えました。次のア～キから適切なものをいくつでも選び、記号で答えなさい。ただし、素材、大きさは問わないものとします。

ア　きらきらした金色で、ビーズやラメがたくさんついた星型のマスコット。

イ　淡いピンク色を用いた、やわらかなさわり心地のハート型のマスコット。

ウ　深い青緑色で、すべすべしたさわり心地のマンボウのマスコット。

エ　黄色と緑色を用いた、パイナップルの形をしたマスコット。

オ　落ち着いた橙《だいだい》色で、柔らかい生地でできたモグラのマスコット。

カ　光沢《こうたく》のある紫《むらさき》色を用いた、グラデーションをつけた花模様のマスコット。

キ　鮮《あざ》やかなオレンジ色で、緑色の水玉模様の入ったひし形のマスコット。

も適切な説明を次のア～エから選び、記号で答えなさい。

ア　技術開発によって大量の製品が世に出まわり、人々の生活を豊かにする一方、深刻な環境問題を引き起こす社会。

イ　自然科学の諸原理を用いて大型の機械を大量に生産し、それらが世界中の人々に行き届くようになる平和な社会。

ウ　地球上の生態系の不均衡《きんこう》や、地球資源が枯渇《こかつ》するという問題が生まれ、以前にもまして、人々を苦しめる社会。

エ　製品の均一化、低価格化、大量生産を実現し、経済的な豊かさだけでなく、精神的な豊かさが求められる社会。

問六　――線部②「情報社会」とはどのような社会のことですか。最も適切な説明を次のア～エから選び、記号で答えなさい。

ア　情報を基盤《ばん》とした経済的な価値を創出し、発信者と受信者がたがいの物理的な距離《きょり》に依《い》存しながら、本音で交流できる社会。

イ　コンピュータの高度利用によって、人間同士の精神的な距離が近づき、誰もが遠慮《りょ》なくつきあえるようになる平等な社会。

ウ　新たな通信技術によって物理的な距離が克《こく》服され、便利になったものの、情報技術の格差やストレスに悩む人も生み出す社会。

エ　インターネットの誕生により従来にないパラダイム社会へと突入し、経済的な豊かさの意味を改めて問い直す必要のある社会。

問七　[C]にあてはまる、平安時代の随《ずい》筆「枕草子」の作者名を漢字で答えなさい。

問八　[D]にあてはまる言葉として、最も適切なものを次のア～エから選び、記号で答えなさい。

ア　「かわいい」という感性価値は、日本のユニークな文化的財産と言えます

イ　情報社会では、コンテンツの充実をはかることがより重要だと言えます

ウ　「かわいさ」は歴史的にも世界中の誰もが必要としてきた感性価値だと言えます

エ　「かわいい」人工物の研究は、日本人の感性価値を高めてくれると言えます

問九　――線部③「『かわいい』が人工物の感性価値として認知されるかどうかの確認」とはどのような確認をすることですか。最も適切な説明を次のア～エから選び、記号で答えなさい。

ア　「少女」や「小動物」など明らかに人工物でないものが、人々に「かわいい」と思われてきた歴史を確認すること。

イ　生き物の形をしていない、人工の素材のものに対し、人々が「かわいい」と感じることが可能かを確認すること。

ウ　人が「かわいい」という感性価値を持つための心理的なしくみが、人工物によって解明できるかを確認すること。

エ　人工物がどうしたら「かわいい」ものになるのかを研究し、人の感性に与える影響を実験により確認すること。

問十　――線部④「人工物を物理的構成要素に分解して研究できるかどうかの確認」とはどのような確認をすることですか。最も適切な説明を次のア～エから選び、記号で答えなさい。

ア　人工物の「形」「色」「大きさ」など様々な属《ぞく》性の違いによって、「かわいい」という評価に変化が生じるかどうかを確認すること。

イ　「かわいい」と評価される人工物の創造に最適な素材は何なのかを、数多くの素材でつくられたマグネットを通して確認すること。

ウ　一つの人工物を細かい部品に分けて、どの部品に「かわい

った結果、男女共にオレンジと青緑が「かわいい」という評価が高く、また女性はそれらに加えてピンクや黄緑も高評価でした。

○「かわいい大きさ」の実験

黄色でドーナツ型の三次元図形を用いて、「かわいい大きさ」を調べる実験を行いました。その結果、横幅《はば》が視野角一五度までの大きさでは、小さい方がかわいいという結果を得ました。さらに図形をもっと小さくしておこなった実験では結果が異なったことから、「一般的に小さい方がかわいいが、小ささにも限界があり、小さすぎるとかわいくなくなる」ことがわかりました。

（中略）

私は「わくわく研究をした成果で人々をわくわくさせたい」と思っています。実際、「かわいい」の研究は、やっていて楽しく、実験結果にわくわくします。そして研究成果の応用で人をわくわくさせる日も近そうです。若い人たちには、是非《ぜひ》、自分がわくわくすることを見つけ、それで世の中もわくわくさせてほしいと願っています。

（萩原一郎 編著『人を幸せにする目からウロコ！研究』
岩波ジュニア新書　大倉典子
「かわいいの系統的研究～『かわいい』は日本を救う～」）

※１　パラダイム…枠《わく》組み、規範《はん》。
※２　席捲…すさまじい勢いで勢力を広げること。
※３　ランダム…無作為《い》。
※４　色相…色感の三要素の一つ。色調。色彩の強弱、濃淡《のうたん》の調子。
※５　マンセルの色体系…Ａ・Ｈマンセルが考案した色の体系。表色系。

問一　〰〰線部ａ～ｅのカタカナは漢字に直し、漢字はよみがなをひらがなで答えなさい。

問二　‖線部(ア)「脚光《きゃっこう》を浴びる」(イ)「底流」のここでの意味として最も適切な説明を、それぞれ後のア～エから一つずつ選び、記号で答えなさい。

(ア)　脚光を浴びる
　ア　尊重される　　イ　注目される
　ウ　支持される　　エ　要求される

(イ)　底流
　ア　先頭に立って物事をすすめ、影響を与える力
　イ　水面とは勢いが違《ちが》う、海中を流れる一定の力
　ウ　普《ふ》段は出てこないが、危機的な状況で発揮《き》される力
　エ　表面に現れないが、根本ではたらいている強い力

問三　**図１**の［Ａ　五字以内］、［Ｂ　八字］にあてはまる適切な語句を、それぞれの指定字数にしたがって本文中から書き抜いて答えなさい。

問四　**図１**はどのようなことを示していますか。最も適切な説明を次のア～エから選び、記号で答えなさい。
ア　最も下の段に表されていることを土台とし、上段にいくにしたがって応用的かつ複雑化していく「科学技術の発達」の事柄を示している。
イ　最も上の段で表されていることに最高の価値があり、下段にいくにしたがって価値が軽減していく「科学技術の発達」の流れを示している。
ウ　最も下の段で表されることが最大の規模を持ち、上段にいくにしたがって希少性が増していく「科学技術の発達」の構造を示している。
エ　最も上の段で表されることをきっかけとし、下段にいくにしたがって高度化し肥大していく「科学技術の発達」の過程を示している。

問五　――線部①「物質社会」とはどのような社会のことですか。最

た。「かわいいと思う順に並べられない」あるいは「点数がつけられない」ものがある場合には、それを除外してもらい、また除外した理由を尋ねました。二〇代前半の男女と五〇代前半の男女それぞれ一〇名ずつに、アンケートに回答してもらいました。

この実験結果は、「かわいい順に並べられない」あるいは「点数がつけられない」とした場合を零《れい》点として、四種類のマグネットのそれぞれに対し、実験協力者群ごとの平均値と標準偏《へん》差をｅサンシュツしました。その結果を整理すると、以下のようになりました。

- 五〇代男性は、マグネットＡ・Ｃを「かわいい」と評価し、マグネットＢは低評価、マグネットＤは評価が高い人と低い人に二分される。
- 五〇代女性は、マグネットＡ・Ｃ・Ｄを「かわいい」と評価し、マグネットＢは評価が二分される。
- 二〇代男性は、マグネットＡ・Ｃを「かわいい」と評価し、マグネットＢ・Ｄは評価が二分される。
- 二〇代女性は、マグネットＡ・Ｃ・Ｄを「かわいい」と評価し、マグネットＢは評価が二分される。

以上から、五〇代の男性は、ネコやクジラのような生物の形のマグネットのみを「かわいい」と評価し、ハートやジグソーパズルのような人工物の形のマグネットは「かわいい」と評価しませんでしたが、他の二〇代男女や五〇代女性は、ネコやクジラやハートの形だけでなくジグソーパズルの形のマグネットも「かわいい」と評価する人がいました。そこでこの簡単な実験を通じて、人工物にも「かわいい」という評価が可能であることが確認できました。

この本のおもな読者である若い人たちは、「そんなことは当然だ」と思うかもしれませんが、この実験結果が示しているように、大学の工学部の教員である私の同僚《りょう》である五〇代男性にとって、それは当然なことではなかったのです。さらにこの実験で、同じ材質で同じ色のマグネットであっても、その形が異なるだけで「かわいい」の評価が異なったことから、「かわいい形」、「かわいい色」といった物理属性ごとの評価の可能性が示されました。そこでこの実験結果に力を得て、私は「かわいい人工物」の研究を続けていくことにしました。

（中略）

○「かわいい形」の実験

立方体、四角錐《すい》、球、円柱、チューブ型、ドーナツ型の六種類の三次元図形と、正方形、正三角形、円、長方形、ドーナツ型の五種類の二次元図形を、それぞれ赤・緑・青の三色で用意し、それらを※3ランダムに実験協力者（二〇代男女）に見せ、どれを「かわいい」と感じるか判断してもらいました。その結果、曲線系の形（三次元では球、ドーナツ型など、二次元では円など）を直線系の形より「かわいい」と感じていることがわかりました。

○「かわいい色」の実験

色の分類には、一般に※4色相《しきそう》、明度、彩《さい》度の三つの基準があります。そこでまず色相として、※5マンセルの色体系の基本の五色（Ｒ：赤、Ｙ：黄、Ｇ：緑、Ｂ：青、Ｐ：紫）を選定し、次にそれぞれの色相に対して、純色に近い範囲で三種類の明度と三種類の彩度の組み合わせで九種類の色を選び、合計四五種類の色を選定しました。（中略）色相については、どの色相も選ばれましたが、男性の選択がばらついたのに対し女性は半数以上が「紫」を選びました。

さらに各色の中間色（ＲＹ：オレンジ、ＹＧ：黄緑、ＧＢ：青緑、ＢＰ：青紫、ＰＲ：ピンク）を追加してかわいい色相の実験をおこなにインターネット〉の恩恵を受けることのできる人とできない人との間に生じる経済格差を指す）や精神的ストレスによる精神疾患《しっかん》の多発などの諸《しょ》問題も引き起こしました。

そこでｂ昨今、これらに対する問題意識が高まり、「地球にやさしい」あるいは「人にやさしい」等の表現に代表されるように、環境への配慮《りょ》や人間への支援《えん》が(ア)脚光《きゃっこう》を浴びるようになってきました。またそれと同時に、必要十分な機能・性能を持ったものがあふれている二一世紀の日本では、量から質へ、物質的・経済的な豊かさから精神的な豊かさへと、人々の求めるものが変化してきました。

（中略）

一方、コンピュータやインターネットなどの情報通信基盤が整備された二一世紀の高度情報化社会において、今後極めて重要なのは、それらを活用するためのソフトウェアすなわち「コンテンツ」の充実であると考えられます。そこで、これまでに述べた研究成果を踏《ふ》まえ、日本のコンテンツや工業製品等の人工物の感性価値の系統的な創出に応用する研究にｃ着手することにしました。

【具体的には、日本のソフトウェアの大幅な輸入超《ちょう》過の中にあって、日本の誇《ほこ》れる文化であるゲーム・マンガやアニメーションが大きな輸出超過になっている点に着目し、その主要な要因として、高度できめ細やかな技術力と共に、キャラクタ等の「かわいさ」が挙《あ》げられると考えました。現在既《すで》に、ハローキティやポケモンなどの日本のかわいいキャラクタが世界中を※2席捲《せっけん》し、また日本語の〝ｋａｗａｉｉ〟は国際語になっているという説もあります。そこで、この「かわいい」を人工物の感性価値として、かわいい人工物の研究に取り組むことにしました。二〇〇六年末のことでした。

（中略）

[C]の枕草子に既に記載《きさい》があると言われる「かわいい」という感性価値は、その後の江戸時代の浮世絵や根付《ねつけ》など、広く日本文化を(イ)底流として支えてきたように思われます。例えば「芸術新潮《ちょう》」二〇一一年九月号や二〇一三年春の東京都府中市美術館の企《き》画展示「かわいい江戸絵画」の図録によると、江戸時代には「かわいい」という感性価値が確立していたと考えられます。ところが明治時代以降、「かわいい」という形容詞の対象が少女や動物の顔や容姿やしぐさなどに限定される傾向が強くなり、これが人工物の「価値」であるということがあまり意識されなくなったようです。けれども、上述したような文化的背景から、[D]。

そこで、日本で「かわいい」製品を作って世界に輸出し、日本を元気にする、そのために、人工物がどうしたらかわいくなるかを研究する「かわいい人工物の系統的研究」は、非常にｄユウヨウな研究であると考えられます。ここで「系統的」というのは、「人工物の物理的構成要素である、形、色、大きさ、材質などのそれぞれについて、色々な条件を設定して順序立てて調べていく」という意味です。】

「かわいい」に関する簡単な実験

既に述べたように、現在、「かわいい」という形容詞の対象は少女や小動物などが多いです。そこで一番初めにおこなったのは、③「かわいい」が人工物の感性価値として認知されるかどうかの確認と、④人工物を物理的構成要素に分解して研究できるかどうかの確認でした。

実験方法は、実験協力者に同じ金属素材でできた四種類の形のマグネット（図２）を提示し、かわいいと思う順に並べた後、それぞれに一〇点満点で点数をつけてもらい、またその理由を尋《たず》ねまし

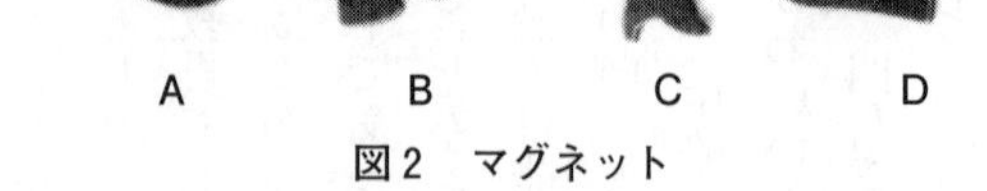

図２　マグネット

いと思います。説明文中の（①）〜（③）にあてはまる語を、それぞれの問いにしたがって答えなさい。

　彼はオリジナルのイラストを描くのが趣《しゅ》味です。

説明文

　この文が不自然なのは、（　①　）の対応が適切ではないからです。「彼は趣味です」という文の骨格はあまりにも奇妙です。ですから、この文は、「彼の（　②　）はオリジナルのイラストを描く（　③　）です。」と表現するのが自然であるといえるでしょう。

問い

（①）…次のア〜ウから最も適切な語を選び、記号で答えなさい。

ア　修飾《しょく》語と被《ひ》修飾語　　イ　外来語とその意味

ウ　主語と述語

（②）…文中から適切な語を書き抜《ぬ》いて答えなさい。

（③）…適切なひらがな二字を答えなさい。

問十三　「いざなう」という言葉を正しく用いて、二十字以上三十字以内で短文を作りなさい。文の意味がわかれば主語はなくてもかまいません。また語尾が変化していてもよいものとします。

二　次の文章を読み、あとの問いに答えなさい。

「かわいい」研究のきっかけ

　二一世紀に入り、日本の社会は閉塞感《へいそくかん》を打ち破れずに混沌《こんとん》として未来に希望の持ちにくい状況が持続しています。

　貴族の高尚《こうしょう》な趣味として産声《うぶごえ》を上げた科学技術は、一八世紀の産業革命において、蒸気機関をはじめとする新たなエネルギーを用いた種々の生産技術を生み出し、社会における不可欠な基盤《ばん》として、製品の均一化、低価格化、大量生産を実現し、人々の物質的社会生活を豊かにしました。

　さらに二〇世紀後半に入り、コンピュータが発明されました。ここで技術開発は、物理や化学等の自然科学の諸原理を応用することにより、自動車・家電・原子力発電・コンピュータ・半導体等のハードウェアを中心とした産業を支え、物質社会の高度化に大きく貢献《こうけん》しました。またコンピュータの高度利用による情報通信技術の発展は、ネットワーク環境という飛躍《やく》的に便利な社会生活の道具を人々にａテイキョウし、情報を基盤とした経済的な価値も創出されました。ここで、これまではお互いの影響《えいきょう》力が空間の物理的な距離《きょり》に依《い》存していたものが、インターネットの誕生によって、物理的な距離を飛び越《こ》え情報空間の距離によって影響を与え合う、すなわち情報化社会という、物質社会とは異なる新しい※1パラダイムの社会へと突《とつ》入しました（図1）。

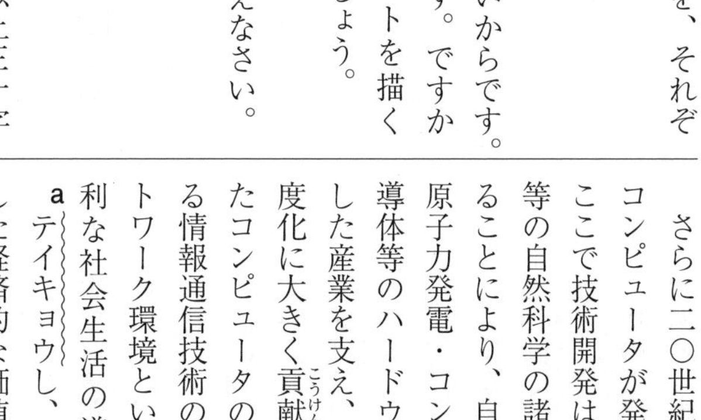

図１　科学技術の発達

　この二〇世紀の科学技術の著しい発達がもたらした豊かな物質社会の実現は、一方で地球全体に大規模な破壊や生態系の不均衡《ふきんこう》を生み、環境破壊や地球資源の枯渇《こかつ》を引き起こしました。また情報通信技術の飛躍的な発展も、コンピュータやネットワークという便利な社会生活の道具をテイキョウし、①物質社会から②情報社会への価値観の変換《かん》をもたらした一方で、ディジタル・デバイド（一般に、情報技術〈特

二〇二〇年度　国府台女子学院中学部

【国語】〈第一回試験〉（五〇分）〈満点：一〇〇点〉

注意＝句読点や記号もそれぞれ一字と数えます。

一　次の各問題に答えなさい。

問一　次の①～⑤の――線部のカタカナは漢字に直し、漢字はよみがなをひらがなで答えなさい。

①　カクシキの高い寺院。
②　美しいネイロが聞こえる。
③　重力とエンシン力。
④　対戦相手の動向をさぐる。
⑤　強面の男が現れた。

問二　上下左右でそれぞれ二字熟語ができるように、次の□に漢字一字を入れなさい。

静↓
休→□→生
↓分

問三　次の□に適切な漢字一字をあてはめ、対義語を答えなさい。

辞任↔□任

問四　次の語の類義語を下のア～エから一つ選び、記号で答えなさい。

終世（ア　臨終　イ　一生　ウ　一心　エ　生死）

問五　次のア～ウの熟語のうち、――線部の漢字の意味が他と異なるものを一つ選び、記号で答えなさい。

ア　自律　イ　律動　ウ　律令

問六　次のア、イの――線部の表現のうち、言葉の使い方が正しいほうを選び、記号で答えなさい。

ア　彼をだましたようで目覚めが悪い。
イ　彼をだましたようで寝覚めが悪い。

問七　次の□の中に入る語と最も関係の深いものをあとのア～エから一つ選び、記号で答えなさい。

□につままれる

ア　餅　イ　稲荷神社　ウ　五重塔　エ　風

問八　「豆腐にかすがい」とほぼ同じ意味になるように、次の語の（　）に適切なひらがな三字を答えなさい。

豆腐にかすがい―（　）に腕押し

問九　次のア～ウの（　）には共通する語句が入ります。その語句を答えなさい。（ひらがなでもかまいません）

ア　悦《えつ》に（　）　イ　堂に（　）　ウ　興に（　）

問十　次の言葉が表す事柄《がら》を下のア～エから一つ選び、記号で答えなさい。

波の花（ア　砂糖　イ　しょうゆ　ウ　塩　エ　みそ）

問十一　次の□にふさわしい表現を、あとの＊印の指示にしたがって答えなさい。

太郎は努力の甲《か》斐《い》あって、第一志望の大学に合格した。家族も近所の人たちも喜んでくれ、たくさんのお祝いの品をもらった。さらに、高校の先生方も全員で太郎をほめたたえてくれた。太郎はこの上なく、［は　　い］気持ちになった。

＊形容詞で、「は」から始まり、「い」で終わる、六文字（ひらがな表記で）の言葉である。

問十二　次の文は表現として不自然なところがあります。これについて、あとの説明文の内容に合わせて、正しい表現に直していきた

2020年度

国府台女子学院中学部 ▶解説と解答

算 数 ＜第１回試験＞（50分）＜満点：100点＞

解 答

1 (1) 2 (2) $\frac{11}{12}$ (3) 0.8 **2** (1) 16 (2) 8 (3) 1200 (4) $16\frac{4}{11}$ (5) 150 (6) 1200 **3** (1) ア 27 イ 729 ウ 3 エ 2 オ 4096 (2) 20分 **4** (1) 75 (2) 9.12 (3) 180 **5** (1) 秒速６cm (2) 72 (3) 120cm (4) 600秒後

解 説

1 **四則計算，逆算**

(1) $8\div(10\times2\div5-4\div3\times2)\div3=8\div\left(4-\frac{4}{3}\times2\right)\div3=8\div\left(4-\frac{8}{3}\right)\div3=8\div\left(\frac{12}{3}-\frac{8}{3}\right)\div3=8\div\frac{4}{3}\div3=8\times\frac{3}{4}\times\frac{1}{3}=2$

(2) $\left\{1\frac{1}{5}\times\left(2.6+2\frac{2}{5}\right)-3\frac{2}{3}-1.5\right\}\times2-5\div(2\div0.3)=\left\{\frac{6}{5}\times(2.6+2.4)-\frac{11}{3}-\frac{3}{2}\right\}\times2-5\div\left(2\div\frac{3}{10}\right)=\left(\frac{6}{5}\times5-\frac{11}{3}-\frac{3}{2}\right)\times2-5\div\left(2\times\frac{10}{3}\right)=\left(6-\frac{11}{3}-\frac{3}{2}\right)\times2-5\div\frac{20}{3}=\left(\frac{36}{6}-\frac{22}{6}-\frac{9}{6}\right)\times2-5\times\frac{3}{20}=\frac{5}{6}\times2-\frac{3}{4}=\frac{5}{3}-\frac{3}{4}=\frac{20}{12}-\frac{9}{12}=\frac{11}{12}$

(3) $10-\left\{3\frac{4}{7}\times(\square+7.6)\div10\right\}=7$ より，$3\frac{4}{7}\times(\square+7.6)\div10=10-7=3$，$3\frac{4}{7}\times(\square+7.6)=3\times10=30$，$\square+7.6=30\div3\frac{4}{7}=30\div\frac{25}{7}=30\times\frac{7}{25}=\frac{42}{5}$ よって，$\square=\frac{42}{5}-7.6=8.4-7.6=0.8$

2 **比の性質，仕事算，相当算，時計算，濃《のう》度《ど》，速さと比**

(1) 右の図１のように，有子さんの比を３と４の最小公倍数の12にそろえると，明子さんと有子さんと洋子さんの比は８：12：15になる。よって，明子さんの個数は全体の，$\frac{8}{8+12+15}=\frac{8}{35}$にあたるから，$70\times\frac{8}{35}=16$(個)と求められる。

図１

(2) 仕事全体の量を１とすると，道子さんが１日にする仕事の量は，$1\div10=\frac{1}{10}$，典子さんが１日にする仕事の量は，$1\div15=\frac{1}{15}$となる。よって，２人が３日間でする仕事の量は，$\left(\frac{1}{10}+\frac{1}{15}\right)\times3=\frac{1}{2}$なので，残りの仕事の量は，$1-\frac{1}{2}=\frac{1}{2}$とわかる。これを道子さんが１人で行うと，$\frac{1}{2}\div\frac{1}{10}=5$(日)かかるから，全体では，$3+5=8$(日)と求められる。

(3) はじめに持っていたお金を①，最初のお店で使った後の残りのお金を[1]として図に表すと，右の図２のようになる。図２で，$[1]-\left[\frac{3}{5}\right]=\left[\frac{2}{5}\right]$にあたるお金が，$70+310=380$(円)なので，[1]にあた

図２

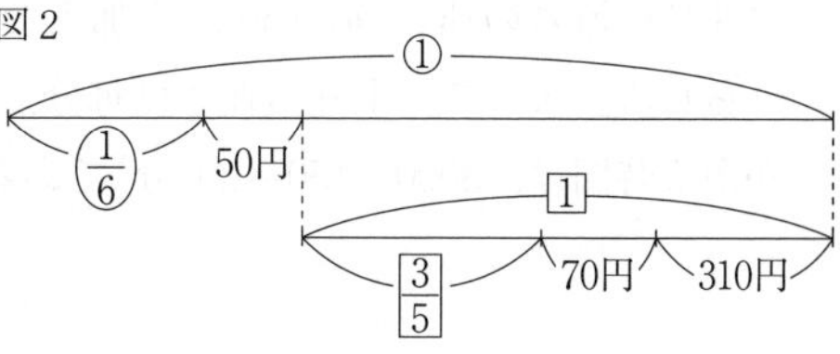

るお金は，$380\div\frac{2}{5}=950$(円)とわかる。よって，①－$\frac{1}{6}$＝$\frac{5}{6}$にあたるお金が，$950+50=1000$(円)だから，①にあたるお金(はじめに持っていたお金)は，$1000\div\frac{5}{6}=1200$(円)と求められる。

(4)　右の図３のようになる時刻を求めればよい。長針は１時間で１周するので，１分間に，$360\div60=6$(度)動く。また，短針は12時間で１周するから，１時間に，$360\div12=30$(度)，１分間に，$30\div60=0.5$(度)動く。よって，長針は短針よりも１分間に，$6-0.5=5.5$(度)多く動くとわかる。図３のようになるのは，12時ちょうどから長針が短針よりも90度多く動いたときなので，$90\div5.5=16\frac{4}{11}$(分)より，12時$16\frac{4}{11}$分と求められる。

図３

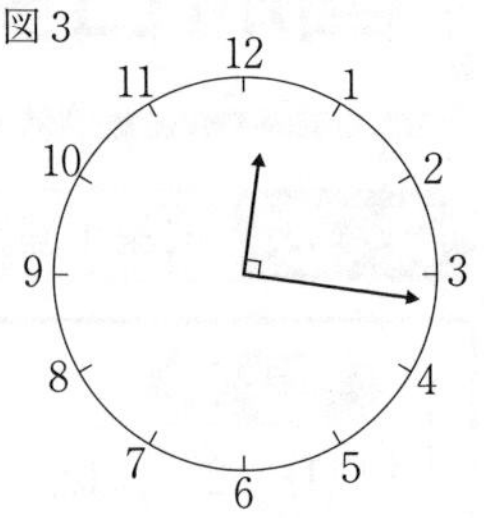

(5)　(食塩の重さ)＝(食塩水の重さ)×(濃度)より，７％の食塩水450gにふくまれている食塩の重さは，$450\times0.07=31.5$(g)とわかる。また，食塩水から水を蒸発させても食塩の重さは変わらないから，水を蒸発させて濃度が10.5％になった食塩水にも31.5gの食塩がふくまれている。よって，水を蒸発させた後の食塩水の重さを□gとすると，$\square\times0.105=31.5$(g)と表すことができるので，$\square=31.5\div0.105=300$(g)と求められる。したがって，蒸発させる水の重さは，$450-300=150$(g)とわかる。

(6)　分速80mで進む場合と分速150mで進む場合を比べると，かかる時間の差は，$5+2=7$(分)である。また，速さの比は，$80:150=8:15$であり，同じ道のりを進むときにかかる時間の比は，速さの逆比に等しくなるから，かかる時間の比は，$\frac{1}{8}:\frac{1}{15}=15:8$とわかる。この差が７分なので，比の１にあたる時間は，$7\div(15-8)=1$(分)となり，分速80mで進むときにかかる時間は，$1\times15=15$(分)と求められる。よって，家から駅までの道のりは，$80\times15=1200$(m)である。

3　約束記号，計算のくふう，流水算

(1)　A◇Bは，「AをB個かける計算」である。よって，３◇３＝$3\times3\times3=27$(…ア)となる。また，３◇２＝$3\times3=9$より，(３◇２)◇３＝９◇３＝$9\times9\times9=729$(…イ)とわかる。次に，２◇６は２を６個かける計算であるが，６個を｛３個，３個｝に分けることにより，２◇６＝$2\times2\times2\times2\times2\times2=(2\times2\times2)\times(2\times2\times2)$と考えることができる。ここで，$2\times2\times2=$２◇３なので，この式は，(２◇３)×(２◇３)＝(２◇３)◇２となる。つまり，ウにあてはまる数は３，エにあてはまる数は２である。同様に，12個を｛３個，３個，３個，３個｝に分けることにより，２◇12＝(２◇３)×(２◇３)×(２◇３)×(２◇３)＝$8\times8\times8\times8=4096$(…オ)と求められる。

(2)　船が川を進むときの速さは，右の図のように表すことができる。Ａ地点とＢ地点の間の距離《きょり》は，$3\times1000=3000$(m)だから，Ａ地点からＢ地点まで下るときの速さは毎分，$3000\div12=250$(m)とわかる。これは，静水時の速さに流れの速さ(毎分50m)を加えたものなので，静水時の速さは毎分，$250-50=200$(m)と求められる。よって，上りの速さは毎分，$200-50=150$(m)だから，Ｂ地点からＡ地点まで上るのにかかる時間は，$3000\div150=20$(分)である。

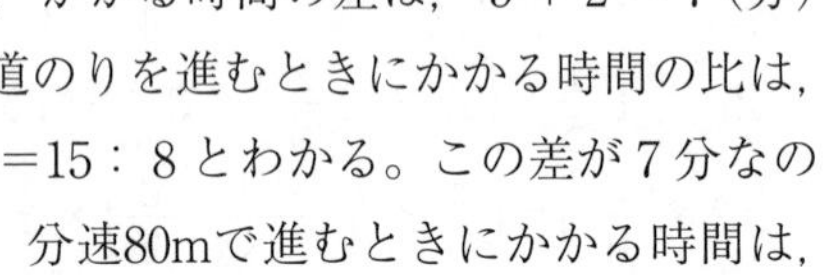

4 角度，面積，展開図，体積

(1) 下の図１のように，２つの直角三角形の残りの角はそれぞれ，180－(90＋30)＝60(度)，180－(90＋45)＝45(度)となる。また，AB と CD が平行だから，●印をつけた角の大きさは等しく，どちらも60度になる。よって，○印をつけた角の大きさは，180－(60＋45)＝75(度)なので，角 x の大きさも75度である。

(2) 下の図２で，BA は左側のおうぎ形の半径であり，CA は右側のおうぎ形の半径である。また，BC は両方のおうぎ形の半径だから，これらの長さはすべて等しい。よって，三角形 ABC は正三角形なので，角 ACD の大きさは，150－60＝90(度)とわかる。したがって，おうぎ形 CDA の面積は，$4\times4\times3.14\times\frac{90}{360}=4\times3.14=12.56$(cm^2)，三角形 CDA の面積は，$4\times4\div2=8$(cm^2)だから，★印をつけた部分の面積は，12.56－８＝4.56(cm^2)と求められる。また，★印をつけた部分と☆印をつけた部分は合同なので，ぬりつぶした部分の面積は，4.56×２＝9.12(cm^2)となる。

(3) 展開図を組み立てると，下の図３のような立体になる。これは，立方体から同じ形の４個の三角すいを切り取ってできた立体である。もとの立方体の体積は，６×６×６＝216(cm^3)であり，切り取った三角すい１個の体積は，３×３÷２×６÷３＝９(cm^3)だから，この立体の体積は，216－９×４＝180(cm^3)と求められる。

図１

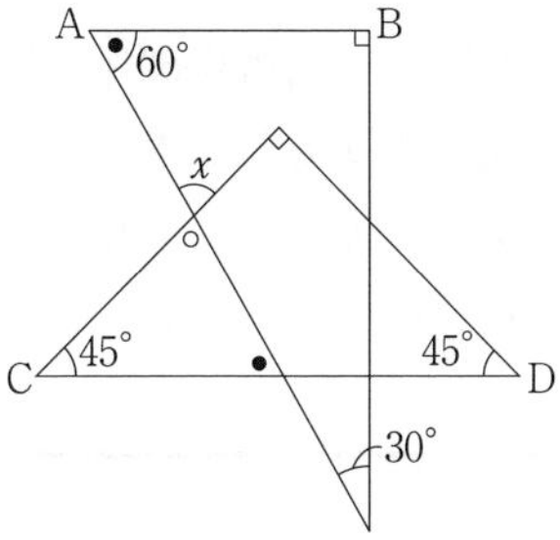

図２

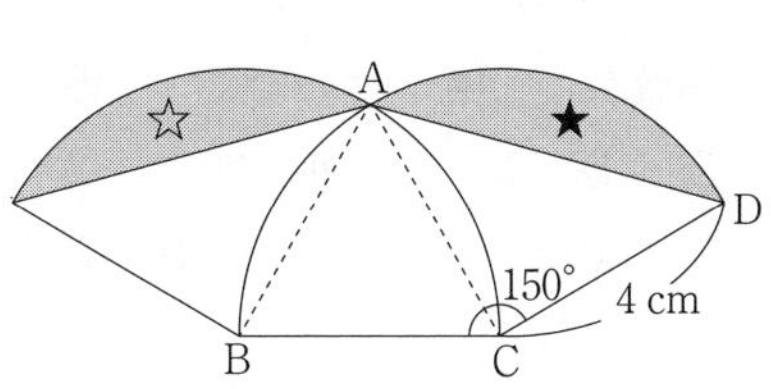

図３

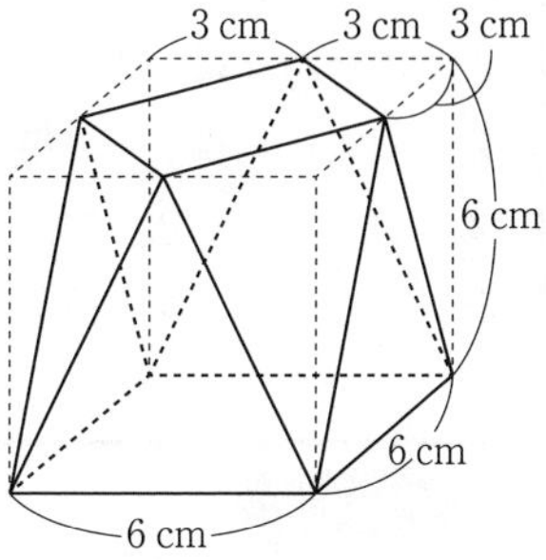

5 グラフ―点の移動，旅人算，倍数

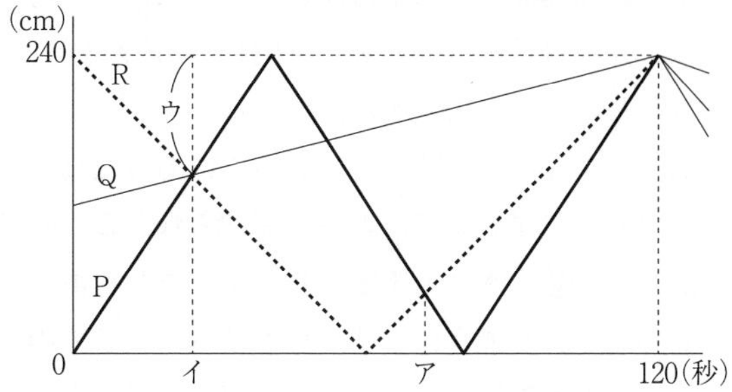

(1) ３点Ｐ，Ｑ，Ｒの動きは右のグラフのようになる。点Ｐは120秒で AB 間の３倍の長さを動いているから，点Ｐが AB 間を動くのにかかる時間は，120÷３＝40(秒)である。よって，点Ｐの速さは秒速，240÷40＝６(cm)とわかる。

(2) 点Ｒは120秒で AB 間の２倍の長さを動いているので，点Ｒが AB 間を動くのにかかる時間は，120÷２＝60(秒)であり，点Ｒの速さは秒速，240÷60＝４(cm)と求められる。また，動き始めてからアの時間までに点Ｐと点Ｒが動いた長さの合計は，AB 間の長さの３倍にあたるから，240×３＝720(cm)となる。さらに，点Ｐと点Ｒが１秒間に動く長さの合計は，６＋４＝10(cm)なので，アに当てはまる数は，720÷10＝72(秒)とわかる。

(3) 動き始めてからイの時間までに点Ｐと点Ｒが動いた長さの合計は240cmだから，イに当てはまる数は，240÷10＝24(秒)となる。また，その間に点Ｒが動いた長さ(ウ)は，４×24＝96(cm)なので，点Ｑは，120－24＝96(秒)で96cm動いたことがわかる。よって，点Ｑの速さは秒速，96÷96＝１(cm)と求められる。したがって，点Ｑが120秒で動いた長さは，１×120＝120(cm)だから，点ＱがはじめにあったのはＡから，240－120＝120(cm)の所である。

(4) AB 間の２倍の長さは，240×２＝480(cm)なので，点Ｐは，480÷６＝80(秒)ごと，点Ｑは，480÷１＝480(秒)ごと，点Ｒは，480÷４＝120(秒)ごとにＢにもどる。また，80と480と120の最小公倍数は480だから，３点Ｐ，Ｑ，Ｒが再びＢで重なるのは，はじめて重なってから480秒後とわかる。これは，動き始めてから，120＋480＝600(秒後)となる。

社 会 ＜第１回試験＞（30分）＜満点：60点＞

解 答

[1] (1) (例) 消費地に近いので，収穫した野菜を新鮮なまま安く出荷することができる。 (2) ウ (3) ① エ ② ア (4) ア (5) エ (6) ① エ ② ウ (7) ア (8) ① 1250m ② ア ③ ウ ④ ウ (9) ウ (10) エ [2] (1) イ (2) エ (3) ア (4) **あ** 紫式部 **い** 枕草子 **う** 十返舎一九 (5) (例) (みな)人ではない (6) 生類あわれみの令 (7) ① エ ② 歌舞伎 (8) (例) 大名に米を納めさせるかわりに，参勤交代で江戸にいる期間を半年にちぢめた。 [3] (1) 盧溝橋事件 (2) 国家総動員法 (3) 大政翼賛会 (4) ぜいたく (5) ア (6) 公害対策基本法 [4] (1) イ (2) ア，ウ (3) ① **i**…６，**ii**…30 ② イ (4) ベルリン (5) 金沢 (6) ジェンダー (7) ① 40歳 ② ○ (8) 75歳 (9) ① ６人 ② 三審制 (10) オ (11) 著作権

解 説

[1] **葛飾北斎《かつしかほくさい》の浮世絵《うきよえ》を題材にした問題**

(1) 近郊農業は，都市の周辺で，大都市に出荷するために野菜や果実，花などを栽培する農業である。大消費地に近いため，収穫《しゅうかく》した農産物を冷蔵したり貯蔵したりせず，新鮮《しんせん》なまま安く出荷できるところが利点である。

(2) 図から，江戸時代には海の中にあった鳥居が，現在は陸地にあることがわかる。つまり，東京湾の沿岸が埋《う》め立てによって広げられたことが読み取れるので，ウが正しい。

(3) ①，② さけ・ますは北太平洋や北極海の一部に生息する魚だが，近年は南アメリカのチリでも養殖されるようになり，日本はさけ・ますのおよそ50％をチリから輸入している。よって，①はさけ・ますの輸入先である。東南アジアや南アジアではえびの養殖がさかんで，日本はベトナム・インド・インドネシアなどからえびの多くを輸入している。よって，②はえびの輸入先である。東南アジアでは，マングローブの林がえびの養殖池をつくるために大量に伐採《ばっさい》され，環境問題になっている。統計資料は『日本国勢図会』2019／20年版による(以下同じ)。

(4) 千葉県の東京湾岸には戦後，埋め立てによって京葉工業地域が形成された。京葉工業地域には鉄鋼や石油化学のコンビナートが複数立地しており，ほかの工業地帯・地域に比べると金属や化学工業の割合が高いことが特徴《とくちょう》である。よって，アがあてはまる。なお，イは北陸工業地域，ウは

阪神工業地帯，エは中京工業地帯のグラフ。

(5)　資料より，東京都中央区の夜間人口(常住人口)は約14万人である。これに対し，昼間人口は60万人を超《こ》えている。これは，中央区にある会社や学校などに他地域から通勤・通学で多くの人々が集まってくるためだと考えられる。よって，エが正しい。なお，Ｊターン現象とは，地方から大学進学などで大都市に出た人が，出身地までは帰らずに地方都市に就職し，定住する現象。ドーナツ化現象とは，地価の値上がりや生活環境の悪化などが原因で大都市の中心部の人口が減少し，周辺部の人口が増加して，人口の分布がドーナツ状になる現象のことである。

(6)　①　中央区築地《つきじ》にあった中央卸売《おろしうり》市場は，2018年に江東区豊洲《とよす》に移転した。　②　日本橋は江戸時代に五街道の起点となったところで，現在でも道路元標(道路の起点となる場所を示す標識)が置かれている。江戸時代に歌川(安藤)広重が描《えが》いた浮世絵「東海道五十三次」でよく知られ，広重は日本橋を陸側から描いたが，葛飾北斎は左側の図のように日本橋川から富士山を望むような構図で描いた。右側は現在の日本橋の写真で，真上を高速道路が通っているが，この高速道路は1964年の東京オリンピックをひかえた1963年に，首都高速都心環状線《かんじょうせん》として開通した。

(7)　東海道は江戸日本橋から東海地方を経て京都へ向かう街道である。箱根(神奈川県)は東海道の難所として知られただけでなく，関所では「入り鉄砲に出女」が厳しく取りしまられた。なお，イの奥州《おうしゅう》街道は白河(福島県)，ウの甲州街道は甲斐《かい》国(山梨県)へ向かう街道。エの中山道は中央高地を通り，草津(滋賀県)で東海道に合流して京都へ向かう街道である。江戸時代には，この４つの街道に加えて日光街道が整備され，五街道とよばれた。

(8)　①　実際の距離《きょり》は，(地形図上の２点間の長さ)×(縮尺の分母)で求めることができる。よって，５(cm)×25000＝125000(cm)＝1250(m)となる。　②　等高線は，間かくが広いほど傾斜《けいしゃ》がゆるやかで，せまいほど傾斜が急であることを表している。よって，アが最も傾斜が急といえる。なお，イは谷，ウは尾根を示している。　③　「恩賜《おんし》箱根公園」から「国道１号線」を南西へ向かうと，道はゆるやかな下り坂で，右側に博物館(⌂)が見える。よって，ウが正しい。なお，アについて，公園の南にある(∴)の記号は茶畑ではなく，史跡である。イについて，左側には郵便局(〶)と交番(X)は見えるが，警察署(⊗)は見えない。エについて，博物館を左折すると上り坂になっていることが，等高線からわかる。　④　2019年に国土地理院が新しく採用した地図記号は，自然災害伝承碑《でんしょうひ》である。記念碑を表す地図記号にたて棒《ぼう》を入れたデザインで，たて棒は過去の自然災害の情報を記す碑文を表している。

(9)　箱根では，寄木《よせぎ》細工が伝統的工芸品として知られる。寄木細工とは，色や木目などが異なるさまざまな種類の木材を組み合わせることで，模様を描き出す木工芸である。なお，アの益子《ましこ》焼は栃木県，イの熊野筆は広島県，エの曲げわっぱは秋田県の伝統的工芸品。

(10)　芦ノ湖《あしのこ》は箱根火山のカルデラにある堰止湖《せきとめこ》(火山の爆発《ばくはつ》などによって川がせき止められて形成された湖)である。神奈川県に位置するが，江戸時代に芦ノ湖から静岡県に箱根用水(深良《ふから》用水)が引かれ，芦ノ湖の水を利用する権利は静岡県にある。よって，エが正しい。

2　文字の歩みを題材にした問題

(1)　『後漢書』は後漢(中国)の歴史書で，東夷伝《とういでん》には１世紀ころの日本のようすが記録されている。それによれば，倭《わ》の小国の一つであった奴《な》国の王が57年に後漢に使いを送り，光武帝から「漢委《かんのわの》奴国王」と刻まれた金印を授《さず》けられたとある。よって，イが正しい。この金印は，江戸時代に福岡県の志賀島《しかのしま》で発見された。なお，アの『魏志《ぎし》』倭人伝には３世紀，ウの『漢書』地理志には紀元前１世紀ころの日本のようすが記されている。エの「好太王《こうたいおう》碑」は，高句麗《こうくり》の好太王(広開土王)の功績を記録した石碑で，４世紀末に大和政権が朝鮮に進出したことを伝えている。

⑵　朝鮮半島に大軍を派遣したのは天武天皇ではなく，兄の中大兄《なかのおおえの》皇子(のちの天智天皇)である。藤原京へ遷都《せんと》したのは天武天皇の皇后の持統天皇である。よって，ＸとＹはともに正しくない。

⑶　平安時代初め，桓武天皇は坂上田村麻呂を征夷《せいい》大将軍に任命し，蝦夷《えみし》を平定させるため東北地方に派遣した。よって，アが誤っている。

⑷　**あ**　藤原道長の娘である彰子《しょうし》に仕えた紫式部は，かな文字による長編小説『源氏物語』を著した。　**い**　紫式部と同時期に活躍《かつやく》した清少納言は，藤原道長のめいにあたる定子に仕え，四季の移り変わりや宮廷の行事などを随筆《ずいひつ》『枕草子』に著した。　**う**　江戸時代後半の化政文化で活躍したこっけい本作家の十返舎一九《じっぺんしゃいっく》の代表作は，『東海道中膝栗毛《ひざくりげ》』である。二人の男が江戸から伊勢詣《もう》でを経て京都にいたるまでの旅のようすが描かれている。

⑸　『平家物語』は鎌倉時代に成立した軍記物語で，平氏が栄え，滅《ほろ》びるまでのようすが物語の中心となっている。1159年の平治の乱に勝利し，朝廷で高位高官を独占した平氏一族の一人平時忠《たいらのときただ》は，「此《この》一門にあらざらむ人は，皆《みな》人非人なるべし(平氏一門でない人は，人間ではない)」と述べたとされる。

⑹　江戸幕府の第５代将軍徳川綱吉は，極端《きょくたん》な動物愛護令である生類《しょうるい》あわれみの令を出した。戌《いぬ》年生まれであった綱吉が生き物の中でも特に犬を保護したことから，綱吉は「犬公方《くぼう》」とよばれた。

⑺　①　『曽根崎心中《そねざきしんじゅう》』は，江戸時代前半の元禄文化で活躍し，人形浄瑠璃《じょうるり》や歌舞伎《かぶき》の脚本《きゃくほん》を手がけた近松門左衛門《もんざえもん》の作品である。井原西鶴《さいかく》は，同時期の浮世草子作家である。　②　歌舞伎は安土桃山時代に出雲阿国《いづものおくに》が始めたかぶき踊《おど》りから発展し，江戸時代前半に芸能として成立した。この時期，坂田藤十郎《とうじゅうろう》や市川團十郎《だんじゅうろう》が歌舞伎役者として人気を集めた。

⑻　江戸幕府の第８代将軍徳川吉宗は，18世紀前半に享保の改革を行い，幕府財政の再建に成功した。吉宗はこの改革の中で，大名に対して石高《こくだか》１万石につき100石の米を幕府に納めさせるかわりに，参勤交代での江戸滞在《たいざい》期間を半年にする上米の制を定めた。

3　戦時中と戦後の経済についての問題

⑴　1937年７月，中国の北京郊外で日中両軍が衝突《しょうとつ》するという盧溝橋《ろこうきょう》事件が起こった。この事件をきっかけとして，1945年まで８年にわたる日中戦争が始まった。

⑵　日本軍は中国の首都南京《ナンキン》を1937年に占領《せんりょう》したが，中国の国民政府が首都を内陸部の重慶《じゅうけい》に移して抗戦《こうせん》したため，戦争が長引いた。そこで，日本政府は戦時体制を確立するため，翌38年に国家総動員法を成立させ，物資や労働力を国会の承認なしに自由に戦争に動員できるようにした。

⑶　1940年にすべての政党が解散させられ，戦争に協力する組織である大政翼賛会《たいせいよくさんかい》に統合された。

⑷　戦時中，物資不足から国民は非常に苦しい生活を強いられ，街角には「日本人ならぜいたくはできないはずだ！」「ぜいたくは敵だ！」などといったぜいたくを禁じる標語がかかげられた。そして，砂糖やマッチ，米，衣料などが配給制や切符制になり，国民生活は統制されていった。

⑸　戦後，朝鮮戦争(1950～53年)による特需《とくじゅ》景気で日本の産業は復興し，1950年代後半から1970年代初めにかけて続いた高度経済成長で日本は経済大国へと発展した。高度経済成長の前半には，白黒テレビ・電気冷蔵庫・電気洗濯《せんたく》機が豊かさや憧《あこが》れの象徴として「三種の神器」とよばれ，家庭

に普及《ふきゅう》した。よって，アがあてはまらない。なお，高度経済成長の後半には，カラーテレビ・クーラー(エアコン)・カー(自動車)が「新三種の神器」あるいは「３Ｃ」とよばれて普及した。

⑹　経済が急速に発展する一方で，公害問題が全国的に表面化したため，公害対策基本法が1967年に制定され，公害防止の対策が講じられることになった。なお，公害対策基本法は，環境基本法の施行《しこう》にともない，1993年に廃止された。

4　平成時代のできごとについての問題

⑴　天皇は，国会が指名した内閣総理大臣を任命する。よって，イが誤っている。なお，天皇の仕事である国事行為には，内閣の助言と承認が必要である。

⑵　2019年10月，消費税率がこれまでの８％から10％に引き上げられたが，飲食料品や毎日届く新聞には軽減税率が適用され，税率が８％のまますえ置かれた。よって，アとウがあてはまる。なお，外食や，店で買った新聞，酒類，本屋で買った雑誌などには軽減税率が適用されない。一方，食べ物を店内で食べずに持ち帰ると，軽減税率が適用される。

⑶　①　参議院議員の任期は６年(ただし３年ごとにその半数を改選)，被選挙権は満30歳以上である。なお，衆議院議員の任期は４年，被選挙権は満25歳以上と定められている。　②「一票の格差」とは，選挙区によって議員１人あたりの有権者数に大きな差が生じる問題である。収入の多さは関係しないので，イが誤っている。

⑷　1989年，冷戦の象徴であったベルリンの壁《かべ》が崩壊《ほうかい》し，翌90年には東西に分かれていたドイツが統一された。

⑸　2015年３月，北陸新幹線の長野駅－金沢駅間が開通し，東京都と金沢市が新幹線で結ばれた。

⑹　社会的な性の差を，ジェンダーという。近年，歴史的に形成されたこうした差を無くそうとするジェンダーフリーの動きが加速している。

⑺　介護《かいご》保険は満20歳以上の国民ではなく，満40歳以上の国民が納めた保険料にもとづき，介護を必要とする人の介護費用にあてられる。よって，①は誤っている。要介護認定を受け，介護サービスを受けることになった人は，原則として必要な費用の１割を負担することになっているので，②は正しい。

⑻　65歳以上の高齢者のうち，75歳以上の人々を特に後期高齢者という。

⑼　①　裁判員裁判では，有権者の中から抽選《ちゅうせん》(くじ)で選ばれた裁判員６人が３人の裁判官とともに裁判を行う。その対象となるのは，重大な刑事事件の第１審(地方裁判所)で，裁判員は有罪か無罪かの判断はもとより，有罪の場合は刑の重さについても判断する。　②　裁判の判決に納得できないときには，一つ上級の裁判所に裁判のやり直しを求めることができる。日本の場合は３回まで裁判を受けることができ，この制度を三審制という。

⑽　憲法を改正する場合，衆参両議院でそれぞれ総議員の３分の２以上の賛成が得られると，国会がこれを発議(国民に提案)する。その後，国民投票で過半数の賛成を得ると，改正が承認される。よって，オが正しい。

⑾　知的所有権(知的財産権)のうち，個人がつくった創作物を保護する権利を著作権という。

理　科　＜第１回試験＞（30分）＜満点：60点＞

解　答

1 (1) ア　(2) エ　(3) エ　(4) ウ　(5) ウ　(6) イ　(7) 1120m　(8) 240g
2 (1) オ　(2) ウ　(3) ウ　(4) イ　(5) ア　3 (1) ア，イ　(2) ア　(3) イ　(4) 0.3g　(5) 1.6g　4 (1) エ　(2) （例） 地球が自転しているから。　(3) イ　(4) オ　(5) ア　(6) エ　5 (1) 秒速10メートル　(2) 350メートル　(3) 1200メートル　(4) 250メートル　(5) 1800メートル

解　説

1 小問集合

(1) じん臓は，血液中から不要なものをこしとって尿《にょう》をつくる器官で，背中側の腰の上あたりに左右１対（２つ）ある。

(2) たらこは「たらの子」という意味で，タラの卵である。

(3) ろうそくのしんは，ほのおの熱でとけた液体のろうを吸い上げるはたらきをしている。よって，しんの部分をピンセットでつまむと，燃えるものが供給されなくなるため，ほのおが小さくなり，やがてほのおは消える。

(4) BTBよう液を，酸性の水よう液に加えると黄色，中性の水よう液に加えると緑色，アルカリ性の水よう液に加えると青色になる。まず，塩酸は酸性の水よう液だから，試験管内の液体の色は黄色になる。次に，アルカリ性のうすい水酸化ナトリウム水よう液を加えていくと中和が起こり，過不足なく反応すると中性の食塩水になるため，液体の色は緑色になる。さらに，水酸化ナトリウム水よう液を加えると，液体はアルカリ性になるから，液の色は青色に変化する。

(5) 月の見かけの大きさは地球と月との距離《きょり》によって決まり，月が地球に近づくと大きく見える。よって，スーパームーンがいつもより大きく見えるのは，月が地球に近づいたためである。

(6) 冬の昼ごろ，南の方角には夏の真夜中に南の方角に見える星がある。これらの星は，冬には太陽と同じ方角にあるため見ることができないが，皆既《かいき》日食が起きて空が真っ暗になるわずかな時間だけ見ることができる。

(7) 船が，汽笛《きてき》を鳴らしてから6.4秒間で進んだ道のりは，10×6.4＝64(m)である。また，音が，船が汽笛を鳴らした位置から岸壁《がんぺき》で反射して64m進んだ船まで進んだ道のりは，340×6.4＝2176(m)である。よって，船が汽笛を鳴らした位置から岸壁までの往復の距離は，64＋2176＝2240(m)となるから，船が汽笛を鳴らしたのは岸壁から，2240÷２＝1120(m)はなれたところである。

(8) 棒の重心は棒の中央にあり，重心に80gの重さがかかっていると考える。棒の重心からばねはかりでつるしたところまでの長さは，120÷２－20＝40(cm)だから，おもりの重さを□gとすると，□×20＝80×40の関係が成り立ち，□＝80×40÷20＝160(g)になる。したがって，ばねはかりは，160＋80＝240(g)を示す。

2 コスモスの開花の条件についての問題

(1) 発芽のときに子葉を２枚出し，葉脈が網《あみ》目状の植物を双《そう》子葉類といい，ここではアサガオがあてはまる。なお，発芽のときに子葉を１枚出し，葉脈が平行な植物を単子葉類という。ムギ，ユリ，

イネ，トウモロコシはいずれも単子葉類である。

⑵　コスモスは秋に花を咲《さ》かせる植物で，キクも同じ時期に花を咲かせる。なお，チューリップ，タンポポ，サクラ，ナズナはいずれも春に花を咲かせる。

⑶　実験結果から，コスモスが花を咲かせるのは，光を当てない時間が少なくとも12時間より長く，しかもその時間が連続している必要があるとわかる。

⑷　夏至《げし》から秋分までの間は昼の時間が12時間より長いので，明るい時間が12時間より長い。つまり暗い時間が12時間より短い。また，秋分から冬至《とうじ》までの間と冬至から春分までの間は昼の時間が12時間より短いので，暗い時間が12時間より長い。よって，この時期に花が咲くと考えられるが，コスモスは秋に花を咲かせるので，秋分から冬至までの間となる。

⑸　サツマイモの花は，沖縄のように気温が高いところで咲く。サツマイモの花が咲く時期はコスモスと同じ秋分から冬至までの間で，この時期，本州では温度が下がってしまうため，花はほとんど見られない。

３　金属と水よう液の反応，金属の燃焼についての問題

⑴　アルミニウム，鉄にうすい塩酸を加えると，それぞれの金属がとけて水素が発生する。しかし，銅，銀，金にうすい塩酸を加えても水素は発生しない。

⑵　アルミニウムは水酸化ナトリウム水よう液にもとけ，水素が発生する。

⑶　水素は水にとけにくく，火を近づけると燃える性質がある。なお，アは二酸化炭素，オは酸素の性質である。

⑷　マグネシウムを加熱すると，空気中の酸素と結びついて酸化マグネシウムになる。また，表より，マグネシウム1.2gを加熱すると，酸化マグネシウムが2.0gできているので，マグネシウム1.2gと結びついた酸素の重さは，$2.0-1.2=0.8$(g)である。これより，マグネシウムと結びつく酸素の重さの比は，1.2：0.8＝３：２となる。よって，マグネシウムの粉3.0gを加熱したときに結びついた酸素の重さは，$4.8-3.0=1.8$(g)で，1.8gの酸素と結びついたマグネシウムの重さは，$1.8\times\frac{3}{2}=2.7$(g)とわかる。したがって，酸化マグネシウムにならなかったマグネシウムの重さは，$3.0-2.7=0.3$(g)である。

⑸　マグネシウムの粉6.0gを十分に加熱したときにできる酸化マグネシウムの重さは，$6.0\times\frac{3+2}{3}=10.0$(g)だから，混ざっている酸化銅の重さは，$12.0-10.0=2.0$(g)である。また，表より，銅1.2gを加熱すると，酸化銅が1.5gできているので，銅とできる酸化銅の重さの比は，1.2：1.5＝４：５となる。よって，混ざっていた銅の重さは，$2.0\times\frac{4}{5}=1.6$(g)である。

４　季節と太陽の動きについての問題

⑴　東の水平線からのぼった太陽は，南の空へ上がっていくので，図２のエの向きに動いて見える。

⑵　地球が１日に１回，西から東に自転しているため，太陽は東から西に動くように見える。

⑶　夏のころは，太陽は真東より北の方角からのぼり，真西より北の方角にしずむ。

⑷　夏のころ，昼は夜より長く１日は24時間だから，昼が12時間より長く，夜は12時間より短い。

⑸，⑹　約１か月後の秋分の日（９月23日ころ）に，太陽は真東からのぼり，日の出の時刻はおそくなる。したがって，８月の図１の日から５日後に太陽がのぼる位置は東の方角（島からはなれる方向）に寄り，その時刻はおそくなる。

5 運動のようすと速さについての問題

⑴ グラフの①の区間で一番速いときの速さは秒速20メートル，一番遅いときの速さは秒速０メートルである。したがって，（＊）で求めた電車の速さは，$\frac{20+0}{2}$＝10より，秒速10メートルである。

⑵ ①の区間の時間は35秒なので，この区間における電車の移動距離は，10×35＝350（メートル）となる。

⑶ ②の区間の電車の速さは秒速20メートルで一定で，時間は，95－35＝60（秒）だから，この区間における電車の移動距離は，20×60＝1200（メートル）である。

⑷ ③の区間で一番速いときの速さは秒速20メートル，一番遅いときの速さは秒速０メートルである。したがって，（＊）で求めた電車の速さは，$\frac{20+0}{2}$＝10より，秒速10メートルで，③の区間の時間は，120－95＝25（秒）なので，この区間における電車の移動距離は，10×25＝250（メートル）になる。

⑸ Ａ駅からＢ駅までの距離は，①，②，③の区間の距離を合計することで求められるから，350＋1200＋250＝1800（メートル）である。

国　語 ＜第１回試験＞（50分）＜満点：100点＞

解　答

一 **問１** ①～③ 下記を参照のこと。 ④ どうこう ⑤ こわもて **問２** 養 **問３** 就（任） **問４** イ **問５** イ **問６** イ **問７** イ **問８** のれん **問９** 入る（いる） **問10** ウ **問11** （は）れがまし（い） **問12** ① ウ ② 趣味 ③ こと **問13** （例） 人々を夢の国へといざなうテーマパークを訪れた。 二 **問１** a，d，e 下記を参照のこと。 b さっこん c ちゃくしゅ **問２** ㈠ イ ㈡ エ **問３** Ａ 産業革命 Ｂ ネットワーク環境 **問４** エ **問５** ア **問６** ウ **問７** 清少納言 **問８** ア **問９** イ **問10** ア **問11** エ **問12** Ⅲ **問13** ウ，オ

●漢字の書き取り

一 **問１** ① 格式 ② 音色 ③ 遠心 二 **問１** a 提供 d 有用 e 算出

解　説

一 漢字の書き取りと読み，漢字のパズル，熟語の知識，慣用句の知識，言葉の知識，文の組み立て，短文づくり

問１ ① 家柄《いえがら》や身分のこと。 ② 楽器などによって異なる音の感じ。 ③ 「遠心力」は，中心から遠ざかろうとする力のこと。 ④ 社会や個人における動く方向。 ⑤ いかめしい顔つき。

問２ 「養」を入れると，上から時計回りに「静養」「養生」「養分」「休養」という熟語ができる。「静養」は，回復のために身体や精神を休ませること。「養生」は，病気を治したり健康を増進したりすること。「養分」は，栄養になる成分のこと。「休養」は，休んで体力や気力を養うこと。

問３ 「辞任」は，仕事や役割を辞《や》めること。対義語は，“ある地位や役目に就《つ》く”という意味の

「就任」。

問４　「終生」と「一生」は，生まれてから死ぬまでの間。「臨終」は，死ぬ間際《まぎわ》。「一心」は，専念すること。「生死」は，生きることと死ぬこと。

問５　「自律」は，自分で立てた決まりにしたがって行動すること。「律令」は，古代国家の規定のこと。いずれも「律」は，“決まりやルール”という意味で用いられている。「律動」は，周期的な運動のこと。この場合の「律」は，“周期的な，一定のリズムで”という意味で用いられている。

問６　「寝覚《ねざ》めが悪い」は，眠《ねむ》りから覚めたときの気分がよくないようす。転じて，“過去の悪い行いを思い出して良心がさいなまれる”という意味でも用いられる。「彼《かれ》をだましたようで」という過去の悪い行いを思い出している文脈からは，「寝覚めが悪い」がつながる。

問７　空らんには，稲荷《いなり》神社でまつられている「狐《きつね》」が入る。「狐につままれる」は，狐にだまされたように意外なことが起こってぼう然とすること。

問８　「豆腐《とうふ》にかすがい」と「のれんに腕押《うでお》し」は，手ごたえがなく効果がないこと。

問９　「悦《えつ》に入る」は，物事がうまくいって満足して喜ぶこと。「堂に入る」は，学問に優《すぐ》れていたり技術が習熟していたりして身についていること。「興に入る」は，興味を感じて熱中すること。

問10　「波の花」は，塩のこと。中世における宮中の女性たちの間で，塩のことを「波の花」という言葉で表すようになったのが始まりといわれている。

問11　「はれがましい」は，表立っておおぜいの人の目につき，はなやかで光栄であること。

問12　「彼は」という主語と「趣味《しゅみ》です」という述語が対応していない点が不自然である。よって「彼の趣味は」を主部とし，「ことです」を述語とするのが適切である。

問13　「いざなう」は“さそい出す”という意味。

二　**出典は萩原一郎《はぎわらいちろう》の『人を幸せにする目からウロコ！研究』所収の「かわいいの系統的研究～『かわいい』は日本を救う～(大倉典子《おおくらみちこ》作)」による。**情報通信基盤《きばん》を活用したコンテンツの充実《じゅうじつ》が求められる現代において，日本古来の「かわいい」という感性価値を活《い》かした製品をつくるための系統的研究について述べている。

問１　**a**　物や技術などを相手に役立ててもらうために差し出すこと。　**b**　近ごろ。　**c**　仕事にとりかかること。　**d**　役に立つこと。　**e**　計算して数値を出すこと。

問２　(ア)「脚光《きゃっこう》を浴びる」は，“多くの人々から注目される”という意味の慣用句。　(イ)「底流」は，川や海などの底の方の流れのこと。転じて，“物事の表面には表れない奥底《おくそこ》の動きや思想”という意味でも用いられる。

問３　**A**　第二段落に注目する。「貴族の高尚《こうしょう》な趣味」として生まれた科学技術は，一八世紀の「産業革命」によって，「新たなエネルギーを用いた種々の生産技術」を生み出し，さらに「製品の均一化，低価格化，大量生産を実現」したと述べられている。　**B**　第三段落では，「コンピュータ」の発明によって「ハードウェアを中心とした産業」が発展し，さらに「ネットワーク環境《かんきょう》」という飛躍《ひやく》的に便利な社会生活の道具がもたらされたことによって「情報を基盤とした経済的な価値」が生まれたと述べられている。

問４　図１では，「貴族の高尚な趣味」から始まった科学技術が，技術の革新によって次第《しだい》に高度に発達していく過程を上段から下段へ展開しているので，エが合う。

問５　第二段落では，産業革命により物質的社会生活が豊かになったことを説明したうえで，ぼう線部①の前では，豊かな物質社会の実現が「環境破壊《はかい》や地球資源の枯渇《こかつ》を引き起こし」たと筆者は述べている。この内容にアが合う。

問６　第三段落で，インターネットの普及《ふきゅう》により人々は「物理的な距離《きょり》」を飛び越《こ》えることができる「情報化社会」を実現したとしているが，ぼう線部②に続いて「ディジタル・デバイド」や「精神的ストレスによる精神疾患《しっかん》の多発」などの問題について述べているので，ウが合う。

問７　『枕草子』は，平安時代の中ごろに書かれた「春はあけぼの」に始まる随筆《ずいひつ》で，作者は清少《せいしょう》納言《なごん》である。

問８　元々「かわいい」という言葉は，平安時代の『枕草子』にも見られるものであり，江戸時代の浮世絵《うきよえ》や根付《ねつけ》なども，「かわいい」という感性価値に支えられてきたと考えられることから，「かわいい」という感性価値は日本の文化に深く結びついているといえるので，アが合う。

問９　現在の「かわいい」という形容詞の対象は「少女や小動物など」が多いという傾向《けいこう》があるとされている。ぼう線部③は，“生き物の形をしていない人工物にも「かわいい」と感じることがあるか”という意味で，それを確認《かくにん》するために，同じ金属素材でできた四種類のマグネットの中にジグソーパズルやハートの形をしたものを入れて実験している。

問10　ぼう線部④の物理的構成要素とは，「形」「色」「大きさ」などの属性であり，それらを「かわいい」と感じるのかを確認するため，筆者はいろいろな性質を持つパターンを用意して実験している。

問11　筆者は，生き物以外の人工物にも「かわいい」と感じる日本古来の感性価値を活用し，「人工物がどうしたらかわいくなるかを研究する」ことに意義を見出しているので，エは適切でない。

問12　実験結果では，五〇代と二〇代の男女四つの実験協力者群ごとに四種のマグネットを評価してもらった傾向をまとめている。これらをわかりやすく表すためには，協力者群ごとに対象の四種類のマグネットについて「かわいい」と評価できるものには「◎」，評価の低いものには「×」，評価が二分されるものを「△」とし，どの年代のどちらの性別の人がどのような評価をしたかということが一覧できる表が望ましい。

問13　金属素材でできた四種類のマグネットの実験では，ジグソーパズルやハートの形のものは評価が分かれ，生き物の形をしたものは「かわいい」と評価される傾向があることがわかった。次に「かわいい形」の実験では，「曲線系の形」のものを「かわいい」と感じていること，「かわいい色」の実験では男女ともに「オレンジと青緑」の評価が高いことがわかった。さらに「かわいい大きさ」の実験では「一般《いっぱん》的に小さい方がかわいいが，小ささにも限界があり，小さすぎるとかわいくなくなる」ということがわかった。以上から，「マンボウ」や「モグラ」などの生き物の形をしたもので，オレンジ色とほぼ同色の「橙《だいだい》色」や「青緑色」のウとオは，老若男女全てに好まれると判断できる。

Memo

Memo

2019年度　国府台女子学院中学部

〔電　話〕(047) 322－７７７０
〔所在地〕〒272-8567　千葉県市川市菅野３－24－１
〔交　通〕JR総武線－「市川駅」より徒歩12分
京成電鉄－「市川真間駅」より徒歩５分

【算　数】〈**第１回試験**〉(50分)〈満点：100点〉

［注意］１．円周率は3.14とします。

２．仮分数は，すべて帯分数になおして解答してください。

1　次の□にあてはまる数を答えなさい。

(1)　$2\div3\times4+3-\{5-(6-2)\div3\}=$□

(2)　$\left(1\frac{1}{5}+2.4\div6-4\div5\right)\times\left(2\frac{2}{3}\times1.5+1\right)=$□

(3)　$\left(5\times\square+2\div\frac{3}{5}\right)\times1.8-7=2$

2　次の□にあてはまる数を答えなさい。

(1)　110枚のおり紙を姉，兄，妹の３人に分けます。兄は姉の２倍より３枚少なく，妹は兄の３倍より５枚多くなるようにするとき，姉の枚数は□枚です。

(2)　15で割ると２余り，７で割ると６余る数のうち，最も小さい数は□です。

(3)　12％の食塩水250ｇと８％の食塩水□ｇを混ぜて，これに水を20ｇ加えると10％の食塩水ができます。

(4)　１周□ｍの円形の池の周りに何本かの木を植えます。５ｍおきに植えると３本余り，４ｍおきに植えると２本足りません。

(5)　ある会社には毎朝一定の量の仕事が入ってきます。いくらか仕事がたまった状態から12人で仕事をするとちょうど15日で仕事がなくなります。同じ量の仕事がたまった状態から15人で仕事をするとちょうど６日で仕事がなくなります。朝入ってきた分の仕事を当日に終わらせるには□人必要です。

(6)　Ａ，Ｂ，Ｃの３つの円柱状の容器があり，底面の半径はそれぞれ６cm，３cm，２cmです。高さ10cmの容器Ａに水を容器がいっぱいになるように入れ，その水をすべてＢとＣに分けたところ，水の深さの比が４：３になりました。Ｃの水の深さは□cmです。

3 次の問いに答えなさい。

(1) 下のように，高さが異なる２種類のブロックＡ，Ｂがあります。

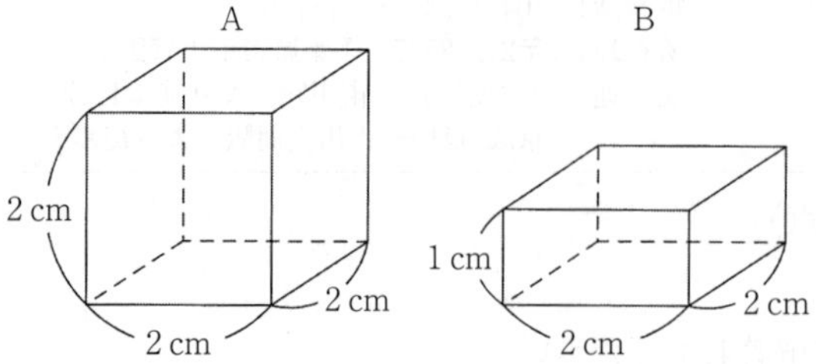

図１

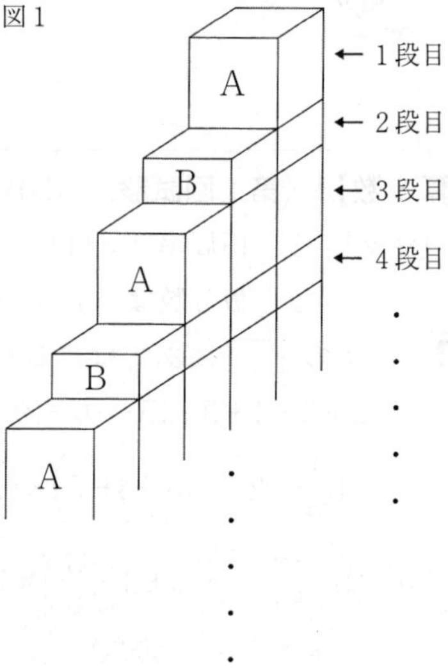

このブロックを右の図１のように，上から見て１段目はＡを，２段目はＢを，３段目はＡを…とブロックＡ，Ｂを各段ごとに交互《こうご》に使って積み重ねます。

20段積み重ねてできた階段状の立体の体積の求め方を和美と詩織の２人が次のように考えました。

［ア］～［オ］にあてはまる数を答えなさい。

和美「いきなり20段を考えると大変そうだから，まずは６段積み重ねたときのことを考えてみよう。」

詩織「６段のうち，１段目，３段目，５段目の３段がブロックＡになって，２段目，４段目，６段目の３段がブロックＢになるね。それぞれの個数を考えてみると……」

和美「Ａの個数が１＋３＋５で求められるでしょ。Ｂは２＋４＋６だね。」

詩織「あっ，Ａの計算って１から数えて３個の奇数《きすう》を足してるけど，足した答えが［ア］×［ア］になってない？」

１＋３＋５＝［ア］×［ア］

和美「ほんとうだ。そういえば，Ｂのほうも２から数えて３個の偶数《ぐうすう》を足してるけど，これって，［イ］×(［イ］＋1) で求められるってお兄ちゃんが言ってたよ。」

２＋４＋６＝［イ］×(［イ］＋1)

詩織「へぇ，そうなんだ。ねぇ，この考え方を使えば20段あっても簡単にブロックの個数が出せそうじゃない？」

和美「そうだね。えっと，20段積み重ねたとき，ブロックＡは何段あるかな……Ｂは……わかった！ ブロックＡの個数は［ウ］個，ブロックＢの個数は［エ］個になるから，立体の体積は［オ］cm^3だね。」

(2) ある品物に仕入れ値の３割の利益をみこんで定価をつけました。売れなかったので，定価の２割引きで売ったところ，120円の利益がありました。仕入れ値を求めなさい。

解答は答えのみではなく，途中《とちゅう》の計算や考え方を解答らんにできるだけくわしく書きなさい。

4 次の□にあてはまる数を答えなさい。

(1) 下の図１で，四角形 ABCD は平行四辺形です。角 x の大きさは□度です。
ただし，同じ印のついた角は同じ大きさとします。

(2) 下の図２のように，円と４つの直角二等辺三角形が重なっています。円の周の長さが 25.12cm であるとき，ぬりつぶした部分の面積の合計は□ cm^2 です。
ただし，同じ印のついた辺は同じ長さとします。

(3) 下の図３を直線 l を軸《じく》として１回転させてできる立体の表面積は□ cm^2 です。

図１

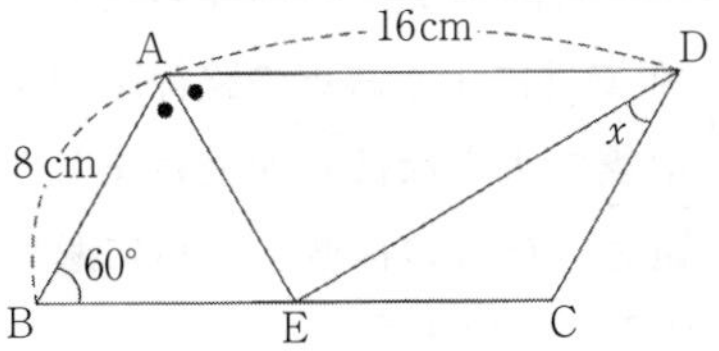

図２

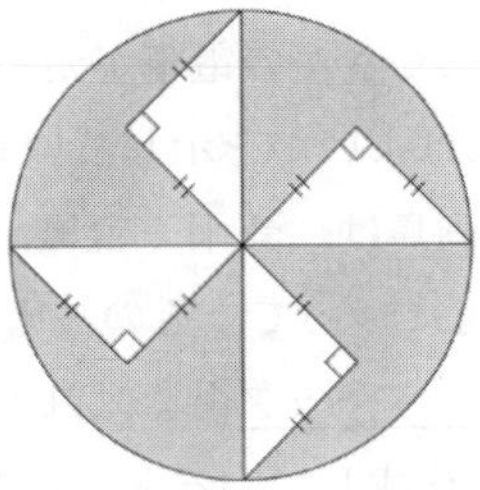

図３

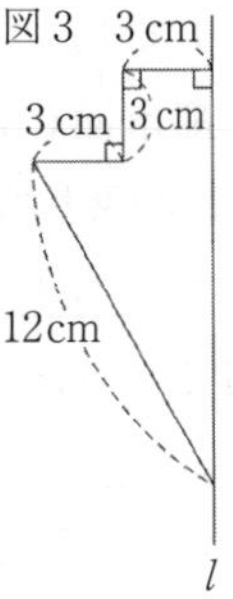

5 1800m離《はな》れた公園と学校の間を，典子さんは歩き，洋子さんは走り，結花さんは自転車に乗って移動しています。３人は公園または学校を同時に出発し，30分後に全員学校に到着《とうちゃく》しました。下のグラフは，３人の移動のようすをグラフに表したものです。次の問いに答えなさい。
ただし，３人の進む速さはそれぞれ一定とします。

(1) 典子さんの歩く速さは分速何mですか。

(2) 典子さんと洋子さんがはじめて会ったのは，出発してから何分後ですか。

(3) 洋子さんと結花さんが２回目に会うのは，公園から何mの所ですか。

(4) 典子さんと洋子さん，洋子さんと結花さんの間の距離《きょり》がはじめて等しくなるのは，出発してから何分何秒後ですか。

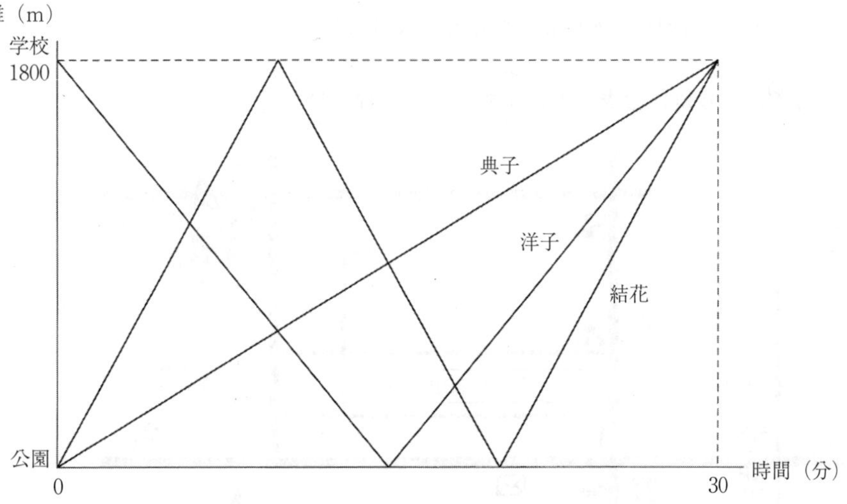

【社　会】〈第１回試験〉（30分）〈満点：60点〉

［注意］解答は，適切な漢字をもちいて記入して下さい。

1　地図について説明した次の文を読み，あとの問いに答えなさい。

私たちの生活の中で，地図はとても役に立ち，なくてはならないものです。皆《みな》さんの身近にある地図は，学校で使われる地図帳がありますが，それだけではありません。たとえば地域の（A）案内図やまちの地図など，初めて訪《おとず》れたところの様子や目的の場所へどのように向かえばよいのかなど，色々な種類の地図があります。

東京を中心とした大都市圏《けん》には，たくさんの電車が走っています。目的地まで向かうのにどの電車に乗《の》ればよいか，どこで乗り換《か》えればよいかを示しているのが，駅で目にする電車の路線図です。

昨年の夏から秋にかけて（B）日本列島は，豪《ごう》雨や台風，また大地震《おおじしん》で大きな被害《ひがい》を受けました。近年では，発生の予測される自然災害について，その被害の及《およ》ぶ範囲《はんい》，被害の程度，さらに避難の道筋，避難場所等を表した（C）ハザードマップとよばれる地図も作られています。

さまざまな地図の基本となる地図を作成しているところが，国土交通省の（　あ　）です。ここでは，（D）地形図，地勢図，地方図，日本全図などを作成しています。なかでも地形図は山や川，道路・鉄道・集落なども含《ふく》めた土地の状態を表し，（E）2万5千分の１の縮尺のものが一般的《いっぱんてき》に使われています。

（１）下線部（A）について，新しい地図記号や外国人向けの地図記号を使って，下の国府台女子学院周辺の案内図を作成しました。これについて，問いに答えなさい。

① 本学院周辺の様子を述べている文で**誤っているもの**を，次のア～エから１つ選び，記号で答えなさい。

ア．国府台女子学院は，京成市川真間駅から，おおむね北東の方角にある。

イ．国府台女子学院の西の方角には交番がある。

ウ．国道14号に沿って，東側から寺院・教会・郵便局・ホテルなどが並んでいる。

エ．JR 市川駅のすぐ南に，図書館と老人ホームがある。

② 案内図の中のの記号は何を表していますか。答えなさい。

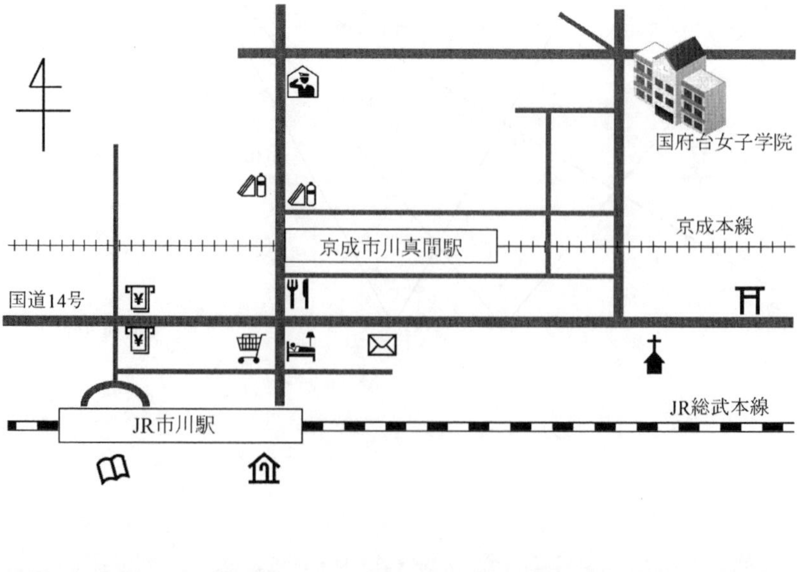

（２）下線部（B）について，日本列島は海に囲まれていて，陸上の国境はありません。下の地図中の空らん①②にあてはまる語句を，次のア～エから選び，それぞれ記号で答えなさい。

ア．領海　　　イ．排他的経済水域　　　ウ．公海　　　エ．接続水域

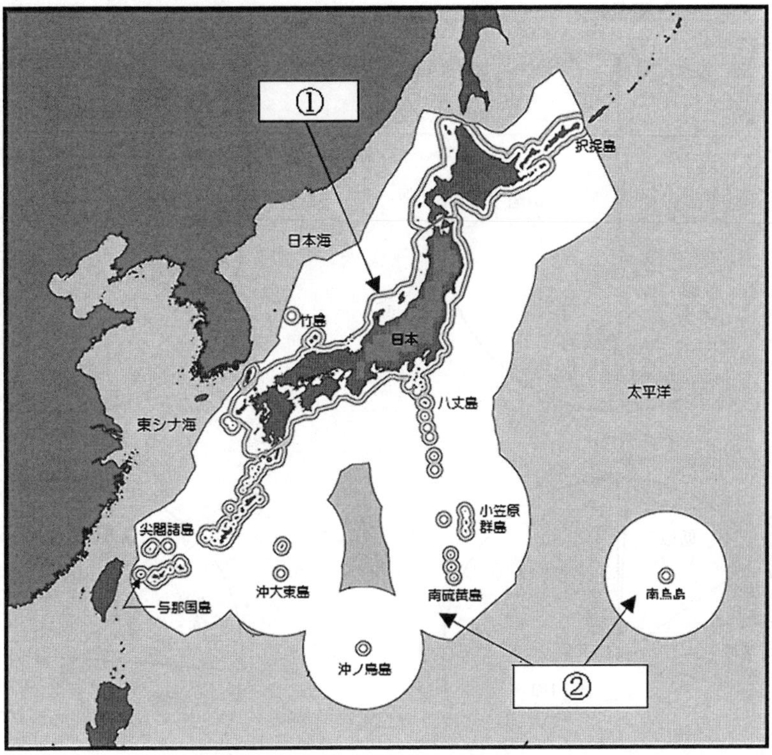

海上保安庁ＨＰより作成

（３）下線部（C）について，下の地図はどのような災害の予測図か，答えなさい。

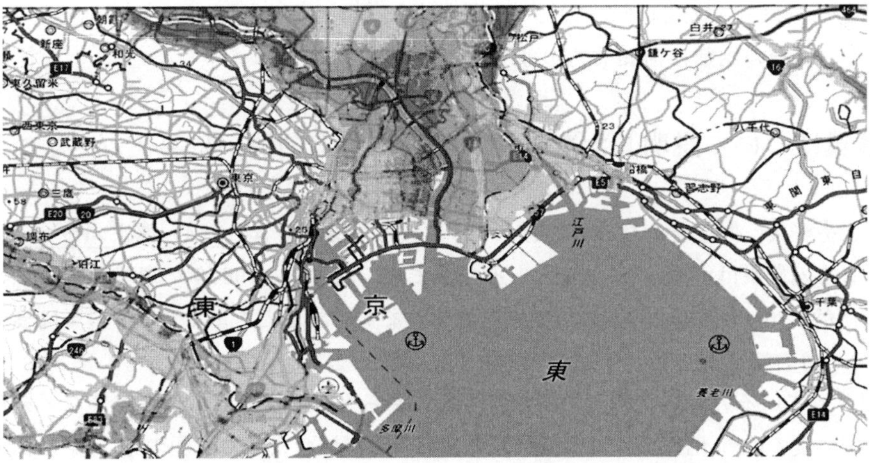

国土交通省ハザードマップポータルサイトより作成

（４）本文の空らん（あ）にあてはまる，役所の名称《めいしょう》を答えなさい。

（５）下線部（D）について，日本の国土の大半は山地と丘陵《きゅうりょう》地《ち》です。次の円グラフは，地方別にみた国土の地形の割合を示すものです。ア～エの円グラフのうち，関東地方のものを1つ選び記号で答えなさい。

ア．
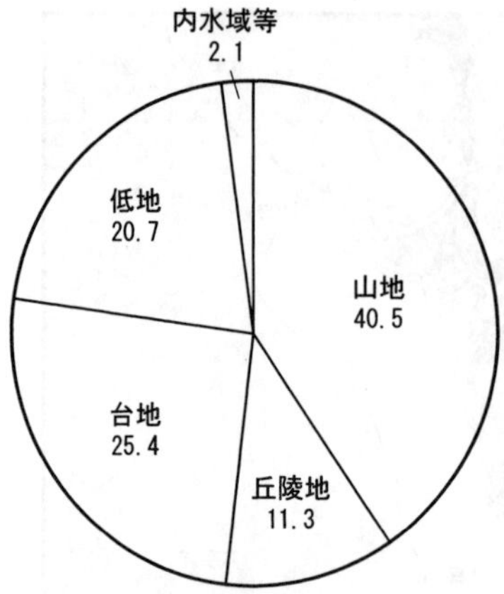

イ．
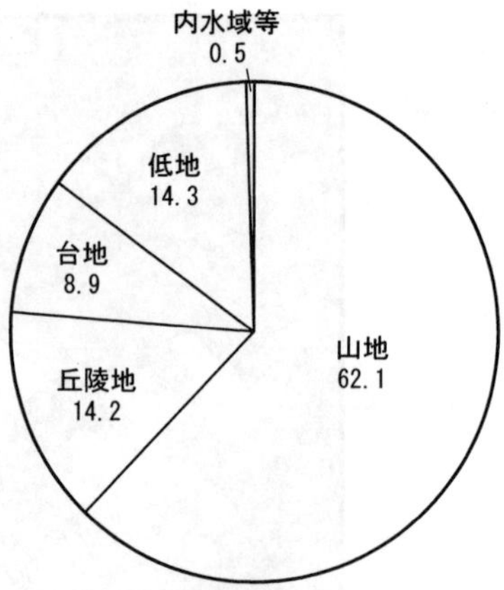

ウ．
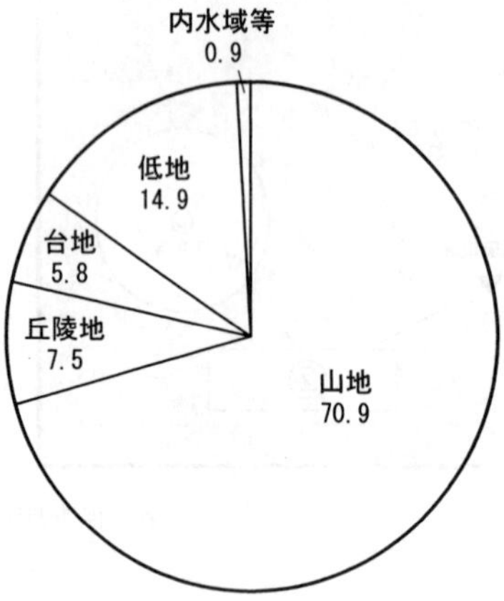

エ．
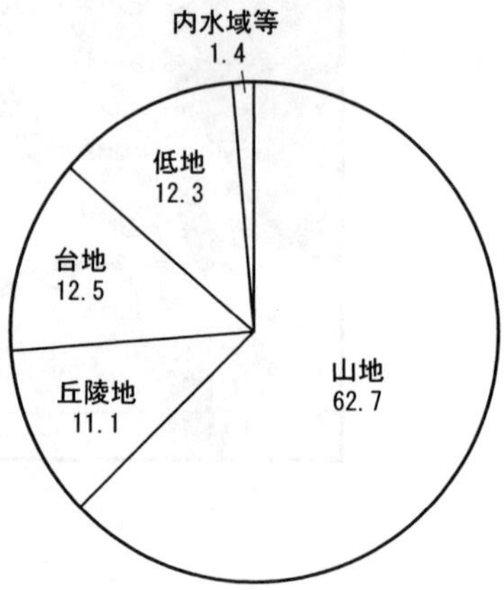

国土交通省「国土統計要覧」より作成

（６）下線部（E）について，2万5千分の1の地形図で，ある地点からある地点をはかったら4.6cmありました。実際の距離《きょり》は何mになりますか，答えなさい。

2　日本の農業について説明した次の文を読み，あとの問いに答えなさい。

毎日おいしい米や野菜，肉などを食べることができるのは，農業を営む（A）農家の方々のおかげです。しかし，日本の農業は衰退《すいたい》の一途《いっと》をたどっています。例えば，1960年の農業就業人口は1450万人以上いましたが，2010年には260万人まで減少しています。なぜここまで日本の農業は衰退してしまったのでしょうか。

まず大きく関《かか》わっているのは，食生活の変化です。昔から米を主食として魚や野菜などを食べてきた日本人ですが，食の欧米化《おうべいか》によって米や野菜を食べる人が減りました。国の食糧《しょくりょう》の総消費のうち，国内でまかなわれているものの比率を（　あ　）といいます。この数値を見てみると，2016年の米は97%なのに対して，パンやケーキに多く使われる小麦は14%です。つまり，日本国内で消費される（B）小麦のほとんどは輸入に頼《たよ》っていることが分かります。

国産の農産物消費の減少は（C）農産物の売上に直結します。農産物が売れなければ農家は農業を続けられなくなり，離農《りのう》する人が増加してしまいます。さらに，農村では少子高齢化《こうれいか》が進み，後継者《こうけいしゃ》不足も深刻になっています。

（１）下線部（A）について，農家には農業所得のみで生計を立てている農家と農業以外の所得を得ている農家があります。農業以外の所得を得ている農家を何と呼んでいますか，答えなさい。

（２）文中の空らん（　あ　）にあてはまる語句を答えなさい。

（３）下線部（B）について，2016年には545万トンが輸入されました。そのうち［　　　］は46.3%を占《し》めています。次いでカナダの33%，オーストラリアの15.5%の割合になっています。空らん［　　　］に入る国名を答えなさい。

（４）下線部（C）について，下の地図の［　　　］の部分はある農産物の生産量ベスト３の都道府県を示しています。①～④の地図が示す農産物を，下のア～クから１つずつ選び，記号で答えなさい。

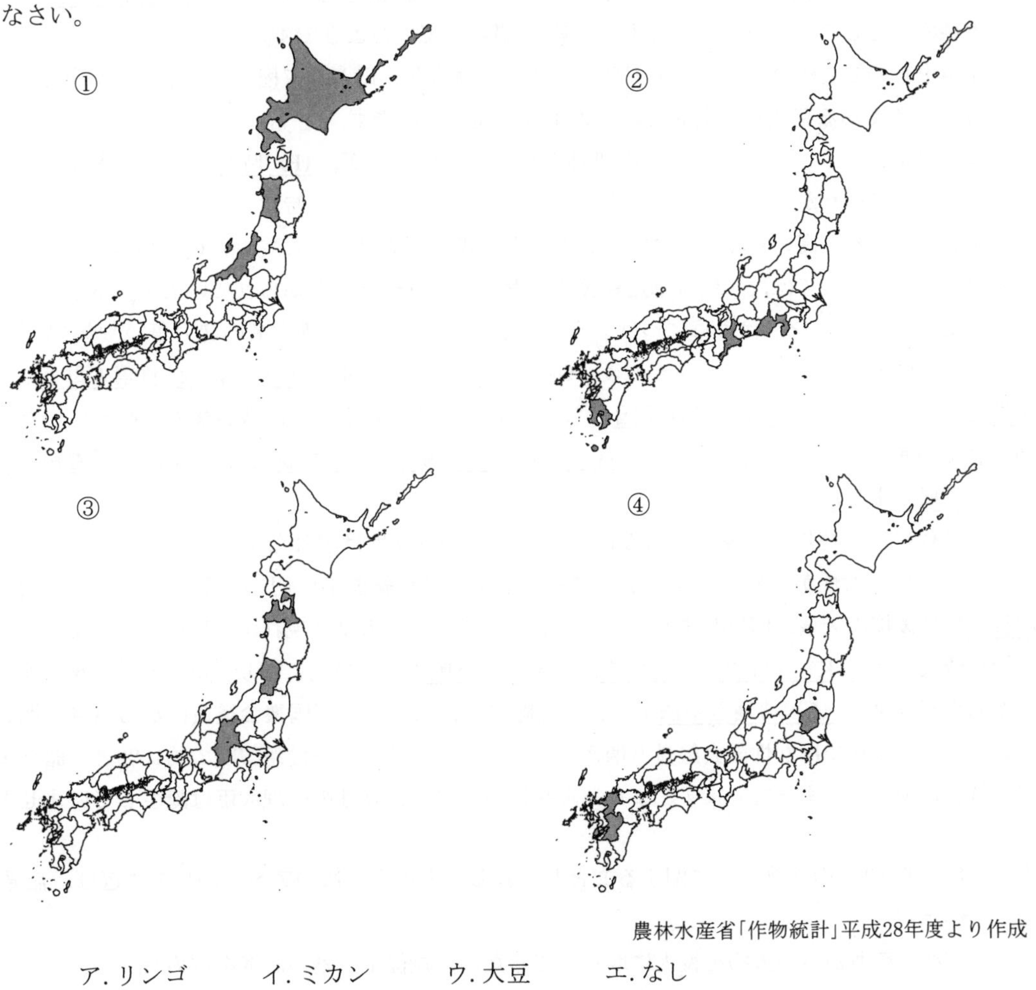

農林水産省「作物統計」平成28年度より作成

ア.リンゴ　　イ.ミカン　　ウ.大豆　　エ.なし

オ.米　　カ.イチゴ　　キ.なす　　ク.茶

3 女性の歴史について述べた次の文を読み，あとの問いに答えなさい。

日本の歴史上，政治権力を持つ女性はたびたび現れます。

飛鳥時代，額田部皇女《ぬかたべのひめみこ》は，夫の敏達《びだつ》天皇が亡くなった後，自ら天皇になりました。(A) それが推古天皇です。彼女《かのじょ》は厩戸皇子（聖徳太子）や蘇我馬子と協力して，政治を行いました。

中大兄皇子の母の皇極《こうぎょく》天皇も権力を集めました。彼女は史上初めての (B)「生前退位」をしたことでも知られています。また，天武天皇の没後，その皇后が持統《じとう》天皇として即位しました。彼女は孫の文武天皇に譲位《じょうい》した後も，権力を維持《いじ》しました。文武天皇が若くして亡くなると，その母親が (C) 元明天皇として即位しました。元明天皇は娘《むすめ》に譲位したため，２代続けて女性が天皇になりました。聖武天皇の娘は初めて女性皇太子になり，やがて孝謙《こうけん》天皇として即位しました。彼女が天皇の時代に東大寺大仏が完成し，(D) 天平文化の最盛期を迎《むか》えました。

以上のように，飛鳥時代，奈良時代には多くの女性天皇が誕生しましたが，その後は江戸時代になるまで現れませんでした。

平安時代，摂関政治が行われました。天皇の外祖父として藤原氏が権力を握《にぎ》りましたが，天皇の母である藤原氏の女性にも力が集まりました。例えば，藤原道長の娘である (E) 藤原彰子《しょうし》は，後一条天皇の母として，道長とともに政治全般《ぜんぱん》に関《かか》わっていたようです。

武家が中心の社会になって権力が天皇から武士に移ると，母として権力を握る女性が出てきます。鎌倉時代の僧《そう》である慈円《じえん》は，著書で以下のように述べています。

「実朝の世になり，しっかりと幕政の処理が行われていったが，(F) 時政の娘で，実朝・頼家の母がまだ生きていたから，実朝の母の世であったと言えるだろう。時政の子の義時という者のことを天皇の耳に入れ，高い官職につけて，この姉弟《してい》で関東の政務をとっていたのであった。」

室町時代の例としては，８代将軍足利義政の妻である日野富子が知られています。富子は，自分の息子である足利義尚《よしひさ》を９代将軍につけようとしました。そこに守護大名の勢力争いや後継者《こうけいしゃ》争いがからんで応仁の乱が起こります。その後 (G) ９歳《さい》で義尚は将軍になり，富子は将軍の母として権力を握るのです。この頃、(H) 琉球王国でも，少年王の母である宇喜也嘉《おぎやか》が権力を握っていたことが知られています。安土桃山時代には，(I) 豊臣秀吉の側室であった淀殿《よどどの》が，幼い豊臣秀頼の母として権力を握りました。

江戸時代には，徳川将軍家で権力の頂点に上《のぼ》りつめる女性は現れなかったようです。しかし京都の天皇家では，女性が天皇になった事例があります。17世紀前半に明正《めいしょう》天皇が，さらに (J) 18世紀後半には後桜町天皇が即位しました。しかしこの後は女性天皇は現れず，現在に至っています。

大正時代には，(K) 女性の社会的地位向上を求める動きが本格的になり，働く女性も増えました。しかし大正末期に (L) 普通選挙法が成立した際にも，女性には帝国議会議員になる道さえ閉ざされていました。現在では女性国会議員も増えてはいますが，その比率は衆議院で約10%と，諸外国に比べて低い水準にとどまっています。また，現在に至るまで，女性の総理大臣は誕生していません。

（１）下線部（A）の人物たちに関する文として正しいものを，次のア～エから１つ選び，記号で答えなさい。

ア．家柄《いえがら》が良い人物を役人に取り立てるため，冠位十二階の制度を定めた。

イ．憲法十七条を定め，役人の心構えを示した。

ウ．小野妹子を唐に派遣《はけん》し，対等な関係を結ぼうとした。

エ．大阪に四天王寺，京都に法隆寺を建てた。

（２）下線部（B）のように，今上天皇（現在の天皇）も今年譲位する予定です。譲位の後は何と呼ばれることになっていますか，答えなさい。

（３）下線部（C）は平城京に遷都《せんと》しました。平城京について述べた次の文の空らん（①）（②）にあてはまるものを，それぞれ下のア～エから１つずつ選び，記号で答えなさい。

元明天皇は，唐の都（　①　）を模範《もはん》として，奈良に平城京を建設しました。平城京は東西約４㎞，南北約５㎞の広さを持ち，中央には南北に（　②　）が通っていました。平城京内には東西の市が置かれ，多くの寺院が建立されました。

①　ア．上海　イ．長安　ウ．南京　エ．北京

②　ア．一条大路　イ．朱雀大路　ウ．中御門大路　エ．鴨川

（４）下線部（D）を示す写真として正しいものを，次のア～エから１つ選び，記号で答えなさい。

ア．

イ．

ウ．

エ．

（５）紫式部は下線部（E）の女性使用人でした。紫式部が藤原氏全盛期の貴族の生活を描《えが》いた長編物語を何といいますか。

（６）下線部（F）について答えなさい。

①この人物は誰《だれ》か，フルネームで答えなさい。

②この人物は，承久の乱において鎌倉幕府の御家人たちを奮い立たせたと言われています。承久の乱とはどのような戦いか，次の語句を必ず使って説明しなさい。

【　後鳥羽上皇　　北条義時　】

（７）下線部（G）の時代，現在の石川県で守護大名を追い出して自治をするという一揆が起こり，それは約100年間続きました。この一揆の名を解答らんに合うように答えなさい。

（８）下線部（H）とその後の沖縄についての文として正しいものを，次のア～エから１つ選び，記号で答えなさい。

ア．15世紀，宗《そう》氏が沖縄島を統一して琉球王国を建てた。

イ．江戸時代の琉球は，事実上毛利氏に支配されていたが，明治時代に日本の領土となって沖縄県を設置した。

ウ．1945年8月6日，アメリカ軍が沖縄島に上陸し，地上戦で多くの沖縄県民が犠牲《ぎせい》になった。

エ．昨年９月の沖縄県知事選挙で，辺野古への米軍基地移転に反対する候補が勝利した。

（９）下線部（I）の３名のいずれかに関わる出来事を，古い順に並《なら》べ替《か》えて記号で答えなさい。

ア．大阪城が２回攻撃《こうげき》されて落城した。

イ．小田原城《おだわらじょう》を攻《せ》めて北条氏を滅《ほろ》ぼした。

ウ．豊臣氏を守る西軍と徳川家康率いる東軍が関ヶ原で戦った。

エ．明を征服《せいふく》するため，朝鮮に大軍で出兵した。

（10）下線部（J）の時期に行われたものとして正しいものを，次のア～エから１つ選び，記号で答えなさい。

ア．徳川家光がポルトガル船の来航を禁止した。

イ．徳川綱吉が生類憐みの令を出した。

ウ．松平定信が寛政の改革を行った。

エ．水野忠邦が天保の改革を行った。

（11）下線部（K）に関連して，「元始，女性は実に太陽であった」と宣言したことでも知られる女性は誰《だれ》か，答えなさい。

（12）下線部（L）に関連して，大正から昭和にかけての政治の動きを述べた文として正しいものを，次のア～エから１つ選び，記号で答えなさい。

ア．立憲政友会の原敬が，政党を中心とする本格的な政党内閣を初めてつくった。

イ．尾崎行雄が唱えた民本主義は，普通選挙運動に大きな影響《えいきょう》を与《あた》えた。

ウ．軍人が髙橋是清首相を殺害した五・一五事件により，政党政治が終了《しゅうりょう》した。

エ．政府はすべての政党を解散させて，大日本産業報国会を結成した。

4 女性の社会進出について述べた次の文を読み，あとの問いに答えなさい。

約200年前にはじまった産業革命と市民革命は，世界中の人々の生活をまったく違《ちが》うものに変えました。その社会の変化の中で，いまなお，変化をし続けていることのひとつが，女性の社会進出です。

それまでは一部の特殊《とくしゅ》な例を除き，多くの地域や時代で，女性は「家庭」を出て社会の中で働くものとは考えられていませんでした。しかし，人間の平等をかかげた「市民革命」が起こると，性別による差別の撤廃《てっぱい》も求められるようになったのです。一方で，その道のりは(A) 血筋や人種による差別の撤廃と同様に，長く険しいものであり，いまなお，その実現はなし遂《と》げられたとはとうてい言えません。

日本の場合，女性が社会で働くのが一般的《いっぱんてき》になりはじめたのは大正時代のことで，さらに，女性に参政権が認められたのは（　あ　）。1985年には，男女雇用《こよう》機会均等法が制定され，その後も改正を繰《く》り返《かえ》して，(B) 職場における女性差別撤廃が進められてきましたが，現実には，様々な場面で差別されることも少なくありません。また，出産・育児のための社会環境《かんきょう》や制度も十分に整っているとは言い難《がた》く，それは，一人の女性が一生の間に出産する子供の数とされる(C) 合計特殊出生率にも表れています。合計特殊出生率が低ければ，少子高齢化《こうれいか》が進み，社会の労働力・生産力が不足する一方，(D) 社会保障の費用はかさみ，そのままでは生活は苦しくなっていきます。女性が働きやすく，子育てをしやすい社会を作ることは，現在の日本社会最大の課題と言ってよいでしょう。

では，どう解決すればいいのでしょうか。情報技術が発達した今の世の中なら，(E) SNS やブログなどを通じて，自らの考えを訴《うった》えることもできます。その他にも，社会を変えていくための色々な方法がありますが，中でも，絶対に必要な方法がひとつあります。投票による選挙への参加です。下の表は，2017年10月に実施《じっし》された(F) 衆議院議員選挙について，そのときの推計人口と，年代別投票率を示したものです。出産，子育てにもっとも大きく関《かか》わるであろう20歳～30歳台は，40歳～50歳台や，60歳以上にくらべて，(G) 人口も少なく，さらに投票率も低いことが分かります。これでは，子育てをしやすい環境へ向けて，政治が真剣《しんけん》に取り組まないのも当然です。人口が少ないからこそ，まずは，子育てに関わる若い世代が，積極的に投票を行うことが必要なのです。たとえ，白紙で投票しても，「より良い世の中にしてほしい」という最低限の意思表示にはなります。投票を行うという行動が，社会を変えていく原動力になるのです。

女性の社会進出なくして，日本の社会に未来はないと言っても言いすぎではありません。そしてそれは，若い世代にかかっているのです。そんなに難しいことではありません。日ごろ，少しでいいから，政治についての情報を集め，選挙権を認められる（　い　）歳になったら投票に行く。それだけのことから，世の中は変わっていきます。

年代	推計人口(万人)	投票率
18・19歳	246	42%
20歳～30歳台	2751	40%
40歳～50歳台	3465	58%
60歳以上	4296	66%

総務省統計局「人口推計」
総務省「国政選挙の年代別投票率の推移について」
より作成

（１）下線部（A）について，次の文は，近年の差別解消に向けた動きについて説明したものです。それぞれの空らん □ に当てはまる語句を，ア～エから１つずつ選び，記号で答えなさい。

① 2013年の法改正で，財産の相続について，それまで設けられていた □ による差別が撤廃されました。

ア．年齢《ねんれい》　イ．日本国籍《こくせき》を持っているかどうか
ウ．性別　エ．正式な結婚《けっこん》によって生まれた子供かどうか

② 2016年には，社会に広がる差別的な言動を規制するための法律が制定されました。この法律は，特に □ への差別を禁止するものです。

ア．ハンセン病の患者《かんじゃ》
イ．アイヌ人
ウ．日本以外の国・地域の出身者やその子孫
エ．宗教団体

（２）文中の空らん（　あ　）に当てはまる文として正しいものを，次のア～エから１つ選び記号で答えなさい。

ア．1928年，治安維持法が大きく改正されて政治思想への取り締まりが厳しくなる中，大衆の目をそらすために，ともに選挙法が改正されたときのことでした
イ．1941年，太平洋戦争がはじまり，女性にも戦争への協力が求められたときのことでした
ウ．1945年，日本を占領《せんりょう》した連合国の指導によって選挙法が改正されたときのことでした
エ．1951年，日本が占領状態から再び独立を果たしたときのことでした

（３）下線部（B）に関連して，現在の女性の労働者をめぐる状況《じょうきょう》について説明した文として正しいものを，次のア～エから１つ選び記号で答えなさい。

ア．同じ職場に勤めている者どうしが結婚したときには，雇《やと》い主《ぬし》はどちらか片方を解雇《かいこ》することができる。
イ．出産によって働くことが困難になった場合には，雇い主は労働者を解雇することができる。
ウ．セクシュアル・ハラスメントの対象となるのは，女性のみである。
エ．育児のための休業は，男性も女性と同様に取ることができる。

（４）下線部（C）について，次の文の空らん（①）（②）に当てはまる数値を，それぞれ下のア～エから１つ選び記号で答えなさい。

> 合計特殊出生率は，約（　①　）のときに，人口が維持《いじ》されます。2017年の日本の合計特殊出生率は，（　②　）でした。

① ア．0.57　イ．1.07　ウ．2.07　エ．3.07
② ア．1.05　イ．1.26　ウ．1.43　エ．1.88

（５）下線部（D）について，日本の社会保障制度の説明をした文として正しいものを，次のア～エから１つ選び記号で答えなさい。

ア．自営業の場合は，健康保険に加入するかどうかは個人の自由であり，加入していない人々も多い。

イ．特別な病気や障害を持たず，高齢者でもない成人の，通常の医《い》療《りょう》費《ひ》のうち個人で負担する割合は30%である。

ウ．日本の老齢《ろうれい》年金は，それまでに納めるべき年金保険料を納めていない場合，減額されるが，最低限の年金は必ず給付される。

エ．成人で，何らかの理由で働くことができない場合は，親と生活し，親に十分な収入がある場合でも，生活保護を給付してもらうことができる。

（６）下線部（E）について，このようなインターネット上の情報をはじめとするあらゆる情報は，本当の事かどうか判断するのが難しく，人を混乱させたり，悪意を振《ふ》りまくような情報もあふれています。そのような中から，適切な情報を見つけ出し，信用できるかどうかを判断する能力を「メディア（　　　）」といいます。（　　　）にあてはまる語句を，カタカナで答えなさい。

（７）下線部（F）について，日本の選挙制度を説明した文として正しいものを，次のア～エから１つ選び，記号で答えなさい。

ア．有権者が期日前投票を行う場合は，当日に投票に行けない理由を選挙管理委員会に報告して，その許可を得なければいけない。

イ．衆議院議員選挙の比例代表制は，全国を11の選挙区に分けて行われる。

ウ．衆議院議員選挙の小選挙区制では，候補者の名前の代わりに，支持する政党名を書いてもよい。

エ．「１票の格差」問題とは，１人の国会議員を選出するにあたって，人口の多い選挙区の方が，人口の少ない選挙区よりも，１票の影《えい》響《きょう》力《りょく》が大きくなる現象をさす。

（８）下線部（G）について，本文の表から，60歳以上の「投票数」は，20歳～30歳台の「投票数」の約何倍か。最も近い数字を，次のア～エから１つ選び，記号で答えなさい。

ア．1.5倍　　イ．2倍　　ウ．2.5倍　　エ．3倍

（９）文中の空らん（　い　）に当てはまる数字を答えなさい。

【理　科】〈第1回試験〉(30分)〈満点：60点〉

1　次の各問いに答えなさい。

(1)　オタマジャクシからカエルになるときの，あしのはえ方について，正しく説明しているものを，次の**ア〜エ**から1つ選び，記号で答えなさい。

ア：　必ず前あしからはえる。
イ：　必ず後ろあしからはえる。
ウ：　どのあしからはえるかは特に決まっていない。
エ：　気候条件によって，どのあしからはえるかが決まってくる。

(2)　消化酵素《こうそ》がふくまれていない消化液をつくる器官はどれですか。次の**ア〜オ**から1つ選び，記号で答えなさい。

ア：食道　　**イ**：胃　　**ウ**：かん臓《ぞう》　　**エ**：たんのう　　**オ**：小腸

(3)　次の水よう液を赤色リトマス紙につけたとき，青く変わるのはどれですか。次の**ア〜オ**から1つ選び，記号で答えなさい。

ア：食塩水　　**イ**：アンモニア水　　**ウ**：砂糖水　　**エ**：レモン水
オ：過酸化水素水

(4)　次の金属のなかで，同じ体積で重さをはかったとき，最も軽いものはどれですか。次の**ア〜オ**から1つ選び，記号で答えなさい。

ア：銅　　**イ**：銀　　**ウ**：金　　**エ**：鉄　　**オ**：アルミニウム

(5)　右の図は，日本の**A**，**B**の2地点を表しています。ある日の午後9時に，**A**地点で北極星を観察しました。同じ日の同じ時刻に**B**地点で見えた北極星は，**A**地点と比べて高さと方角はどのようになりますか。次の**ア〜オ**から1つ選び，記号で答えなさい。

ア：　高さも方角も**A**地点と同じになる。
イ：　**A**地点より高さは低く，方角は**A**地点と同じになる。
ウ：　**A**地点より高さは低く，方角は西寄りになる。
エ：　**A**地点より高さは高く，方角は**A**地点と同じになる。
オ：　**A**地点より高さは高く，方角は東寄りになる。

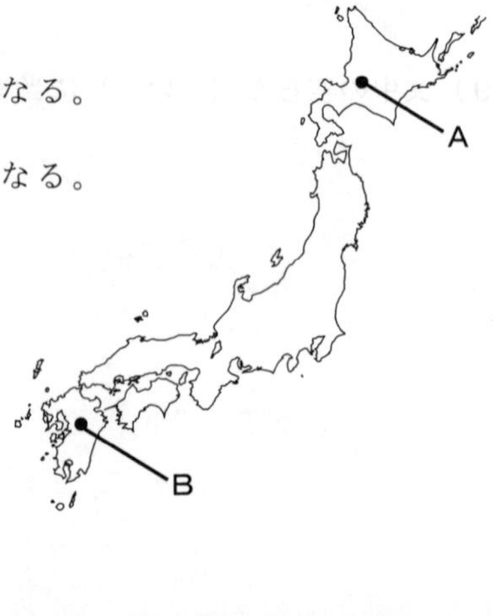

(6)　次の**ア～オ**は，金星の見え方について述べた文です。正しいものを2つ選び，記号で答えなさい。

ア：　明け方に東の空に見える。
イ：　明け方に西の空に見える。
ウ：　真夜中に南の空に見える。
エ：　夕方に東の空に見える。
オ：　夕方に西の空に見える。

(7)　右図のような金属の輪を加熱すると，形が変化しました。このときのようすとして正しいものを，次の**ア～エ**から１つ選び，記号で答えなさい。ただし，**ア～エ**の点線部分は加熱前の金属の輪の内側および外側の部分を表しているものとします。

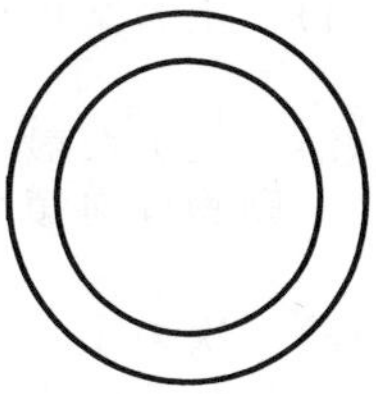

ア

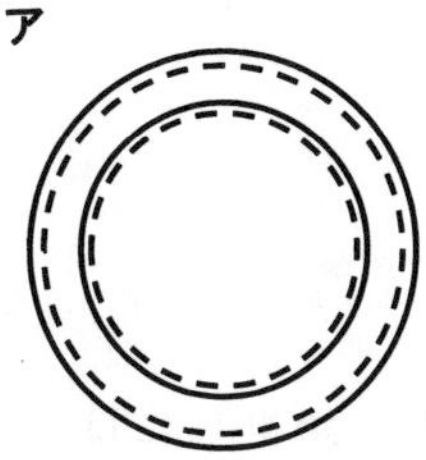

イ

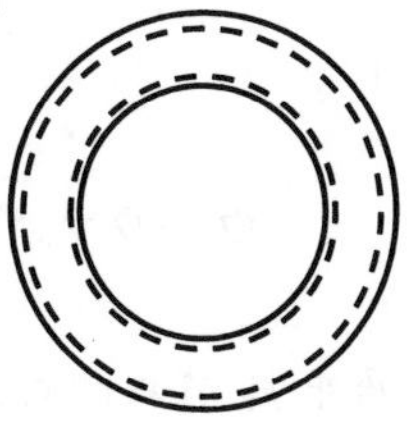

ウ

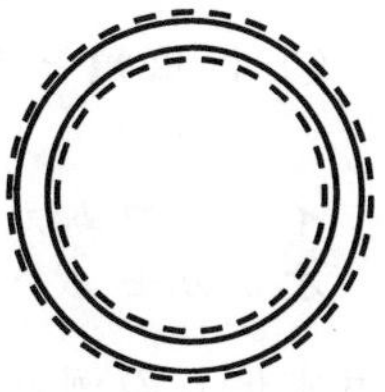

エ

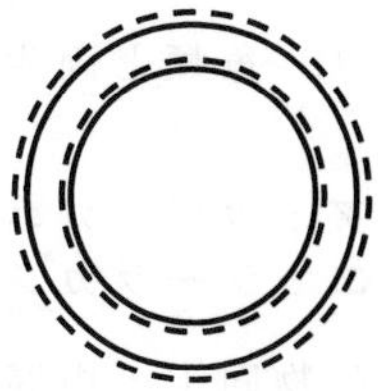

(8)　**A**さんと**B**さんの間で静止しているおんさ付き台車のおんさを振動《しんどう》させました。そのあと，矢印の向きに台車を走らせたところ，静止しているときと比べて音の高さが変化して聞こえました。**A**さん，**B**さんの音の聞こえ方の組み合わせとして正しいものを，次の**ア～エ**から１つ選び，記号で答えなさい。

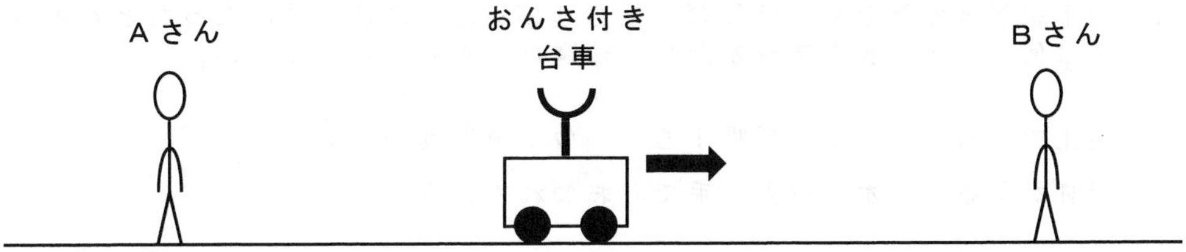

	Aさん	Bさん
ア	静止時より高い音が聞こえる	静止時より低い音が聞こえる
イ	静止時より高い音が聞こえる	静止時より高い音が聞こえる
ウ	静止時より低い音が聞こえる	静止時より低い音が聞こえる
エ	静止時より低い音が聞こえる	静止時より高い音が聞こえる

2 下の文を読み，次の問いに答えなさい。

地球上に生命が誕生したのは海の中であったといわれています。酸素が増えたことによって地球の大気圏《けん》には（ Ａ ）が形成され，地上にとどく紫外線《しがいせん》の量が減りました。それによって生物が陸へ進出することが可能になりました。さまざまな生物は，その姿を変化させていき，特にセキツイ動物は乾燥《かんそう》に強くなるように進化していきました。一方で，絶滅した生物も存在し，その例が恐竜です。絶滅の理由としては，B巨大《きょだい》な隕《いん》石の衝突《しょうとつ》により，激しい気候変化が起こったという説が有力となっています。

(1)　上の文中の（ Ａ ）にあてはまることばを答えなさい。

(2)　丈夫《じょうぶ》な殻《から》のある卵を産むことによって，陸での生活が可能になった最初のセキツイ動物は何類ですか。ことばで答えなさい。

(3)　次の①，②において，２つの類の中間的なからだをもつ生物を，次の**ア～オ**からそれぞれ１つずつ選び，記号で答えなさい。

① 魚類と両生類　　② は虫類とほ乳《にゅう》類

ア：カブトガニ　　**イ**：オウムガイ　　**ウ**：ウナギ
エ：シーラカンス　　**オ**：カモノハシ

(4)　生物同士の中間形を示す化石の例として始祖鳥《しそちょう》があげられます。始祖鳥には，次に示す鳥類とは虫類の特ちょうがみられました。始祖鳥の特ちょうのうち，鳥類の特ちょうを示すものを，次の**ア～オ**から２つ選び，記号で答えなさい。

ア：翼《つばさ》をもつ　　**イ**：歯がある　　**ウ**：翼に爪《つめ》のある指が３本ある
エ：長い尾骨がある　　**オ**：からだが羽毛でおおわれている

(5)　文中の下線部Ｂの時期を，ほ乳類が生き延びるために最も役に立ったと考えられる特ちょうは何ですか。次の**ア～オ**から１つ選び，記号で答えなさい。

ア：胎生《たいせい》である　　**イ**：肺呼吸する　　**ウ**：恒《こう》温動物である
エ：背骨がある　　**オ**：体表が毛でおおわれている

(6)　右の図は，絶滅した海洋は虫類のイクチオサウルスです。この姿は多くの特ちょうが現在のほ乳類のイルカと非常に似ています。イクチオサウルスが，イルカと似ている理由として，最もあてはまるものを考え，次の**ア～エ**から１つ選び，記号で答えなさい。

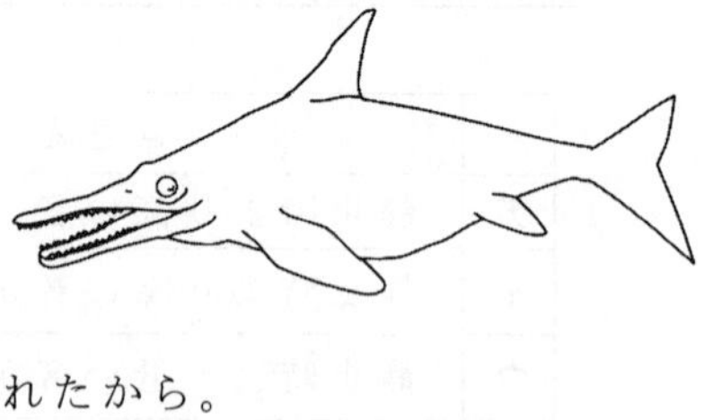

ア：　イルカが直接進化してイクチオサウルスが生まれたから。
イ：　どちらも少しずつ進化して，水中を速く泳げる姿に進化したから。
ウ：　えさとして同じように魚を食べてきたから。
エ：　もとは，おたがいに姿はちがっていたが，交配してきたから。

3 **塩酸と水酸化ナトリウム水よう液を混ぜたときの反応について，下の文を読み，次の問いに答えなさい。ただし，加えたＢＴＢ液の体積は考えないものとします。**

うすい塩酸（Ａとする）10cm^{3}にＢＴＢ液を加えたビーカーを用意して，うすい水酸化ナトリウム水よう液（Ｂとする）を５cm^{3}ずつ加えたときの液の色を観察しました。下の表は，その結果をまとめたものです。

加えたＢの合計の体積(cm^3)	5	10	15	20
加えたあとの液の色	黄	黄	黄	青

(1)　ＡとＢの水よう液を混ぜると，おたがいの性質を打ち消しあう変化がおこります。この変化を何といいますか。ことばで答えなさい。

(2)　Ａの水よう液10cm^{3}にＢの水よう液を15cm^{3}加えたとき，液はどの性質を示しますか。次の**ア～ウ**から１つ選び，記号で答えなさい。

ア：酸性　　**イ**：中性　　**ウ**：アルカリ性

(3)　Ａの水よう液20cm^{3}にＢＴＢ液を加えたあと，Ｂの水よう液を36cm^{3}加えると，液の色が緑色になりました。

①　この緑色の水よう液の水をすべて蒸発させると白い結しょうが残りました。この結しょうは何ですか。名前を答えなさい。

②　Ａの水よう液10cm^3 にＢＴＢ液を加えたあと，Ｂの水よう液を加えて液の色を緑色にするために，必要なＢの水よう液の体積は何cm^{3}ですか。

③　Ａの水よう液10cm^{3}に，水を加えて全体の水よう液を20cm^{3}としたあと，ＢＴＢ液を加えました（Ｃとする）。Ｃの水よう液５cm^{3}にＢの水よう液を加えて，液の色を緑色にするために，必要なＢの水よう液の体積は何cm^{3}ですか。

(4)　Ａの水よう液の濃さを $\frac{3}{2}$ 倍にした水よう液（Ｄとする）と，Ｂの水よう液の濃さを $\frac{3}{4}$ 倍にした水よう液（Ｅとする）を用意しました。Ｄの水よう液にＢＴＢ液を加えたあと，Ｅの水よう液を混ぜて液の色を緑色にしたいと思います。このとき，Ｄの水よう液の体積(cm^3)とＥの水よう液の体積(cm^3)の比は何対何になりますか。最も簡単な整数比で答えなさい。

4 **月について，次の問いに答えなさい。**

(1)　与謝蕪村《よさぶそん》の俳句に「菜の花や月は東に日は西に」という句があります。月が真東に，太陽が真西に見えたとすると，月はどのような形に見えますか。次の**ア～オ**から１つ選び，記号で答えなさい。

ア：新月　　**イ**：三日月　　**ウ**：上弦《じょうげん》の月　　**エ**：下弦《かげん》の月　　**オ**：満月

(2)　月は地球の周りを回っています。天気予報で出てくる雲のようすなどの画像を送る「ひまわり」も地球の周りを回っています。地球の周りを回る月や「ひまわり」のようなものを何といいますか。次の**ア～オ**から１つ選び，記号で答えなさい。

ア：恒星《こうせい》　**イ**：惑星《わくせい》　**ウ**：衛星《えいせい》　**エ**：小惑星《しょうわくせい》　**オ**：すい星

(3)　次の**ア～オ**の現象のうち，月の引力と最も関係の深いものを１つ選び，記号で答えなさい。

ア：台風　**イ**：津波《つなみ》　**ウ**：高潮　**エ**：大潮　**オ**：黒潮

(4)　月食は月が地球の影《かげ》に入ることによって起こります。月が地球の影に完全に入った状態の月食を「皆既《かいき》月食」と呼びます。皆既月食の月はどのように見えますか。次の**ア～オ**から１つ選び，記号で答えなさい。

ア：　月食が起きないときの満月と明るさも色も同じように見える。
イ：　月食が起きないときの満月より明るく見える。
ウ：　月食が起きないときの満月より青っぽい色に見える。
エ：　月食が起きないときの満月より赤っぽい色に見える。
オ：　月が全く見えなくなる。

(5)　月面上には「クレーター」とよばれるたくさんのくぼみがあります。クレーターはどのようにしてできたものですか。次の**ア～オ**から１つ選び，記号で答えなさい。

ア：　流れる水のはたらきによってできた。
イ：　火山の噴火によってできた。
ウ：　ぶつかった隕石によってできた。
エ：　降った雨によってできた。
オ：　ふいた風によってできた。

5　**図１，２のように，長さが120cmの一様《いちよう》な棒ＡＢといろいろな重さのおもりを使って棒を水平につり合わせました。これについて，次の問いに答えなさい。ただし，糸と棒ＡＢの重さは考えないものとします。**

図１

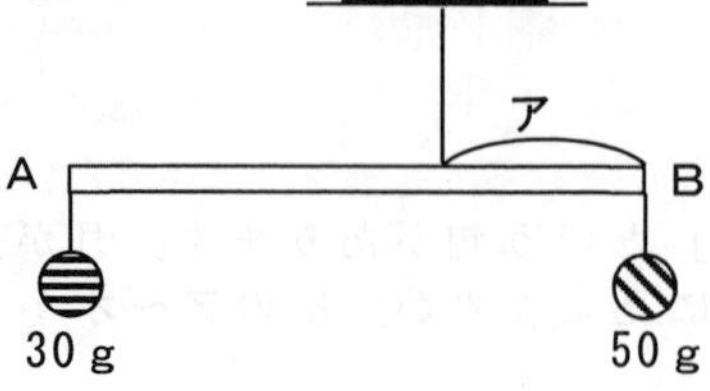

図２

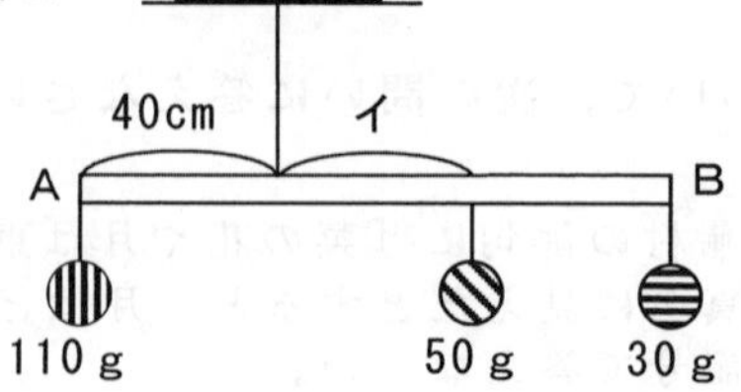

(1)　図１の**ア**は何cmですか。

(2)　図２の**イ**は何cmですか。

支点となるひもを[5，⑤]にとりつけた金網《かなあみ》を用意します。図３は，110gのおもりを金網の[8，④]の場所に，50gのおもりを金網の[4，③]の場所にそれぞれとりつけ，手で支えて金網を水平にしたところを表しています。また，図４は図３を真上から見たところを表しています。これについて，次の問いに答えなさい。ただし，糸と金網の重さは考えないものとします。

図３

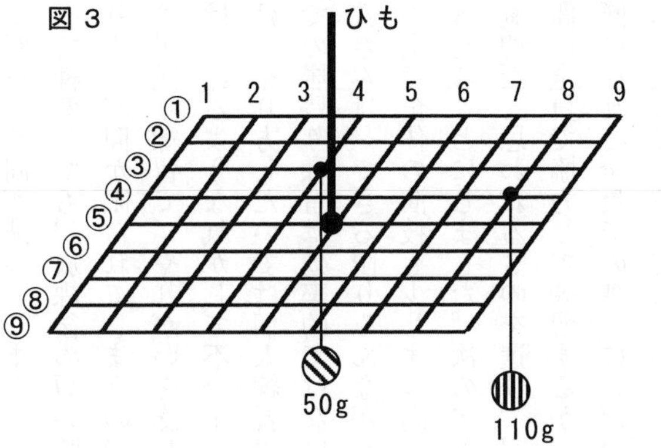

図４

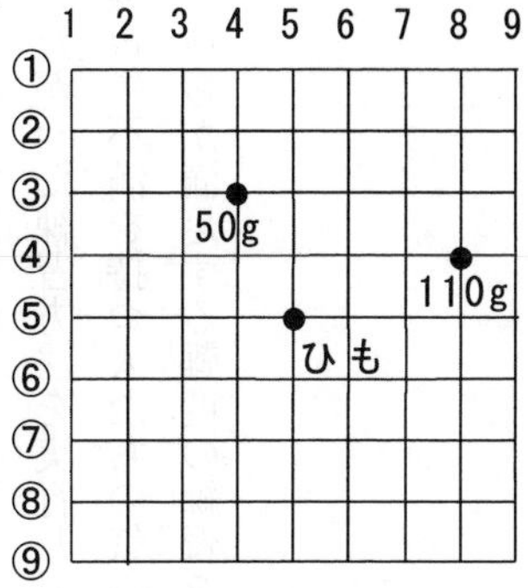

(3)　金網に70gのおもりをとりつけて，手で支えなくても水平につり合うようにしたいと思います。そこで，次の(ア)，(イ)の順で考えます。

(ア)　１と９を水平にするためには，70gのおもりは１～９のどの場所にとりつければよいですか。１～９の数字で答えなさい。

(イ)　①と⑨を水平にするためには，70gのおもりは①～⑨のどの場所にとりつければよいですか。①～⑨の記号で答えなさい。

(4)　次に，図５のように，ひもは[5，⑤]の場所から変えず，110gのおもりを[7，⑥]の場所に，50gのおもりを[3，④]の場所に，それぞれとりつけました。

さらに30gのおもりをとりつけ，金網全体を水平にしたいと思います。30gのおもりはどこにとりつければよいですか。解答用紙の図に●で書きなさい。

図５

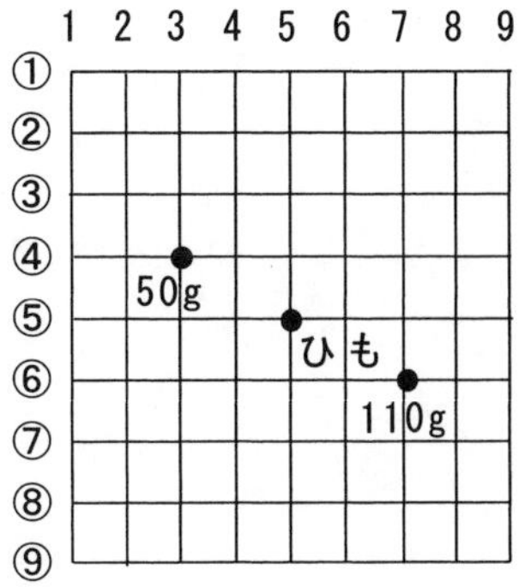

ア　全員での居残り練習に参加したぶん、他の自分の趣味《しゅみ》や能力の向上に費やす時間が減ってしまうことが嫌《いや》だったから。

イ　がんばって練習しても、放課後の短い時間ではお互いをはげましたりする時間が限られてしまうのが残念だったから。

ウ　全員での居残り練習で、やりがいを感じられるのは特定の人たちだけであるような気がして不公平だと思ったから。

エ　ダンスは、やり方しだいでは個人練習でも上達するものだし、全員での居残り練習は効率的ではないと感じたから。

3　そこで、Aさんは、できる限りみんなが不満を持たずに仲良くなり、その上で全体の演技も少しずつ向上していく居残り練習の方法を考えることにしました。次のア～エから、この方法として最も適切だと思われるものを選び、記号で答えなさい。

ア　数十分間は全員で協力して練習するが、それ以上の練習は、個人の判断に任せて全員での練習にこだわらないことにする。

イ　不満がある人には下校してもらい、意欲的な人だけが居残って、彼らの演技のみを向上させることを目指すことにする。

ウ　クラスの個性や雰囲気《ふんいき》はあまり気にせず、ダンス部の先生の意見にしたがった練習方法を実行していくことにする。

エ　現在の練習に不満を持つ人たちの気持ちを和《なご》ませることを最優先し、彼らが満足する難度の練習を全員で行うことにする。

問十　この文章を読んだ小学校六年生のAさんは、このような「3つの分断の罠」の問題が、――線部④中の「くたびれた社会」へ通じてしまうことが、とても心配になってきました。――線部④の筆者の考えに共感したAさんは、あらためてこの文章を四人の友人（Bさん～Eさん）に読んでもらい、私たちの社会を「くたびれた」ものにしないようにするために意見を述べてもらいました。しかし、一つだけAさんの期待する方向性とは大きく異なる意見があります。その意見を次から選び、B～Eの記号で答えなさい。

Bさん　「3つの分断の罠」の問題は現代社会が向上や成長をあまり期待できない状態にあるのが原因の一つかもね。他人を信じられない人が増えたのは、向上しない生活のせいで、自分の能力や収入に自信をなくし、他者への心の余裕《よゆう》までなくしちゃったからかな。お金や利益を基準にして世の中をとらえ、その分配のしかたで揉《も》めるなんて残念。誰もが手にできる新しい価値を見つけられたらいいのに。

Cさん　「3つの分断の罠」の問題はみんながお金を稼ぐ能力を高めて裕福になり、年長者を尊重する気持ちを持てば解決するわ。これからはグローバル化、IT化の時代だし、自分の能力を高める機会はたくさんあるはずよね。他者や政府の批判は、能力のない人やがんばれなかった人のねたみだから気にしちゃだめ。こんな世の中でもどうしたら自分が高められるのかを考え、負けない気持ちを持つべきよ。

Dさん　「3つの分断の罠」の問題は競争のあり方に関係しているわ。競争の機会は誰にも平等で、それに勝てないのは自分の努力不足だという考えが世の中にあるのよ。だから、全員にがんばることが強制されちゃう。でもそれは多くの人の負担になっているの。そんな弱った心の状態が自己中心的な発想を生み出し、弱者への攻撃《こうげき》やいじめにつながりやすいから、競争のあり方を考え直してみたらどうかしら。

Eさん　「3つの分断の罠」の問題を解決するのに目先のことだけ考えて、手っ取り早い対策ですっきりしても何の役にも立たないよ。だけど、そうした一時的な方法でなんとなく納得してしまう僕たちも反省しなくちゃならない。他者や世の中を批判するばかりでなく、自分たち自身がもっと道徳や想像力を身につけて、いつまでもみんなが過ごしやすい世の中になるように、自ら積極的に働きかけていくしかないよね。

問十一　またAさんは、「3つの分断の罠」の問題は政治や経済の問題だけでなく、様々な事がらに置きかえて考えることができると思いました。Aさんの学校では、毎年、クラス単位でダンスの演技を披露《ひろう》するコンクールが行われています。Aさんのクラスでも、放課後に全員で居残り練習をします。できない人が一人も出ないように、上手な人は苦手な人に念入りに教え、全員がその日の目標に達するまで下校できません。Aさんは、みんなで一緒《いっしょ》にダンスが上手になることが、とてもうれしかったのですが、その練習の仕方に不満を持つ人たちがいます。今回、この文章を読んだAさんは、どのような人たちが不満を持つのか少しわかったような気がしました。

1　さて、どのような人が不満を持つのでしょうか。本文の「再分配の罠」の内容をふまえて、自分の言葉で具体的に説明しなさい。

2　その人たちはどうして不満を持つのか、その理由として考えられる可能性を次のように想像してみました。この文章全体の内容から考え、不満の理由となる可能性が最も低いものを次のア～エから選び、記号で答えなさい。

※１　ピュー・グローバル・アティチューズ・プロジェクト…アメリカ合衆国にあるピュー研究所による、様々な問題に関する世界的な世論調査。
※２　閉塞感…閉じふさがっているような感覚。行きづまっている感じ。
※３　アベノミクス…安倍内閣が掲《かか》げた経済政策。
※４　スパイラル…連鎖的な変動。循環《じゅんかん》。同様のことがくり返されている様子。
※５　ニーズ…必要。要求。

問一　〰線部ａ～ｅのカタカナは漢字に直し、漢字はよみがなをひらがなで答えなさい。

問二　[Ｘ]に共通する漢字一字を答え、表現を完成させなさい。

問三　[Ａ]にあてはまる最も適切な語句を次のア～エから一つ選び、記号で答えなさい。
ア　「分断線」が引かれている
イ　「病」がいまだに残っている
ウ　「罪」が増えている
エ　「競争」が横たわっている

問四　――線部①とありますが、何を「ややこしい」というのですか。最も適切な説明を次のア～エから選び、記号で答えなさい。
ア　平均所得を下回る人たちが増えており、中間層もだんだん貧しくなっていること。
イ　一部の金持ちが増えてきたので、社会の平均で見た所得が上がっていること。
ウ　中間層の人々が貧しくなってきて、貧しい人々への非難が高まりつつあること。
エ　所得の平均値は上がったが、実際は半数以上の人々が貧しい生活をしていること。

問五　――線部②とありますが、このことはどのような社会を生み出しているのでしょうか。「～社会」につながるように本文中から十字の語を抜《ぬ》き出して答えなさい。

問六　――線部③とはどのような心配ですか。これを簡潔に説明した三十字程度の一文を本文中から探し、そのはじめの五字を抜き出して答えなさい。

問七　[Ｂ]にあてはまる語を本文の内容から判断して、次のア～エから一つ選び、記号で答えなさい。
ア　公共　　イ　電子　　ウ　少子　　エ　過疎《かそ》

問八　‖線部Ⅰ「３つの分断の罠」とありますが、ここでの「罠」とはどのようなものでしょうか。最も適切な説明を次のア～エから選び、記号で答えなさい。
ア　人々をだまし、おとしいれる目的でしかけられるもの。
イ　人々を困らせたり、苦しめたりする状態をもたらすもの。
ウ　人々を現状の生活に固定するために置かれているもの。
エ　人々の生活から不都合なことを取り除こうとするもの。

問九　「３つの分断の罠」として、筆者は「再分配の罠」、「自己責任の罠」と、‖線部Ⅱ「必要ギャップの罠」をあげていますが、この「必要ギャップの罠」を説明するために、次のア～カから三つの内容を選ぶとすれば、どれを選ぶ必要がありますか。その三つを記号で答えなさい。
ア　お年寄りは多数決の「少数派」である。
イ　年金や介護などの老後の対策にはみんなが賛成する。
ウ　一部の世代のニーズばかりが優先されてしまう。
エ　要求が満たされる世代とそうでない世代が対立してしまう。
オ　年齢や世代に応じて必要なものは違う。
カ　民主主義が成り立った背景を改めて考え直す必要がある。

で生活を維持《いじ》できなくなって、政府への怒りがわきあがる不幸の連鎖《れんさ》を「自己責任の罠」と呼んでいます。

しばしば「それは自己責任だ！」という批判を聞きます。でも、僕たちの社会ほど自己責任で生きなければいけない社会はなかなか見つかりません。それなのにさらなる自己責任が求められる世の中。息苦しさの根っこはここにもあります。

３つ目は「Ⅱ必要ギャップの罠」です。

人間は誰でも歳《とし》をとります。みなさんもいつかはお年寄りになりますよね。ですから、年金や介護などの「老後のそなえ」にはみんなが賛成します。

でも、教育や子育てのようなサービスはどうでしょう？

その必要がないお年寄りは、しぶい顔をする、これが現実です。内閣《かく》府の調査でも、医療《りょう》や年金、高齢《れい》化対策については、すべての年齢層が支持しているのですが、［B］化対策では中高年、とくにお年寄りの支持がハッキリと落ちてしまいます。

平成26年時点で、65歳以上のお年寄りは、全体の26％といわれています。数だけを見れば、お年寄りは多数決の「少数派」です。それなのに、その少数派の利益ばかりが優先される、育児や保育といった若い世代の※5ニーズは後まわしにされる、そんな民主主義の限界がここにあります。

『若者奴隷《どれい》』時代』（山野車輪著、２０１０年、晋遊舎）という本が話題になったことがありました。いつかは自分の利益になるんだとわかっていても、仕事が見つからない不安や子育ての負担に苦しむd現役世代は、自分たちに重くのしかかる「いまのお年寄り」のための負担をなげきます。

他方、お年寄りもだまってはいません。「自分は自分で子育てをした」「嫁《よめ》が子どもをおいていくのに税金を使うのか」、そんな反発があちこちで起きました。

年齢に応じて必要なものは違《ちが》います。そのギャップが民主主義を弱らせ、世代間の対立を生んでいるのです。これを「必要ギャップの罠」と呼んでおきます。

平均的な所得層である「中間層」が貧しい人を批判し、人びとが政府をののしり、お年寄りと若者がはげしく対立する、そんな不機嫌《きげん》な「分断社会」を僕たちは生きています。

これに拍［X］をかけたのが財政危機です。政府や政治家、学者たちは、示しあわせたように財政破たんの危機を叫《さけ》び出しました。この状況はもう20年以上もつづいています。

支出を削《けず》るいい方法があります。それは、ムダづかいのレッテルを貼り、特定の支出やグループを袋《ふくろ》だたきにすることで、人びとの怒《いか》りをあおるやり方です。

僕の記憶にあるだけでも、公共事業、特殊《しゅ》法人、公務員給与、生活保護、震災復興《しんさいふっこう》、薬の価格と、次々とムダづかいのeヒョウテキが変えられていきました。

これは自民党であれ、かつての民主党であれ、違いはありません。くばるお金がない政府は、自分たちを切りきざむように支出を削ることで、負担をいやがる国民を喜ばせようとしたのでした。

人間を幸福にすることではなく、誰の予算を減らすのがもっとも効率的かを競いあう「犯人探しの政治」「袋だたきの政治」が広がったのです。

貧しい人に「つめたい社会」は、「財政危機」どころか「つながりの危機」に直面した「分断社会」の一断面なのです。④僕は何があっても、こんなくたびれた社会を次の世代に残したくありません。

（井手英策『18歳からの格差論　日本に本当に必要なもの』東洋経済新報社）

一部のお金持ちが増えると、他の人たちのくらしは変わりませんが、平均で見た所得は上がりますね。平均値だけが勝手に上がれば、それ以下の人は増えます。じつは、平均所得を下回る人たちは、全体の6割をこえています。日本人の6割は貧しいといってもいいかもしれません。

中間層がじわりじわりと貧しくなるなかで、貧しい人のくらしばかりを重んじるとどうなるでしょう。格差是正《ぜせい》の必要性を訴《うった》えるほど、負担者となる中間層の痛みが増し、貧しい人への非難、あら探しがはじまります。

マスメディアでは、嘘《うそ》をついて生活保護をもらう、「不正受給」の問題がさかんに取り上げられます。みなさんも生活保護をもらう人の多くが嘘をついてお金をもらっている、仕事をサボって遊んでいる、と思ったことはありませんか？

でも、実際には、金額で見た不正受給は全体の0・5％くらいにすぎません。

困っている人を助けようとすると中間層が反発する、これが「再分配の罠」です。

2つ目は「自己責任の罠」です。

多くの先進国では、教育や子育て、老後の生活のために必要なサービスを政府が出してくれています。でも、日本では②税金の負担が軽く、政府も小さいため、これらのサービスを自分のお金で「買い入れ」ないといけません。

幼稚《ようち》園や保育園、大学などの費用、福祉《し》や介護《かいご》施設に入るための利用料、病院でかかるお金——自分の力でお金を稼《かせ》いで、生活に必要なサービスを自分で買う「自己責任社会」、それが日本の実態なのです。

このような社会がこわいのは、「成長の行きづまり」が「生活の行きづまり」にcチョッケツしてしまうことです。

所得が減れば、必要なサービスを買うことができなくなります。子どもを学校や塾にいかせることも、病院にいくことも、老後のそなえも、さまざまなものをあきらめなくてはなりません。

ところが、不幸なことに、③この心配は現実のものとなりました。

グローバル化が進むと、外国の企《き》業との競争がきびしくなります。また、IT化が進めば、人間の仕事を機械がやれるようになります。こうして、企業は、働く人の給料をおさえるようになっていきました。

残念だったのは、働く人たちは、クビにならないように、給料を下げようとする企業の要求を受け入れる他なかったことです。

誰もが自分たちががまんして会社がもうかれば、いずれは自分の給料も上がるはずだと信じました。給料を上げてもらうために、給料が下がるという奇妙《きみょう》な状況《きょう》が生まれたのです。実際には、企業はもうかっても、投資のために手もとに資金をためこみ、給料は下がりつづけるのですが……。

給料が下がれば、消費が減ります。また、安い労働力を求めて、多くの企業が海外に工場を移しました。経済成長は難しくなりましたが、さらなる成長がなければ家計は火の X です。なのに、働く人の所得は、どんどん減っていく。まさに不幸の※4スパイラルです。

グローバル化の波にのみこまれ、所得の減少を止められなかった日本では、政府の借金だけが残りました。あわてた政府は、この借金を減らすことに力をそそぐようになりました。社会保障の抑制《よくせい》、公共事業の削《さく》減がはじまったのです。

人びとの生活は苦しくなる一方です。当然のように、政府への不信・反発は強まっていきます。僕たちの政府への不信感は、国際的に見てとても強いことが知られています。実際、ネットでも政府の悪口を見ない日はありません。

僕は、成長ができなくなるなかで成長が求められる矛盾《むじゅん》、自分たちコップにジュースを[　　]と注いだ。

　敗者復活戦に[　　]ならぬ決意で臨んだ。

問十　次の——線部の言葉の使い方が適切《てきせつ》な場合は○を書き、適切でない場合は——線部全てを正しく直しなさい。

あの人の絵はすごいね。くろうとはだしの絵だよ。

問十一　次の外来語の意味としてふさわしくないものをあとのア～エから一つ選び、記号で答えなさい。

ライン

ア　水準　イ　絆《きずな》　ウ　線　エ　列

問十二　次の①～③の意味を全て含《ふく》む漢字一字をあとのア～エから一つ選び、記号で答えなさい。

①　ことば　②　ことわる　③　あいさつ

ア　辞　イ　断　ウ　語　エ　信

問十三　「めっきり」という言葉を正しく用いて、二十字以上三十字以内で短文を作りなさい。文の意味がわかれば主語はなくてもかまいません。

二　次の文章を読み、あとの問いに答えなさい。

僕《ぼく》たちは弱者につめたい、息苦しい社会を生きています。

でも、この事実は、より根の深い、難しい問題の一部でしかありません。なぜなら、弱者へのつめたいまなざしは、人間への不信感、人をうたがう気持ちが僕たちの社会を覆《おお》いつくしていることのあらわれでしかないからです。

国際社会調査プログラム、世界価値観調査、※1ピュー・グローバル・アティチューズ・プロジェクト……いろいろな調査を見ていますと、「あなたは社会にいる他の人たちを信じますか」という質問に出くわします。「社会的信頼《らい》度」の調査です。じつは、日本人の社会的信頼度は、よくて先進国の平均以下、悪ければ先進国で最低レベルにあります。

人間を信頼しない社会——この残酷《ざんこく》な事実を発見し、僕は気づきました。

それは、僕たちの社会には数々の[A]ということ、わかりやすくいえば、人にレッテルを貼《は》り、時にはねたみ、時には非難することで得をしようとする、いやな社会ができあがっているということです。

（中略）

この※2閉塞《へいそく》感、息苦しさはどこからくるのでしょう。それは、僕たちの社会が「3つの分断の罠《わな》」にはまっていることと関係しています。

Ⅰ3つの分断の罠とは何でしょう。

ひとつ目は「再分配の罠」です。

この間、※3アベノミクスに効果があったか、なかったかについてにぎやかに論じられてきました。ですが、効果のあるなし以前に、そもそも僕たちは、数年間、所得が上がったくらいでは取り返せないほどに貧しくなりました。

平均的なa世帯所得を見てみましょう。

ピークは1990年代のなかばです。それ以降、ほぼ毎年のように所得は減りつづけ、2割以上落ちこみました。しかも、男性だけではなく女性も働く「共働き社会」に変わったのに、所得は2割以上落ちこんだのです。

また、これをみごとにbハンエイして、2000年代に入って年収400万円以下の人たちの割合が増えました。いまでは全体の5割にせまろうとしています。

①少しややこしいですが、大切な点があります。

二〇一九年度　国府台女子学院中学部

【国　語】〈第一回試験〉（五〇分）〈満点：一〇〇点〉

注意＝句読点や記号もそれぞれ一字と数えます。

一　次の各問題に答えなさい。

問一　次の①～⑤の――線部のカタカナは漢字に直し、漢字はよみがなをひらがなで答えなさい。

①　たくさんの思い出が胸にキョライする。
②　エンドウに植えられた松。
③　土地をサテイする。
④　造作もなく難問を解いた。
⑤　身体を養生する。

問二　次のア～エの熟語の中から他と組み立ての異なるものを一つ選び、記号で答えなさい。

ア　想像力　　イ　外科医
ウ　好景気　　エ　私有地

問三　次の熟語の一字だけをかえると、もとの熟語の対義語になります。その対義語を答えなさい。

不評

問四　次の言葉の類義語を〈　〉内のア～エから一つ選び、記号で答えなさい。

意見〈ア　見当　　イ　見解　　ウ　意志　　エ　意味〉

問五　次の（　）内の語を例にならって言い切りの形に直しなさい。

《例》作文を（書い）た。　《正解》書く

彼の思いがけない発言に、その場の誰《だれ》もが口を（つぐん）でしまった。

問六　次の①②③の文の～～～線部の語を例のようにしりとりにして、それぞれの文を完成させたいと思います。②及《およ》び③の文中の（　）に入る文意に合った一語を、それぞれひらがなで答えなさい。ただし〈　〉内の字数（□内の文字をふくむ）にしたがった一語とします。

《例》①　はるか遠い国に旅立つ。
②　わかりやすくしたつもりなのに、（か　　　）わかりにくくなった。〈四字〉
③　やることが多くて、（　　　い）だわ。〈六字〉
《正解》②　かえって　③　てんてこまい

①　数十キロ歩いて、やっとたどりついた。
②　（と　　）災難にあった。〈三字〉
③　都合が悪くなると、（　　り）をきめこむ。〈四字〉

問七　次の①②の――線部の表現のうち、言葉の使い方が正しいほうを選び、番号で答えなさい。

①　すぐに部下を現場へ向かわさせますので少々お待ちください。
②　すぐに部下を現場へ向かわせますので少々お待ちください。

問八　次のア～エの文の――線部のうち、言葉の種類やはたらきが他と異なるものを一つ選び、記号で答えなさい。

ア　若者には限りない可能性がある。
イ　なにげない一言が誰《だれ》かを傷つけることもある。
ウ　俳優は意にそわない役でも演じなければならない。
エ　仕事に追われ、せわしない毎日を過ごしている。

問九　次の二つの□に共通して入るひらがな四字の語を答えなさい。ただし、「はらはら」「どきどき」のようなくりかえし言葉とします。

2019年度

国府台女子学院中学部 ▶解説と解答

算　数　＜第１回試験＞（50分）＜満点：100点＞

解　答

1 (1)　2　(2)　4　(3)　$\frac{1}{3}$　**2** (1)　13　(2)　62　(3)　150　(4)　100　(5)　10　(6)　22.5　**3** (1)　ア…３，イ…３，ウ…100，エ…110，オ…1240　(2)　3000円
4 (1)　30　(2)　34.24　(3)　395.64　**5** (1)　分速60m　(2)　10分後　(3)　360m　(4)　７分30秒後

解　説

1 **四則計算，逆算**

(1)　$2\div3\times4+3-\{5-(6-2)\div3\}=\frac{2\times4}{3}+3-(5-4\div3)=\frac{8}{3}+3-\left(5-\frac{4}{3}\right)=\frac{8}{3}+3-\left(\frac{15}{3}-\frac{4}{3}\right)=\frac{8}{3}+\frac{9}{3}-\frac{11}{3}=\frac{6}{3}=2$

(2)　$\left(1\frac{1}{5}+2.4\div6-4\div5\right)\times\left(2\frac{2}{3}\times1.5+1\right)=(1.2+0.4-0.8)\times\left(\frac{8}{3}\times\frac{3}{2}+1\right)=0.8\times(4+1)=0.8\times5=4$

(3)　$2\div\frac{3}{5}=2\times\frac{5}{3}=\frac{10}{3}$より，$\left(5\times\square+\frac{10}{3}\right)\times1.8-7=2$，$\left(5\times\square+\frac{10}{3}\right)\times1.8=2+7=9$，$5\times\square+\frac{10}{3}=9\div1.8=5$，$5\times\square=5-\frac{10}{3}=\frac{15}{3}-\frac{10}{3}=\frac{5}{3}$　よって，$\square=\frac{5}{3}\div5=\frac{5}{3}\times\frac{1}{5}=\frac{1}{3}$

2 **分配算，整数の性質，濃度《のうど》，植木算，ニュートン算，水の深さと体積**

(1)　姉の枚数を①とすると，兄の枚数は，①×２－３＝②－３(枚)，妹の枚数は，(②－３)×３＋５＝②×３－３×３＋５＝⑥－９＋５＝⑥－４(枚)となる。よって，右の図１のように表すことができるから，①＋②＋⑥＝⑨にあたる枚数が，110＋３＋４＝117(枚)とわかる。したがって，①にあたる枚数(姉の枚数)は，117÷９＝13(枚)と求められる。

図１

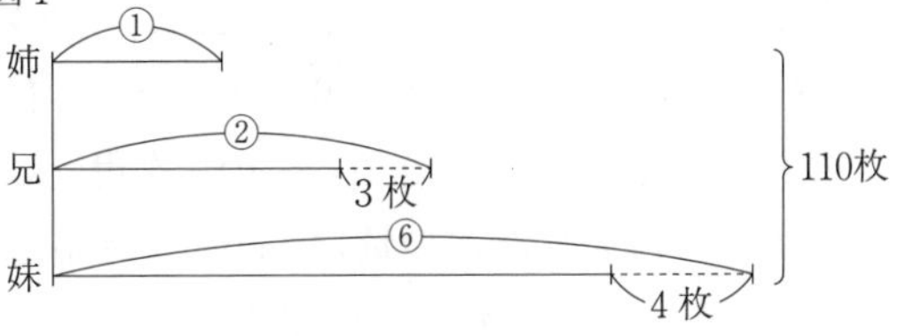

(2)　15で割ると２余る数は，２，２＋15＝17，17＋15＝32，32＋15＝47，47＋15＝62，…となる。このうち，７で割ると６余る最も小さい数は，62÷７＝８余り６より，62である。

(3)　はじめに，12%の食塩水250ｇに水を20ｇ加えてできる食塩水の濃度を求める。(食塩の重さ)＝(食塩水の重さ)×(濃度)より，12%の食塩水250ｇにふくまれている食塩の重さは，250×0.12＝30(g)とわかる。また，このときできる食塩水の重さは，250＋20＝270(g)なので，この食塩水の濃度は，$30\div270=\frac{1}{9}$，$\frac{1}{9}\times100=\frac{100}{9}$(%)と求められる。この食塩水に８%の食塩水を何ｇか混ぜると10%の食塩水ができるから，上の図２のように表すことができ

図２

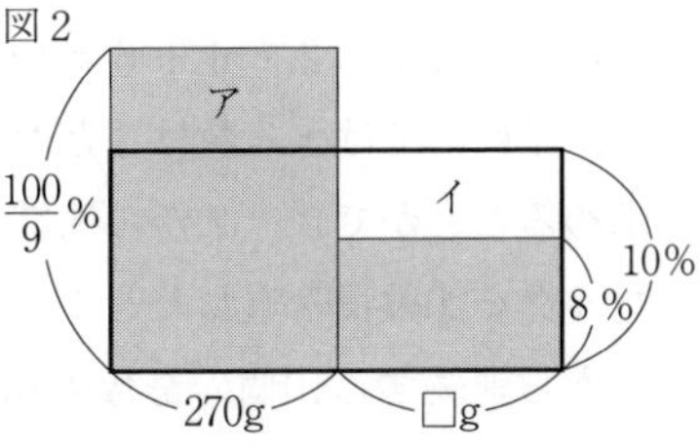

きる。図２で，かげをつけた部分の面積と太線で囲んだ部分の面積は，どちらもできた食塩水にふくまれている食塩の重さを表しているので，これらの面積は等しい。よって，アとイの長方形の面積も等しくなり，アとイの長方形のたての長さの比は，$\left(\frac{100}{9}-10\right)$：(10－８)＝５：９だから，横の長さの比は，$\frac{1}{5}:\frac{1}{9}$＝９：５となる。したがって，８％の食塩水の重さは，$270\times\frac{5}{9}$＝150(g)と求められる。

(4)　５mおきに植えるときにできる間隔《かんかく》の数を□か所，４mおきに植えるときにできる間隔の数を△か所とすると，５×□＝４×△より，□：△＝$\frac{1}{5}:\frac{1}{4}$＝４：５となる。また，池の周りに植えるとき，間隔の数と木の本数は同じになるので，５mおきに植えるときに必要な木の本数と，４mおきに植えるときに必要な木の本数の比も４：５とわかる。この差が，３＋２＝５(本)だから，比の１にあたる本数は，５÷(５－４)＝５(本)となり，５mおきに植えるときに必要な木の本数は，５×４＝20(本)と求められる。よって，５mおきに植えるときにできる間隔の数は20か所なので，池の周りの長さは，５×20＝100(m)とわかる。

(5)　毎朝入ってくる仕事の量を①，１人が１日にする仕事の量を$\boxed{1}$とする。12人で仕事をするとき，15日で，①×15＝⑮の仕事が入ってくる。その間に，$\boxed{1}$×12×15＝$\boxed{180}$の仕事をして，仕事がなくなる。同様に，15人で仕事をするとき，６日で，①×６＝⑥の仕事が入ってくる。その間に，$\boxed{1}$×15×６＝$\boxed{90}$の仕事をして，仕事がなくなる。よって，右上の図３のように表すことができる。図３で，⑮－⑥＝⑨にあたる量と，$\boxed{180}$－$\boxed{90}$＝$\boxed{90}$にあたる量が等しいから，①にあたる量は，$\boxed{90}$÷9＝$\boxed{10}$となる。つまり，毎朝入ってくる量は$\boxed{10}$，１人が１日にする量は$\boxed{1}$なので，朝入ってきた分を当日に終わらせるには，$\boxed{10}$÷$\boxed{1}$＝10(人)必要になる。

図３

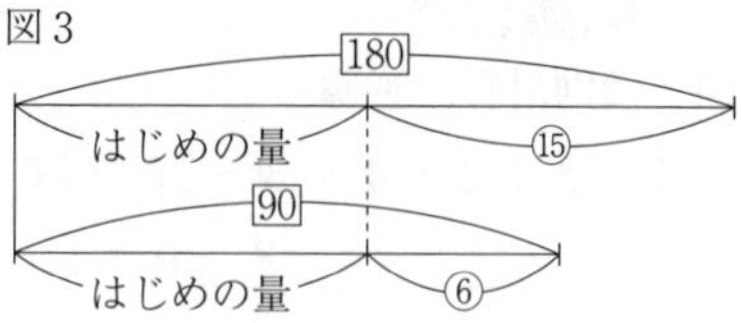

(6)　A，B，Cの底面の円の半径の比が６：３：２だから，A，B，Cの底面積の比は，(６×６)：(３×３)：(２×２)＝36：９：４となり，右の図４のように表すことができる。この比を用いると，はじめにAに入れた水の量は，36×10＝360となる。また，BとCに入れた水の量の比は，(９×４)：(４×３)＝３：１なので，Cに入れた水の量は，$360\times\frac{1}{3+1}$＝90とわかる。よって，Cの水の深さは，90÷４＝22.5(cm)と求められる。

図４

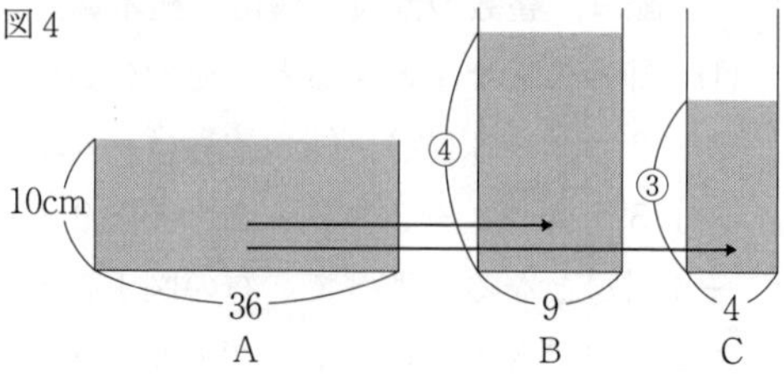

３　図形と規則，売買損益

(1)　１＋３＋５＝９であり，これは，９＝３×３と表すことができるから，アにあてはまる数は３である。また，２＋４＋６＝12であり，これは，12＝３×４＝３×(３＋１)と表すことができるので，イにあてはまる数は３とわかる。このように，１から連続する奇数《きすう》の和は，(個数)×(個数)で求めることができ，２から連続する偶数《ぐうすう》の和は，(個数)×{(個数)＋１}で求めることができる。ブロックを20段積み重ねたとき，AとBの段数はそれぞれ，20÷２＝10(段)になるから，Aの個数は１から連続する10個の奇数の和となり，ウ＝10×10＝100(個)とわかる。また，Bの個数は２から連続する10個の偶数の和となり，エ＝10×(10＋１)＝110(個)と求められる。さらに，A１個の体積は，２×２×２＝８(cm^3)，B１個の体積は，２×２×１＝４(cm^3)なので，オ＝８×100＋４×

110＝1240(cm^3)となる。

⑵　仕入れ値を１とすると，定価は，１×(１＋0.3)＝1.3となる。よって，定価の２割引きは，1.3×(１－0.2)＝1.04だから，利益は，1.04－１＝0.04とわかる。これが120円にあたるので，(仕入れ値)×0.04＝120(円)より，仕入れ値は，120÷0.04＝3000(円)と求められる。

4　角度，面積，表面積

⑴　下の図１で，平行四辺形のとなり合う角の大きさの和は180度だから，●印２つ分の大きさは，180－60＝120(度)となり，●印１つの大きさは，120÷２＝60(度)とわかる。よって，三角形ABEは正三角形なので，AEの長さは８cmである。すると，DA：AE＝16：８＝２：１，角DAE＝60度だから，三角形DAEは正三角形を半分にした形の直角三角形とわかる。したがって，角ADEの大きさは30度であり，角ADCの大きさは角ABEの大きさと同じ60度なので，角xの大きさは，60－30＝30(度)と求められる。

⑵　下の図２のように，円の半径をアとすると，ア×２×3.14＝25.12(cm)より，ア＝25.12÷3.14÷２＝４(cm)とわかるから，円の面積は，４×４×3.14＝50.24(cm^2)と求められる。また，イ＝４÷２＝２(cm)なので，直角二等辺三角形１個の面積は，４×２÷２＝４(cm^2)となる。よって，ぬりつぶした部分の面積の合計は，50.24－４×４＝34.24(cm^2)である。

⑶　下の図３のような，円柱と円すいを組み合わせた形の立体ができる。真上から見るとぬりつぶした部分が見え，これは半径が，３＋３＝６(cm)の円だから，その面積は，６×６×3.14＝36×3.14(cm^2)とわかる。また，円柱の側面積は，３×２×3.14×３＝18×3.14(cm^2)である。さらに，円すいの側面積は，(母線)×(底面の円の半径)×(円周率)で求められるので，12×６×3.14＝72×3.14(cm^2)となる。よって，この立体の表面積は，36×3.14＋18×3.14＋72×3.14＝(36＋18＋72)×3.14＝126×3.14＝395.64(cm^2)と求められる。

図１

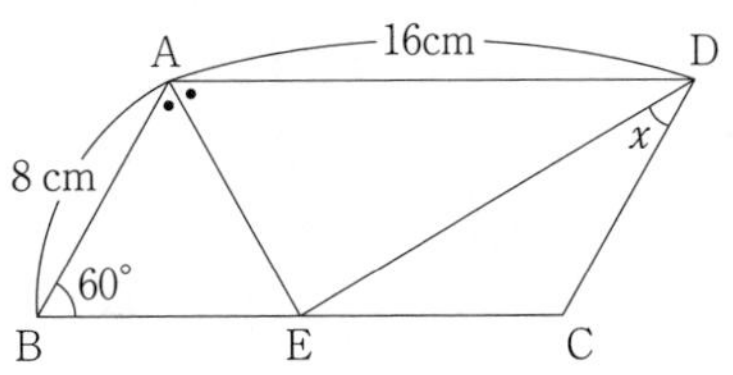

図２

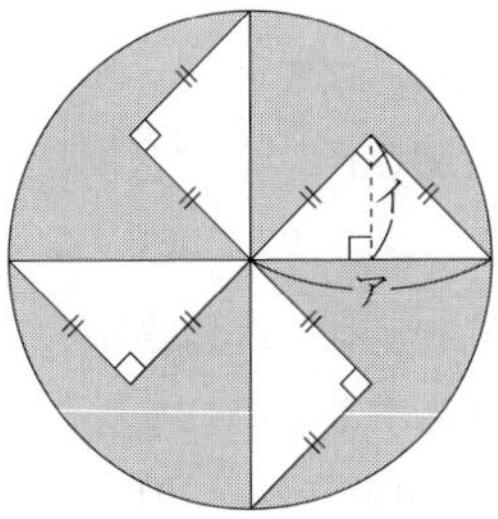

図３

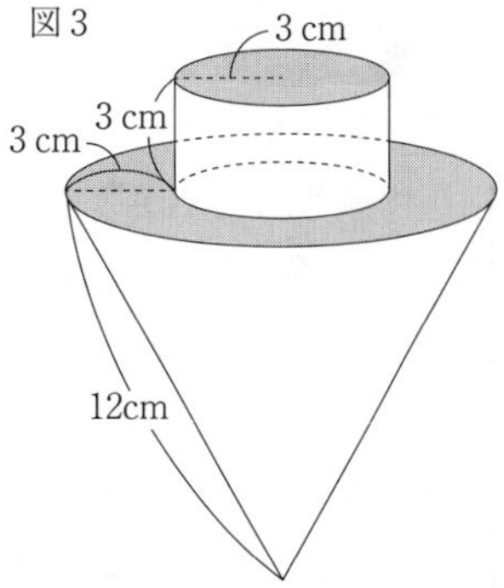

5　グラフ―旅人算

⑴　典子さんは30分で1800m歩いたから，典子さんの速さは分速，1800÷30＝60(m)である。

⑵　公園と学校の間を進むのにかかる時間は，洋子さんが，30÷２＝15(分)，結花さんが，30÷３＝10(分)なので，グラフは下の図１のようになる。図１で，典子さんと洋子さんがはじめて会ったのはＰの部分である。また，洋子さんの速さは分速，1800÷15＝120(m)だから，典子さんと洋子さんが向かい合って進むとき，２人の間の距離《きょり》は１分間に，60＋120＝180(m)の割合で縮まる。よって，Ｐの部分は出発してから，1800÷180＝10(分後)とわかる。

⑶　洋子さんと結花さんが２回目に会ったのは，図１のＱの部分である。ぬりつぶした三角形は相似であり，ア＝30－10＝20(分)，イ＝20－15＝５(分)より，相似比は，20：５＝４：１とわかる。

よって，ウとエの比も４：１となり，この和が1800mなので，エ＝$1800\times\frac{1}{4+1}$＝360(m)と求められる。つまり，Qの部分は公園から360mの所である。

図１
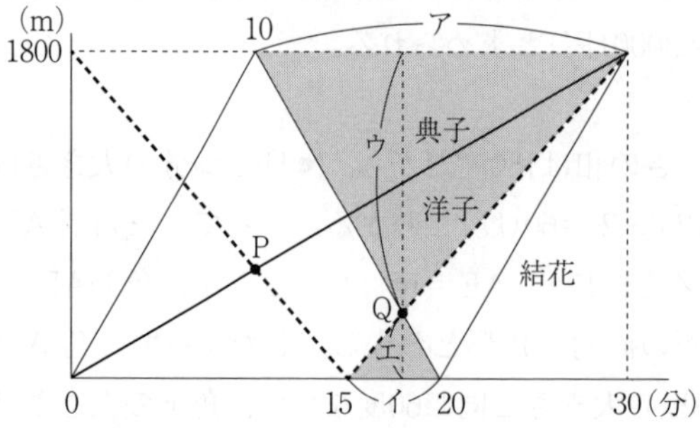

図２
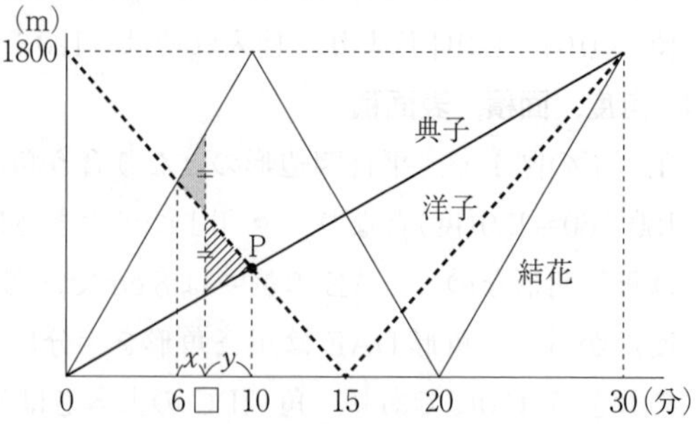

(4)　結花さんの速さは分速，1800÷10＝180(m)だから，洋子さんと結花さんがはじめて会ったのは出発してから，1800÷(120＋180)＝６(分後)である。よって，グラフは上の図２のようになり，求めるのは□の時間である。ぬりつぶした部分では，洋子さんと結花さんの間の距離は１分間に，120＋180＝300(m)の割合で広がり，斜線《しゃせん》をつけた部分では，典子さんと洋子さんの間の距離は１分間に，60＋120＝180(m)の割合で縮まるので，$300\times x=180\times y$と表すことができる。ここで，等号の両側を60で割ると，$5\times x=3\times y$となるから，$x:y=\frac{1}{5}:\frac{1}{3}=3:5$と求められる。この和が，10－６＝４(分)なので，$x=4\times\frac{3}{3+5}$＝1.5(分)となり，□＝６＋1.5＝7.5(分後)とわかる。これは，60×0.5＝30(秒)より，７分30秒後となる。

社　会　＜第１回試験＞（30分）＜満点：60点＞

解　答

[1] (1)　①　ウ　②　コンビニエンスストア　(2)　①　エ　②　イ　(3)　洪水　(4)　国土地理院　(5)　ア　(6)　1150(m)　[2] (1)　兼業農家　(2)　食料自給率　(3)　アメリカ(合衆国)　(4)　①　オ　②　ク　③　ア　④　カ　[3] (1)　イ　(2)　上皇　(3)　①　イ　②　イ　(4)　ア　(5)　源氏物語　(6)　①　北条政子　②　(例)　後鳥羽上皇らが，執権の北条義時らを打倒するために挙兵したが敗れた。　(7)　加賀(の)一向(一揆)　(8)　エ　(9)　イ→エ→ウ→ア　(10)　ウ　(11)　平塚らいてう　(12)　ア　[4] (1)　①　エ　②　ウ　(2)　ウ　(3)　エ　(4)　①　ウ　②　ウ　(5)　イ　(6)　リテラシー　(7)　イ　(8)　ウ　(9)　18

解　説

[1] 地図を題材とした問題

(1)　①　この案内図には方位記号があり，上が北を示しているので，右が東，下が南，左が西にあたる。国道14号に沿って最も東にある(⛩)の地図記号は神社を表しているので，ウが誤っている。　②　2020年に東京オリンピック・パラリンピック競技大会が開催《かいさい》されることを受けて，外国人にもわかりやすいように「外国人向け地図記号」の作成が検討され，コンビニエンスストア(　)，レストラン(　)，ショッピングセンター・百貨店(　)，銀行・ATM(　)など16施設の地図記号がつくられた。なお，スーパーマーケットもコンビニエンスストアと同じ地図記号で表される。

⑵　①　接続水域は，領海(沿岸から12海里)からさらに12海里の海域(沿岸から約22～約44km)のことで，沿岸国による一定の規制や取り締《し》まりが認められている。　②　排他的経済水域は，領海の外の沿岸から200海里(約370km)までの海域をいい，沿岸国には海域内の水産資源や海底資源を管理する権利が認められている。日本の排他的経済水域は，国土面積の10倍以上ある。

⑶　東京都では，大雨による河川のはんらんや地下鉄のトンネル内の逆流などによって起こる洪水《こうずい》の予測図(ハザードマップ)を作成している。土地が低く，江戸川や隅田《すみだ》川の流れる東部，北西から南東方向に流れる神田川流域，神奈川県との境を流れる多摩《たま》川流域では被害が大きくなると予測されている。

⑷　国土地理院は，土地の測量や地図の作成をおもな仕事とする国土交通省の特別の機関で，茨城県の筑波《つくば》研究学園都市にある。

⑸　関東地方は大半が関東平野で占《し》められており，山がちな地形である日本のなかで，山地の占める割合が50％を下回っている。なお，イは東北地方，ウは中部地方，エは九州地方の国土の地形の割合。

⑹　実際の距離《きょり》を縮めた割合を縮尺といい，実際の距離は，(地形図上の長さ)×(縮尺の分母)で求められる。２万５千分の１の縮尺の地形図上で4.6cmの実際の距離は，4.6(cm)×25000＝115000(cm)より，1150mとなる。

2　日本の農業についての問題

⑴　農業による所得(収入)と，ほかの仕事による所得で生計を立てている農家を兼業《けんぎょう》農家という。2018年度の統計では，約116万戸の農家のうち，農業による所得を主とする第１種兼業農家の割合は18.2％，農業以外の所得を主とする第２種兼業農家の割合は60.8％となっている。統計資料は「農業センサス」による。

⑵　日本で必要な食料のうち，国内でつくられている割合を食料自給率という。国内産の農作物が輸入される安い農産物におされているため，日本の食料自給率は約40％と低く，特に飼料用トウモロコシは０％，大豆は７％，小麦は12％と非常に低くなっている。統計資料は『日本国勢図会』2018／19年版による(以下同じ)。

⑶　小麦は寒さや乾燥《かんそう》に強く，北アメリカとアジアからヨーロッパにかけての比較《ひかく》的すずしい地域や乾燥地帯でおもに生産されている。日本の小麦の輸入先は，アメリカ合衆国・カナダ・オーストラリアで，３か国の合計が100％近くを占めている。

⑷　①　米の生産量全国第１位は新潟県，第２位は北海道，第３位は秋田県で，地方別では東北地方が全国生産量の約27％を占めている。　②　茶の生産量全国第１位は静岡県，第２位は鹿児島県，第３位は三重県で，上位２県で全国生産量の約70％を占めている。　③　リンゴの生産量全国第１位は青森県，第２位は長野県，第３位は山形県で，上位２県で全国生産量の約４分の３を占めている。　④　イチゴの生産量第１位は栃木県，第２位は福岡県，第３位は熊本県で，上位３県で全国生産量の約３分の１を占めている。

3　女性の歴史を題材にした問題

⑴　604年，憲法十七条が厩戸《うまやど》皇子(聖徳太子)によって制定され，役人や豪族が守るべき心構えが示された。したがって，イが正しい。なお，アについて，冠位十二階の制度は，家柄《いえがら》ではなく能力

によって役人を取り立てるための制度である。ウについて，小野妹子は隋《ずい》(中国)に派遣された。エについて，法隆寺は奈良に建てられた。

⑵　皇室の制度や皇位継承《けいしょう》などについては皇室典範《てんぱん》によって定められているが，天皇の生前退位については規定がなかったため，政府は2017年６月に「退位特例法」を制定し，一代に限って天皇の生前退位を認められるようにした。法律の施行にともなって平成時代の天皇は2019年４月30日に退位し，上皇となった。

⑶　①，②　平城京は，唐(中国)の都の長安にならい，奈良盆地の北部につくられた中国式の本格的な都城で，道が東西南北にごばんの目のように通り，中央には南北に朱雀《すざく》大路が通っていた。その両側は右京と左京とよばれ，京内には貴族の住宅や多くの寺院があった。

⑷　東大寺(奈良県)の正倉院には，聖武天皇の遺品や仏具などの品々や，遣唐使や留学生が中国から持ち帰ったものが多くおさめられた。天平文化は聖武天皇のころに栄えた文化であるから，アが正しい。なお，イは平安時代に建てられた平等院鳳凰《ほうおう》堂，ウは飛鳥《あすか》時代に建てられた法隆寺五重塔《とう》，エは室町時代に建てられた銀閣(慈照寺銀閣)。

⑸　『源氏物語』は紫式部が著した世界最古の長編小説で，主人公の光源氏と女性たちとの恋愛のようすを中心に，当時の貴族の生活がいきいきと描かれている。

⑹　①　北条政子は，夫である源頼朝の死後に幕府の政治に深くかかわって尼《あま》将軍とよばれた。長男の頼家は鎌倉幕府の第２代将軍，次男の実朝《さねとも》は第３代将軍となったが，源氏の血筋は３代でとだえ，以後，政子の実家である北条氏が執権《しっけん》として幕府の実権をにぎった。　②　1221年，後鳥羽《ごとば》上皇が全国の武士に，鎌倉幕府の第２代執権北条義時を討《う》つ命令を出すと，政子は動揺《どうよう》する御家人たちを前に，頼朝の恩《おん》にむくいて幕府を守ってほしいと団結を訴《うった》え，上皇たちの軍をやぶった。

⑺　応仁の乱(1467～77年)のころから蓮如《れんにょ》が一向宗(浄土真宗《じょうどしんしゅう》)を広め，1488年，その信徒たちが加賀国(石川県)を治める守護の富樫《とがし》氏の城を取り囲んで追い出し，以後約100年間自分たちで国内を支配した。これを加賀の一向一揆《いっき》という。

⑻　2018年９月に行われた沖縄県知事選挙で，アメリカ軍普天間《ふてんま》基地の名護《なご》市辺野古《へのこ》への移転反対を訴えた前衆議院議員の玉城《たまき》デニーが，与党などが推薦《すいせん》する前宜野湾《ぎのわん》市長の佐喜真《さきま》淳《あつし》などをやぶり，新たな沖縄県知事に就任した。したがって，エが正しい。なお，アについて，琉球《りゅうきゅう》王国は15世紀前半，尚《しょう》氏によって建国された。イについて，江戸時代の琉球を支配していたのは薩摩藩(鹿児島県)の島津氏。ウについて，アメリカ軍の沖縄島への上陸は1945年４月のこと。

⑼　アは1614年と1615年，イは1590年，ウは1600年，エは1592年(文禄《ぶんろく》の役)と1597年(慶長《けいちょう》の役)のできごとなので，年代の古い順にイ→エ→ウ→アとなる。

⑽　江戸幕府の老中松平定信は1787年から寛政の改革とよばれる幕政改革に取り組み，ききんに備えて米を蓄《たくわ》えさせたり(囲い米の制)，江戸に出かせぎにきていた農民を農村に帰らせたりした。また，旗本・御家人が札差からした借金を破棄《はき》させる棄捐《きえん》令を出した。したがって，ウが正しい。なお，アは17世紀前半，イは17世紀後半，エは19世紀前半に行われたこと。

⑾　平塚らいてうは，明治時代の終わりから昭和時代の初めにかけて女性の地位向上のために活動した人物で，1911年に女性による女性のための雑誌『青鞜《せいとう》』を創刊し，「元始，女性は実に太陽であった」と宣言した。

⑿　1918(大正７)年，富山県魚津から始まった米騒動《そうどう》が全国に広がり，政府は軍隊まで出動させて

これをしずめたが，その責任をとって寺内正毅《まさたけ》内閣は総辞職した。その後，衆議院の第一党であった立憲政友会の原敬《はらたかし》が首相に指名され，陸軍・海軍・外務の３大臣以外をすべて立憲政友会の会員で組織した日本最初の本格的な政党内閣が誕生した。したがって，アが正しい。なお，イについて，民本主義を唱えたのは吉野作造。ウについて，五・一五事件で殺害されたのは犬養毅《いぬかいつよし》首相。エについて，1940年に政党を解散させてつくられたのは大政翼賛会《たいせいよくさんかい》。

4 女性の社会進出を題材とした問題

⑴ ① 2013年12月，民法の一部を改正する法律が成立したことにより，嫡出《ちゃくしゅつ》でない(正式な結婚によって生まれたのではない)子が財産を相続する分は嫡出子(正式な結婚によって生まれた子)の２分の１であるとした規定が，嫡出子と同じであるとする規定に改められた。　② 日本以外の国・地域の出身であることやその子孫であることを理由として，特定の民族や国籍の人々を排除しようとしたり，にくしみをあおったりするような言動をヘイトスピーチという。近年，こうした差別的な言動が増えて社会問題となったため，2016年６月にヘイトスピーチ対策法が施行された。

⑵ 1945年12月，戦後の日本を占領したGHQ(連合国軍最高司令官総司令部)の指示によって行われた衆議院議員選挙法の改正により，女性に参政権が与えられ，選挙資格も満20歳以上に引き下げられた。したがって，ウが正しい。

⑶ 子どもを育てるために休業することが認められる育児休業法が1991年に制定され，その後の改正によって育児・介護《かいご》休業法となった。この法律は，労働者が仕事と育児・介護の両立を実現し，家族の一員としての役割もはたせることを目的としており，女性・男性ともに育児休業制度を利用できる。したがって，エが正しい。

⑷ ① 合計特殊《とくしゅ》出生率は，１人の女性が一生の間に産む子どもの平均的な人数を推計した数値で，少子化がどのくらい進んでいるかを調べるときなどに使われる。合計特殊出生率が2.07であると，人口が維持されると計算されている。　② 日本の合計特殊出生率は1970年代に2.0を下回り，1990年には1.54，2005年には史上最低の1.26を記録した。その後は少しずつ回復し，2017年は1.43であったが，2016年には出生数が初めて100万人を下回った。

⑸ 原則として，医療《いりょう》費を個人で負担する割合は，６歳以上70歳未満の者が30％，70歳以上75歳未満の者が20％(一定以上の所得がある者は30％)，75歳以上の者が10％(一定以上の所得がある者は30％)である。したがって，イが正しい。

⑹ メディアリテラシーは，テレビや新聞などのメディアから発信される大量の情報を，すべてうのみにするのではなく，自分自身の判断で適切に整理・判断し，活用していく能力のことで，情報があふれている今日，身につけることが不可欠な能力であるといわれている。

⑺ 衆議院議員選挙は，小選挙区比例代表並立制を採用している。これは，１つの選挙区から１人が選ばれる小選挙区制と，全国を11ブロックに分けて政党名を書いて投票し，その得票数に応じて議席を配分する比例代表制を組み合わせた制度である。したがって，イが正しい。

⑻ 60歳以上の推計人口は4296万人，投票率は66％であるので，4296(万人)×0.66＝2835.36(万人)である。20歳～30歳台の推計人口は2751万人，投票率は40％であるので，2751(万人)×0.4＝1100.4(万人)である。2835.36(万人)÷1100.4(万人)＝2.576…より，ウとなる。

⑼ 2015年６月に公職選挙法が改正され，選挙権が得られる年齢が「20歳以上」から「18歳以上」に引き下げられたため，現在は18歳になったら投票に行くことができる。なお，2018年６月に民法

が改正され，2022年から成人年齢は18歳以上となる。

理 科 ＜第１回試験＞（30分）＜満点：60点＞

解 答

1 (1) イ (2) ウ (3) イ (4) オ (5) イ (6) ア，オ (7) ア (8) エ
2 (1) オゾン層 (2) は虫類 (3) ① エ ② オ (4) ア，オ (5) ウ (6) イ
3 (1) 中和 (2) ア (3) ① 食塩 ② $18cm^3$ ③ $4.5cm^3$ (4) 5：18
4 (1) オ (2) ウ (3) エ (4) エ (5) ウ
5 (1) 45cm (2) 40cm (3) (ア) 1 (イ) ⑧ (4) 解説の図を参照のこと。

解 説

1 小問集合

(1) オタマジャクシからカエルになるとき，後ろあし，前あしの順にはえ，最後に尾が短くなっていく。

(2) かん臓はたん汁《じゅう》をつくっている。たん汁には消化酵素《こうそ》はふくまれていないが，脂肪《しぼう》を細かいつぶにするはたらきがある。なお，たんのうはたん汁を一時的にたくわえる器官である。

(3) アルカリ性の水よう液が，赤色リトマス紙を青色に変える。食塩水と砂糖水，過酸化水素水は一般に中性，アンモニア水はアルカリ性，レモン水は酸性の水よう液である。

(4) それぞれの金属の $1\,cm^3$ あたりの重さは，銅は約9.0ｇ，銀は約10.5ｇ，金は約19.3ｇ，鉄は約7.9ｇ，アルミニウムは約2.7ｇで，アルミニウムが最も軽い。

(5) 北極星は地軸《ちじく》を北の方向にのばした延長線上にある。このため，観察地点の緯度《いど》と北極星の高さはおよそ等しく，北極星は北の土地ほど高さが高く，日本のどの地点でも北の方角に見える。

(6) 金星は地球より内側を公転している惑星《わくせい》なので，明け方に東の空や夕方に西の空にいずれも短時間見られるが，真夜中には見ることができない。

(7) 金属は加熱すると体積が大きくなり，アのように，内側，外側とも円周が長くなるように変化する。

(8) Ａさんの位置からは音源が遠ざかっていくので，決まった時間に到達《とうたつ》するおんさの音の波の数が減るため，静止時より低い音が聞こえる。一方，Ｂさんには音源が近づいてくるから，決まった時間に到達するおんさの音の波の数が増えるため，静止時より高い音が聞こえる。

2 生命の誕生と動物の進化についての問題

(1) 生物が海の中から陸へ進出したのは，地上にとどく有害な紫外線《しがいせん》がオゾン層によってさえぎられるようになったからだと考えられている。オゾンは酸素に強い紫外線があたることなどで生じる。

(2) 陸での生活が可能になった最初のセキツイ動物は，は虫類である。は虫類の卵には丈夫《じょうぶ》な殻《から》があり，殻があることによって内部が陸上の乾燥《かんそう》から守られている。

(3) ① シーラカンスはえらで呼吸をするという魚類の特ちょうと，肺をもつという両生類の成体の特ちょうの両方をもっている。古生代からほとんどその姿を変えずに現在も生息しているため，生きた化石と呼ばれている。 ② カモノハシは卵を産むというは虫類の特ちょうと，卵からか

えった子に乳をあたえて育てるというほ乳類の特ちょうの両方をもっている。

(4)　始祖鳥は，翼《つばさ》をもつ，からだが羽毛でおおわれているという鳥類の特ちょうと，歯がある，翼に爪《つめ》のある指がある，長い尾骨があるというは虫類の特ちょうをもつ動物である。このことから，鳥類はは虫類から進化してきたと考えられている。

(5)　かつて地球に巨大な隕石《いんせき》が衝突《しょうとつ》したことで太陽の光がとどかなくなり，地球上の植物が枯《か》れ，それにともなって恐竜《きょうりゅう》などの動物が絶滅《ぜつめつ》したと考えられている。地球に太陽の光がとどかなくなると地球の温度が下がる。ほ乳類は，外界の温度が変化しても体温をおよそ一定に保つことができる恒温《こうおん》動物で，気候変化の激しい時期でも生き延びることに役立ったと考えられる。

(6)　イクチオサウルスはは虫類で，イルカはほ乳類であるが，どちらも同じような環境《かんきょう》に適応するため，どちらも少しずつ進化して，水中を速く泳ぐのに適した姿に進化したと考えられている。

3　塩酸と水酸化ナトリウム水よう液の中和についての問題

(1)　酸性の水よう液とアルカリ性の水よう液を混ぜると，おたがいの性質を打ち消し合う中和という変化がおこる。塩酸と水酸化ナトリウム水よう液が中和すると，食塩と水ができる。

(2)　BTB液は，酸性の水よう液に加えると黄色，アルカリ性の水よう液に加えると青色，中性の水よう液に加えると緑色に変化する。Ｂの水よう液を15cm^{3}加えたあとの液の色が黄色だから，このときの液は酸性とわかる。

(3)　①　液の色が緑色になったのだから，塩酸と水酸化ナトリウム水よう液が完全に中和して中性の食塩水になっている。このとき，水をすべて蒸発させると，とけていた食塩(塩化ナトリウム)の白い結しょうが残る。　②　Ａの水よう液20cm^{3}とＢの水よう液36cm^{3}が過不足なく中和するので，Ａの水よう液10cm^{3}を完全に中和するＢの水よう液の体積は，$36\times\frac{10}{20}=18$(cm^3)である。

③　塩酸には塩化水素という気体がとけている。この塩酸に水を加えて体積を２倍にしても，とけている塩化水素の量は変化しない。よって，Ｃの水よう液５cm^{3}はＡの水よう液，$10\times\frac{5}{20}=2.5$(cm^3)にあたる。したがって，Ｃの水よう液５cm^{3}を完全に中和するために必要なＢの水よう液の体積は，$36\times\frac{2.5}{20}=4.5$(cm^3)となる。

(4)　Ａの水よう液の濃《こ》さを$\frac{3}{2}$倍，Ｂの水よう液の濃さを$\frac{3}{4}$倍にしたときに，過不足なく中和するのに必要なＡの水よう液の体積は$\frac{2}{3}$倍，Ｂの水よう液の体積は$\frac{4}{3}$倍になる。したがって，Ｄの水よう液とＥの水よう液が完全に中和するときの体積の比は，Ｄ：Ｅ＝$\left(20\times\frac{2}{3}\right):\left(36\times\frac{4}{3}\right)=5:18$になる。

4　月についての問題

(1)　地球をはさんで，太陽と月が反対側にあることになるので，このときの月の形は満月とわかる。

(2)　地球のように太陽の周りを回っている天体を惑星《わくせい》といい，月のように惑星の周りを回る天体を衛星という。人工衛星「ひまわり」も地球の周りを回っている。

(3)　太陽，地球，月が一直線上にならぶと，月の引力と太陽の引力が同じ方向になるため，１日の満潮と干潮の潮位の差が大きくなる。この時期を大潮という。したがって，新月と満月のころには大潮になる。

(4)　皆既《かいき》月食がおこるとき，青色の光は地球の大気の中で散乱されてしまうが，赤色の光は大気を通過し，大気によって屈折《くっせつ》して月の表面にとどく。このため，皆既月食の月は赤っぽい色に見える。

⑸　月面上に見られるクレーターというくぼみは，月にぶつかった多くの隕石によってできたと考えられている。月には大気や水がないため，風化・しん食されることなく今もそのあとが残っている。

5　棒や金網《かなあみ》を使った力のつり合いについての問題

⑴　棒が水平につり合ったとき，棒の左右につるしたのおもりの重さと，支点からそれぞれのおもりまでの長さは逆比の関係にある。よって，アの長さは，$120\times\frac{30}{30+50}=45$(cm)である。

⑵　イの長さを□cmとすると，棒のつり合いから，110×40＝50×□＋30×(120−40)の関係が成り立つ。したがって，□＝(4400−2400)÷50＝40(cm)になる。

⑶　㈠　ひもでつるした位置から70ｇのおもりをつるす位置までの，横方向の距離《きょり》を□マスとすると，50×１＋70×□＝110×３の関係が成り立ち，□＝(330−50)÷70＝４(マス)より，１の場所に取りつければよいことがわかる。　㈡　ひもでつるした位置から70ｇのおもりをつるす位置までの，たて方向の距離を△マスとすると，70×△＝110×１＋50×２の関係が成り立ち，△＝(110＋100)÷70＝３(マス)より，⑧の場所に取りつければよい。

⑷　ひもでつるした位置から30ｇのおもりをつるす位置までの，横方向の距離を□マスとすると，50×２＋30×□＝110×２の関係が成り立ち，□＝(220−100)÷30＝４(マス)より，30ｇのおもりは１の場所に取りつければよいことになる。また，ひもでつるした位置から30ｇのおもりをつるす位置までの，たて方向の距離を△マスとすると，110×１＝50×１＋30×△の関係が成り立ち，△＝(110−50)÷30＝２(マス)より，30ｇのおもりは③の場所に取りつければよいことがわかる。これにより，おもりをつるす位置を示すと，右の図のようになる。

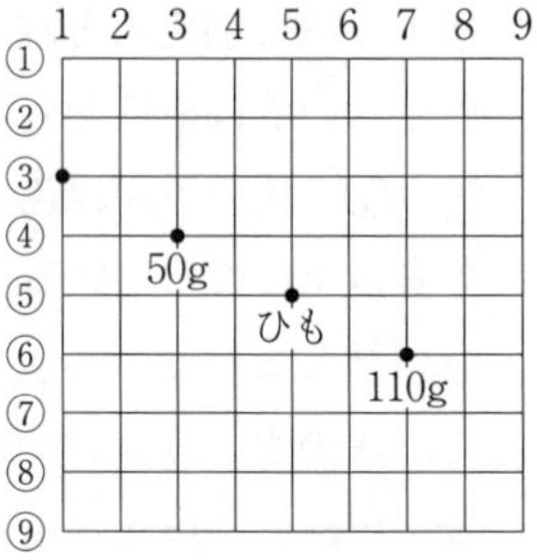

国　語　＜第１回試験＞（50分）＜満点：100点＞

解　答

一　**問１**　①～③　下記を参照のこと。　④　ぞうさ　⑤　ようじょう　**問２**　ウ　**問３**　好評　**問４**　イ　**問５**　つぐむ　**問６**　②　(と)んだ　③　だんま(り)　**問７**　②　**問８**　ウ　**問９**　なみなみ　**問10**　○　**問11**　イ　**問12**　ア　**問13**　(例)　木枯らしが吹いて，この地域もめっきり冷えこんできた。　**二**　**問１**　**a**　せたい　**b，c，e**　下記を参照のこと。　**d**　げんえき　**問２**　車　**問３**　ア　**問４**　エ　**問５**　自己責任が求められる(社会)　**問６**　所得が減れ　**問７**　ウ　**問８**　イ　**問９**　ウ，エ，オ　**問10**　C　**問11**　**1**　(例)　ダンスが苦手ではないが，上手ともいえない人たち。(ダンスのレベルが平均的な人たち。／人並みにダンスができる人たち。)　**2**　イ　**3**　ア

●漢字の書き取り

一　問１　①　去来　②　沿道　③　査定　　二　問１　b　反映　c　直結　e　標的

解 説

一 漢字の書き取りと読み，熟語の知識，言葉の意味，言葉の決まり，言葉のしりとり，外来語の知識，短文づくり

問１ ① 行ったり来たりするということ。 ② 道に沿った所。 ③ 金額などを調べて決定すること。 ④ 費用や手間がかかること。 ⑤ 生活に気をつけて健康でいるように努めること。

問２ 「好景気」とは，景気がよいことで，「景気」という二字熟語の上に「好」という漢字一字がついた組み合わせ。「想像力」「外科医」「私有地」は二字熟語の下に漢字一字がついた組み合わせ。

問３ 「不評」とは，評判が悪いこと。反対に，評判が良いことは「好評」という。

問４ 「意見」とは，ある問題に対する考え。「見解」は，物事に対する考え方のこと。

問５ 「つぐん」の言いきりの形は「つぐむ」。

問６ ② 「とんだ」とは，思いがけなく，とんでもないこと。 ③ 「だんまり」とは，だまって何も言わないこと。

問７ 「向かわせます」は，「向かう」という動詞に，ほかの人にやらせるという意味の「せる」とていねいな表現の「ます」がついた形である。

問８ 「そわない」とは，「そう」という動詞に打ち消しの「ない」がついた形。「限りない」「なにげない」「せわしない」は，形容詞である。

問９ 「なみなみ」は，水などが入れ物からあふれるくらいたくさんあるようすを表すことと，否定の言葉をともなって，ふつうではないという意味で使われることがある。

問10 「くろうとはだし」は，経験がないしろうとなのに，専門家が驚《おどろ》いて裸足《はだし》で逃《に》げ出すほどに優《すぐ》れているという意味。くろうとは専門家，しろうとは経験のない人のこと。

問11 「ライン」には，線，列，水準といった意味がある。

問12 「辞」には，「ことば」という意味があり，「祝辞」「辞典」などの熟語が使われる。また「辞する」には「あいさつをして帰る」という意味と，「ことわる」という意味があり，それぞれ「辞去」「固辞」などの熟語がある。さらに，「やめる」という意味もあり，「辞職」「辞退」などの熟語がある。

問13 「めっきり」とは，「めっきり秋らしくなった」「めっきり老《ふ》けこんだ」などのように，変化がはっきりと感じられるさまを表す。

二 出典は井《い》手《で》英策《えいさく》の『18歳《さい》からの格差論　日本に本当に必要なもの』による。私たちの社会は，人間を信頼《しんらい》しない社会であり，その閉塞《へいそく》感や息苦しさは「３つの分断の罠《わな》」にはまっていることに関係していると述べている。

問１ a 住居や生計を同じにする者の集まり。 b あるものごとの影響《えいきょう》が現れるようす。 c 二つのものを直接結びつけること。 d 現在ある職や地位について活動していること。 e 攻撃《こうげき》の目標となるもの。

問２ 「火の車」とは，経済状態がとても苦しいということ。「拍車《はくしゃ》をかける」は，物事の進行を早めること。

問３ 自分たちの社会は「人間を信頼しない社会」であるとして，この息苦しさは，社会が「３つの分断の罠」にはまっていることに関係していると説明されているので「分断線」が合う。

問４　一部のお金持ちが増えることで，所得の平均値だけは上がったが，それにともなって所得が平均を下回る人が増え，平均所得を下回る人たちは全体の６割をこえていると述べられている。

問５　続く部分で，「税金の負担が軽く～自分のお金で『買い入れ』ないといけ」ない社会を「自己責任社会」というと筆者は述べている。このことを，少し後で「自己責任が求められる世の中」と言い表している。

問６　ぼう線部③の前の段落で，筆者は「所得が減れば，必要なサービスを買うことができなくなります」と述べ，病院にいったり，老後にそなえたり，さまざまなことをあきらめなくてはならなくなるとしている。

問７　「老後のそなえ」には賛成するが，教育や子育てのようなサービスにはお年寄りの支持が得られにくいという流れなので，「少子化対策」には中高年，とくにお年寄りの支持が得られにくいと考えられる。

問８　この後，筆者は現在の日本社会が直面している困難な状況《じょうきょう》の原因をあげているので，「３つの分断の罠」とは，私たちを苦しめているものということになる。よって，イがよい。

問９　お年寄りと若い世代のように，年齢《ねんれい》に応じて必要なものは違《ちが》っているが，少数派であるはずのお年寄りの利益が優先されている。つまり，要求が満たされる世代とそうでない世代が存在することになる。そのギャップが，世代間の対立を生んでいることを「必要ギャップの罠」と呼ぶと筆者は述べている。よって，ウ，エ，オが選べる。

問10　筆者はグローバル化やIT化について必ずしも好意的にとらえておらず，現在の日本で生活が苦しくなっていることの原因の一つととらえているので，Ｃさんの意見はあてはまらない。

問11　**１**　本文のぼう線部①に続く部分では，所得の中間層がじわじわと貧しくなるなかで，貧しい人のくらしばかりを重んじ，格差是正《ぜせい》の必要性を訴《うった》えることによって，負担者となる中間層の不満が増し，貧しい人への非難，あら探しがはじまると述べられている。これをダンスの練習にあてはめた場合，下手ではないが上手でもない，中間層にあたる人たちが不満を持つと考えられる。　**２**　ダンスが苦手ではないが得意でもない人たちにとっては，全員での居残り練習は非効率であり，やりがいも感じられないだろうし，そのために時間を費やしてほかの趣味《しゅみ》などにかける時間が減ってしまうことが不満になりかねない。イのような前向きな考えは不満の理由となる可能性が低いと考えられる。　**３**　みんなが不満を持たないようにしたうえで演技の向上も目指すのだから，可もなく不可もない人たちまで，居残り練習につき合わせるのではなく，全員で協力して行う練習と，個人の判断に任せて行う練習とに分けることで，不満なく効率的に練習できると考えられる。

Dr.福井の
入試に勝つ！ 脳とからだのウルトラ科学

右の脳は10倍以上も覚えられる！

手や足，目，耳に左右があるように，脳にも左右がある。脳の左側，つまり左脳は，文字を読み書きしたり計算したりするときに働く。つまり，みんなはおもに左脳で勉強していることになる。一方，右側の脳，つまり右脳は，音楽を聞き取ったり写真や絵を見分けたりする。

となると，受験勉強に右脳は必要なさそうだが，そんなことはない。実は，右脳は左脳の10倍以上も暗記できるんだ。これを利用しない手はない！　つまり，必要なことがらを写真や絵などで覚えてしまおうというわけだ。

この右脳を活用した勉強法は，図版が数多く登場する社会と理科の勉強のときに大いに有効だ。たとえば，歴史の史料集には写真や絵などがたくさん載っていて，しかもそれらは試験に出やすいものばかりだから，これを利用する。やり方は簡単。「ふ～ん，これが○○か…」と考えながら，載っている図版を５秒間じーっと見つめる。すると，言葉は左脳に，図版は右脳のちょうど同じ部分に，ワンセットで記憶される。もし，左脳が言葉を忘れてしまっていたとしても，右脳で覚えた図版が言葉を思い出す手がかりとなる。

また，項目を色でぬり分け，右脳に色のイメージを持たせながら覚える方法もある。たとえば江戸時代の三大改革の内容を覚えるとき，享保の改革は赤，寛政の改革は緑，天保の改革は黄色というふうに色を決め，チェックペンでぬり分けて覚える。すると，「“目安箱” は赤色でぬったから享保の改革」というように思い出すことができ，混同しにくくなる。ほかに三権分立の関係，生物の種類分け，季節と星座など，分類されたことがらを覚えるときもピッタリな方法といえるだろう。

Dr.福井（福《ふく》井《い》一成《かずしげ》）…医学博士。開成中・高から東大・文Ⅱに入学後，再受験して翌年東大・理Ⅲに合格。同大医学部卒。さまざまな勉強法や脳科学に関する著書多数。

Memo

2018年度　国府台女子学院中学部

〔電　話〕(047) 322－７７７０
〔所在地〕〒272-8567　千葉県市川市菅野３－24－１
〔交　通〕JR総武線－「市川駅」より徒歩12分
京成電鉄－「市川真間駅」より徒歩５分

【算　数】〈第１回試験〉(50分)〈満点：100点〉

［注意］１．円周率は3.14とします。

２．仮分数は，すべて帯分数になおして解答して下さい。

1　次の□にあてはまる数を答えなさい。

(1)　$6\times(17-2\times7)-4\times\{3\div4+5\div(3-1)\}=\square$

(2)　$15\times\left(4\div2\frac{1}{2}-0.25\times3\right)\times\frac{4}{9}-5.6=\square$

(3)　$3\div\left(\frac{1}{2}\times\square+0.3\right)-3\frac{2}{3}=3$

2　次の□にあてはまる数を答えなさい。

(1)　ある商品を□円で仕入れ，２割の利益を見こんで定価をつけました。売れなかったので定価の１割引きで売ったところ70円の利益がありました。

(2)　あるクラスで国府台動物園に行ったことがある人は14人，市川水族館に行ったことがある人は17人います。両方に行ったことがある人は，動物園に行ったことがある人の$\frac{3}{7}$で，クラス全体の$\frac{1}{5}$です。動物園と水族館のどちらにも行ったことがない人は□人です。

(3)　縦□m，横20mの長方形の形をした土地の周囲に木を植えます。木の間かくは２mで，４つの角には必ず木を植えます。このとき必要な木は50本です。

(4)　のり子さんと洋子さんが競走をします。のり子さんのほうが速いので，洋子さんがのり子さんより100m先からスタートすると，のり子さんが21m走ったとき，洋子さんはのり子さんの94m先にいました。のり子さんが□m走ったとき洋子さんに追いつきました。

(5)　４％の食塩水□gと５％の食塩水を混ぜ合わせてから，水を100g蒸発させたところ5.5％の食塩水が400gできました。

(6)　川の上流にＡ町，下流にＢ町があり，２つの町は36kmはなれています。Ａ町からＢ町へ船Ｐが，Ｂ町からＡ町へ船Ｑが同時に出発したところ，出発してから１時間48分後にすれちがいました。また，船Ｑは出発してから４時間30分後にＡ町に到着《とうちゃく》しました。船ＰがＢ町に到着するのは，出発してから□時間後です。ただし，船Ｐ，Ｑの静水時の速さは同じであるものとします。

3　次の問いに答えなさい。

(1)　次の［ア］～［オ］にあてはまる数を答えなさい。

下のように，分数がある規則で並んでいます。

$\frac{1}{1}, \frac{1}{2}, \frac{2}{2}, \frac{1}{3}, \frac{2}{3}, \frac{3}{3}, \frac{1}{4}, \frac{2}{4}, \cdots\cdots, \frac{18}{20}, \frac{19}{20}, \frac{20}{20}$

この分数は全部で［ア］個あり，25番目の分数は［イ］です。

分母が同じ分数を足すと，

$\frac{1}{1}=1$

$\frac{1}{2}+\frac{2}{2}=1\frac{1}{2}$

$\frac{1}{3}+\frac{2}{3}+\frac{3}{3}=2$

$\frac{1}{4}+\frac{2}{4}+\frac{3}{4}+\frac{4}{4}=2\frac{1}{2}$

⋮

$\frac{1}{9}+\frac{2}{9}+\frac{3}{9}+\cdots\cdots+\frac{9}{9}=$［ウ］

$\frac{1}{10}+\frac{2}{10}+\frac{3}{10}+\cdots\cdots+\frac{10}{10}=$［エ］

⋮

となり，$\frac{1}{1}$から$\frac{20}{20}$までのすべての分数を足すと［オ］になります。

(2)　１Ｌのジュースを兄，姉，妹の３人で分けます。兄の量は妹の量の２倍より50mL 少なく，姉の量は妹の量より150mL 多いです。兄の量は何 mL ですか。

解答は答えのみではなく，途中《とちゅう》の計算や考え方を解答らんにできるだけくわしく書きなさい。

4　次の［　］にあてはまる数を答えなさい。

(1)　下の図１は，三角形 ABC の点Ｃが辺 AB 上に重なるように折り曲げたものです。角 x の大きさは［　］度です。

(2)　下の図２のように，円と正方形が重なっています。ぬりつぶした部分の面積の合計は［　］cm^2 です。

(3)　下の図３は，ある立体の展開図です。この立体の体積は［　］cm^3 です。

ただし，同じ印のついた辺は同じ長さとします。

図１

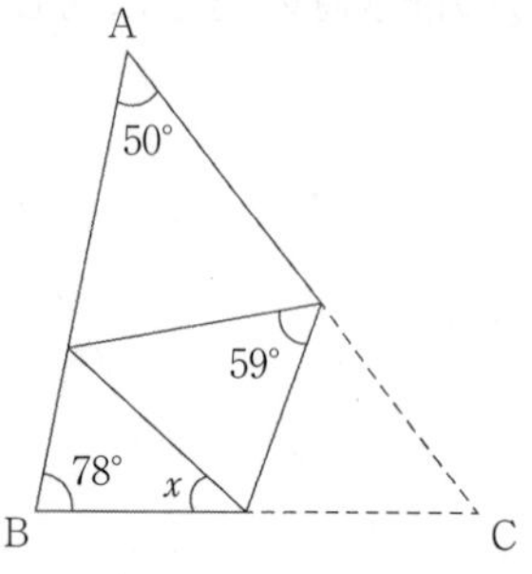

図２

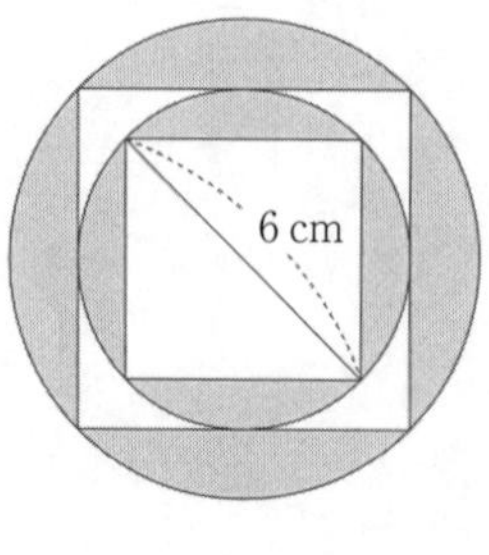

図３

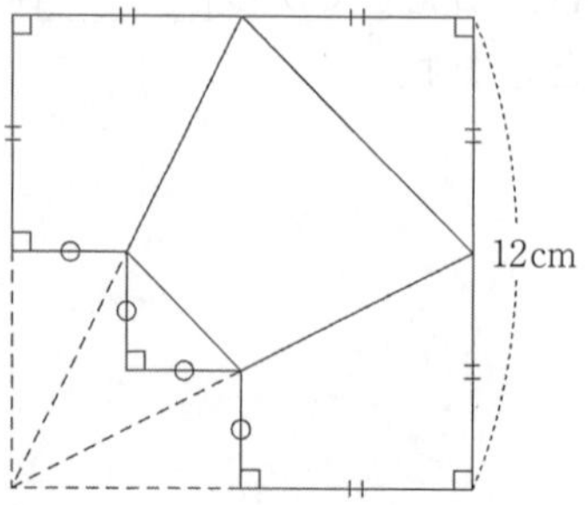

5 　図１のような直方体の形をした水そうに２つの長方形の仕切り板が底面に垂直に設置してあり，じゃ口から一定の割合で水を入れます。図２はじゃ口Ａだけを開けた時の，入れ始めからの時間と水面の最も高い部分の高さの関係をグラフに表したものです。次の問いに答えなさい。ただし，仕切り板の厚さは考えないものとします。

(1)　じゃ口Ａの水を入れる速さは毎分何Ｌですか。

(2)　［ア］，［イ］にあてはまる数を求めなさい。

(3)　じゃ口Ａを開けてから30分後にじゃ口Ｂを開けたところ，じゃ口Ｂを開けてから20分後に水そうがいっぱいになりました。水面の高さが40cm になるのはじゃ口Ｂを開けてから何分何秒後ですか。

図１

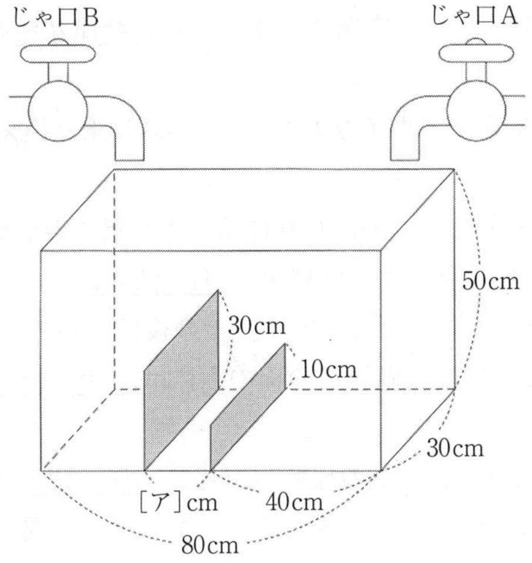

図２

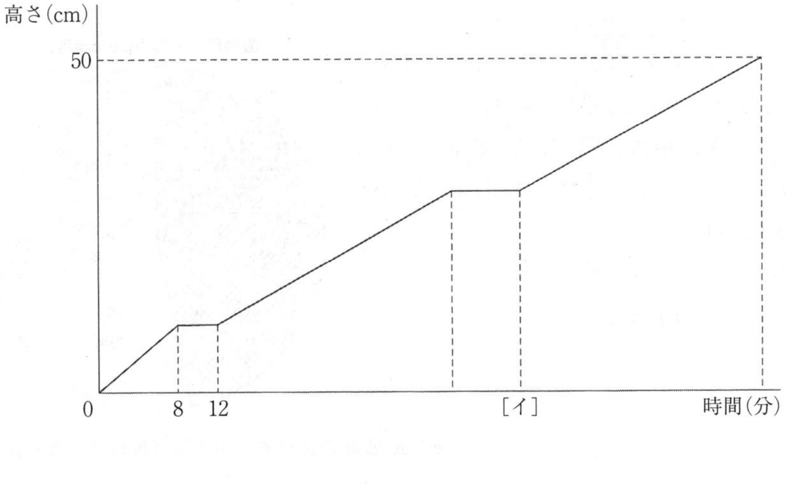

【社　会】〈第１回試験〉（30分）〈満点：60点〉

［注意］解答は，適切な漢字をもちいて記入して下さい。

1　次の文を読み，あとの問いに答えなさい。

千葉県の習志野《ならしの》市に住むあやかさんは，夏休みに家族で２泊《はく》３日の福島旅行へ行ってきました。まずは，京成本線で上野に向かいました。上野と成田空港をむすぶ京成本線は，この時期には（A）外国人の方も多く利用しています。上野駅からは（B）東北新幹線に乗《の》り換《か》えます。初日にまず向かったのは，鶴ヶ城《つるがじょう》です。福島県の郡山駅で新幹線を降り，そこからバスに乗り換えて鶴ヶ城・合同庁舎バス停で降りて到着《とうちゃく》です。（C）鶴ヶ城は別名を若松城ともいい，戊辰戦争で（D）新政府軍と（E）旧幕府軍が激しく戦ったことでも有名です。鶴ヶ城の天守閣に登ると，（F）会津盆地を見渡《みわた》すことができます。

その日は（G）蒸気機関車「ＳＬばんえつ物語」号に乗って喜多方まで行き，バスに乗り換えて（H）磐梯山のふもとのホテルに泊《と》まりました。

翌日は，磐梯山のふもとに広がる五色沼《ごしきぬま》を散策しました。このあたりには，大小無数の池があり，火山性の水質や藻《も》などにより不思議な色をした池も見られます。磐梯山は（I）活火山としても知られていて，これらの地形は，明治時代の噴火《ふんか》により形成されたそうです。その後は，バスで（J）猪苗代湖へ向かい，湖の近くのホテルに泊《と》まりました。猪苗代湖周辺の山の上には，（K）巨大《きょだい》な風車が並んで回っているのが見えます。

最後の３日目は，猪苗代湖の周辺を観光しました。途中《とちゅう》，この地域の出身で，（L）南アメリカやアフリカなどで伝染病《でんせんびょう》の研究に生涯《しょうがい》を捧《ささ》げた野口英世の記念館も見学しました。帰りは電車で郡山駅へと戻《もど》り，福島県の特産品である（M）桃《もも》をお土産《みやげ》に買って，新幹線で戻《もど》ってきました。

（１）下線部（A）について，右のグラフは，2016年度の日本への入国者の，国や地域ごとの割合です。グラフ中の①～④は，それぞれ，アメリカ合衆国，中国，韓国，台湾のいずれかです。④の国や地域として正しいものを，次のア～エから１つ選び，記号で答えなさい。

ア．アメリカ合衆国　　イ．中国

ウ．韓国　　エ．台湾

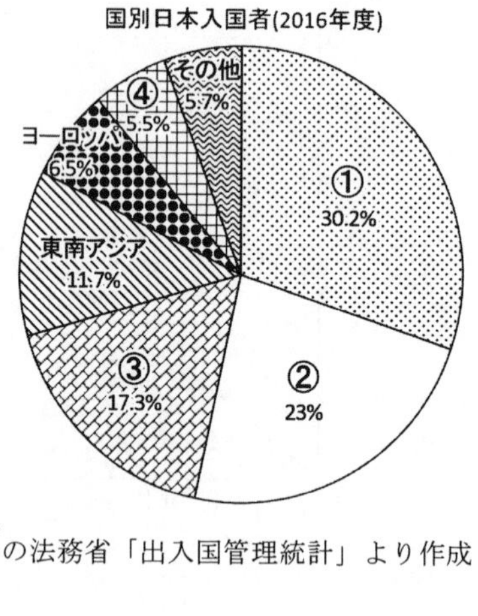

e-Stat 掲載《けいさい》の法務省「出入国管理統計」より作成

（２）下線部（B）について，次のア～エは東北新幹線の駅の名前です。これらを，東京駅から近い順番に並《なら》べ替《か》え，記号で答えなさい。

ア．大宮　　イ．仙台　　ウ．郡山　　エ．宇都宮

（３）下線部（C）について，下の地図は鶴ヶ城（若松城）の周辺を示したものです。この地図を説明した文として正しいものを，次のア～エから１つ選び，記号で答えなさい。

ア．鶴ヶ城公園の北側には，消防署や税務署が並んでいる。

イ．小田山の北のふもとには老人ホームがあり，そのさらに北側には茶畑が広がっている。

ウ．小田山の南西は扇状地になっており，果樹園が見られる。

エ．小田山の山頂と鶴ヶ城公園の高低差は150m 以上ある。

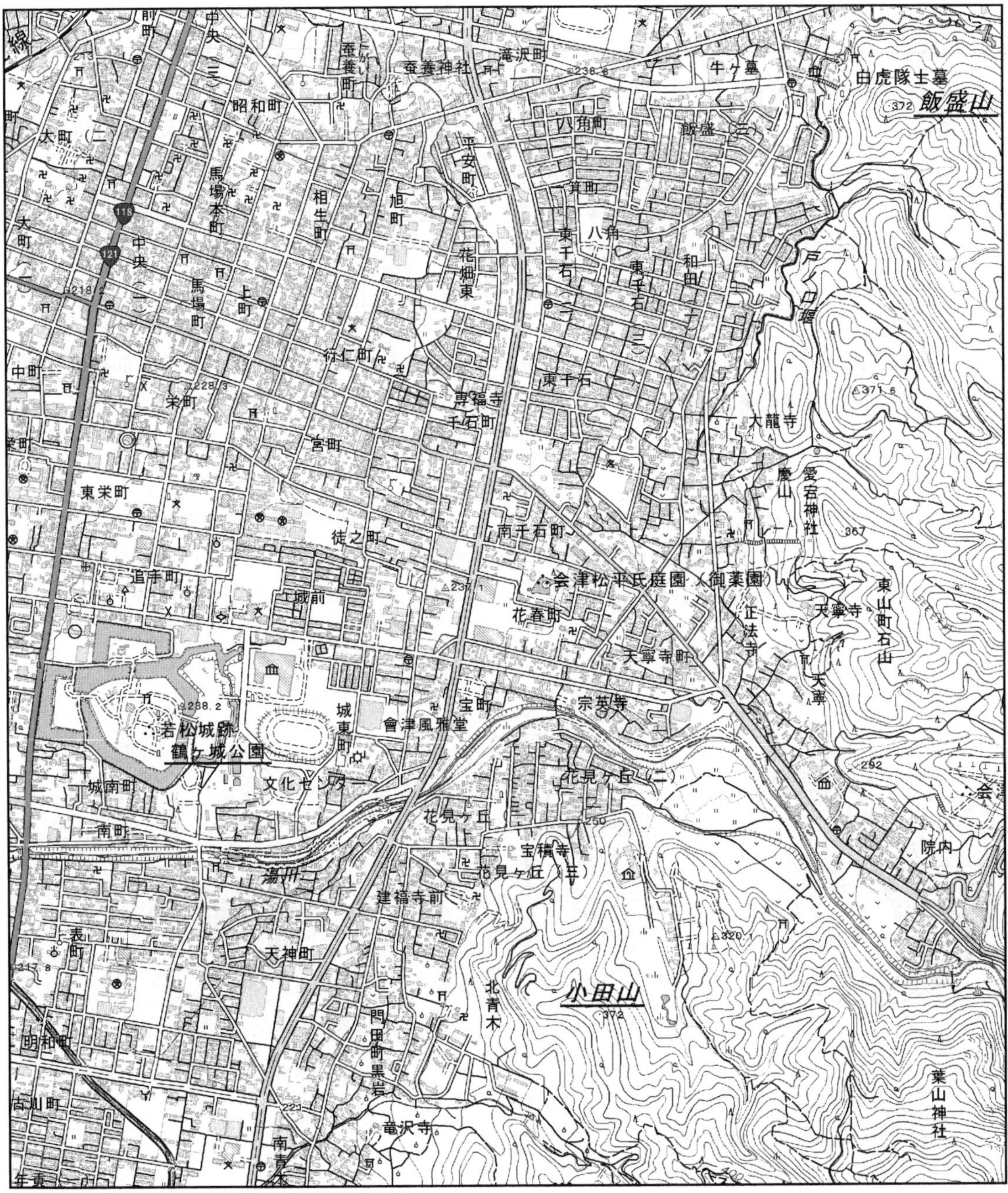

地理院地図より作成

（４）下線部（D）について，鶴ヶ城に攻《せ》め寄《よ》せた新政府軍を率いたのは板垣退助でした。この人物のその後の活躍《かつやく》を説明した文として正しいものを，次のア～エから１つ選び，記号で答えなさい。

ア．国会の開設を求める自由民権運動の中心人物として活動した。

イ．生活が苦しくなった士族の支持を集めて，西南戦争を起こした。

ウ．日本で最初の内閣総理大臣となった。

エ．日露戦争の際に外務大臣を務め，ポーツマス条約を結んだ。

（５）下線部（E）について，この戦闘《せんとう》の中で起こった，旧幕府軍の15歳《さい》から16歳の少年を中心とした白虎隊《びゃっこたい》の悲劇が有名です。彼《かれ》らは敗北をさとると，前ページの地図の北東部に位置する飯《いい》盛山《もりやま》で，自ら命を絶ちました。彼らが最期《さいご》に見たであろう風景を述べた以下の文章の①・②の箇所《かしょ》について，正しければ○，誤っていれば×を答えなさい。

> 飯盛山から城下町の方角をながめると，①湯川の流れの向こうに鶴ヶ城の姿が見えました。②向かって右側の方にある小田山にも，新政府軍は陣地《じんち》を築くようです。やがて，城下町から火の手が上がり，城も煙《けむり》に隠《かく》れていきました。

（６）下線部（F）について，会津盆地は，長野県の諏訪盆地と気候や地形が似ており，同様の産業が盛んです。この産業とは何か，次のア～エから１つ選び，記号で答えなさい。

ア．自動車　　イ．石油化学工業　　ウ．精密機械　　エ．鉄鋼業

（７）下線部（G）について，蒸気機関車の燃料となる石炭は，発電や製鉄のための重要な資源でもあります。下の①～③のグラフは，日本がエネルギー資源を輸入している国の割合を示しています。①～③の資源の組み合わせとして正しいものを，ア～エから１つ選び，記号で答えなさい。

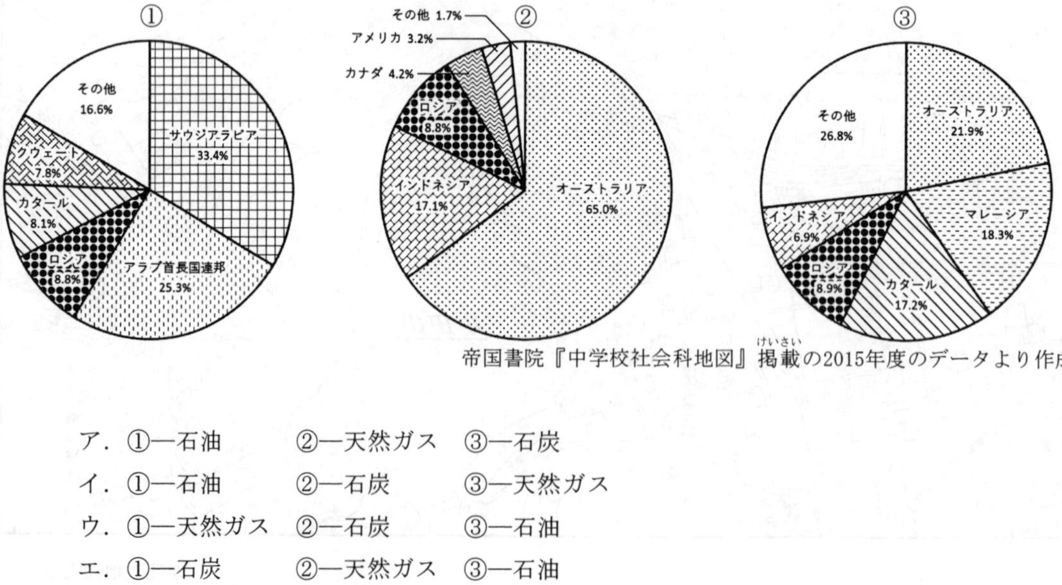

帝国書院『中学校社会科地図』掲載《けいさい》の2015年度のデータより作成

ア．①―石油　　②―天然ガス　③―石炭

イ．①―石油　　②―石炭　　③―天然ガス

ウ．①―天然ガス　②―石炭　　③―石油

エ．①―石炭　　②―天然ガス　③―石油

（８）下線部（H）の磐梯山は，東北地方を代表する山脈の南の端《はし》にあたります。その山脈の名前を答えなさい。

（９）下線部（I）に関連して，火山の活動について説明した次のア～エの文のうち，**誤っているもの**を１つ選び，記号で答えなさい。

ア．地熱発電とは，火山の熱や蒸気を利用した発電方法である。

イ．火山ガスが冷えて液体になったものが，石油になる。

ウ．温泉の多くは，火山の熱によって地下水が温められたものである。

エ．富士山も，火山の１つである。

（10）下線部（J）について，猪苗代湖は，日本で４番目の広さの湖です。次のア～エの湖のうち，猪苗代湖より広いものを１つ選び，記号で答えなさい。

ア．霞ヶ浦　　イ．浜名湖　　ウ．十和田湖　　エ．宍道湖

（11）下線部（K）について，右の写真はその風車を写したものです。この風車は何をするために設置されたものですか，その目的を簡潔に書きなさい。

（12）下線部（L）について，野口英世の活動のように，現在でも様々な組織が国際的に人々の健康を守るための活動を行っています。特に，赤十字国際委員会や国境なき医師団のような，「NGO」と呼ばれる団体の活動が注目されています。「NGO」とは何のことですか，漢字で答えなさい。

（13）下線部（M）について，下のグラフは，福島県の主な農産物である，米と桃《もも》の収穫量《しゅうかくりょう》の推移を示したものです。また，地図は，福島県内の主な桃の栽培《さいばい》地域を示したものです。
グラフからは，2011年の東日本大震災《だいしんさい》により，米の収穫量が大幅《おおはば》に減少したのに対して，桃の収穫量は影響《えいきょう》を受けていないことが読み取れます。その理由を，地図を参考にして説明しなさい。

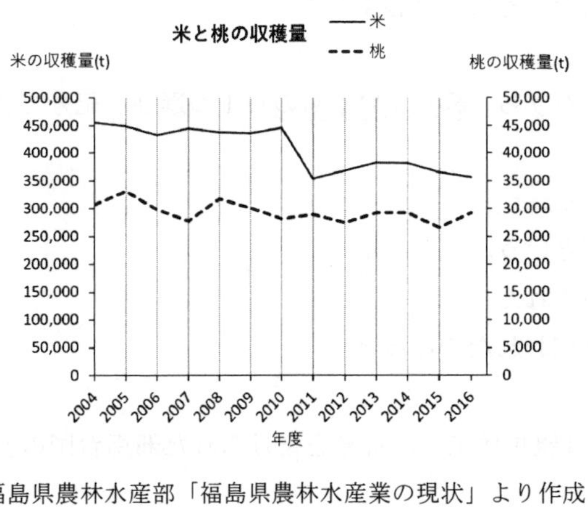

福島県農林水産部「福島県農林水産業の現状」より作成

2 日本の歴史における商業の発展について述べた次の文を読み，あとの問いに答えなさい。

私たちは必要な物がある時，交換《こうかん》や購入《こうにゅう》をすることによってそれを手に入れます。石器時代においても，同じ産地の（A）石器が広範囲《こうはんい》にわたって見つかっていることから，この当時から物の移動があったことが明らかとなっています。中国の歴史書である「魏志」倭人伝には，（B）邪馬台国で市《いち》が開かれていたことが書かれています。この記述から，３世紀の日本で商業を行う場所がすでに存在していたことがうかがわれます。

710年に平城京に都が移されると，右京と左京にそれぞれ市が置かれ，（C）各地の産物が売り買いされました。当時は物々交換が主流でしたが，市での支払《しはら》いには，富本銭に次《つ》いで708年に発行された（　あ　）のような貨幣《かへい》も使用されていたと考えられています。

平安時代になると，外国との貿易も盛んに行われました。日本から商人が海を越《こ》えて（D）中国大陸や朝鮮半島へ渡《わた》り，貿易を行いました。武士で初めて太政大臣になった（　い　）はこのような海外との貿易に目をつけ，現在の兵庫県に港を整備し，中国の物品や銅銭を手に入れました。

（E）鎌倉時代には，稲《いね》を育てたあとに同じ耕地で麦をつくる（　う　）が，西日本を中心に行われるようになり，農業の生産性が高まりました。同時に武具や農具などをつくる手工業者たちの活動も盛んとなり，定期的な市が各地で開かれました。室町時代になると定期市はさらに活発に開かれるようになり，（F）運送業や倉庫業のような商品流通に携《たずさ》わる人や，高利貸しのような金融業《きんゆうぎょう》を営む人々もあらわれました。

（G）江戸時代，江戸幕府は独自に金貨・銀貨・銅貨をつくりました。これらの貨幣をつくるため，幕府は（H）主要な鉱山を直轄地《ちょっかつち》としました。江戸では主に金貨が使用され，（I）大坂（大阪）では主に銀貨が使用されました。

（J）明治時代，新政府は欧米《おうべい》のような強国を目指し，富国強兵をスローガンに殖産興業政策をとりました。政府みずから（K）官営工場を設置し，工業の成長をうながしました。政府に協力することで利益をあげた資本家は，やがて（L）財閥へと成長し，日本の経済を支配していくこととなります。

（１）文中の空らん（あ）～（う）にあてはまる語句を，それぞれ答えなさい。

（２）下線部（A）について説明した次のア～エの文のうち，誤っているものを１つ選び，記号で答えなさい。

ア．黒曜石などが石器の材料として使用された。
イ．割った石を磨《みが》いて作った石器を磨製石器という。
ウ．石器はおのや矢じり，ナイフとして使用された。
エ．縄文時代になると土器が登場し，石器は使われなくなった。

（３）下線部（B）について，魏に使者を派遣して，「親魏倭王」の称号を授けられた邪馬台国の女王の名前を答えなさい。

（４）下線部（C）について，奈良時代，朝廷の命令で，国ごとに産物や地名の由来，伝承を記録した書物が作成されました。この書物の名前を漢字３文字で答えなさい。

（５）下線部（D）について，中国大陸や朝鮮半島と日本の関係を説明した文として正しいものを，次のア～エから１つ選び，記号で答えなさい。

ア．７世紀のはじめ，聖徳太子は小野妹子らを使者として漢へ派遣《はけん》した。

イ．９世紀末になると，隋の国力が弱くなり，遣隋使が廃止《はいし》された。

ウ．鎌倉時代には，元と新羅の連合軍が，日本の九州地方に攻《せ》め寄《よ》せた。

エ．江戸時代には，おもに将軍が代わるごとに朝鮮通信使が日本を訪《おとず》れた。

（６）下線部（E）の鎌倉時代の文化について説明した文として正しいものを，次のア～エから１つ選び，記号で答えなさい。

ア．中国に留学した空海は，帰国した後に真言宗を開いた。

イ．文学では武士の活躍《かつやく》を描《えが》いた軍記物が生まれた。代表的な作品は，源平の合戦の様子を描いた『源氏物語』である。

ウ．彫刻《ちょうこく》では，運慶や快慶らによって東大寺南大門の金剛力士像が作られた。

エ．鎌倉幕府の第３代将軍である足利義満は，『金槐和歌集』を編さんした。

（７）下線部（F）について，馬を使って荷物を運んだ運送業者は何と呼ばれたか，答えなさい。

（８）下線部（G）について，次のア～エは江戸時代の政治について述べたものです。これらの出来事を年代の古い順に並《なら》べ替《か》え，記号で答えなさい。

ア．武家諸法度に参勤交代の制度が加えられ，大名は原則として１年ごとに自分の領地と江戸を行き来することが定められた。

イ．アメリカ合衆国からペリーが来航して，日本に対して開国を求めた。

ウ．徳川吉宗が，幕府の財政を立て直すために，大名に対して上米の制を定めた。

エ．生類あわれみの令が出され，動物の殺生《せっしょう》が禁止された。

(９) 下線部（H）について，右の地図は江戸時代に盛んに採掘《さいくつ》が行われた鉱山の場所を示しています。鉱山の位置と名前の組み合わせが誤っているものを，地図中のア～エから１つ選び，記号で答えなさい。

(10) 下線部（I）の都市について説明した次のア～エの文のうち，誤っているものを１つ選び，記号で答えなさい。

　ア．江戸と大坂の間には，菱垣廻船や樽廻船と呼ばれる船が行き来した。
　イ．19世紀の中ごろ，幕府の元役人であった大塩平八郎が反乱をおこした。
　ウ．大坂は「天子様のおひざもと」と呼ばれ，西陣織などの工芸品が作られた。
　エ．米や特産物が全国から集まり，諸大名の倉庫である蔵屋敷が立ち並《なら》んでいた。

(11) 下線部（J）について，明治時代に起こったできごとを次のア～エから１つ選び，記号で答えなさい。

　ア．アメリカと日米修好通商条約を結んだ。
　イ．関東大震災がおこり，関東地方を中心に大きな被害《ひがい》が出た。
　ウ．満州事変がおこり，満州国が成立した。
　エ．新橋と横浜の間に日本で最初の鉄道が開通した。

(12) 下線部（K）について，政府が生糸を生産するため，1872年に群馬県に設置した初の官営工場の名前を答えなさい。

(13) 下線部（L）について説明した文として正しいものを，次のア～エから１つ選び，記号で答えなさい。

　ア．第一次世界大戦後に好景気をむかえると，新たな企業《きぎょう》が成長する中で財閥は解体された。
　イ．世界恐慌が発生して日本の経済も悪化すると，政府は経済統制のために財閥を解体した。
　ウ．第二次世界大戦が終了《しゅうりょう》すると，GHQの占領《せんりょう》下で財閥は解体された。
　エ．1960年代から高度経済成長期をむかえると，経済成長のさまたげとなった財閥は解体された。

3 日本国憲法の改正について述べた次の文を読み，あとの問いに答えなさい。

近年，日本国憲法を改正しようという動きが大きくなっています。日本の憲法はどのように制定され，改正するためにはどのような手続きが必要なのでしょうか。

日本で最初に定められた近代的な憲法は，1889年発布の（A）大日本帝国憲法でした。しかし，第二次世界大戦に敗れた後，日本はGHQから大日本帝国憲法を改正するよう指示を受けます。そこで政府は，GHQの憲法案をもとに大日本帝国憲法を全面的に改めた新しい憲法案を作成しました。この憲法案は帝国議会の審議《しんぎ》を経《へ》て，1946年に日本国憲法として公布され，翌年５月３日に施行《しこう》されました。

こうして誕生した日本国憲法には，（B）国民主権・（C）基本的人権の尊重・平和主義の３つの基本原理があります。このうち，平和主義については，憲法の前文と第９条に書かれています。第９条には，（D）戦争を放棄《ほうき》し，戦力を持たないことが定められていますが，この内容については，（E）日本と国際社会の現状に合っていないとして，改正を求める主張があります。他《ほか》にも，（F）新しい人権を憲法に明記すべきという意見もあります。

では，憲法を改正する場合にはどのような手続きを経なければならないのでしょうか。それは，憲法第96条に次のように定められています。

> この憲法の改正は，各議院の総議員の（　①　）以上の賛成で，国会が，これを発議し，国民に提案してその承認《しょうにん》を経なければならない。この承認には，特別の国民投票又《また》は国会の定める選挙の際《さい》行われる投票において，その（　②　）の賛成を必要とする。
>
> 憲法改正について前項《ぜんこう》の承認を経たときは，（　③　）は，国民の名で，この憲法と一体を成すものとして，直ちにこれを公布する。
>
> （旧仮名づかいは，現代仮名づかいにあらためた）

つまり，（G）国会が国民に改正案を示し，それを国民が承認して初めて憲法の改正が行われることになります。

現在，憲法改正を望む立場がある一方で，現行の日本国憲法が果たしてきた役割を重視し，改正に反対する意見も多くあります。また，早急《さっきゅう》に改正を行うのではなく，もっと慎重《しんちょう》な議論をするべきだという声もあります。（H）昨年10月に行われた衆議院議員選挙においても，憲法改正は争点の１つになりました。

最終的に憲法を改正するか否《いな》かを決めるのは，国民投票を行う国民一人一人です。憲法の改正によって，どのような国家の実現を目指すのか，私たち自身がよく考えなくてはなりません。

（１）下線部（A）の大日本帝国憲法について説明した次のア～エの文のうち，誤っているものを１つ選び，記号で答えなさい。

ア．貴族院が設置され，貴族院議員は内閣総理大臣が指名した。

イ．この憲法は，天皇が国民に与《あた》えるという形をとった。

ウ．国民は法律の範囲内《はんいない》で言論の自由を与えられた。

エ．天皇は国の統治権と軍隊の指揮権を持っていた。

（２）下線部（B）の「国民主権」とは，政治を最終的に決定するのは国民であるということです。国民が行使できる権利として，適切なものを次のア～エから１つ選び，記号で答えなさい。

ア．国務大臣への直接請求《せいきゅう》権

イ．国会の議長選出のための投票権

ウ．内閣総理大臣指名選挙での投票権

エ．最高裁判所の裁判官に対する国民審査権

（３）下線部（C）に関連して，憲法における国民の権利について説明した次のア～エの文のうち，誤っているものを１つ選び，記号で答えなさい。

ア．国民は性別で差別されないとされ，この考え方に従って男女雇用機会均等法が制定されている。

イ．健康で文化的な最低限度の生活を営む権利が保障されており，この規定をもとに生活保護制度が整備されている。

ウ．犯罪の有無《うむ》やその刑罰《けいばつ》を確定するためには，裁判を３回行わなくてはならないとされている。

エ．公務員の不法行為《こうい》によって損害を受けた場合には，国や地方公共団体に賠償《ばいしょう》を求めることができる権利が規定されている。

（４）下線部（D）について，2014年に，安倍内閣は「同盟国が攻撃を受けた場合，日本も，ともに反撃することは可能である」との憲法解釈を閣議決定しました。このような行動をとる権利を何といいますか，漢字６文字で答えなさい。

（５）下線部（E）について，次の問いに答えなさい。

①日本は，国連平和維持活動に自衛隊を派遣《はけん》しています。国連平和維持活動の略称《りゃくしょう》を，次のア～エから１つ選び，記号で答えなさい。

ア．WHO　　イ．PKO　　ウ．ODA　　エ．UN

②国連平和維持活動協力法に基《もと》づいて自衛隊が派遣されたことのある国を，次のア～エから１つ選び，記号で答えなさい。

ア．中華人民共和国　　イ．朝鮮民主主義人民共和国

ウ．ベトナム　　エ．南スーダン

（６）下線部（F）について，現行の日本国憲法には明確に定められていない「新しい人権」に含《ふく》まれるものを，次のア～エから１つ選び，記号で答えなさい。

ア．勤労者が団体交渉をする権利

イ．国や地方公共団体に情報の公開を求める権利

ウ．教育を受ける権利

エ．裁判を受ける権利

（７）文中の空らん①～③に当てはまる語句の組み合わせとして正しいものを，次のア～エから１つ選び，記号で答えなさい。

ア．　①―過半数　　②―３分の２　　③―天皇

イ．　①―過半数　　②―３分の２　　③―内閣総理大臣

ウ．　①―３分の２　②―過半数　　③―天皇

エ．　①―３分の２　②―過半数　　③―内閣総理大臣

（８）下線部（G）について説明した文として正しいものを，次のア～エから１つ選び，記号で答えなさい。

ア．衆議院議員の任期は４年だが，衆議院が解散された場合は任期中でも議員の資格を失う。

イ．法律案は，さきに衆議院に提出しなければならない。

ウ．内閣不信任の議決は，参議院のみが行うことができる。

エ．参議院では，半数の議員の任期は３年で，残りの半数の議員の任期は６年である。

（９）下線部（H）の選挙について説明した次のア～エの文のうち，誤っているものを１つ選び，記号で答えなさい。

ア．枝野幸男氏を中心に立憲民主党が結成され，選挙戦に加わった。

イ．希望の党は，選挙後に自由民主党と連立政権を形成した。

ウ．日本共産党は，憲法改正に反対することを公約とした。

エ．自由民主党は，消費税の増税を予定通り行うことを公約とした。

【理　科】〈第１回試験〉（30分）〈満点：60点〉

1　次の各問いに答えなさい。

(1)　次のア～オのうち，羽が２枚の昆虫を１つ選び，記号で答えなさい。

ア：カブトムシ　　イ：トンボ　　ウ：ハチ　　エ：ハエ　　オ：テントウムシ

(2)　次のア～オの水よう液のうち，赤いリトマス紙を青く変えるものはどれですか。１つ選び，記号で答えなさい。

ア：食塩水　　イ：重そう水　　ウ：塩酸　　エ：レモンの汁《しる》　　オ：砂糖水

(3)　日本のある場所で，季節によって見える北極星の高さの違いを調べるとどのようになりますか。次のア～オから１つ選び，記号で答えなさい。

ア：春が一番高いところに見える。　イ：夏が一番高いところに見える。
ウ：秋が一番高いところに見える。　エ：冬が一番高いところに見える。
オ：どの季節も同じ高さに見える。

(4)　図１のように，発光ダイオード(ＬＥＤ)を電池につないだところ，発光ダイオードが光りました。図２のように電池の向きを逆にしたとき，発光ダイオードはどのようになりますか。次のア～エから１つ選び，記号で答えなさい。

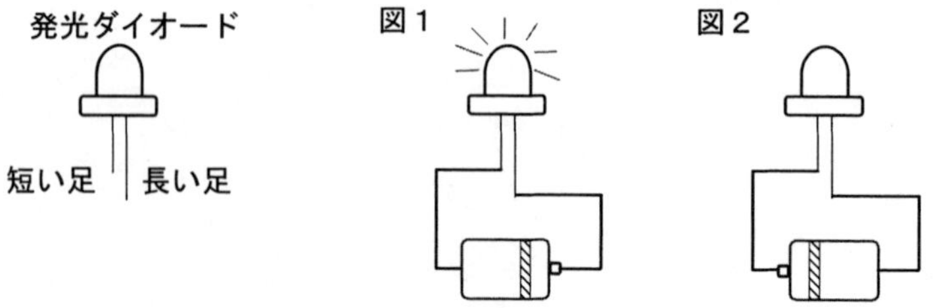

ア：図１のときよりも明るく光る。　イ：図１のときと同じ明るさで光る。
ウ：図１のときよりも暗く光る。　エ：光らない。

(5)　ヒトの目について述べた文章のうち，まちがっているものはどれですか。次のア～オから２つ選び，記号で答えなさい。

ア：網膜《もうまく》は見えた物体と同じ向きの像をうつし出す。
イ：網膜でつくられた像は視神経を通って大脳に伝えられる。
ウ：角膜はレンズを守る役割を持つ。
エ：こうさいは，ひとみの大きさを変えることで，光の量を調節する。
オ：レンズは遠くを見るときにふくらむ。

(6)　次のア～オの金属のうち，塩酸にとけないものはどれですか。１つ選び，記号で答えなさい。

ア：銅　　イ：鉄　　ウ：アルミニウム　　エ：亜鉛《あえん》　　オ：マグネシウム

(7)　太陽を観測すると，黒点とよばれる黒く見える部分がありました。黒点が黒く見える理由を，次のア～エから１つ選び，記号で答えなさい。

ア：黒点は光を出していないため。
イ：黒点が太陽の光をさえぎっているため。
ウ：黒点はまわりよりも温度が低いため。
エ：黒点は黒い物体でできているため。

(8)　冷凍庫《れいとうこ》から出したカチカチのアイスに手で持ったスプーンをさしたとき，一番はやくアイスがとけるのは，次のア～エのどの金属でできたスプーンですか。１つ選び，記号で答えなさい。ただし，スプーンの形はどれも同じもので，アイスにスプーンをさすときの力は同じとします。

ア：金　　イ：銀　　ウ：アルミニウム　　エ：鉄

2　下の文を読んで，次の問いに答えなさい。

図１は，ヒトのじん臓と，そのまわりの器官のようすを表しています。じん臓では，尿《にょう》がつくられ，Ａを通ってＢに一時的にためられます。図２は，じん臓の一部を拡大しており，血液をろ過して尿をつくる部分を簡単に表しています。Ｃを通った血液がＤでろ過され，Ｅの液体の中から必要なものだけを再びＦで血液中にもどし，最終的に残ったものはＧを通ってＡに送られます。

図１　　　　図２

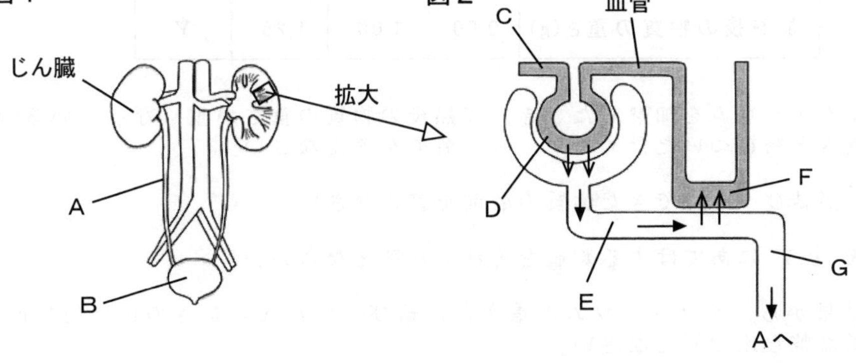

表１は，健康な人にイヌリンを注射したのち，図２のＣ，Ｅ，Ｇの液体１Ｌ中にふくまれるイヌリンおよび物質①～④の重さ(mg)を調べた結果です。イヌリンは正常な血液にまったくふくまれておらず，Ｄですべてろ過されたあと，血液にもどることなくすべて尿に出されます。なお，実験者の１日の尿量は１Ｌでした。

表１

	C	E	G
イヌリン	0.1	0.1	12
①	8	0	0
②	0.1	0.1	0
③	0.03	0.03	2.1
④	0.3	0.3	0.35

(1)　図１のＡとＢの名前をそれぞれ答えなさい。

(2)　尿の中にふくまれる尿素は，からだの「ある部分」でアンモニアからつくられます。「ある部分」の名前を答えなさい。

(3)　表１の①～④で調べた物質の中にたんぱく質がありました。健康な人では，たんぱく質は血液から尿にろ過されず，血液中に残ります。表１の①～④のうち，たんぱく質はどれですか。あてはまるものを１つ選び，記号で答えなさい。

(4)　じん臓で，１日に何Ｌの血液がＤでろ過されますか。イヌリンの重さの変化をもとに考えて答えなさい。

3　**銅とマグネシウムの粉末を，別々に十分加熱したところ，下の表のような結果になりました。次の問いに答えなさい。**

銅の重さ(g)	0.20	0.60	1.00	2.40
加熱後の物質の重さ(g)	0.25	0.75	***X***	3.00

マグネシウムの重さ(g)	0.30	0.60	0.75	2.70
加熱後の物質の重さ(g)	0.50	1.00	1.25	***Y***

(1)　銅やマグネシウムを加熱したとき，加熱後の物質の重さが重くなっているのは，ある物質Ａと結びついたためです。Ａの名前を答えなさい。

(2)　銅とＡが結びついてできた物質の名前を答えなさい。

(3)　表の***X***と***Y***にあてはまる数値をそれぞれ答えなさい。

(4)　表の結果から，マグネシウムの重さと，結びついたＡの重さの比は何対何ですか。最も簡単な整数比で答えなさい。

(5)　異なる重さの銅とマグネシウムをそれぞれ別々に十分加熱したところ，加熱後の物質の重さが同じになりました。銅の重さとマグネシウムの重さの比は何対何ですか。最も簡単な整数比で答えなさい。

4　日本のある場所(Ａ地点とします)で，図１のような装置を水平な地面に置き，棒のかげの先の１日の変化を調べました。図２の①は，Ａ地点で春分の日の昼の12時に調べた棒のかげの先の位置を表しています。これについて，次の問いに答えなさい。

図１

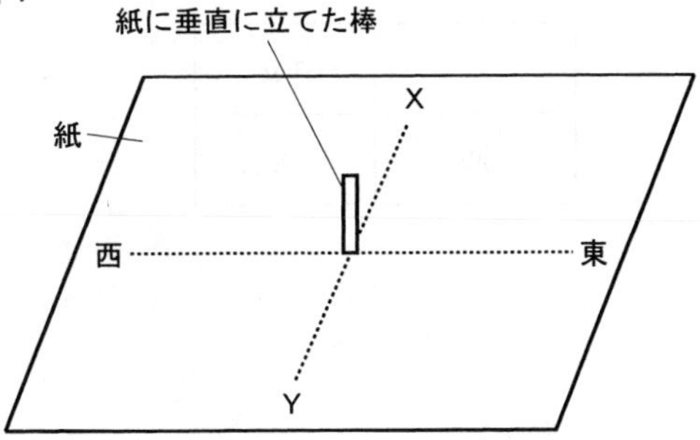

図２

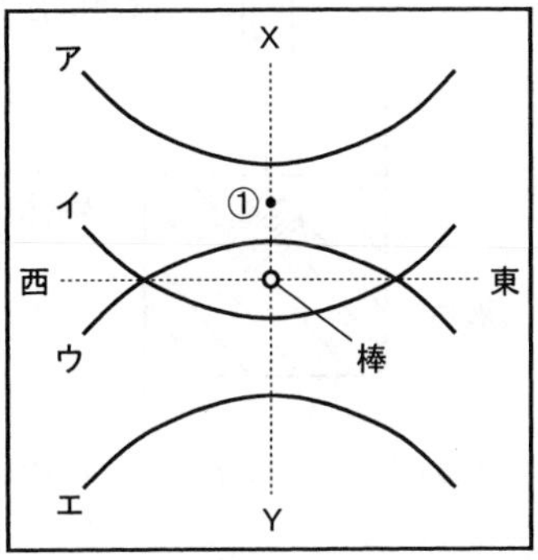

(1)　図１で，南はどの向きですか。図１の**X**，**Y**から１つ選び，記号で答えなさい。

(2)　冬至の日に，棒のかげの先を結んだ線はどのようになりますか。図２の**ア**～**エ**から１つ選び，記号で答えなさい。

(3)　図３のように，図２の①と棒の先端を結ぶと，その先に太陽がありますが，図３の②の角度を調べると54度でした。この場所の北緯は何度ですか。

(4)　春分の日の午後３時に，棒のかげの先の位置を調べると，①の位置からずれていました。どの向きにずれますか。図４の**ア**～**エ**から１つ選び，記号で答えなさい。

(5)　Ａ地点とは違う場所(Ｂ地点とします)で，春分の日の昼の12時に棒のかげの先の位置を調べたら，図４の①よりも**エ**の向きにずれていました。Ｂ地点はどのような場所ですか。Ｂ地点について述べた次の文のⅠ・Ⅱにあてはまることばを，下から１つずつ選び，ことばで答えなさい。

図３

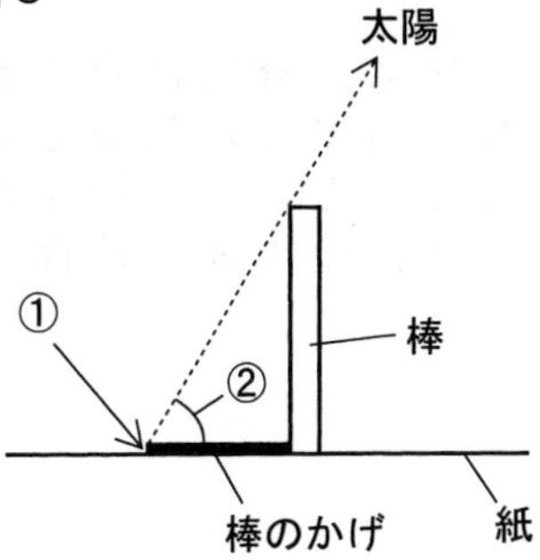

図４

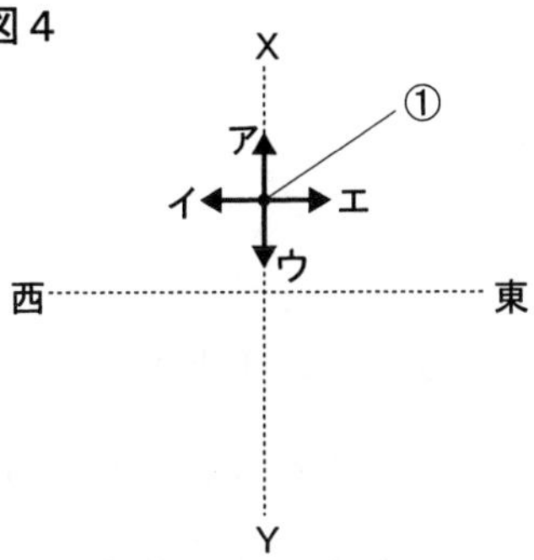

Ｂ地点は，Ａ地点と（Ⅰ）は同じで，Ａ地点より（Ⅱ）に移動した場所

（Ⅰ）　緯度・経度　　　（Ⅱ）　東・西・南・北

5 図1は重さ100g，体積60cm^{3}の物体をばねはかりに糸でつるし，液体の入っているビーカーに沈めたところを表しています。次の問いに答えなさい。ただし，液体1cm^{3}あたりの重さは表のとおりとし，糸の重さや体積は考えないものとします。

図1

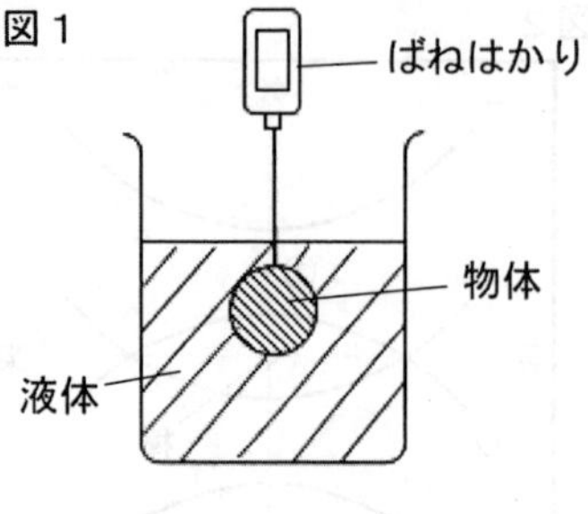

1cm^{3}あたりの重さ

水	1g
油	0.8g

(1)　液体が水のとき，ばねはかりの示す値は何gですか。

(2)　液体が油のとき，ばねはかりの示す値は何gですか。

次に，容器に水と油を静かに入れたところ，上部に液体A，下部に液体Bの層に分かれました。そこに，重さのわからない1辺が10cmの立方体を沈めたところ，図2のようになりました。次の問いに答えなさい。ただし，立方体の上面と液面は平行になっているものとします。

図2

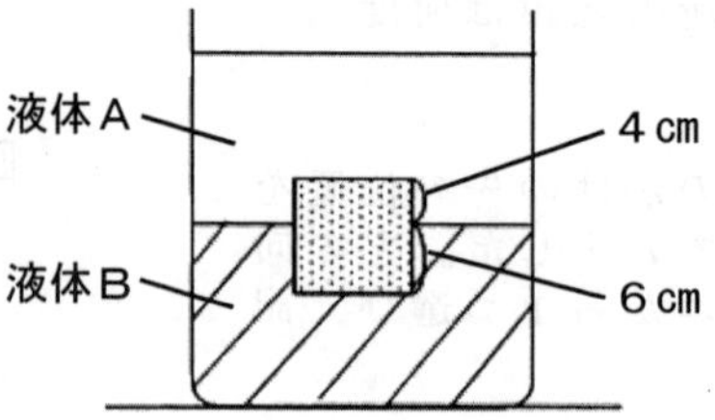

(3)　液体Aは水と油のどちらですか。ことばで答えなさい。

(4)　立方体が水からうける浮力の大きさは何gですか。

(5)　立方体が油からうける浮力の大きさは何gですか。

(6)　立方体1cm^{3}あたりの重さは何gですか。

不安」から生まれた国家主義は、「国家とはなににもまさって存在する至高のもので、個人のあり方より国家のあり方を優先する」という方向へ進みます。どうしてかと言うと、自分達の国家のあり方に不安を感じて「なんとかしなくちゃ」と思うのだったら、まず第一に「Y」ということを考えなければならないからです。

（橋本　治『国家を考えてみよう』ちくまプリマー新書）

注：nation…国家、民族。
　アイデンティティ…自分がどの国家に属しているかという自覚。

問一　――線部①の説明として最も適当なものを次から一つ選び、記号で答えなさい。
ア　国民国家が誕生して「国家主義」が生まれ、その後に「民族主義」と「国民主義」が生まれてきた。
イ　「国民主義」と「民族主義」は現代の「国家主義」と違って過去の考え方である。
ウ　「国家主義」の中には、「国民主義」と「民族主義」の二つの考え方がある。
エ　「国家主義」「民族主義」「国民主義」の三つの考え方は外国の状況だけを説明するものである。

問二　――線部②は何をさしていますか。本文中から抜き出しなさい。

問三　――線部③のようなナショナリズムが登場するのは、どのような気持ちからですか。本文中から十字以内で抜き出しなさい。

問四　――線部④⑤⑥⑦の人達は「出来上がった『国民の国家』」についてどのような姿勢ですか。守ろうという姿勢であればA、変えようという姿勢であればB、無関心である場合はCでそれぞれ答えなさい。

問五　X に当てはまる五字以内のひらがなの語を本文中から抜き出しなさい。

問六　Y に入れるのに最も適当な語を次から一つ選び、記号で答えなさい。
ア　個人が強くなる　　イ　国家を監《かん》視する
ウ　個人を守る　　エ　国家を強くする

問七　本文を読んでＡＢＣＤが感想を述べました。この中で本文の内容を踏《ふ》まえた最も的を射たことを言っているのは誰《だれ》でしょうか。記号で答えなさい。

Ａ　自分の国の平和が脅《おびや》かされている雰《ふん》囲気になってきた時には、それが政府などによって作られたものかどうか注意しなければいけない。報道などの情報を自分で判断できる力が必要だと思います。

Ｂ　世界の国々の中には植民地時代のつらい歴史を背負っている国があります。そうした国のナショナリズムの高揚はヘイトスピーチ系のナショナリズムとは区別してきちんと認めてあげるべきだと思います。

Ｃ　自分たちの国家が危うくなることは困るので、政府に頼《たよ》るだけでなく国民が意見を統一して力を合わせていかなければならないと思います。そうすることで国家に関する不安が生まれずにすむはずです。

Ｄ　外国語を訳すときには、もとの意味からは離《はな》れてしまうことが多いのではないでしょうか。ひとつの外国語を理解するためにもその国の歴史や文化を理解することが必要だと思います。

を考える」とか、「多民族国家の中のある民族が自分達のアイデンティティに目覚めて独立を考える」という時に、②この言葉は登場します。

「ナショナリズム」は、そこが「国家」になろうとする時期に登場する「現在進行形の言葉」で、そうであるのが本来なのですが、③「国家」が出来上がってしまっている、現在完了形や過去形になった時に登場する「ナショナリズム」もあります。「国家」はもう出来上がっているのですから、今更《いまさら》「国家になろう」もへったくれもないわけですが、そこに「ナショナリズム」という言葉が登場するのには、ある理由があります。つまり、国家が危機にさらされている時です。

強い敵に襲《おそ》われて、国家が存亡の危機にさらされている時、あるいは、国家財政が破綻《たん》して、自分達の国家が危うくなりかかっている時、国民は「我々の国家をなんとかしよう！」と思って立ち上がろうとします。もちろん「④立ち上がらない国民」だっていますが、⑤立ち上がった国民が「我々の国家をなんとかしよう！」という声を上げたら、それは「ナショナリズムの高揚」で、この「ナショナリズム」は「民族主義」でも「国民主義」でもない「我々の国家をなんとかしよう主義」の「国家主義」です。

「我々」である「民族」や「国民」はちゃんと存在してはいるけれど、その「我々」を包む「国家」という外枠《わく》のシステムがなくなると、困ったことになる。だから、「我々で国家をなんとかしよう」の国家主義です。

でも「国家の危急存亡の危機」ということは、言われはしてもそうは起こりません。それよりもずっと多く起こるのは「国家の危機を囁《ささや》く声が生まれる」です。

「ナショナリズムを煽《あお》る」という言い方があります。よその国と戦争をしようと考える政府が、あまり乗り気ではない国民をその気にさせるため、「あの国はひどい、あの国は危険だ、戦わねばならない！」という論調を、メディアを通してばらまくことです。それを政府がやっているということがばれるとそれに対する反対運動が起こるので、「ナショナリズムを煽る」の初めは、必ず「 X 」です。

国民が反対するであろう侵略《しんりゃく》戦争をするためだけでなく、他にも政府がひそかにナショナリズムを煽る場合があります。政府の施策《しさく》がうまく行かなくて厄介《やっかい》な状態になった時、他の国を敵視したり悪者扱《あつか》いすることによって「我々国民の一体感」を演出して、政府の失策から目をそらさせる場合です。

政府が煽るだけでなく、「このままでは、我々が思っているこの国の形が変わってしまう」と思う⑥一部の国民の間から「あの民族を追い出せ！」「あの宗教の信者を追い出せ！」という、ヘイトスピーチ系のナショナリズムが生まれることだってあります。

「国民の国家」が出来上がっても、そのまま順調に行くとは限りません。だから、一度は「国民の国家」になりはしたけれど、⑦そのことに喜んでいなかった人達が、「改めて国家の形を考えるべきだ、昔の国家の形の方がよかった」と主張するようなナショナリズムだって、登場します。

「国民の国家」とは「国民が運営する国家」ですが、「内政だ、外交だ、世界情勢だ」とさまざまな問題があって、いつでも国家がうまく行くとは限りません。だから、政府に政治を委任《いにん》している国民や、国民に代わって国家をやっている政府の中に不安が生まれて、「この国家をなんとかしなくちゃいけないんじゃないか？」というナショナリズム＝国家主義が生まれてしまうのです。

つまり、「国民の国家」が出来上がった後で生まれる、本当ならもういらないはずの国家主義は、「国家に関する不安の表れ」なのです。

「国民の国家」が出来上がった後でそこに登場する、「国家に関する

キ　群衆などがちりぢりばらばらに逃げるさま
ク　大切にして手放さないもの

問九　次のことわざの間違っている部分を抜《ぬ》き出して、正しく書き直しなさい。

雨降って地流れる

問十　次のア～エにはすべて色を表す漢字が入ります。このうち二つの色を混ぜ合わせて「紫《むらさき》色」を作りたいと思います。その場合、どの組み合わせが最も適当ですか。二つ選んで、記号で答えなさい。

ア　大勢の人の前で（　）恥《はじ》をかくのだけはごめんだ。
イ　彼にはいつも（　）いうわさがつきまとっている。
ウ　私のような（　）二才には荷が重すぎる。
エ　彼女は最後まで（　）を切りとおした。

問十一　表現として適当なものはどちらか。記号で答えなさい。

①　ア　あの芝居はつまらなさすぎる。
　　イ　あの芝居はつまらなすぎる。
②　ア　若い頃からのたゆまぬ努力が実を結んだ。
　　イ　若い頃からのたえまぬ努力が実を結んだ。

問十二　次の――線部と同じ意味・用法のものをあとから一つ選び、記号で答えなさい。

比べられるのはいい気持ちがしない。

ア　いつも好きなテレビを見られる。
イ　一生懸《けん》命掃除をして褒《ほ》められる。
ウ　先生が食べられるとみな食べ始めた。
エ　母の優しさが感じられる。

問十三　「あたかも」という言葉を使って二十字以上三十字以内で短文を作りなさい。話が通じれば主語がなくてもかまいません。

二　次の文章を読み、あとの問いに答えなさい。

「国家主義」という言葉があります。「ナショナリズム(nationalism)」の訳語で、フランス語でもドイツ語でも「nation＋主義」という意味になっている点では変わりません。

元は「ナショナリズム」で一つなのに、この言葉にはニュアンスの違《ちが》う訳語が、少なくとも三つあります。①「国家主義」と「国民主義」と「民族主義」です。同じ言葉なのにどうして違うのかを考えるために、「ナショナリズム」という言葉の使い方を見てみましょう。日本ではなく、外国での状況《きょう》を伝えるのに、こんな言い方をする時があります。これです――《現地ではナショナリズムが高揚《こうよう》して、独立への気運が高まっている。》

複数の民族で構成されている国家で、ある民族が「自分達は自分達だけで国家をやりたい」という方向に行った時、こんな表現が登場しますし、以前なら西洋諸国の植民地にされていた場所でよく使われていました。この「ナショナリズムの高揚」は、「国家になりたい気分」で「その考え」です。

この「国家になりたい」は、「我々の民族だけで一つにまとまろう」という考えがバックにある時点で、「民族主義」です。

同じ「ナショナリズムの高揚」でも、大きな帝国の中での「我々は元々別の王国の国民なんだから、独立したい」になると、こちらは同じ「ナショナリズム」でも「国民主義」で、「民族主義」も「国民主義」も「国家になりたい」という方向性を持つ点で、「国家主義」なのです。

早い話、「国家主義」は「国家になりたい主義」で、国民国家であるnationが誕生する時、あるいは誕生しようとする、十八世紀の終わりから第二次世界大戦の終わる二十世紀の中頃にかけて、大いに使われた言葉です。だから、今でもまだ「大国に併《へい》合された小国が独立

二〇一八年度
国府台女子学院中学部

【国　語】〈第一回試験〉（五〇分）〈満点：一〇〇点〉

注意＝句読点や記号もそれぞれ一字と数えます。

一　次の各問題に答えなさい。

問一　次の――線部のカタカナは漢字に直し、漢字の読みはひらがなで答えなさい。

①　無理しすぎると明日の仕事に差し支える。
②　秋晴れの今日は散歩日和だ。
③　ここであきらめてしまってはイクジがない。
④　初日の出をオガみに家族全員で出かけた。

問二　次の漢字と、それを一部とする別の漢字を組み合わせて、二字の熟語を一つ作り、書きなさい。元の漢字の位置は、一文字目でも二文字目でもかまいません。

《例》日→日時・明日　など

①　子　②　金

問三　次の文の中から、――線部の言葉の使い方として正しいものを一つ選び、記号で答えなさい。

ア　一時は苦境に立たされたが、そこを乗りこえてついに活路を見出した。
イ　彼の言うことは活路が通っていて、だれでも理解できる。
ウ　日本で研究を続けるか、海外に留学するか、人生の活路を選ぶ時がきた。
エ　展示会で積極的に新商品を紹介することで、活路を広げることに成功した。

問四　次の組み合わせの中から、上の言葉と下の言葉の関係が他の三つとちがうものを一つ選び、記号で答えなさい。

ア　意表に出る　―意表を突く
イ　耳をすます　―耳をそばだてる
ウ　きまりが悪い―ばつが悪い
エ　心もとない　―心ここにあらず

問五　次の――線部は「話し言葉」です。意味合いを変えずに、ふさわしい「書き言葉」に直しなさい。

《例》努力している人にはやっぱりかなわない。→やはり

私の祖母は年をとっているが、新聞なんかもめがねをかけずに読んでいる。

問六　次の□に共通して当てはまる漢字一字を入れて、慣用句を完成させなさい。

□に流す　湯□のように使う　□泡《ほう》に帰する

問七　次の（　）に共通して当てはまる言葉をひらがな二字で書き、慣用句を完成させなさい。

（　）をふるう　（　）によりをかける　（　）が立つ

問八　次の（　）に入る動物の名前をひらがなで書いて慣用句を完成させなさい。また、その慣用句の意味をあとから選び、記号で答えなさい。

①　やぶ（　）　②　（　）の子を散らす

ア　隠《かく》しごまかしていたのが見つかること
イ　正体を隠しておとなしくすること
ウ　追いつめられてもう逃げられない状態
エ　わけがわからなくなりぼんやりすること
オ　余計なことをして自分に悪い結果になること
カ　ごくわずかなもののたとえ

2018年度

国府台女子学院中学部　▶解説と解答

算　数　＜第１回試験＞（50分）＜満点：100点＞

解　答

[1] (1) 5　(2) $\frac{1}{15}$　(3) $\frac{3}{10}$　[2] (1) 875　(2) 5　(3) 30　(4) 350　(5) 300　(6) 3　[3] (1) ア…210，イ…$\frac{4}{7}$，ウ…５，エ…$5\frac{1}{2}$，オ…115　(2) 400mL　[4] (1) 42　(2) 30.78　(3) 63　[5] (1) 毎分1.5L　(2) ア…20，イ…48　(3) 13分36秒後

解　説

[1] 四則計算，逆算

(1) $6\times(17-2\times7)-4\times\{3\div4+5\div(3-1)\}=6\times(17-14)-4\times\left(\frac{3}{4}+5\div2\right)=6\times3-4\times\left(\frac{3}{4}+\frac{5}{2}\right)=18-4\times\left(\frac{3}{4}+\frac{10}{4}\right)=18-4\times\frac{13}{4}=18-13=5$

(2) $15\times\left(4\div2\frac{1}{2}-0.25\times3\right)\times\frac{4}{9}-5.6=15\times\left(4\div\frac{5}{2}-\frac{1}{4}\times3\right)\times\frac{4}{9}-5.6=15\times\left(4\times\frac{2}{5}-\frac{3}{4}\right)\times\frac{4}{9}-5.6=15\times\left(\frac{8}{5}-\frac{3}{4}\right)\times\frac{4}{9}-5.6=15\times\left(\frac{32}{20}-\frac{15}{20}\right)\times\frac{4}{9}-5.6=15\times\frac{17}{20}\times\frac{4}{9}-5.6=\frac{17}{3}-5.6=5\frac{2}{3}-5\frac{3}{5}=5\frac{10}{15}-5\frac{9}{15}=\frac{1}{15}$

(3) $3\div\left(\frac{1}{2}\times\square+0.3\right)-3\frac{2}{3}=3$ より，$3\div\left(\frac{1}{2}\times\square+0.3\right)=3+3\frac{2}{3}=6\frac{2}{3}=\frac{20}{3}$，$\frac{1}{2}\times\square+0.3=3\div\frac{20}{3}=3\times\frac{3}{20}=\frac{9}{20}$，$\frac{1}{2}\times\square=\frac{9}{20}-0.3=\frac{9}{20}-\frac{3}{10}=\frac{9}{20}-\frac{6}{20}=\frac{3}{20}$　よって，$\square=\frac{3}{20}\div\frac{1}{2}=\frac{3}{20}\times\frac{2}{1}=\frac{3}{10}$

[2] 売買損益，集まり，植木算，速さと比，濃度《のうど》，旅人算

(1) 仕入れ値を１とすると，２割の利益を見こんで定価をつけたので，定価は，１＋0.2＝1.2と表せる。また，実際は定価の１割引きで売ったので，実際の売り値は，1.2×（１－0.1）＝1.08となり，このときの利益が70円だったから，1.08－１＝0.08が70円にあたる。よって，仕入れ値は，70÷0.08＝875(円)と求められる。

(2) 右の図１で，動物園に行ったことがある人は14人で，両方に行ったことがある人はその$\frac{3}{7}$だから，両方に行ったことがある人(イ)の人数は，$14\times\frac{3}{7}=6$（人）となる。よって，動物園だけに行ったことがある人(ア)の人数は，14－６＝８（人），水族館だけに行ったことがある人(ウ)の人数は，17－６＝11(人)なので，どちらかには行ったことがある人は，６＋８＋11＝25(人)とわかる。また，両方に行ったことがある人はクラス全体の$\frac{1}{5}$だから，クラス全体の人数は，$6\div\frac{1}{5}=30$(人)である。したがって，どちらにも行ったことがない人(エ)の人数は，30－25＝５（人）と求められる。

図１

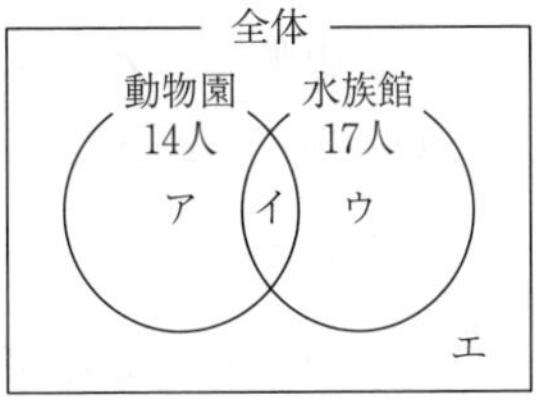

(3) 土地の周囲に木を植えるとき，木と木の間の場所の数は，植える木の本数と同じになるので，

この長方形の土地の周囲の長さは，２×50＝100(m)とわかる。また，長方形の周囲の長さは縦と横の長さの和の２倍だから，縦と横の長さの和は，100÷２＝50(m)となる。よって，縦の長さは，50－20＝30(m)と求められる。

⑷　２人の進んだようすは右の図２のように表せるので，のり子さんが21m走ったとき，洋子さんが走った距離《きょり》は，21＋94－100＝15(m)とわかる。よって，のり子さんと洋子さんが同じ時間に進む距離の比は，21：15＝７：５となる。また，のり子さんが洋子さんに追いついたのは，のり子さんが洋子さんよりも100m多く走ったときで，そのとき，比の，７－５＝２にあたる距離が100mとなる。よって，比の１にあたる距離は，100÷２＝50(m)だから，のり子さんの走った距離は，50×７＝350(m)とわかる。

図２

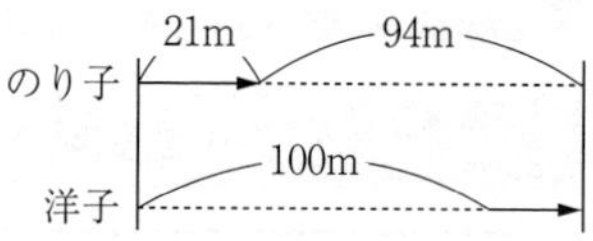

〔ほかの考え方〕　のり子さんが21m走ると，洋子さんとの距離が，100－94＝６(m)ちぢまるので，100mちぢまるまでに，のり子さんは，21×100÷６＝350(m)走る。

⑸　水を蒸発させる前の食塩水の重さは，400＋100＝500(g)なので，４％と５％の食塩水を合わせて500g混ぜたことになる。また，水を蒸発させた後の食塩水400gに含《ふく》まれる食塩の重さは，400×0.055＝22(g)だから，４％と５％の食塩水には食塩が合わせて22g含まれていたとわかる。よって，右の図３のように表すことができ，２つの長方形の面積の和は22gとなる。図３で，アの部分の面積は，500×0.05－22＝３(g)であり，この部分の横の長さが，混ぜた４％の食塩水の重さにあたるから，４％の食塩水は，３÷(0.05－0.04)＝300(g)混ぜたとわかる。

図３

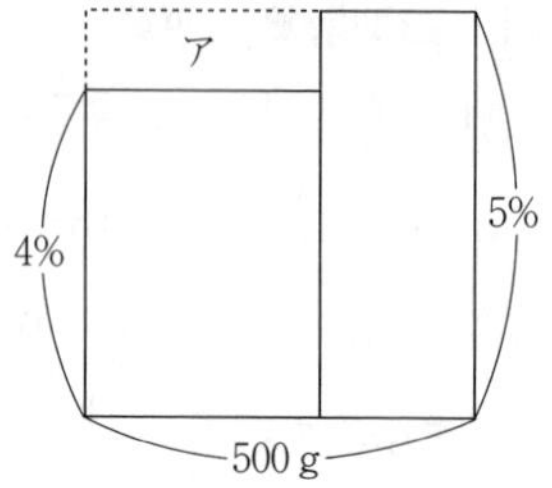

⑹　船Ｐと船Ｑは出発してから１時間48分で合わせて36km進み，１時間48分は，$1\frac{48}{60}$時間＝$1\frac{4}{5}$時間なので，２つの船が１時間に進む距離の和，つまり，時速の和は，$36\div 1\frac{4}{5}$＝20(km)である。また，船Ｑは36kmを４時間30分＝$4\frac{1}{2}$時間で進んだから，船Ｑの速さは時速，$36\div 4\frac{1}{2}=8$(km)となる。よって，船Ｐの速さは時速，20－８＝12(km)なので，船ＰがＢ町に到着するのは出発してから，36÷12＝３(時間後)とわかる。

3　数列，分配算

⑴　分母が１の分数が１個，分母が２の分数が２個，分母が３の分数が３個，…のように並んでおり，分母が20の分数は20個並んでいるから，分数は全部で，１＋２＋３＋…＋20＝(１＋20)×20÷２＝210(個)(…**ア**)ある。また，１＋２＋３＋４＋５＋６＝21より，25番目の分数は，分母が７の分数の中で，25－21＝４(番目)の分数だから，$\frac{4}{7}$(…**イ**)とわかる。次に，分母が同じ分数を足すとき，分母が９のものを足すと，$\frac{1}{9}+\frac{2}{9}+\frac{3}{9}+\cdots+\frac{9}{9}=\frac{1+2+3+\cdots+9}{9}=\frac{(1+9)\times 9\div 2}{9}=\frac{45}{9}=5$(…**ウ**)，分母が10のものを足すと，$\frac{1}{10}+\frac{2}{10}+\frac{3}{10}+\cdots+\frac{10}{10}=\frac{1+2+3+\cdots+10}{10}=\frac{45+10}{10}=\frac{55}{10}=5\frac{1}{2}$(…**エ**)になる。また，問題文中の計算より，分母が１の分数を足すと１，分母が２の分数を足すと$1\frac{1}{2}$，分母が３の分数を足すと２，分母が４の分数と足すと$2\frac{1}{2}$，…のように，和は

$\frac{1}{2}$ずつ大きくなるから，分母が20の分数を足すと，$1+\frac{1}{2}\times(20-1)=10\frac{1}{2}$となる。よって，$\frac{1}{1}$から$\frac{20}{20}$までのすべての分数を足すと，$1+1\frac{1}{2}+2+2\frac{1}{2}+\cdots+10\frac{1}{2}=\left(1+10\frac{1}{2}\right)\times20\div2=115$（…**オ**）と求められる。

(2)　３人の分け方を図に表すと，右のようになる。このとき，兄の量を50mL多くし，姉の量を150mL少なくすると，３人の量の合計は妹の量の，$2+1+1=4$（倍）になり，それは，$1000+50-150=900$（mL）である。よって，妹の量は，$900\div4=225$（mL）で，兄の量はこの２倍より50mL少ないから，$225\times2-50=400$（mL）とわかる。

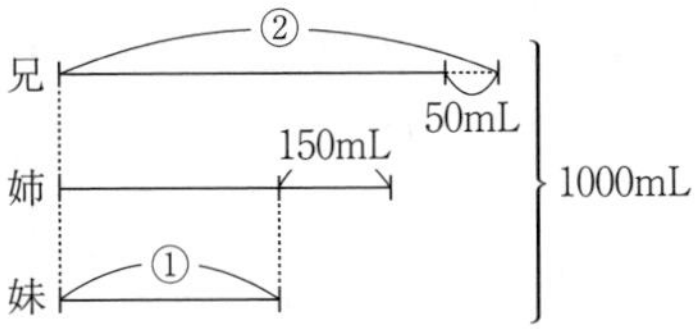

4　平面図計―角度，面積，体積

図１

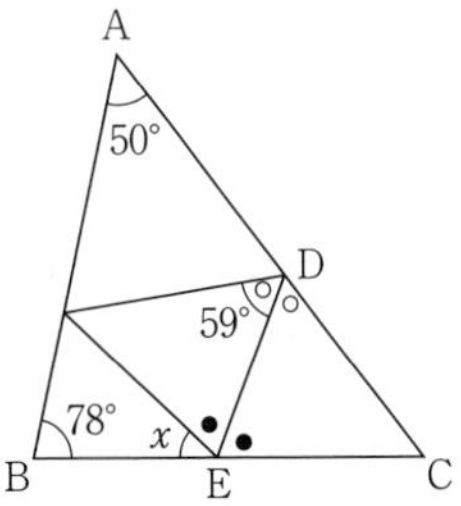

図２

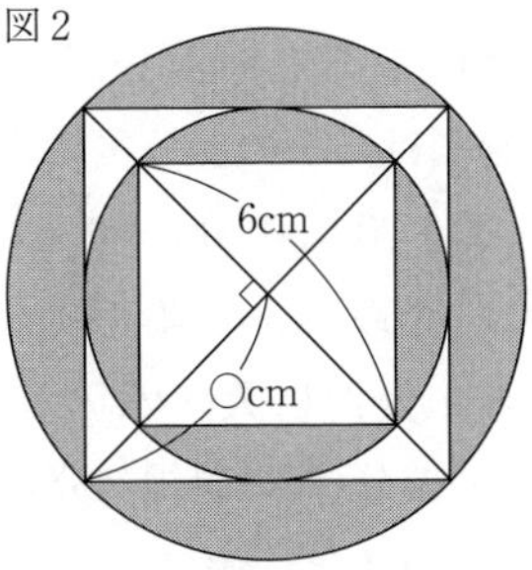

(1)　左の図１で，三角形ABCの内角の和は180度だから，角ACBの大きさは，$180-(50+78)=52$（度）となる。また，折り曲げているので，同じ印のついた角の大きさはそれぞれ等しい。よって，三角形DECで，角CDEの大きさは59度だから，角DECの大きさは，$180-(59+52)=69$（度）とわかる。したがって，角xの大きさは，$180-69\times2=42$（度）とわかる。

(2)　右上の図２で，小さい方の円の直径は６cmで，半径は，$6\div2=3$（cm）だから，その面積は，$3\times3\times3.14=9\times3.14$（$cm^2$）である。また，小さい方の正方形の対角線の長さは６cmで，正方形の面積は，(対角線)×(対角線)÷２で求められるから，小さい方の正方形の面積は，$6\times6\div2=18$（cm^2）となる。次に，大きい方の正方形の１辺の長さは小さい方の円の直径と等しく６cmだから，大きい方の正方形の面積は，$6\times6=36$（cm^2）である。また，大きい方の円の半径を○cmとすると，○×○÷２×４＝36（cm^2）と表せるから，○×○＝36÷４×２＝18とわかる。したがって，大きい方の円の面積は，○×○×3.14＝18×3.14（cm^2）である。よって，ぬりつぶした部分の面積の合計は，２つの円の面積の和から，２つの正方形の面積をひいたものなので，$9\times3.14+18\times3.14-18-36=27\times3.14-54=84.78-54=30.78$（$cm^2$）と求められる。

図３

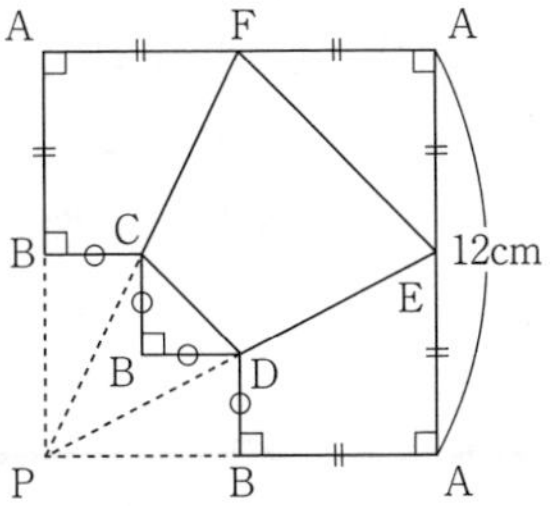

図４

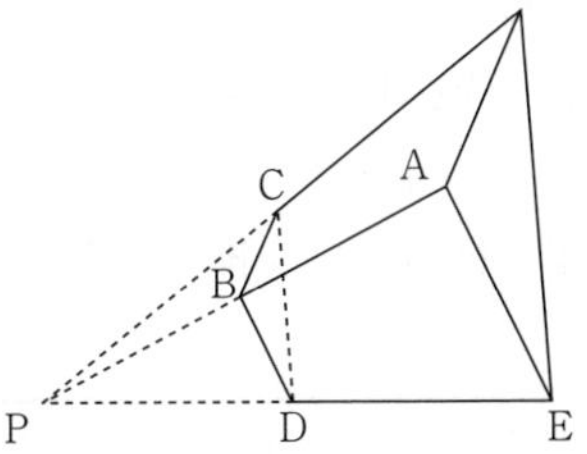

(3)　左の図３の展開図を組み立てると，左の図４のような立体になる。図３で，〃印の辺の長さは，$12\div2=6$（cm）なので，○印の辺の長さは，$6\div2=3$（cm）となり，図４の立体は大きい三角すいから小さい三角すいを切り取った形とわかる。大きい三角すいは底面の三角形AEFの面積が，$6\times6\div2=18$（cm^2）で，高さPAは12cmだから，体積は，$18\times12\div3=72$（cm^3）となり，小さい三角すいは底面の三角形BDCの面積が，$3\times3\div2=4.5$（cm^2）で，高さPBは６cmだから，体積は，$4.5\times6\div3=9$（cm^3）となる。

よって，この立体の体積は，72－９＝63(cm^3)と求められる。

5　グラフ―水の深さと体積

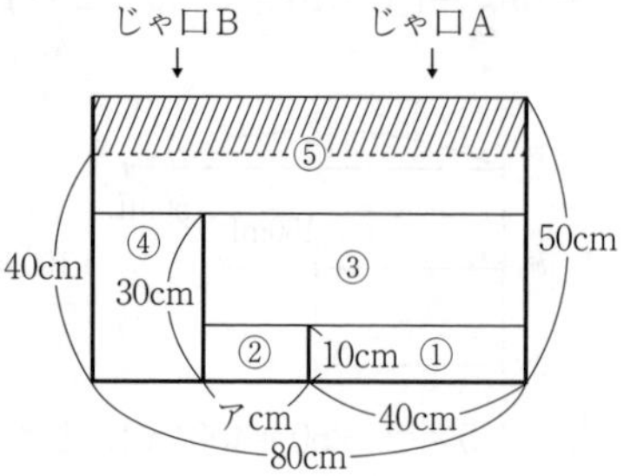

(1)　水そうを正面から見た図は左のようになり，じゃ口Aだけを開けると，図の①→②→③→④→⑤の順に水が入る。よって，問題文中のグラフより，①の部分に水が入るのに８分かかり，①の部分の体積は，30×40×10＝12000(cm^3)だから，じゃ口Aの水を入れる速さは毎分，12000÷８＝1500(cm^3)，つまり，毎分1.5Lとわかる。

(2)　②の部分に水が入り終わるのは12分後だから，②の部分に水が入るのに，12－８＝４(分)かかる。よって，アの長さは，1500×４÷30÷10＝20(cm)である。次に，イは④の部分に水が入り終わる時間であり，①，②，③，④の部分の体積の合計は，30×80×30＝72000(cm^3)なので，イの時間は，72000÷1500＝48(分)とわかる。

(3)　じゃ口Aを開けてから30分後にじゃ口Bを開け，その20分後に水そうがいっぱいになったから，そのときまでにじゃ口Aを開けた時間は，30＋20＝50(分)，じゃ口Bを開けた時間は20分となる。また，じゃ口Aから50分間に入る水の量は，1500×50＝75000(cm^3)で，水そうの容積は，30×80×50＝120000(cm^3)なので，じゃ口Bから１分間に入る水の量は，(120000－75000)÷20＝2250(cm^3)とわかる。さらに，高さ40cmより上の部分(図の斜線部分)の体積は，30×80×(50－40)＝24000(cm^3)であり，じゃ口Aとじゃ口Bから入れると，水は毎分，1500＋2250＝3750(cm^3)入るので，水面の高さが40cmになってから，24000÷3750＝6.4(分後)に水そうがいっぱいになる。したがって，水面の高さが40cmになるのはじゃ口Bを開けてから，20－6.4＝13.6(分後)，0.6分は，60×0.6＝36(秒)だから，13分36秒後である。

社　会　＜第１回試験＞（30分）＜満点：60点＞

解　答

1　(1)　ア　(2)　ア→エ→ウ→イ　(3)　ウ　(4)　ア　(5)　①　×　②　×　(6)　ウ　(7)　イ　(8)　奥羽山脈　(9)　イ　(10)　ア　(11)　(例)　発電のため　(12)　非政府組織　(13)　(例)　栽培地の多くが内陸のため，津波の被害がなく，事故の起こった福島第一原子力発電所からも離れていて，放射能による被害も少なかったため。　**2**　(1)　**あ**　和同開珎　**い**　平清盛　**う**　二毛作　(2)　エ　(3)　卑弥呼　(4)　風土記　(5)　エ　(6)　ウ　(7)　馬借　(8)　ア→エ→ウ→イ　(9)　ア　(10)　ウ　(11)　エ　(12)　富岡製糸場　(13)　ウ
3　(1)　ア　(2)　エ　(3)　ウ　(4)　集団的自衛権　(5)　①　イ　②　エ　(6)　イ　(7)　ウ　(8)　ア　(9)　イ

解　説

1　福島県への旅行を題材にした問題

(1)　日本を訪れる外国人の出身地はアジア地域が多く，中でも中国からの入国者が近年増加しており，最も大きな割合を占《し》めている。また，近隣《きんりん》の韓国・台湾からの入国者数がそれぞれ第２位，第

３位である。よって，アメリカ合衆国が④にあてはまる。

(2)　東北新幹線は東京都の東京駅から埼玉県→茨城県(駅はない)→栃木県→福島県→宮城県→岩手県をへて，青森県の新青森駅へといたる路線である。よって，東京駅から近い順に，大宮(埼玉県)→宇都宮(栃木県)→郡山《こおりやま》(福島県)→仙台(宮城県)となる。

(3)　ア　鶴ヶ城《つるがじょう》公園の北側には税務署(◇)は見られるが，消防署(Y)は見られない。　イ　小田山の北のふもとにある老人ホーム(⌂)の北側には，茶畑(∴)ではなく田(‖)や畑(∨)が広がっている。　ウ　この地形図には方位記号がないので，地図の上が北を示し，右が東，下が南，左が西となる。小田山の南西には，河川と，それによってつくられた扇状地《せんじょうち》が広がっており，「門田町黒岩」や「竜沢寺」付近には果樹園(ό)が見られるので，正しい。　エ　小田山山頂の標高は372m，鶴ヶ城公園の標高は238.2mであることが読み取れるので，高低差は150m未満である。

(4)　板垣退助は，1874年に国民に選ばれた議員からなる国会開設を求める意見書(民選議員設立の建白書)を政府に提出し，自由民権運動を指導した。したがって，アが正しい。なお，イは西郷隆盛，ウは伊藤博文，エは小村寿太郎《じゅたろう》について説明した文。

(5)　飯盛山から南西の方角をながめたとき，鶴ヶ城は湯川の手前に見えるので，「流れの向こう」という①は誤り。また，飯盛山から南西を向いた場合，小田山は左側に見えるので，「右側の方」という②も誤りである。

(6)　長野県の諏訪《すわ》盆地では，第二次世界大戦後，空気や水がきれいだったことや，古くからさかんだった養蚕業の技術力・労働力をいかして，カメラや時計などをつくる精密機械工業が発展した。現在ではIC(集積回路)などの電子工業も発達している。

(7)　日本は，石油をサウジアラビアやアラブ首長国連邦などの中東(西アジア)地域に大きく依存《いぞん》している。よって，①に石油があてはまる。また，日本はオーストラリアから石炭・鉄鉱石・天然ガスを多く輸入しており，いずれも最大の輸入先となっているが，石炭に占めるオーストラリアの割合は６割を超《こ》える。よって，②に石炭，③に天然ガスがあてはまる。

(8)　奥羽《おうう》山脈は東北地方の中央部を約500kmにわたって南北に走る日本最長の山脈で，東北地方を太平洋側と日本海側に分けている。

(9)　石油は，動物や植物の死がいなどが地中に堆積《たいせき》し，長い年月をかけて地圧や地熱を受け，燃料資源へと変化したものなので，イが誤っている。なお，火山ガスのおもな成分は水蒸気で，二酸化炭素や二酸化硫黄《いおう》などもふくまれている。

(10)　日本で最も大きい湖は琵琶湖(滋賀県)で，ついで霞ヶ浦《かすみがうら》(茨城県)，サロマ湖(北海道)，猪苗《いなわ》代《しろ》湖(福島県)と続く。なお，イの浜名湖(静岡県)は10番目，ウの十和田湖(青森県・秋田県)は12番目，エの宍道《しんじ》湖(島根県)は７番目に大きい湖。

(11)　写真に写っているのは風力発電の風車で，風のエネルギーによって発電機を回し，発電するしくみである。風力発電は，発電時に二酸化炭素を排出《はいしゅつ》しないクリーンエネルギーの１つだが，風車の建設費用が高いことや，安定的な発電が難しいことなどが課題となっている。

(12)　非政府組織(NGO)は収益をあげることを目的とせず，平和や人権，軍縮，環境，開発など幅広い分野にわたって国際協力や支援を行う民間の組織で，「国境なき医師団」や「核兵器廃絶《はいぜつ》国際キャンペーン(ICAN)」などがよく知られる。

(13)　2011年に発生した東日本大震災と，それにともなって発生した大津波や東京電力福島第一原子力発電所の事故によって，福島県の太平洋沿岸地域では大きな被害が出た。しかし，地図からもわかるように，福島県内の桃は，北部の福島盆地や中部の郡山盆地のように，太平洋と阿武隈《あぶくま》高地をはさんだ反対側の内陸部で多く生産されているため，それほど大きな被害を受けず，収穫量にもあまり変化がなかったのだと推測できる。

２ 商業の発展を題材にした歴史の問題

⑴ **あ** 和同開珎《わどうかいちん》は，武蔵《むさし》国の秩父《ちちぶ》地方(埼玉県)から和銅(自然銅)が元明天皇に献上《けんじょう》されたことを記念して708年に発行された貨幣《かへい》(銅銭)で，平城京の市での売買などでおもに使用された。

い 1167年に武士として初めて太政《だいじょう》大臣になった平清盛は，瀬戸内海の航路を整備し，現在の神戸港(兵庫県)の一部にあたる大輪田泊《おおわだのとまり》を修築して日宋貿易の拠点《きょてん》とした。 **う** 鎌倉時代には農業技術が進歩し，牛馬耕や草木灰の使用が始まるとともに，西日本では米の裏作に麦を栽培する二毛作が広がった。

⑵ 縄文時代になると縄目の文様の土器がつくられるようになったが，石器も引き続き使用され，先端にとがった石器をつけた石槍《いしやり》や矢などが狩猟《しゅりょう》に用いられていた。よって，エが誤っている。

⑶ 中国の歴史書『魏志《ぎし》』倭人《わじん》伝には，３世紀の日本に邪馬台国《やまたいこく》という強い国があり，女王の卑弥《ひみ》呼《こ》が30あまりの小国をしたがえていたことや，239年に魏(中国)に使いを送って，皇帝から「親魏倭王」の称号や金印，銅鏡などを授《さず》けられたことなどが記されている。

⑷ 『風土記』は奈良時代の713年に国ごとに編さんされた地理書で，その国の地名の由来や産物，伝承などが記されている。現存するのは５か国のものしかなく，完全な状態で残されているのは出雲《いずも》国(島根県東部)のもののみである。

⑸ 江戸時代に入ると，豊臣秀吉の朝鮮出兵以降とだえていた朝鮮との国交が回復し，おもに徳川将軍の代がわりごとに朝鮮通信使が日本を訪れた。なお，アは「漢」ではなく「隋《ずい》」，イは「隋」「遣隋使」ではなく「唐」「遣唐使」，ウは「新羅《しらぎ》」ではなく「高麗《こうらい》」が正しい。

⑹ 13世紀初めに仏師の運慶《うんけい》・快慶ら慶派一門によって東大寺南大門につくられた金剛《こんごう》力士像は，素朴《そぼく》で力強い鎌倉時代の文化を代表する作品である。なお，アは平安時代のできごと。イは『源氏物語』ではなく『平家物語』，エは「足利義満」ではなく「源実朝《さねとも》」が正しい。

⑺ 馬借は，馬の背中に荷物を積んで運んだ運送業者で，水陸交通の交わるところや街道沿いを拠点にして，船で運ばれてきた物資を京都や奈良に運びこんだ。情報を得やすいことや集団的な組織力があったことから，しばしば一揆《いっき》の中心となった。

⑻ アは江戸幕府の第３代将軍徳川家光が行ったことで1635年，イは1853年のできごと。ウは第８代将軍徳川吉宗が1716～45年に行った享保の改革の中の政策，エは第５代将軍徳川綱吉が行ったことで，1685年に最初の令が出された。よって，古い順にア→エ→ウ→イとなる。

⑼ 石見《いわみ》銀山は島根県中部に位置する銀山で，江戸時代に入るとさかんに銀が採掘《さいくつ》された。アで示された秋田県南部には院内銀山があり，江戸時代には多くの銀を産出した。

⑽ ウは「大坂(大阪)」ではなく「京都」が正しい。「天子様」とは天皇のことで，江戸時代の京都は，朝廷の置かれた公家の町であるとともに，高度な技術を持つ職人の町として知られていた。なお，諸大名の蔵屋敷が置かれ，全国各地から年貢《ねんぐ》米や特産物が集まった大坂は，商業や経済の中心地として「天下の台所」とよばれた。

⑾ 明治初期の1872年，日本に初めて鉄道が開通し，新橋(東京都)と，開港地であった横浜の間を

蒸気機関車が走った。したがって，エが選べる。なお，アは江戸時代(1858年)，イは大正時代(1923年)，ウは昭和時代(1931～32年)のできごと。

(12) 明治時代，政府は欧米諸国に追いつくために近代化政策をおし進め，殖産興業政策の１つとして，1872年，養蚕業のさかんな群馬県に日本初の官営模範《もはん》工場である富岡製糸場を設立し，フランス人技師ブリューナの指導のもと，フランス製の機械を導入して生糸の生産を開始した。

(13) 財閥《ざいばつ》は資本主義の発達にともなって明治時代に形成されはじめ，運輸・鉱山・貿易・金融《きんゆう》など多業種の企業を経営して，第二次世界大戦前まで日本の産業界を支配した。三井・三菱《みつびし》・住友・安田などがその代表だったが，終戦後に日本を間接統治したGHQ(連合国軍最高司令官総司令部)の指示で，財閥は解体された。

3 日本国憲法の改正を題材にした問題

(1) 大日本帝国憲法にもとづいて置かれた帝国議会は，衆議院と貴族院の二院制を採用していた。貴族院議員は皇族・華族・多額納税者・国家功労者などの中から天皇が任命したので，アが誤り。

(2) ア　直接請求権は地方自治では認められているが，国務大臣に対する直接請求権はない。
イ　国会の各議院の議長は，国会議員による選挙で選ばれ，国民が直接選ぶことはできない。
ウ　内閣総理大臣は国会の指名で選ばれるので，国民に投票権はない。　エ　最高裁判所の裁判官に対する国民審査は，15人の最高裁判所裁判官について国民がみずから判断する機会であり，国民が主権を行使する機会にあたる。

(3) 日本の裁判制度では，裁判をより慎重《しんちょう》に行って法の適用の誤りをなくし，国民の人権を守るため，判決に不満があるときは原則として３回まで裁判を受けることができるという三審制のしくみが採用されているが，裁判を３回行わなくてはならないわけではない。

(4) 集団的自衛権とは，同盟国あるいは密接な関係にある国が他国から攻撃《こうげき》された場合，自国が攻撃されていなくてもいっしょに反撃することができるとする権利。日本政府はこれまで日本国憲法第９条との関係から，わが国は「個別的自衛権は認められるが，集団的自衛権は認められない」とする立場をとってきた。しかし，2014年７月，安倍内閣はこれまでの憲法解釈《かいしゃく》を変え，閣議決定で集団的自衛権を認め，日本の自衛隊が他国のために武力を使うことができるようにした。

(5) ①　PKO(国連平和維持活動)は，停戦や軍の撤退《てったい》を監視するといった活動をはじめ，紛争の拡大防止や紛争地域の人々の保護，公正な選挙支援などを行っている。なお，アは世界保健機関，ウは政府開発援助，エは国際連合の略称。　②　1992年に国連平和維持活動協力法が制定されたことで自衛隊の海外派遣が可能になり，同年にはカンボジアへ自衛隊が派遣された。自衛隊はその後，モザンビーク，東ティモール，ハイチ，南スーダンなどのPKOにも参加した。

(6) 新しい人権は，時代や社会の変化によって新たに主張されるようになった権利で，知る権利(情報の公開を求める権利)，プライバシーの権利，環境権，アクセス権，自己決定権などがこれにあたる。なお，アは日本国憲法第28条，ウは第26条，エは第32条で保障されている。

(7) 日本国憲法第96条は憲法改正を規定したもので，「この憲法の改正は，各議院の総議員の３分の２以上の賛成で，国会が，これを発議し，国民に提案してその承認を経なければならない。この承認には，特別の国民投票又《また》は国会の定める選挙の際行われる投票において，その過半数の賛成を必要とする」と定めている。憲法改正が国民投票で承認された場合は，天皇が国民の名でただちにこれを公布する。

⑻　ア　日本国憲法第45条に「衆議院議員の任期は，４年とする。但《ただ》し，衆議院解散の場合には，その期間満了前に終了する」と規定されている。よって，正しい。　イ　予算案は衆議院に先議権があるが，法律案は先に参議院に提出してもよい。　ウ　内閣不信任決議(信任案の決議)は，衆議院のみが持つ権限である。　エ　参議院議員の任期は６年で，３年ごとに議席の半数を改選するための選挙が行われる。

⑼　2017年10月に行われた衆議院議員総選挙の後も，それまでに引き続き，自由民主党と公明党が連立政権を形成した。したがって，イが誤っている。

理　科　＜第１回試験＞（30分）＜満点：60点＞

解　答

1　⑴　エ　⑵　イ　⑶　オ　⑷　エ　⑸　ア，オ　⑹　ア　⑺　ウ　⑻　イ
2　⑴　A　輸尿管　B　ぼうこう　⑵　かん臓　⑶　①　⑷　120 L
3　⑴　酸素　⑵　酸化銅　⑶　X　1.25　Y　4.50　⑷　３：２　⑸　４：３
4　⑴　Y　⑵　ア　⑶　北緯36度　⑷　エ　⑸　Ⅰ　緯度　Ⅱ　東
5　⑴　40 g　⑵　52 g　⑶　油　⑷　600 g　⑸　320 g　⑹　0.92 g

解　説

1　小問集合

⑴　昆虫《こんちゅう》のからだは頭，むね，腹の３つに分かれていて，むねに４枚のはねがついているものが多い。しかし，ハエ，カ，アブなどでは，後ばねの２枚が退化して，はねが２枚しかない。

⑵　赤いリトマス紙を青く変えるものは，アルカリ性の水よう液の重そう水である。塩酸とレモンの汁《しる》は酸性，食塩水と砂糖水は中性の水よう液である。

⑶　北極星は地軸《ちじく》を延長した先にある星なので，ほぼ真北にあって動かず，観察地点の緯度とほぼ等しい高度にあり，季節が変わってもその位置は変わらない。

⑷　発光ダイオード(LED)は，発光するときの流れる電流の向きが決まっている。図１のように，発光ダイオードの長い足を電源のプラス極，短い足を電源のマイナス極に接続したときに電流が流れて発光するので，図２のように２本の足を逆に接続すると，発光ダイオードは電流が流れず光らない。

⑸　ひとみを通って，目の外部から入ってくる光はレンズで屈折《くっせつ》し，目の奥《おく》にある網膜《もうまく》に上下左右が逆になってうつる。そして，視神経を経由して脳にこの情報が伝達されていく。近くを見るときはレンズを厚くして光が大きく屈折するように，遠くを見るときはレンズをうすくしている。

⑹　鉄，アルミニウム，亜鉛《あえん》，マグネシウムなどの金属に塩酸を加えてとかすと水素が発生するが，金・銀・銅などは塩酸にとけない。

⑺　太陽の表面温度はおよそ6000℃であるが，黒点ではおよそ4000℃とまわりよりやや温度が低いため，黒点は黒く見える。

⑻　熱を伝えやすい順にならべると，銀，金，アルミニウム，鉄になるため，手の熱がスプーンを伝わって最もはやくアイスをとかすものは銀のスプーンである。

2 じん臓のはたらきについての問題

(1) 図１で，じん臓でこしとられた血液中の不要物や余分な水分は，Ａの輸尿《にょう》管(尿管)を通ってＢのぼうこうにためられる。

(2) 体内で生じた有毒なアンモニアは，かん臓で害の少ない尿素へと変えられる。

(3) 物質①が，じん臓でろ過されたＥの中にふくまれていないので，Ｄの部分でろ過されることなく血液中にそのまま残ったたんぱく質とわかる。

(4) イヌリンはじん臓ですべてろ過されて，Ｇへと運ばれていく。よって，表のＣ(血液)とＧ(尿)にふくまれるイヌリンの重さが１Ｌあたり0.1mgから12mgへと，12÷0.1＝120(倍)になっていることから，１日につくられる尿の120倍の量の血液をじん臓でろ過していることがわかる。したがって，１×120＝120(Ｌ)と求められる。

3 金属の燃え方についての問題

(1) 銅やマグネシウムを加熱すると，これらの金属が空気中の酸素と結びつくため，加熱後の重さは結びついた酸素の重さのぶんだけ加熱前よりも重くなる。

(2) 銅と酸素が結びついたものを酸化銅，マグネシウムと酸素が結びついたものを酸化マグネシウムとよぶ。

(3) 加熱前の銅の重さと加熱後の物質の重さをくらべると，いずれの場合も，0.20：0.25＝４：５になっている。よって，Xにあてはまる数値は，$1.00\times\frac{5}{4}=1.25$となる。同様に，加熱前のマグネシウムの重さと加熱後の物質の重さの比は，0.30：0.50＝３：５になっているので，Yにあてはまる数値は，$2.70\times\frac{5}{3}=4.50$と求められる。

(4) 加熱前のマグネシウムの重さと加熱後の物質の重さの比は３：５であるから，マグネシウムの重さと結びついた酸素の重さの比は，３：(５－３)＝３：２とわかる。

(5) 加熱前の銅の重さと加熱後の物質の重さの比が４：５，加熱前のマグネシウムの重さと加熱後の物質の重さの比が３：５なので，加熱後の物質の重さが等しくなるとき，(銅の重さ)：(マグネシウムの重さ)：(加熱後の物質の重さ)＝４：３：５になる。したがって，銅とマグネシウムの重さの比は４：３となる。

4 太陽の動きと棒のかげについての問題

(1) 図１で，向かって右側の方角が東，左側の方角が西となるときは，Ｘの方角が北となり，その反対にあたるＹの方角が南となる。

(2) 冬至の日は，太陽が南中したときの高さが１年でもっとも低くなり，そのときの棒のかげは太陽とは反対の北の方角に１年でもっとも長くのびる。したがって，かげの先を結んでできる線はアとわかる。

(3) 図３の②の角度は太陽高度にあたり，ここでは春分の日の南中高度を表す。春分の日の南中高度は，90－(観測地点の緯度)で求められるため，Ａ地点は北緯，90－54＝36(度)になる。

(4) 太陽は東からのぼり，正午ごろ南の空を通って西にしずむため，午後３時の太陽は真南よりも西に移動して見える。かげののびる方角は太陽と反対になるので，正午ごろ北の方角にあったかげの先は，午後３時には東にずれている。

(5) かげの長さがほぼ変化していないことから，Ａ地点とＢ地点では緯度が同じであると考えられる。また，昼の12時のかげの先が東に少しずれたことから，Ｂ地点では12時に太陽が南からわずかに西の空へかたむいていると考えられる。つまり，Ｂ地点はＡ地点よりも南中時刻が早いといえるので，Ｂ地点はＡ地点より東にあることがわかる。

5 浮力《ふりょく》についての問題

⑴　液体中にある物体は，その物体が押《お》しのけた液体の体積分の重さと等しい大きさの浮力を受ける。図１のように，60cm^3の物体すべてを１cm^3あたりの重さが１ｇの水に沈《しず》めると，物体が押しのけた水の体積は60cm^3になり，１×60＝60（ｇ）の浮力を物体は受ける。よって，100ｇの物体をつるしたばねはかりは，100－60＝40（ｇ）を示す。

⑵　60cm^3の物体すべてを１cm^3あたりの重さが0.8ｇの油に沈めると，物体が押しのけた油の体積は60cm^3になり，0.8×60＝48（ｇ）の浮力を物体は受ける。したがって，100ｇの物体をつるしたばねはかりの示す値は，100－48＝52（ｇ）と求められる。

⑶　１cm^3あたりの重さが水より油の方が軽いので，油が水に浮く。

⑷　１辺の長さが10cmの立方体が図２のように沈んでいるとき，立方体が押しのけた水の体積は，10×10×６＝600（cm^3）なので，立方体が水から受ける浮力の大きさは，１×600＝600（ｇ）になる。

⑸　立方体が押しのけた油の体積は，10×10×４＝400（cm^3）なので，立方体が油から受ける浮力の大きさは，0.8×400＝320（ｇ）と求められる。

⑹　立方体が受ける浮力の大きさの合計は，600＋320＝920（ｇ）である。そして，立方体が図２のように液体中にただよっていることから，立方体の重さと浮力の大きさはつり合っている。よって，立方体の重さは920ｇとわかる。立方体の体積が，10×10×10＝1000（cm^3）なので，立方体１cm^3あたりの重さは，920÷1000＝0.92（ｇ）と求められる。

国　語　＜第１回試験＞（50分）＜満点：100点＞

解　答

一 **問１**　①　つか　②　びより　③，④　下記を参照のこと。　**問２**　①　（例）　子孫　②　（例）　金銭　**問３**　ア　**問４**　エ　**問５**　（例）　新聞なども　**問６**　水　**問７**　うで　**問８**　①　へび，オ　②　くも，キ　**問９**　流れる→固まる　**問10**　ア，ウ　**問11**　①　イ　②　ア　**問12**　イ　**問13**　（例）　彼はあたかも風のごとくその場を去っていってしまった。　**二** **問１**　ウ　**問２**　「国家主義」　**問３**　「国家に関する不安」　**問４**　④　Ｃ　⑤　Ａ　⑥　Ａ　⑦　Ｂ　**問５**　ひそかに　**問６**　エ　**問７**　Ａ

●漢字の書き取り

一 **問１**　③　意気地　④　拝

解　説

一　漢字の書き取りと読み，熟語の知識，言葉の意味・用法，慣用句・ことわざの完成，言葉のきまり，短文づくり

問１　①　音読みは「シ」で，「支持」などの熟語がある。訓読みにはほかに「ささ（える）」がある。　②　何かをするのにふさわしい天候。　③　物事をやりぬこうとする気力。　④

音読みは「ハイ」で，「拝見」などの熟語がある。

問２　①　「子」を一部とする漢字には，ほかに「孝」，「字」，「存」などがある。　②　「金」を一部とする漢字には，ほかに「鉱」，「銀」，「針」などがある。

問３　「活路」は“窮地《きゅうち》から逃《のが》れ出る方法”という意味なので，アが正しい。

問４　アは，どちらも“相手の予想外のことをする”という意味。イは，どちらも注意して聞くこと。ウは，どちらも具合が悪く恥《は》ずかしいこと。エは上が不安や不足を表し，下が“目前のことに集中できない”という意味で，上と下の言葉が違《ちが》う意味になっている。

問５　「新聞なんか」は，新聞をふくめて，新聞と同じように細かい文字が書かれているものを表している。よって，書き言葉では「新聞など」とすると同様の意味になる。

問６　「水に流す」は，過去をすべてなかったことにすること。「湯水のように使う」は，金銭を惜《お》しげもなくむやみに使うようす。「水泡《すいほう》に帰する」は，努力のかいもなく無駄《むだ》に終わること。

問７　「うでをふるう」は，手腕《しゅわん》を発揮するようす。「うでによりをかける」は，うでまえを示そうと張り切ること。「うでが立つ」は，優《すぐ》れたうでまえや技量を持っていること。

問８　①　「やぶをつついて蛇《へび》を出す」と同じ。不必要なことをしてかえって災《わざわ》いを受けること。　②　蜘蛛《くも》の子の入っている袋《ふくろ》を破ると多くの子が四方に散らばることからきた言葉。

問９　「雨降って地固まる」は，問題などが起こった後でかえって前よりよい状態になることのたとえ。

問10　紫《むらさき》色は青と赤を混ぜてつくることをおさえる。　ア　「赤恥《はじ》」は，“ひどい恥”という意味。　イ　「黒いうわさ」は，悪いうわさを表す。　ウ　「青二才」は，若くて経験の乏《とぼ》しい男を見下していう言葉。　エ　「白《しら》を切る」は，知らないふりをすること。

問11　①　形容詞の「つまらない」に「すぎる」がついた形で，イの「つまらなすぎる」とするのがよい。　②　「たゆむ」は“心がゆるむ，なまける”という意味の言葉。たゆむことがなく続けてきた努力という意味なので，アの「たゆまぬ努力」がよい。

問12　「比べられる」の「られる」は受け身。同じように受け身の意味で使われているのは，イの「褒《ほ》められる」。なお，アは，“～することができる”という可能の意味を表す。ウは尊敬，エは“自然にそういう気持ちになる”という自発の意味で使われている。

問13　「あたかも」は，「まるで」と同じように「あたかも～よう(ごとく，みたい)」の形でたとえの表現として使う。

二　**出典は橋本治《はしもとおさむ》の『国家を考えてみよう』による。**「国家主義」について説明する中で，一部の国家主義から戦争やヘイトスピーチなどが生まれる可能性についても述べている。

問１　後の文中に「『民族主義』も『国民主義』も『国家になりたい』という方向性を持つ点で，『国家主義』なのです」とある。「国家主義」には，自分たちの民族だけで一つにまとまろうという「民族主義」と，元々別の王国の国民だから独立したいという「国民主義」の二つがあると述べている。

問２　同じ段落の最初に，「国家主義」は「国家になりたい主義」だと述べられている。だから，「大国に併合《へいごう》された小国が独立を考える」とか，「多民族国家の中のある民族が自分達のアイデンティティに目覚めて独立を考える」という時に，「国家主義」という言葉が登場するというのである。

問３　すでに「国家」が出来上がっているのに「ナショナリズム」が生まれてくるのは，人々の気持ちに「国家に関する不安」があるからである。最後のほうで述べられている「つまり，『国民の国家』が出来上がった後で生まれる～『国家に関する不安の表れ』なのです」という部分に着目する。

問４　④　積極的に意思表示していないので無関心と言える。よって，Ｃと考えられる。　⑤　危機を迎《むか》えた国家を守ろうと立ち上がっているので，Ａが合う。　⑥　現在の国の形を変えたくない，つまり，現状を守りたいと考えているので，Ａがふさわしい。　⑦　現在の国家に喜んでいないので，改めてもっと良い形に変えたいと思っている。よって，Ｂが合う。

問５　政府がやっていることがばれると反対運動が起こるので，ばれないように必ず隠《かく》して煽《あお》るのである。ばれないようにひっそりと行動することを意味する「ひそかに」があてはまる。

問６　国家のあり方に不安を感じている人々は，個人を犠牲《ぎせい》にしても国家を至高のものとして優先しようとする。その根底にあるのは，国家が不安な状態からぬけ出せるようにまず「強くする」という考えである。

問７　本文は，国家主義の説明から始めて，「『国家に関する不安』から生まれた国家主義」が，ひそかに国民のナショナリズムを煽り，戦争やヘイトスピーチを生みだす場合があることを指摘《してき》している。筆者が言いたいのは，その危険におちいらないように正確な情報を得て自分で判断できる力を持ってほしいということだから，Ａが選べる。

2025年度用

中学スーパー過去問

■編集人 声の教育社・編集部

■発行所 株式会社 声の教育社

〒162-0814　東京都新宿区新小川町8-15

☎03-5261-5061㈹　FAX03-5261-5062

https://www.koenokyoikusha.co.jp

※本書の内容についての一切の責任は当社にあります。内容・解説・解答・その他は当社ホームページよりお問い合わせ下さい。

カコを追いかけ
ミライをつかめ
「今の説明、もう一回」を何度でも
web過去問
ストリーミング配信による入試問題の解説動画
もっと古いカコモンないの?
カコ過去問
「さらにカコの」過去問をHPに掲載(DL)
声の教育社
詳しくはこちらから

ストリーミング配信による入試問題の解説動画

2025年度用web過去問　ラインナップ

■ 男子・女子・共学（全動画）見放題
36,080円（税込）

■ 男子・共学 見放題
29,480円（税込）

■ 女子・共学 見放題
28,490円（税込）

● 中学受験「声教web過去問（過去問プラス・過去問ライブ）」（算数・社会・理科・国語）

3～5年間 24校

過去問プラス

麻布中学校	桜蔭中学校	開成中学校	慶應義塾中等部	渋谷教育学園渋谷中学校
女子学院中学校	筑波大学附属駒場中学校	豊島岡女子学園中学校	広尾学園中学校	三田国際学園中学校
早稲田中学校	浅野中学校	慶應義塾普通部	聖光学院中学校	市川中学校
渋谷教育学園幕張中学校	栄東中学校			

過去問ライブ

栄光学園中学校	サレジオ学院中学校	中央大学附属横浜中学校	桐蔭学園中等教育学校	東京都市大学付属中学校
フェリス女学院中学校	法政大学第二中学校			

● 中学受験「オンライン過去問塾」（算数・社会・理科）

3～5年間 50校以上

東京	青山学院中等部	東京	国学院大学久我山中学校	東京	明治大学付属明治中学校	千葉	芝浦工業大学柏中学校	埼玉	栄東中学校
	麻布中学校		渋谷教育学園渋谷中学校		早稲田中学校		渋谷教育学園幕張中学校		淑徳与野中学校
	跡見学園中学校		城北中学校		都立中高一貫校 共同作成問題		昭和学院秀英中学校		西武学園文理中学校
	江戸川女子中学校		女子学院中学校		都立大泉高校附属中学校		専修大学松戸中学校		獨協埼玉中学校
	桜蔭中学校		巣鴨中学校		都立白鷗高校附属中学校		東邦大学付属東邦中学校		立教新座中学校
	鷗友学園女子中学校		桐朋中学校		都立両国高校附属中学校		千葉日本大学第一中学校	茨城	江戸川学園取手中学校
	大妻中学校		豊島岡女子学園中学校	神奈川	神奈川大学附属中学校		東海大学付属浦安中等部		土浦日本大学中等教育学校
	海城中学校		日本大学第三中学校		桐光学園中学校		麗澤中学校		茗渓学園中学校
	開成中学校		雙葉中学校		県立相模原・平塚中等教育学校		県立千葉・東葛飾中学校		
	開智日本橋中学校		本郷中学校		市立南高校附属中学校		市立稲毛国際中等教育学校		
	吉祥女子中学校		三輪田学園中学校	千葉	市川中学校	埼玉	浦和明の星女子中学校		
	共立女子中学校		武蔵中学校		国府台女子学院中学部		開智中学校		

web過去問 Q&A

過去問が動画化！
声の教育社の編集者や中高受験のプロ講師など、
過去問を知りつくしたスタッフが動画で解説します。

Q どこで購入できますか？
A 声の教育社のHPでお買い求めいただけます。

Q 受講にあたり、テキストは必要ですか？
A 基本的には過去問題集がお手元にあることを前提としたコンテンツとなっております。

Q 全問解説ですか？
A 「オンライン過去問塾」シリーズは基本的に全問解説ですが、国語の解説はございません。「声教web過去問」シリーズは合格のカギとなる問題をピックアップして解説するもので、全問解説ではございません。なお、「声教web過去問」と「オンライン過去問塾」のいずれでも取り上げられている学校がありますが、授業は別の講師によるもので、同一のコンテンツではございません。

Q 動画はいつまで視聴できますか？
A ご購入年度２月末までご視聴いただけます。
複数年視聴するためには年度が変わるたびに購入が必要となります。

よくある解答用紙のご質問

01

実物のサイズにできない

拡大率にしたがってコピーすると，「解答欄」が実物大になります。配点などを含むため，用紙は実物よりも大きくなることがあります。

02

A3用紙に収まらない

拡大率164％以上の解答用紙は実物のサイズ（「出題傾向＆対策」をご覧ください）が大きいために，Ａ３に収まらない場合があります。

03

拡大率が書かれていない

複数ページにわたる解答用紙は，いずれかのページに拡大率を記載しています。どこにも表記がない場合は，正確な拡大率が不明です。

04

１ページに２つある

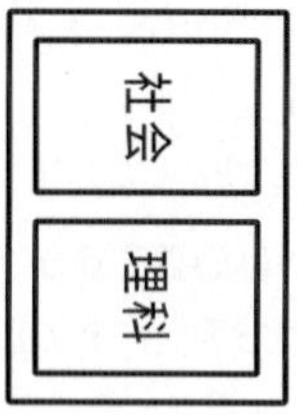

１ページに２つ解答用紙が掲載されている場合は，正確な拡大率が不明です。ほかの試験回の同じ教科をご参考になさってください。

国府台女子学院中学部

【別冊】入試問題解答用紙編

禁無断転載

解答用紙は本体からていねいに抜きとり、別冊としてご使用ください。

※　実際の解答欄の大きさで練習するには、指定の倍率で拡大コピーしてください。なお、ページの上下に小社作成の見出しや配点を記載しているため、コピー後の用紙サイズが実物の解答用紙と異なる場合があります。

●入試結果表

年　度	回	項　目	国　語	算　数	社　会	理　科	4科合計	合格者
2024	第1回	配点(満点)	100	100	60	60	320	最高点
		合格者平均点	59.0	72.7	38.0	36.5	206.2	276
		受験者平均点	51.5	61.4	33.5	32.9	179.3	最低点
		キミの得点						178
2023	第1回	配点(満点)	100	100	60	60	320	最高点
		合格者平均点	69.6	64.2	37.3	42.0	213.1	284
		受験者平均点	63.9	56.5	33.9	37.2	191.5	最低点
		キミの得点						186
2022	第1回	配点(満点)	100	100	60	60	320	最高点
		合格者平均点	64.5	77.6	43.5	39.3	224.9	275
		受験者平均点	59.9	68.7	38.9	34.9	202.4	最低点
		キミの得点						199
2021	第1回	配点(満点)	100	100	60	60	320	最高点
		合格者平均点	59.4	74.4	47.4	39.6	220.8	280
		受験者平均点	52.6	61.7	42.8	33.8	190.9	最低点
		キミの得点						196
2020	第1回	配点(満点)	100	100	60	60	320	最高点
		合格者平均点	65.5	85.7	39.3	47.7	238.2	283
		受験者平均点	58.0	75.7	34.6	41.0	209.3	最低点
		キミの得点						219
2019	第1回	配点(満点)	100	100	60	60	320	最高点
		合格者平均点	68.7	75.3	41.0	42.6	227.6	294
		受験者平均点	59.7	63.5	36.3	38.1	197.6	最低点
		キミの得点						205
2018	第1回	配点(満点)	100	100	60	60	320	最高点
		合格者平均点	64.6	77.3	46.8	42.7	231.4	300
		受験者平均点	58.4	64.2	42.1	36.8	201.5	最低点
		キミの得点						206

※　表中のデータは学校公表のものです。ただし、4科合計は各教科の平均点を合計したものなので、目安としてご覧ください。

声の教育社

２０２４年度　国府台女子学院中学部

算数解答用紙　第１回

番号		氏名	

評点	／100

1

(1)	(2)	(3)

2

(1)	(2)	(3)
(4)	(5)	(6)

3

(1)

ア	イ	ウ	エ	オ

(2)

答＿＿＿＿＿＿＿＿日

4

(1)	(2)	(3)

5

(1)	(2)　cm²	(3)①	(3)②

（注）この解答用紙は実物を縮小してあります。Ｂ５→Ｂ４(141%)に拡大コピーすると、ほぼ実物大の解答欄になります。

〔算　数〕100点(学校配点)

1, 2　各５点×９　3　(1)　各２点×５　(2)　10点　4, 5　各５点×７

２０２４年度　　国府台女子学院中学部

社会解答用紙　第１回

番号		氏名		評点	／60

1

(1)		(2)		(3)			
(4)		(5)		(6)		(7)	①
②		(8)	①				
②							
(9)		(10)	a		b		
(11)		(12)					

2

(1)		(2)		(3)		(4)	
(5)		(6)		(7)			
(8)		(9)	➡　➡　➡　➡				
(10)		(11)		(12)		(13)	
(14)		(15)					
(16)		(17)	➡　➡　➡				

3

(1)		(2)		(3)		(4)	
(5)	①		②		③		
(6)		(7)		(8)			
(9)		(10)					

（注）この解答用紙は実物を縮小してあります。Ｂ５→Ａ３(163%)に拡大コピーすると、ほぼ実物大の解答欄になります。

〔社　会〕60点(学校配点)

1　(1)　1点　(2)　2点＜完答＞　(3)　1点　(4)　2点　(5)　1点　(6)　2点　(7)　各1点×2　(8)　①　1点　②　2点　(9)　1点　(10)　各2点×2　(11), (12)　各1点×2　2　(1)～(4)　各1点×4　(5), (6)　各2点×2　(7), (8)　各1点×2　(9)　2点＜完答＞　(10)　1点　(11)～(13)　各2点×3　(14)～(16)　各1点×3　(17)　2点＜完答＞　3　(1)～(3)　各1点×3　(4)　2点　(5)～(7)　各1点×5　(8)　2点　(9)　1点　(10)　2点

２０２４年度　国府台女子学院中学部

理科解答用紙　第１回

番号		氏名		評点	／60

1

(1)	(2)	(3)	(4)
(5) A	(5) B	(6)	(7)
(8)			

2

(1)①	(1)②	(1)③
(2)	(3)	(4)

3

(1)	(2)	
(3)①	(3)② g	(3)③ %

4

(1)	(2)	(3)
(4)	(5) 天気	(5) 風向き

5

(1)	(2)	(3) 秒
(4) 度	(5) 秒	(6) 秒速 万km

（注）この解答用紙は実物を縮小してあります。Ｂ５→Ｂ４(141%)に拡大コピーすると、ほぼ実物大の解答欄になります。

〔理　科〕60点(学校配点)

1～5　各２点×30＜1の(1)，(2)，(5)，2の(1)の②，3の(1)，4の(4)，(5)は完答＞

２０２４年度　　国府台女子学院中学部

国語解答用紙　第一回

番号　　氏名　　評点 ／100

一

問一 ①　②　③　④　⑤

問二　問三　問四

問五　問六　問七

問八 う　う　問九　問十

問十一

二

問一 a　b　c　d　e

問二　問三

問四 ア　〜　イ

問五

問六　〜　こと

問七 Ⅰ　Ⅱ

問八　問九

問十 A　B　C

問十一

問十二

（注）この解答用紙は実物を縮小してあります。Ｂ５→Ａ３（163%）に拡大コピーすると、ほぼ実物大の解答欄になります。

〔国　語〕100点(学校配点)

一 問１　各２点×５　問２〜問11　各３点×10　二 問１　各２点×５　問２，問３　各３点×２　問４　各４点×２　問５　３点　問６　４点　問７〜問10　各３点×７　問11，問12　各４点×２

２０２３年度　　国府台女子学院中学部

算数解答用紙　第１回

番号		氏名		評点	／100

1

(1)	(2)	(3)

2

(1)	(2)	(3)
(4)	(5)	(6)

3 (1)

ア	イ	ウ	エ	オ

(2)

答＿＿＿＿＿＿＿＿分後

4

(1)	(2)	(3)

5

(1) m	(2)毎分 m	(3)	(4) 分後

（注）この解答用紙は実物を縮小してあります。Ｂ５→Ｂ４（141%）に拡大コピーすると、ほぼ実物大の解答欄になります。

〔算　数〕100点(学校配点)

1, 2 各５点×9　3 (1) 各２点×5　(2) 10点　4, 5 各５点×7

２０２３年度　国府台女子学院中学部

社会解答用紙　第１回

番号		氏名	

評点	／60

1

(1)		(2)	①		②		
(3)		(4)		(5)	時間		
(6)	あ		い		う		
(7)		(8)		(9)			
(10)	山脈	(11)	①		②		

2

(1)	あ		い		う			
	え		お		(2)	Ⅰ		
(2)	Ⅱ		Ⅲ		(3)	①		
(3)	②		(4)		(5)	→ → →		
(6)								
(7)								
(8)		(9)		(10)		(11)		
(12)		(13)						

3

(1)		(2)					
(3)			(4)		(5)		
(6)	①		②				
(7)	①		②		(8)		
(9)		(10)					

（注）この解答用紙は実物を縮小してあります。Ｂ５→Ａ３（163%）に拡大コピーすると、ほぼ実物大の解答欄になります。

〔社　会〕60点(学校配点)

1 (1) 2点 (2) 各1点×2 (3) 2点 (4)～(6) 各1点×5 (7), (8) 各2点×2 (9), (10) 各1点×2 (11) ① 1点 ② 2点 2 (1), (2) 各1点×8 (3) ① 1点 ② 2点 (4), (5) 各2点×2<(5)は完答> (6) 1点 (7) 2点 (8)～(13) 各1点×6 3 (1) 1点 (2), (3) 各2点×2<各々完答> (4), (5) 各1点×2 (6) ① 1点 ② 2点 (7), (8) 各1点×3 (9) 2点 (10) 1点

2023年度　国府台女子学院中学部

理科解答用紙　第1回

番号		氏名		評点	／60

1

(1)	(2)	(3)	(4)
(5)	(6)	(7)① kg	(7)② cm
(8) 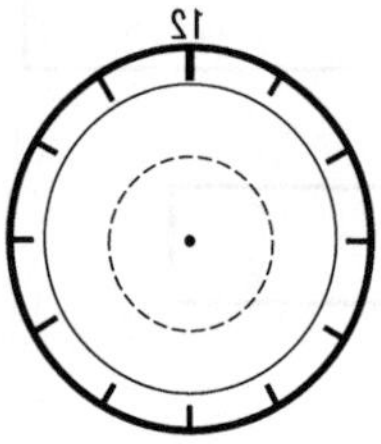			

2

(1)	(2)	(3)
(4)	(5)	

3

(1) %	(2) g	(3)
(4) g	(5)	

4

(1)	(2)	(3)
(4)	(5)	(6)

5

(1) g	(2)① g	(2)② g
(3) 秒	(4)	

（注）この解答用紙は実物を縮小してあります。Ｂ５→Ｂ４(141%)に拡大コピーすると、ほぼ実物大の解答欄になります。

〔理　科〕60点(学校配点)

1, 2　各２点×13＜1の(2)，(7)，2の(3)は完答＞　3　(1)～(3)　各２点×3＜(3)は完答＞　(4)　3点　(5)　2点　4　各２点×6　5　(1)，(2)　各２点×3　(3)　3点　(4)　2点

二〇二三年度　国府台女子学院中学部

国語解答用紙　第一回

番号　　氏名　　評点　/100

一

問一　①　②　③　④　⑤

問二　問三

問四　問五　問六

問七　問八　お　い

問九　問十

問十一

二

問一　a　b　c　d　e　f

問二　問三

問四　A　B　C　D

問五　問六

問七　問八　問九　問十

問十一

問十二　問十三

（注）この解答用紙は実物を縮小してあります。Ｂ５→Ａ３（163%）に拡大コピーすると、ほぼ実物大の解答欄になります。

〔国　語〕100点(学校配点)

一　問１　各２点×５　問２～問11　各３点×10　二　問１　各２点×６　問２～問13　各３点×16

2022年度　国府台女子学院中学部

算数解答用紙　第1回

番号		氏名	

評点	／100

1

(1)	(2)	(3)

2

(1)	(2)	(3)
(4)	(5)	(6)

3 (1)

ア	イ	ウ	エ	オ

(2)

答＿＿＿＿＿＿＿円

4

(1)	(2)	(3)

5

(1)時速　km	(2)時速　km	(3)　秒後	(4)　km

(注) この解答用紙は実物を縮小してあります。B５→B４(141%)に拡大コピーすると、ほぼ実物大の解答欄になります。

〔算　数〕100点(学校配点)

1, 2　各５点×９　3　(1)　各２点×５　(2)　10点　4, 5　各５点×７

２０２２年度　国府台女子学院中学部

社会解答用紙　第１回

番号		氏名		評点	／60

1

(1)							
(2)		(3)		(4)			
(5)		(6)		(7)			
(8)		(9)		(10)		(11)	
(12)							

2

(1)	(あ)		(い)		(う)		
	(え)		(お)		(か)		
(2)		(3)		(4)			
(5)		(6)		(7)		(8)	
(9)	→　→　→	(10)					
(11)							

3

(1)		(2)				
(3)		(4)	①		②	

4

(1)		(2)				
(3)		(4)	①		②	

（注）この解答用紙は実物を縮小してあります。Ｂ５→Ａ３(163%)に拡大コピーすると、ほぼ実物大の解答欄になります。

〔社　会〕60点(学校配点)

1　(1)　２点　(2)　１点　(3)，(4)　各２点×２　(5)　１点　(6)，(7)　各２点×２　(8)　１点　(9)～(12)　各２点×４　2　(1)　各１点×６　(2)　２点　(3)，(4)　各１点×２　(5)～(7)　各２点×３　(8)　１点　(9)～(11)　各２点×３＜(9)は完答＞　3　(1)，(2)　各１点×２　(3)，(4)　各２点×３　4　(1)，(2)　各１点×２　(3)，(4)　各２点×３

２０２２年度　国府台女子学院中学部

理科解答用紙　第１回

番号		氏名		評点	／60

1

(1)	(2)	(3)	(4) g
(5)	(6)	(7)	(8)

2

(1)	(2)	(3)
(4)	(5) km	

3

(1)	(2)	(3)
(4)	(5) cm^3	(6) cm^3

4

(1)気温	(1)地温	(1)湿度
(2)	(3)	(4)

5

(1) g	(2)	(3) cm^3
(4) g	(5)	

（注）この解答用紙は実物を縮小してあります。Ｂ５→Ｂ４(141%)に拡大コピーすると、ほぼ実物大の解答欄になります。

〔理　科〕60点(学校配点)

1　各２点×8　2　(1)～(4)　各２点×4　(5)　３点　3　(1)～(5)　各２点×5＜(3)は完答＞　(6)　３点　4　(1)　各１点×3　(2)～(4)　各２点×3＜(2)は完答＞　5　(1)～(4)　各２点×4　(5)　３点＜完答＞

二〇二二年度 国府台女子学院中学部

国語解答用紙 第一回

番号 | 氏名 | 評点 /100

一

問一 ① ② ③ でる ④ ⑤

問二 問三 A B

問四 問五 問六

問七 問八

問九

二

問一 お 問二 (イ) (ウ)

問三 問四 問五

問六 問七 問八

問九 問十 問十一 問十二

問十三 1 2

問十四 問十五

問十六

問十七

（注）この解答用紙は実物を縮小してあります。B５→A３（163%）に拡大コピーすると、ほぼ実物大の解答欄になります。

〔国　語〕100点(学校配点)

一 問１，問２　各３点×６　問３　各２点×２　問４～問９　各３点×６　二 問１，問２　各２点×３　問３～問17　各３点×18

２０２１年度　国府台女子学院中学部

算数解答用紙　第１回

番号		氏名		評点	／100

1

(1)	(2)	(3)

2

(1)	(2)	(3)
(4)	(5)	(6)

3

(1)

ア	イ	ウ	エ	オ

(2)

答　毎分　　　　m

4

(1)	(2)	(3)

5

(1)毎分　　L	(2)毎分　　L	(3)	(4)　分　　秒後

（注）この解答用紙は実物を縮小してあります。Ｂ５→Ｂ４（141％）に拡大コピーすると、ほぼ実物大の解答欄になります。

〔算　数〕100点(学校配点)

1, 2　各５点×９　3　(1)　各２点×５　(2)　10点　4, 5　各５点×７

２０２１年度　国府台女子学院中学部

社会解答用紙　第１回

番号		氏名		評点	／60

1

(1)	あ		い		う		
(2)	①		②	運動			
(3)							
(4)	①		②		(5)		(6)
(7)	①		②		(8)		

2

(1)		(2)		(3)		(4)	
(5)		(6)		(7)		(8)	
(9)							
(10)	日本は　。						
(11)		(12)	→　→　→				
(13)		(14)					

3

(1)		(2)		(3)		(4)	
(5)		(6)		(7)		(8)	
(9)		(10)		(11)			
(12)							

（注）この解答用紙は実物を縮小してあります。Ｂ５→Ａ３（163%）に拡大コピーすると、ほぼ実物大の解答欄になります。

〔社　会〕60点(学校配点)

1　(1)　各１点×３　(2)　①　１点　②　２点　(3)　２点　(4)～(8)　各２点×７　2　(1)～(6)　各１点×６　(7)～(14)　各２点×９＜(12)は完答＞　3　(1)～(4)　各１点×４　(5)　２点　(6)～(11)　各１点×６　(12)　２点

２０２１年度　国府台女子学院中学部

理科解答用紙　第１回

番号		氏名		評点	／60

1

(1)	(2)	(3)	(4)
(5)	(6)	(7)	(8)　　回

2

(1)	(2)①	(2)②
(2)③	(3)①	(3)②
(4)		

3

(1)	(2)	(3)
(4)	(5)　　cm^3	

4

(1)	(2) A	(2) B
(3)ア	(3)イ	(4)
(5)　　度		

5

(1)	(2)記号	(2)回数　　回
(3)	(4)記号	(4)回数　　回

（注）この解答用紙は実物を縮小してあります。Ｂ５→Ｂ４(141%)に拡大コピーすると、ほぼ実物大の解答欄になります。

〔理　科〕60点(学校配点)

1　各２点×8＜(1)，(2)は完答＞　2　(1)　２点　(2)　各１点×3　(3)，(4)　各２点×3　3　(1)～(4)　各２点×4＜(1)，(2)は完答＞　(5)　３点　4　各２点×6＜(2)は完答＞　5　(1)　２点　(2)　３点＜完答＞　(3)　２点　(4)　３点＜完答＞

二〇二二年度　国府台女子学院中学部

国語解答用紙　第一回

番号　　氏名　　評点　／100

一

問一　①　②　ぐ　③　④　⑤

問二　問三　問四

問五　問六　問七

問八　問九　問十

問十一　1　2　3

問十二

二

問一

問二

問三　問四

問五　1　2

問六

問七　1　2

問八　問九　〜

問十　問十一　問十二　問十三

問十四　ア　イ　ウ　エ

問十五　Ⅰ　Ⅱ

（注）この解答用紙は実物を縮小してあります。172%拡大コピーをすると、ほぼ実物大の解答欄になります。

〔国　語〕100点（学校配点）

一　問1〜問7　各2点×11　問8〜問10　各3点×3　問11　各2点×3　問12　3点　二　問1　3点　問2　4点　問3，問4　各3点×2　問5　1　3点　2　4点　問6　3点　問7　1　2点　2　3点　問8，問9　各3点×2　問10〜問13　各2点×4　問14，問15　各3点×6<問15のⅠは完答>

２０２０年度　国府台女子学院中学部

算数解答用紙　第１回

番号		氏名	

評点	／100

1

(1)	(2)	(3)

2

(1)	(2)	(3)
(4)	(5)	(6)

3 (1)

ア	イ	ウ	エ	オ

(2)

答　　　　　分

4

(1)	(2)	(3)

5

(1)秒速　cm	(2)	(3)　cm	(4)　秒後

（注）この解答用紙は実物を縮小してあります。Ａ４用紙に118%拡大コピーすると，ほぼ実物大で使用できます。(タイトルと配点表は含みません)

〔算　数〕100点(学校配点)

1, 2　各５点×９　3　(1)　各２点×５　(2)　10点　4, 5　各５点×７

２０２０年度　　国府台女子学院中学部

社会解答用紙　第１回

番号		氏名	

評点	／60

1

(1)												
(2)		(3)	①		②		(4)		(5)			
(6)	①		②		(7)							
(8)	①		②		③		④		(9)		(10)	

2

(1)		(2)		(3)		(4)	(あ)	
(い)		(う)		(5)				
(6)		(7)	①		②			
(8)								

3

(1)		(2)		(3)	
(4)		(5)		(6)	

4

(1)		(2)							
(3)	①	i		ii		②			
(4)		(5)		(6)					
(7)	①		②		(8)				
(9)	①		②		(10)		(11)		

(注) この解答用紙は実物を縮小してあります。Ａ３用紙に149％拡大コピーすると、ほぼ実物大で使用できます。(タイトルと配点表は含みません)

〔社　会〕60点(学校配点)

1　(1), (2)　各２点×２　(3)　各１点×２　(4), (5)　各２点×２　(6), (7)　各１点×３　(8)　①　２点　②　１点　③　２点　④　１点　(9)　１点　(10)　２点　2　(1)　１点　(2), (3)　各２点×２　(4)～(7)　各１点×７　(8)　２点　3　各１点×６　4　(1)　１点　(2)　２点＜完答＞　(3)　①　各１点×２　②　２点　(4)～(9)　各１点×８　(10)　２点　(11)　１点

２０２０年度　国府台女子学院中学部

理科解答用紙　第１回

番号		氏名		評点	／60

1

(1)	(2)	(3)	(4)
(5)	(6)	(7)　m	(8)　g

2

(1)	(2)	(3)
(4)	(5)	

3

(1)	(2)	(3)
(4)　g	(5)　g	

4

(1)	(2)	
(3)	(4)	(5)
(6)		

5

(1)　秒速　メートル	(2)　メートル	(3)　メートル
(4)　メートル	(5)　メートル	

（注）この解答用紙は実物を縮小してあります。Ｂ４用紙に125％拡大コピーすると、ほぼ実物大で使用できます。（タイトルと配点表は含みません）

〔理　科〕60点（学校配点）

1，2　各２点×13　3　(1)～(4)　各２点×４＜(1)は完答＞　(5)　３点　4　(1)　２点　(2)　３点　(3)～(6)　各２点×４　5　各２点×５

二〇二〇年度　国府台女子学院中学部

国語解答用紙　第一回

番号　　氏名　　評点　/100

一

問一　①　②　③　④　⑤

問二　問三　任

問四　問五　問六

問七　問八

問九　問十

問十一　は　い

問十二　①　②　③

問十三

二

問一　a　b　c　d　e

問二　(ア)　(イ)

問三　A　B

問四　問五　問六

問七

問八　問九　問十

問十一　問十二　問十三

(注)　この解答用紙は実物を縮小してあります。A３用紙に161%拡大コピーすると、ほぼ実物大で使用できます。(タイトルと配点表は含みません)

〔国　語〕100点(学校配点)

一　問１～問12　各２点×18　問13　４点　二　問１，問２　各２点×７　問３～問６　各４点×５　問７　２点　問８～問13　各４点×６<問13は完答>

２０１９年度　国府台女子学院中学部

算数解答用紙　第１回

番号		氏名	

評点	／100

1

(1)	(2)	(3)

2

(1)	(2)	(3)
(4)	(5)	(6)

3

(1)

ア	イ	ウ	エ	オ

(2)

答＿＿＿＿＿＿＿＿円

4

(1)	(2)	(3)

5

(1)分速　m	(2)　分後	(3)　m	(4)　分　秒後

（注）この解答用紙は実物を縮小してあります。Ａ４用紙に116%拡大コピーすると、ほぼ実物大で使用できます。（タイトルと配点表は含みません）

〔算　数〕100点(学校配点)

1, 2　各５点×９　3　(1)　各２点×５　(2)　10点　4, 5　各５点×７

２０１９年度　国府台女子学院中学部

社会解答用紙　第１回

番号		氏名		評点	／60

1

(1)	①		②		(2)	①	②	
(3)		(4)						
(5)		(6)	m					

2

(1)		(2)								
(3)		(4)	①		②		③		④	

3

(1)						
(2)		(3)	①		②	
(4)		(5)		(6)	①	
(6)	②					
(7)	の　一揆					
(8)		(9)	→　→　→	(10)		
(11)		(12)				

4

(1)	①		②		(2)		(3)	
(4)	①		②		(5)			
(6)		(7)		(8)				
(9)								

(注)この解答用紙は実物を縮小してあります。Ａ３用紙に159％拡大コピーすると、ほぼ実物大で使用できます。(タイトルと配点表は含みません)

〔社　会〕60点(学校配点)

1 (1)　各２点×２　(2)　各１点×２　(3)～(6)　各２点×４　**2**　各１点×７　**3**　(1)　２点　(2)，(3)　各１点×３　(4)　２点　(5)　１点　(6)　①　１点　②　２点　(7)～(12)　各２点×６＜(9)は完答＞　**4**　(1)　各１点×２　(2)，(3)　各２点×２　(4)　各１点×２　(5)　２点　(6)　１点　(7)，(8)　各２点×２　(9)　１点

２０１９年度　　国府台女子学院中学部

理科解答用紙　第１回

番号		氏名		評点	／60

1

(1)	(2)	(3)	(4)
(5)	(6)	(7)	(8)

2

(1)	(2)　　類	(3)①	(3)②
(4)	(5)	(6)	

3

(1)	(2)	
(3)①	(3)②　　cm³	(3)③　　cm³
(4)　D：E＝　　：		

4

(1)	(2)	(3)
(4)	(5)	

5

(1)　　cm	(2)　　cm	(4)
(3)(ｱ)	(3)(ｲ)	

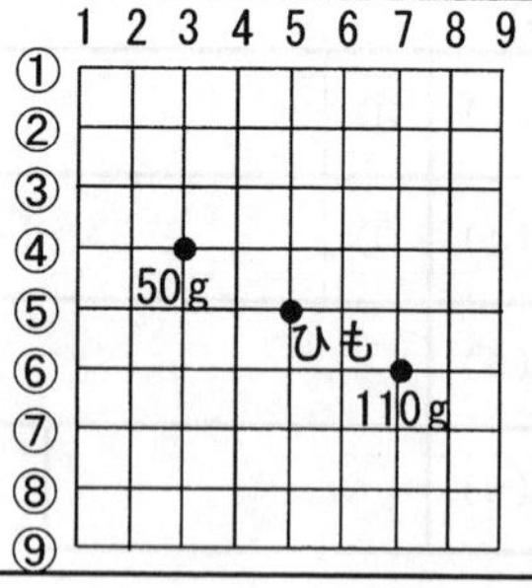

（注）この解答用紙は実物を縮小してあります。Ｂ４用紙に119％拡大コピーすると、ほぼ実物大で使用できます。（タイトルと配点表は含みません）

〔理　科〕60点(学校配点)

1　各２点×8＜(6)は完答＞　2　(1)，(2)　各２点×2　(3)，(4)　各１点×4　(5)，(6)　各２点×2

3～5　各２点×16

二〇一九年度　　国府台女子学院中学部

国語解答用紙　第一回

番号		氏名		評点	/100

一

問一　①　②　③　④　⑤

問二　問三

問四　問五

問六　②　と　③　り

問七　問八

問九　問十

問十一　問十二

問十三

二

問一　a　b　c　d　e

問二　問三　問四

問五　社会

問六　問七　問八

問九　問十

問十一　1　2　3

（注）この解答用紙は実物を縮小してあります。A３用紙に164％拡大コピーすると、ほぼ実物大で使用できます。（タイトルと配点表は含みません）

〔国　語〕100点（学校配点）

一　問１～問10　各２点×15　問11，問12　各３点×２　問13　４点　二　問１　各２点×５　問２～問４　各３点×３　問５　５点　問６～問８　各４点×３　問９，問10　各６点×２<問９は完答>　問11　１　６点　２，３　各３点×２

２０１８年度　　国府台女子学院中学部

算数解答用紙　第１回

番号		氏名		評点	／100

1

(1)	(2)	(3)

2

(1)	(2)	(3)
(4)	(5)	(6)

3

(1)

ア	イ	ウ	エ	オ

(2)

答＿＿＿＿＿＿＿＿mL

4

(1)	(2)	(3)

5

(1)毎分　L	(2)ア	イ	(3)　分　秒後

(注) この解答用紙は実物を縮小してあります。Ａ４用紙に118%拡大コピーすると、ほぼ実物大で使用できます。(タイトルと配点表は含みません)

〔算　数〕100点(学校配点)

1, 2　各５点×９　3　(1)　各２点×５　(2)　10点　4, 5　各５点×７

２０１８年度　国府台女子学院中学部

社会解答用紙　第１回

番号		氏名		評点	／60

1

(1)		(2)	→ → →	(3)	
(4)		(5)	① ②	(6)	
(7)		(8)		(9)	
(10)					
(11)		(12)			
(13)					

2

(1)	あ	い	う		
(2)		(3)		(4)	
(5)		(6)		(7)	
(8)	→ → →	(9)		(10)	
(11)		(12)		(13)	

3

(1)		(2)		(3)			
(4)		(5)	①	②			
(6)		(7)		(8)		(9)	

〔社　会〕60点(学校配点)

1　(1)　1点　(2)～(4)　各2点×3＜(2)は完答＞　(5), (6)　各1点×3　(7)　2点　(8)　1点　(9)　2点　(10)　1点　(11)　2点　(12)　1点　(13)　2点　2　(1)　各1点×3　(2)　2点　(3), (4)　各1点×2　(5), (6)　各2点×2　(7)　1点　(8)　2点＜完答＞　(9)　1点　(10), (11)　各2点×2　(12)　1点　(13)　2点　3　(1)～(3)　各2点×3　(4), (5)　各1点×3　(6)～(9)　各2点×4

２０１８年度　国府台女子学院中学部

理科解答用紙　第１回

番号		氏名		評点	／60

1

(1)	(2)	(3)	(4)
(5)	(6)	(7)	(8)

2

(1) A	(1) B	(2)
(3)	(4) L	

3

(1)	(2)	(3) *X*
(3) *Y*	(4) :	(5) :

4

(1)	(2)	(3) 北緯　度
(4)	(5) Ⅰ	(5) Ⅱ

5

(1) g	(2) g	(3)
(4) g	(5) g	(6) g

〔理　科〕60点(学校配点)

1　(1)～(4)　各2点×4　(5)　各1点×2　(6)～(8)　各2点×3　2～5　各2点×22＜4の(5)は完答＞

二〇一八年度　国府台女子学院中学部

国語解答用紙　第一回

番号		氏名		評点	/100

一

問一　①　②　③　④

問二　①　②

問三

問四

問五

問六

問七

問八　①　記号　②　記号

問九　↓

問十

問十一　①　②

問十二

問十三

二

問一

問二

問三

問四　④　⑤　⑥　⑦

問五

問六

問七

(注)この解答用紙は実物を縮小してあります。A3用紙に154%拡大コピーすると、ほぼ実物大で使用できます。(タイトルと配点表は含みません)

〔国　語〕100点(学校配点)

一　問1～問12　各2点×18＜問8は各々完答，問9，問10は完答＞　問13　4点　二　各6点×10